张旭 著

蒙古大堡山墓地出土人骨研究

文物出版社

图书在版编目（CIP）数据

内蒙古大堡山墓地出土人骨研究／张旭著．—北京：
文物出版社，2022.12
（考古新视野）
ISBN 978 - 7 - 5010 - 7864 - 6

Ⅰ.①内…　Ⅱ.①张…　Ⅲ.①墓葬（考古）-研究-内
蒙古　Ⅳ.①K878.84

中国版本图书馆 CIP 数据核字（2022）第 208037 号

内蒙古大堡山墓地出土人骨研究

著　　者：张　旭

责任编辑：谷　雨
装帧设计：肖　晓
责任印制：王　芳
责任校对：陈　婧

出版发行：文物出版社
社　　址：北京市东城区东直门内北小街 2 号楼
邮　　编：100007
网　　址：http://www.wenwu.com
经　　销：新华书店
印　　刷：宝蕾元仁浩（天津）印刷有限公司
开　　本：710mm×1000mm　1/16
印　　张：20
版　　次：2022 年 12 月第 1 版
印　　次：2022 年 12 月第 1 次印刷
书　　号：ISBN 978 - 7 - 5010 - 7864 - 6
定　　价：98.00 元

内容提要

本研究通过古人口学、人体测量学、古病理学等多种学科方法与手段，对采集自内蒙古呼和浩特市和林格尔县大堡山墓地不同墓向的 44 例人骨标本进行系统研究：

第一，该墓地出土人骨标本的死亡年龄、骨骼形态、病理现象等方面不存在显著的墓向差异。两性比例相对均衡，平均预期寿命为 34.35 岁。似乎存在一定两性分工，多患有龋病、根尖周病等口腔疾病，女性居民在发育过程中的营养摄入不及男性，但整体营养状况良好。

第二，该墓地古代居民好发龋病的同时，后部牙齿磨耗较为严重，根据其四肢关节骨性关节炎的好发部位及四肢长骨的发育情况来看，该墓地古代先民应拥有较为成熟的农业经济，可为其提供大量植物性食物，同时该人群还摄取一定量的动物性食物，结合稳定同位素研究结果，推测其主要生活方式是在进行一定程度粟作农业生产的基础上，充分利用粟作农业的剩余产品（如秸秆等）饲喂牛、羊等动物以获取生活所需的肉、奶等。

第三，该墓地两性居民的颅骨形态特征较为一致，以中颅型、高颅型、狭颅型相结合为主要颅型特点；以中眶型、狭额型、平颌型的中面角、中等的面宽和面部扁平度为主要面型特征。结合古 DNA 分析结果推测其为中原移民与内蒙古中南部地区原住民等古代人群进行多代基因交流的后裔。

作者简介

张旭，1986年出生于内蒙古包头市。2015年毕业于吉林大学考古系，获博士学位。师从朱泓教授，学习体质人类学方向。在校期间曾赴加拿大西蒙菲莎大学考古系进修生物考古学。2015年至今，任职于中国社会科学院考古研究所，现为助理研究员。独著或以第一、通讯作者发表学术论文10余篇，参与撰写考古报告3部，多次参加国内学术会议，曾赴美国、加拿大、俄罗斯参加国际学术会议并作大会报告。

专家推荐意见 （一）

探索历史上古代各族源流，一直是古人骨研究所关心的问题之一。但需要说明的是，古人种学、考古学研究与民族学之间的关系较为复杂。尽管许多民族都是以一定人种类型为遗传基础，但在多民族聚居地区却常见一个民族包含两个或更多的人种类型，或某一人种类型分布于不同民族之中等现象；同时，一个联合壮大的民族实体，可能包含了若干不同的考古学文化。因此，古人种学研究必须与考古学、民族学、语言学等相关学科结合起来。目前我国学术界对分布于长城地带及新疆等地区的人骨材料作过一些研究探索，然而，对于内蒙古地区的古代人群研究还有待进一步推进。20世纪，在内蒙古中南部鄂尔多斯高原、乌兰察布草原等地区发现了许多既有地方特色又与中原地区文化相联系的文化遗存，以及带有北方草原游牧民族文化色彩的古代遗址，如桃红巴拉战国墓、南杨家营子东汉墓等。综合已有的研究成果可知，至少东周时期，这一区域内曾生活有两类颅面形态特征相异的古代居民，其中一支是以新店子墓地为代表、来自蒙古高原地区的游牧民族文化人群，另外一支是以土城子战国墓为代表、来自中原地区的农耕文化戍民。

近年来，随着国内外考古学、体质人类学、古病理学、分子生物学等学科的蓬勃发展，针对古代人骨标本所选用的研究方法与手段也日益更新，更有助于科学发掘人骨所蕴含的人类学信息，为探寻人群迁徙与民族交融等问题提供科学的依据。《内蒙古大堡山墓地出土人骨研究》即是运用较为全面的研究方法对内蒙古中南部地区大堡山墓地出土人骨进行研究，特别是对该墓地的人种构成、种系来源与流向、所代表的人种类型的形成与发展等问题进行了系统梳理，认为大堡山墓地居民是内蒙古地区原住民与中原移民进行基因交流融合而成的，并不是"古中原类型"或"古华北类型"古代居民的典型代表。同时，本书以骨骼研究为切入点比较分析了不同生业模式下的人口结构和疾病出现规律，得出大堡山墓地古代居民的食物结构、生业模式、社会环境等方面的推论，这是将体质人类学研究、古人口学研究、古病理学研究与考古学研究相结合的一次很好的尝试。

　　兹推荐《内蒙古大堡山墓地出土人骨研究》出版，期待作者可以在未来通过继续开展工作，做到"由点及面"，将内蒙古中南部地区古代人群、不同考古学文化之间的交流与融合进行综合探讨，取得更加科学、令人满意的研究成果。

2020 年 8 月 13 日

专家推荐意见（二）

"生物考古学"是以人类骨骼和牙齿等生物遗存为研究对象，运用多种方法、技术与手段来研究探讨古代人类社会历史的一门学科。"十二五"期间，我提出的关于创建吉林大学生物考古学学科的建议得到了校领导和主管部门的高度重视和大力支持，2013 年 11 月 18 日，吉林大学 – 西蒙菲莎大学生物考古联合实验室正式挂牌，本书的作者正是由联合实验室培养出的博士研究生之一。

本书是一部针对单一墓葬出土人骨标本所进行的生物考古学研究著作，是在我指导的博士论文基础上修改而成，不仅弥补了长久以来内蒙古中南部地区人骨研究的不足，还为探寻该区域内人群迁徙与民族交融等问题提供了科学依据。全书可分为两个部分：第一部分是通过古人口学、古病理学、体质人类学等多种学科方法与手段对大堡山墓地人骨标本进行系统研究，全面提取了该墓地古代居民的人口结构、骨骼形态特征、骨骼发育程度和健康状况等方面的信息；第二部分是以大堡山墓地为中心，与邻近地区相关人骨材料进行比较与分析，将与大堡山墓地古代居民的颅面形态特征相仿的古代人群在时空框架中进行系统梳理，结合史料，还原该墓地古代居民与邻近地区人群间的迁徙、交流、融合情况，以及同所持生业模式、考古学文化之间的内在关系。此书的出版具有以下三方面意义：

第一，为国内生物考古学研究提供了思路。以骨骼研究为切入点，对比不同生业模式下人群构成、人口结构、疾病出现规律，同时综合考古学研究、古 DNA、稳定同位素分析结果，对单一墓地古代居民种系成分、食物结构、生业模式、社会环境等方面进行全面探讨，这在我国之前的体质人类学研究中并不多见。

第二，为国内古病理学研究开拓了视野。中国的古病理学研究起步相对较晚，还没有从事古病理研究的专业学者，但目前我国古病理学研究所使用的研究方法和理论体系均与国际接轨。本书着重探究大堡山墓地人群内部和相关区域内人群之间疾病规律、健康营养状况和复杂的社会背景因素等，不拘泥于停留在古病理学材料的报道阶段，为未来相关问题的探讨提供了借鉴。

第三，学术价值和实用价值兼具。本书在每项研究中都提出了目前该项研究存在的不足与局限，且语言通俗易懂，有助于阅读者全面了解生物考古学最新研究动态，快速掌握生物考古学的发展脉络，全面建立和完善相关的知识体系。

鉴于上述原因，本人推荐此书出版。

2020 年 8 月 13 日

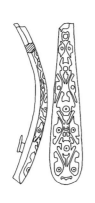

目 录

插图目录

第一章　绪论

近年来，随着考古学、体质人类学、分子考古学等学科的蓬勃发展，以及生物考古学（Bioarchaeology）[1] 理论的提出与完善，针对考古发掘出土的古代人骨研究方法不断更新。基于此，本研究将利用多学科的研究方法针对内蒙古呼和浩特市和林格尔县大堡山墓地2011 年发掘出土的人类骨骼进行全面、系统的分析，拟对该墓地古代人骨标本所蕴含的人类学信息进行提炼与深入研究。

第一节　内蒙古和林格尔县地理环境与历史沿革概略

一、和林格尔县的地理环境

和林格尔县（北纬 39°58′~40°41′，东经 111°26′~112°18′）位于我国内蒙古自治区中南部，辖于首府呼和浩特市，总面积约为 3436 平方千米[2]。"和林格尔"一名音译自蒙古语 Qorin-ger，原意为"二十家子"[3]，因当时共有约 20 户人家居住于此，遂得名。清康熙年间在此设置驿站[4]。

---

[1] Jane E. Buikstra，Lane A. Beck，*Bioarchaeology：The Contextual Analysis of Human Remains.* New York，NY：Academic Press，2006，p. xvii.

[2] 刘文玉、吴志强：《大力推进生态文明建设　努力打造宜居和林格尔》，《中国林业》2011 年第 17 期。

[3] 忒莫勒：《土默特地方蒙古语地名初探》，《蒙古史研究》1997 年第 5 辑。

[4] 金峰：《清代内蒙古五路驿站》，《内蒙古师范学院学报》（哲学社会科学版）1979 年第 1 期。

和林格尔县所在地区属于中温带半干旱、大陆性气候①（亦可称为温带草原气候），光照充足，温差较大，夏短温热，冬长寒冷，春燥多风，秋冷雨频。该县地处内蒙古高原与黄土高原之间的过渡地带，全县海拔高度1016～2028米，总体地势东耸西低、南高北平，素有"五丘、三山、二分川"的地貌特征②。其东、南部可达蛮汉山（阴山山脉中段大青山南支），西、北部则是土默川平原（河套平原的一部分），而该县剩余50%以上的土地皆属于黄土丘陵③。

横亘于和林格尔县以北的阴山山脉，东西连绵1200多千米，东端止于河北境内的滦河上游谷地，西支浸入内蒙古境内的阿拉善高原，好似一道天然屏障，阻挡了南下的寒流与北上的湿气，使得山脉南北两侧气候差异显著，自古以来便是草原与荒漠草原的天然分界，山区本身则是农牧业相互交错地带，中段和西段的山地分布有大小不等的草场，散落山间的盆地则为旱作农业提供了条件。介于阴山山脉与和林格尔县之间的土默川平原（又称前套平原或呼和浩特平原），西起东乌不拉沟峡谷（属内蒙古境内的乌拉山），东至蛮汉山，全长约为330千米，南北狭窄，总面积约为1万平方千米，由黄河及其支流大黑河冲积而成④。土默川平原地势平坦，气候适宜，水源颇丰，是历史上著名的土肥野沃的"敕勒川"故地⑤。

二、和林格尔地区历史沿革

历史上的和林格尔地区，东通燕幽，南接晋陕，西傍黄河，北依阴山，实乃一方宝地，溯史知其久远。考古工作者在和林格尔县以北的大青山（阴山山脉中段）南麓，曾发现78万年前的石器制造厂——大窑遗址⑥，证明这一区域自旧石器时代早期便已有古人类的活动。至于和林格尔地区的开拓者，目前已知的当属新石器时

---

① M. C. Peel, B. L. Finlayson, T. A. McMahon, Updated world map of the Köppen-Geiger climate classification. *Hydrology and Earth System Sciences*, vol. 11, 2007, pp. 1633 – 1644.

② 滕晓华：《和林格尔县林地保护利用功能分区及利用方向》，《内蒙古林业调查设计》2015年第4期。

③ 李世顺、张崇山：《和林格尔县耕地资源现状及其合理利用》，《自然资源》1990年第2期。

④ 布赫：《内蒙古大辞典》，呼和浩特：内蒙古人民出版社，1991年，第5～6页。

⑤ 纵横：《〈敕勒歌〉辨误》，《内蒙古大学学报》（哲学社会科学版）1994年第3期。

⑥ 汪英华：《大窑遗址四道沟地点年代测定及文化分期》，《内蒙古文物考古》2002年第1期。

代生活在浑河（横贯和林格尔县南部）沿岸的古老先民。浑河流经和林格尔县的河段约长 77.594 千米①，是内蒙古境内黄河中游较大的一条支流，散落在浑河两岸台地上的几十处新石器时代遗址，最早可追溯到仰韶文化中期②，考古学研究表明，这一地区早期先民拥有"原始农业"兼营"狩猎－采集业"的生业模式③。

进入青铜时代，随着周王室势力日渐衰微，中原诸国纷纷扩土开疆角逐霸业，同时也加速了与北方民族之间的"交流与互动"。这一时期的和林格尔所在的"内蒙古阴山－河套地区"曾分布有以畜牧业经济为主的北方部族，和林格尔新店子、范家窑子等墓地则被推测是这一时期北方部族的主要遗存④。

春秋时期，生活在北方的"狄人"是当时中原诸国的强敌之一，同时也存在着贸易、通婚等方面的密切交往。关于"狄人"的活动区域，学术界推测主要分布在我国甘肃、宁夏、陕西、内蒙古一带。史料记载，公元前 655 年，献公怀疑其子有谋反之意并下令追杀，为躲避迫害，其子（晋文公）重耳踏上"奔狄"的流亡之路⑤。在今和林格尔县盛乐镇土城子遗址东侧的墓葬区曾采集到一把青铜短剑，刻有"耳铸公剑"的篆书铭文，经考证是重耳所用之物，由此推测重耳曾在此地活动过⑥；而土城子遗址春秋晚期个别墓葬在葬俗、随葬陶器等方面与同时期晋国墓葬较相似⑦，暗示这一地区曾生活过一支与晋文化有关的古代人群，但是否能佐证此地为"重耳所奔之狄"尚无定论。

战国时期，和林格尔地区属于云中郡的管辖范围。经考证，今和林格尔县西侧

---

① 和林格尔县人民政府：《和林格尔县市级河湖管理范围划定公告》，2019 年 12 月 20 日。

② 李兴盛：《内蒙古和林格尔县浑河沿岸新石器时代遗址调查》，《北方文物》1993 年第 3 期。

③ 索秀芬、李少兵：《中国北方地区新石器时代考古学文化与周边的关系》，《内蒙古社会科学（汉文版）》2014 年第 2 期。

④ 王立新：《秦统一前内蒙古中南部地区的文化多元化及其历史背景》，《边疆考古研究》2011 年第 10 辑。

⑤ "献公二十二年，献公使宦者履鞮趣杀重耳。重耳逾垣，宦者逐斩其衣祛。重耳遂奔狄。狄，其母国也。是时重耳年四十三。从此五士，其余不名者数十人，至狄。"司马迁：《史记》卷三十九《晋世家第九》，北京：中华书局，1959 年，第 1656 页。

⑥ 陈永志、李强、刘刚：《和林格尔县土城子古城考古发掘主要收获》，《内蒙古文物考古》2006 年第 1 期。

⑦ 王立新：《秦统一前内蒙古中南部地区的文化多元化及其历史背景》，《边疆考古研究》2011 年第 10 辑。

的托克托县古城村古城即是云中郡的郡治云中城①。史料记载，赵武灵王变俗胡服、习骑射，北破林胡、楼烦，筑长城，并置云中郡来巩固疆土，与雁门郡、代郡共同防御北方民族的侵扰②。公元前 302 年，赵国迁民于阴山南麓③。经考古调查发掘，和林格尔全县发现有战国时期墓葬上千座，其中，土城子古城遗址外围所发现的 1023 座战国晚期墓葬，大部分出土遗物带有典型的赵文化因素，有学者推测这些墓葬的主人是赵国北迁戍民④。

公元前 236 年，秦夺云中，两年后，秦王嬴政沿赵旧制于此地设立云中郡，秦统一六国，分天下以为三十六郡，云中郡便是其中之一⑤。

秦汉更迭，匈奴单于庭直代、云中⑥。而后，汉高祖刘邦派樊哙重新收复云中等郡⑦。为加强北部边境控制，公元前 196 年，刘邦分云中置定襄郡，并采用"兵民合一"的方式巩固边郡军民屯戍的稳定，定襄郡治所为成乐县，即今和林格尔县土城子古城⑧，由此，和林格尔地区被赋予了"成乐"一名。两汉之际，卢芳与匈奴联手攻占五原、朔方、云中、定襄、雁门五郡⑨。公元 34 年，光武帝将定襄郡治自成乐南迁至西河，和林格尔地区复归云中郡所辖⑩。公元 46 年，因争立单于导致匈奴南

---

① 张红星、陈永志：《托克托县古城村古城遗址发掘报告》，内蒙古文物考古研究所：《内蒙古文物考古文集（第三辑）》，北京：科学出版社，2004 年，第 218～261 页。

② "而赵武灵王亦变俗胡服，习骑射，北破林胡、楼烦。筑长城，自代并阴山下，至高阙为塞。而置云中、雁门、代郡。"司马迁：《史记》卷一百一十《匈奴列传第五十》，第 2885 页。

③ "十七年，邯郸命吏大夫奴迁于九原，又命将军、大夫、适子、戍吏皆貉服矣。"范祥雍：《古本竹书纪年辑校订补》，上海人民出版社，1962 年，第 70 页。

④ 顾玉才：《内蒙古和林格尔县土城子遗址战国时期人骨研究》，北京：科学出版社，2010 年，第 110 页。

⑤ 周群：《秦代置郡考述》，《中国史研究》2016 年第 4 期。

⑥ "单于之庭直代、云中。"司马迁：《史记》卷一百一十《匈奴列传第五十》，第 2891 页。

⑦ "陈豨反，又与韩信合谋击代。汉使樊哙往击之，复拔代、雁门、云中郡县，不出塞。"司马迁：《史记》卷一百一十《匈奴列传第五十》，第 2895 页。

⑧ 曹凤：《西汉云中郡与定襄郡》，呼和浩特：内蒙古大学硕士学位论文，2010 年，第 29 页。

⑨ "五年，李兴、闵堪引兵至单于庭迎芳，与俱入塞，都九原县。掠有五原、朔方、云中、定襄、雁门五郡，并置太守令，与胡通兵，侵苦北边。"范晔：《后汉书》卷十二《王刘张李彭卢列传第二》，北京：中华书局，1999 年，第 337 页。

⑩ "十年……省定襄郡，徙其民于西河。"范晔：《后汉书》卷一下《光武帝纪第一下》，第 39 页。

北部分裂。不久南匈奴主动归汉，光武帝诏其居西河、云中、定襄等北部边郡[①]，北匈奴也遣使到汉求和亲，却屡次遭拒，遂对汉之北疆不断寇扰[②]。东汉末年，国家大乱，匈奴趁机出兵定襄以西，云中、雁门、西河等北部边郡，和林格尔地区饱受战乱侵扰，百姓流离他乡[③]。

公元220年，汉献帝刘协禅位曹丕，改国号为魏，拉开了三国鼎立的新篇章，鲜卑等北方部族趁机占领五原、云中等郡。公元258年，居住在"匈奴故地"的拓跋鲜卑在拓跋力微带领下迁至汉定襄郡治盛（成）乐[④]，在之后的百余年里，拓跋鲜卑于此"城盛乐以为北都"[⑤]。直至公元398年，拓跋珪迁都平城（今山西省大同市）[⑥]，盛乐才不复为其政治中心。

隋统一北方后，在和林格尔地区筑大利城安置东突厥启民可汗南迁部众[⑦]。公元663年，唐高宗迁旧时瀚海都护府于云中古城，命名为云中都护府，后更名单于大都

---

① "二十六年，遣中郎将段郴、副校尉王郁使南单于，立其庭，去五原西部塞八十里。单于乃延迎使者……郴等反命，诏乃听南单于入居云中……南单于既居西河，亦列置诸部王，助为扞戍。使韩氏骨都侯屯北地，右贤王屯朔方，当于骨都侯屯五原，呼衍骨都侯屯云中，郎氏骨都侯屯定襄，左南将军屯雁门，栗籍骨都侯屯代郡，皆领部众为郡县侦罗耳目。"范晔：《后汉书》卷八十九《南匈奴列传》，第1990~1991页。

② "二十七年，北单于遂遣使诣武威求和亲，天子召公卿廷议，不决……五年冬，北匈奴六七千骑入于五原塞，遂寇云中至原阳，南单于击却之……胡邪尸逐侯鞮单于长，永平六年立。时北匈奴犹盛，数寇边……十六年，乃大发缘边兵，遣诸将四道出塞，北征匈奴……其年，北匈奴入云中，遂至渔阳，太守廉范击却之。"范晔：《后汉书》卷八十九《南匈奴列传》，第1991~1994页。

③ "汉末大乱，匈奴侵边，自定襄以西，云中、雁门、西河遂空。"李吉甫：《元和郡县图志》卷十四《河东道三》，北京：中华书局，1983年，第409页。

④ "三十九年，迁于定襄之盛乐。"魏收：《魏书》卷一《序纪》，北京：中华书局，2000年，第2页。

⑤ "（穆帝）六年，城盛乐以为北都，修故平城以为南都……烈皇帝复立，以三年为后元年。城新盛乐城，在故城东南十里……（昭成帝）三年春，移都于云中之盛乐宫。四年秋九月，筑盛乐城于故城南八里。"魏收：《魏书》卷一《序纪》，第6~8页。

⑥ "秋七月，迁都平城，始营宫室，建宗庙，立社稷。"魏收：《魏书》卷二《太祖纪第二》，第22页。

⑦ "启民上表谢恩曰：臣既蒙竖立，复改官名，昔日奸心，今悉除去，奉事至尊，不敢违法。上于朔州筑大利城以居之。"魏征、令狐德棻：《隋书》卷八十四《列传第四十九·北狄·突厥》，北京：中华书局，1973年，第1873页。

护府①，经考证，单于大都护府即和林格尔土城子古城②。辽时在原盛乐古城所在区域设立振武县③。金代废为振武镇④。元时称为振武城，推测为今和林格尔县小红城古城⑤。朱明政权初建之际，在和林格尔地区设云川卫⑥，推测为今和林格尔县大红城古城⑦，嘉靖时期，蒙古土默特部在首领俺答汗率领下南迁至此，隆庆时期，明册封俺答汗为顺义王⑧。清康熙年间在此设置驿站，才有了今天的和林格尔之名，乾隆年间增置和林格尔协理通判厅，后升为理事厅⑨。中华民国时改厅为和林格尔县署，后又改为县政府。

综上所述，和林格尔地区历史悠久，承载了内蒙古中部地区各民族交往交流交融的过往重重，展现了我国历史上中央政权对这一地区的有效管辖，见证了统一多民族国家的形成与发展。

---

① "单于都护府，秦汉时云中郡城也。唐龙朔三年，置云中都护府，麟德元年，改为单于大都护府。"刘昫：《旧唐书》卷三十九《地理二》，北京：中华书局，2000 年，第 1027 页。

② 何天明：《唐代单于大都护府探讨》，《北方文物》2001 年第 2 期。

③ "振武县。本汉定襄郡盛乐县。背负阴山，前带黄河……太祖神册元年，伐吐浑还，攻之，尽俘其民以东，唯存乡兵三百人防成。后更为县。"脱脱：《辽史》卷四十一《志第十一·地理志五·西京道》，北京：中华书局，2000 年，第 345 页。

④ "贾耽曰：振武城在朔州北三百五十里，本汉定襄郡成乐县。《续通典》：振武军，故盛乐城也，在唐朔州北二百八十里，与定襄故城对，其地据阴山之阳，黄河之北。五代梁贞明二年，契丹阿保机袭土谷浑，还至振武，尽俘其民而东。后置振武县，属丰州。金废为振武镇。其北七十里有黑沙碛云。"顾祖禹：《读史方舆纪要》卷四十四《山西六》，北京：中华书局，2005 年，第 1998～1999 页。

⑤ 李逸友：《内蒙古元代城址概说》，《内蒙古文物考古》1986 年第 4 期。

⑥ "云川卫。洪武二十六年二月置，属行都司。永乐元年二月徙治北直畿内，直隶后军都督府。宣德元年还旧治，仍属行都司。"张廷玉：《明史》卷四十一《志第十七·地理二》，北京：中华书局，2000 年，第 653 页。

⑦ 国家文物局：《中国文物地图集·内蒙古分册（下）》，西安地图出版社，2003 年，第 43 页。

⑧ "五年春二月甲午，廷臣及朝觐官谒皇太子于文华左门。己未，封皇子翊镠为潞王。三月己卯，赐张元忭等进士及第、出身有差。己丑，封俺答为顺义王。"张廷玉：《明史》卷十九《本纪第十九·穆宗》，第 172 页。

⑨ "康熙中，置站曰二十家子，蒙语和林格尔。乾隆元年，置协理通判。二十五年，改理事厅。"赵尔巽：《清史稿》卷六十《志三十五·地理七·山西》，北京：中华书局，1977 年，第 2043 页。

第二节　内蒙古和林格尔县出土人骨研究概述

1960 年 4—5 月，内蒙古自治区文物工作队（今内蒙古文物考古研究所）等单位对和林格尔县土城子古城进行了首次试掘[1]，拉开了和林格尔地区考古发掘工作的序幕。经过半个多世纪的考古调查与发掘，全县发掘出土古代墓葬数以千计，其中尤以东周时期墓葬为盛，针对采集自这些墓葬的人骨标本所进行的研究主要集中在新店子、将军沟、土城子、店里、东头号等五处墓地。

新店子墓地位于和林格尔县新店子镇小板申村西北面的山坡上，1999 年内蒙古文物考古研究所在该区域发掘墓葬 56 座，其中 51 座保存较为完整，竖穴土坑墓 20 座、洞室墓 20 座、偏洞室墓 11 座，葬式以仰身直肢为主，极少数为侧身屈肢或侧身直肢葬。伴随出土有青铜饰品、环首剑、骨镞、金质项饰、玛瑙珠、蚌环等珍贵遗物，年代被认为介于春秋晚期与战国早期之间[2]。该墓地共采集人骨标本 43 例（性别明确者 38 例，男性 26 例、女性 12 例），研究表明，新店子墓地古代男性居民普遍具有特圆颅型（颅长宽指数均值 88.13）、偏低的正颅型（颅长高指数均值 72.8）、阔颅型（颅宽高指数均值 84.57）相结合的颅型特征，以及低眶型（右眶指数 I 均值 74.71）、中鼻型（鼻指数均值 48.06）、阔上面型（上面指数 pr 均值 49.76）、颇大的颧宽（面宽均值 142.08 毫米）和上面部扁平程度（鼻颧角均值 148.77°）等面部形态特点，这样的颅面部形态特征与现代蒙古人种中的北亚类型居民具有较多的一致性，张全超将这一颅面形态特征命名为"古蒙古高原类型"[3]；对新店子墓地古代居民进行古 DNA 分析研究后，发现该人群在母系遗传上与现代北亚人群亲缘关系最近[4]。综合上述研究，研究者推测该墓地古代人群应与蒙

---

① 张郁：《和林格尔县土城子试掘记要》，《文物》1961 年第 9 期。
② 曹建恩、孙金松、胡晓农：《内蒙古和林格尔县新店子墓地发掘简报》，《考古》2009 年第 3 期。
③ 张全超：《内蒙古和林格尔县新店子墓地人骨研究》，北京：科学出版社，2010 年。
④ 付玉芹等：《内蒙古和林格尔东周时期古代人群的分子遗传学分析》，《吉林大学学报》（理学版）2006 年第 5 期。

古高原以及外贝加尔石板墓的古代居民有一定的渊源关系①。对新店子墓地古代居民的肢骨进行研究后发现，男女两性在上肢骨的粗壮程度上存在明显差异，暗示出当时社会活动中或许存在不同的两性分工；同时，男性居民的上肢粗壮程度大于下肢，也可能是由于某种长期的、特定的行为活动所导致；与北方地区两周时期其他墓地人群进行身高比较后可知，新店子墓地男性居民相对偏矮，而女性居民则相对较高。综合上述研究，研究者推测该墓地古代居民具有十分发达的畜牧业经济②。

将军沟墓地位于和林格尔县新店镇将军沟村西北处的坡地上，2000 年内蒙古文物考古研究所在该地区清理出竖穴土坑墓 36 座，葬式均为仰身直肢，出土铜质、铁质带钩等少量随葬品，年代被认定为战国中晚期③。该墓地共采集成年人骨标本 14 例（男性 11 例、女性 3 例），研究表明，将军沟墓地古代男性居民普遍具有中颅型（颅长宽指数均值 76.3）、高颅型（颅长高指数均值 77.26）、狭颅型（颅宽高指数均值 101.48）相结合的颅型特征，以及中眶型（右眶指数 I 均值 77.72）、狭鼻型（鼻指数均值 47.41）、中等颧宽（面宽均值 133.7 毫米）和上面部扁平程度（鼻颧角均值 145°）等面部形态特点，这样的颅面部形态特征与现代蒙古人种中的东亚类型居民具有很大程度上的相似性，并与中原地区的古代居民较为一致④；古 DNA 研究得出结论表明将军沟古代人群在母系遗传关系上与现代东亚人群最为接近⑤。综合上述研究，研究者推测将军沟墓地古代居民很有可能是战国时期赵国为巩固边疆、防御匈奴而迁往此地的中原戍民⑥。

土城子遗址作为和林格尔县最为重要的古代遗存，自 20 世纪中叶至今，对其进行的考古调查与发掘从未停滞过。1997 年，内蒙古文物考古研究所对土城子古城外围的墓葬区进行大面积考古发掘，截至 2005 年，共发掘 1680 座古代墓葬。其中，战国时期墓葬 1023 座，均为竖穴土坑墓，葬式以仰身直肢为主，伴随出土有陶器、铜

---

① 张全超：《内蒙古和林格尔县新店子墓地人骨研究》，第 85～97 页。
② 张全超：《内蒙古和林格尔县新店子墓地人骨研究》，第 11～25 页。
③ 张全超、曹建恩、朱泓：《内蒙古和林格尔县将军沟墓地人骨研究》，《人类学学报》2006 年第 4 期。
④ 张全超、曹建恩、朱泓：《内蒙古和林格尔县将军沟墓地人骨研究》，《人类学学报》2006 年第 4 期。
⑤ 王海晶等：《内蒙古和林格尔县将军沟墓地古人骨分子生物学研究》，《自然科学进展》2006 年第 7 期。
⑥ 张全超、曹建恩、朱泓：《内蒙古和林格尔县将军沟墓地人骨研究》，《人类学学报》2006 年第 4 期。

器、铁器、玉器、骨器等随葬文物①。该遗址共采集战国时期人骨标本 265 例（性别明确者 239 例，男性 177 例、女性 62 例），研究表明，土城子遗址战国墓地男性居民普遍具有中颅型（颅长宽指数均值 77.56）、高颅型（颅长高指数均值 77.75）、狭颅型（颅宽高指数均值 100.36）相结合的颅型特征，以及偏低的中眶型（右侧眶指数Ⅰ均值 78.41）、偏阔的中鼻型（鼻指数均值 48.63）、中等颧宽（面宽均值 136.22 毫米）和上面部扁平程度（鼻颧角均值 144.06°）等面部形态特点，这样的颅面部形态特征与现代蒙古人种中的东亚类型居民具有较多的一致性，在低眶阔鼻倾向上与南亚类型相一致，人种类型上属于朱泓总结的先秦时期"古中原类型"；对土城子遗址古代居民的肢骨进行研究后发现，其男性居民的上、下肢均较为粗壮，相较于北方地区青铜时代居民，该遗址战国时期两性居民身高普遍较低。综合上述研究，统筹考虑土城子遗址战国墓葬出土大量铜镞、铜剑等兵器，以及骨骼创伤现象，研究者推测土城子遗址战国时期居民很有可能与将军沟墓地古代居民一样是来自赵国的移民②。

　　除上述三处遗址外，2011 年内蒙古文物考古研究所对和林格尔县城关镇九龙湾行政村店里自然村东南的 39 座墓葬进行了考古发掘，其中战国中晚期墓葬 37 座，均为竖穴土坑墓，葬式以仰身直肢为主，伴随出土有陶器、铜器、铁器、骨器等随葬文物③。该遗址共采集保存完整的战国时期人骨标本 12 例（男性 6 例、女性 6 例），研究表明，店里墓地古代男性居民普遍具有中颅型（颅长宽指数均值 78.8）、高颅型（颅长高指数均值 77.3）、狭颅型（颅宽高指数均值 98.1）相结合的颅型特征，以及中眶型（右眶指数Ⅰ均值 79.5）、中鼻型（鼻指数均值 50）、中等颧宽（面宽均值 134.3 毫米）和上面部扁平程度（鼻颧角均值 142.7°）等面部形态特点，这样的颅面部形态特征与现代蒙古人种中的东亚类型居民较为一致，研究者推测店里墓地战国时期居民很有可能也是赵国为巩固边防而迁来屯垦戍边的中原移民④。同年，内蒙

---

① 陈永志、李强、刘刚：《和林格尔县土城子古城考古发掘主要收获》，《内蒙古文物考古》2006 年第 1 期。
② 顾玉才：《内蒙古和林格尔县土城子遗址战国时期人骨研究》。
③ 内蒙古自治区文物考古研究所：《2011 年内蒙古自治区文物考古研究所考古发现综述》，《草原文物》2012 年第 1 期。
④ 韩涛、李强、张全超：《内蒙古和林格尔县店里墓地战国时期人骨研究》，《北方民族考古》第 2 辑，2015 年。

古文物考古研究所对和林格尔县新店子镇十一号行政村东头号自然村南部的43座墓葬进行了考古发掘，年代初步推测为战国中晚期，均为竖穴土坑墓，葬式以仰身直肢为主，出土有陶器、铜器、铁器、玉器、石器及动物骨骼，其中动物形象的带钩较为特殊，推测受到这一地区北方民族的影响[①]。该遗址共采集保存完整的标本14例（男性10例、女性4例），研究表明，东头号墓地古代男性居民普遍具有中颅型（颅长宽指数均值77.59）、高颅型（颅长高指数均值76.70）、狭颅型（颅宽高指数均值98.95）相结合的颅型特征，以及中眶型（右眶指数Ⅰ均值77.44）、狭鼻型（鼻指数均值46.26）、中等颧宽（面宽均值136.37毫米）等面部形态特点，这样的颅面部形态特征与现代蒙古人种中的东亚类型居民较为一致，研究者推测东头号墓地战国时期居民很有可能也是中原移民[②]。

综合以上五处墓地人骨标本的种系成分研究可知，东周时期的和林格尔地区，至少曾经生活有颅面形态特征相异的两类古代人群，其中一支是以新店子春秋晚期至战国早期墓地为代表的"古蒙古高原类型"居民，研究者认为其很有可能来自蒙古高原地区；另外一支则是以土城子遗址战国墓地为代表的"古中原类型"居民，研究者认为其是战国时期赵国自中原地区迁来的戍民。

第三节　内蒙古和林格尔县大堡山墓地概况

2011年6—8月，为配合呼杀（呼和浩特至杀虎口）高速公路建设，内蒙古文物考古研究所等机构对和林格尔县新店子镇十一号村东南约500米的一处古代墓地进行发掘，该墓地位于一座被当地村民称为"大堡山"的山丘顶部，故发掘者将其命名为"大堡山墓地"。

大堡山墓地发掘总面积约为6万平方米，共清理出竖穴土坑墓51座，均为单

---

① 内蒙古自治区文物考古研究所：《2011年内蒙古自治区文物考古研究所考古发现综述》，《草原文物》2012年第1期。

② 朱思媚：《内蒙古和林格尔县东头号墓地人骨研究》，长春：吉林大学硕士学位论文，2016年，51~52页。

人葬，可辨葬式有直肢葬42座，屈肢葬5座，但墓向不一，其中南北向墓35座，东西向墓15座，东北—西南向墓1座，共采集人骨标本44例。该墓地未遭盗掘，却受到水土流失、农耕生产等因素影响，但墓葬保存情况不尽人意。伴随出土有陶罐，陶壶，陶豆，铜质、铁质带钩，铜镞，铜铃，铜镜，玉璧、玛瑙饰品等随葬文物80余件，其中，以随葬带钩为大宗，主要形制有耜形、琵琶形及全兽形，值得注意的是，绝大多数带钩钩首缺失或脱落，疑似一种特殊的"毁器"葬俗。大堡山墓地出土陶器数量并不多，共11件，其中，M12和M18中存在有"钵扣罐"的器形组合。另外，大堡山墓地还出土有两枚铜玺印，分别是M16出土的"明上"玺以及M30出土的"正行亡私（厶）"玺，从内容、形制及篆刻风格上判断，当为先秦时期常见吉语玺（图1.1）。经发掘者初步断定，大堡山墓地的相对年代应属战国晚期①。

为确定大堡山墓地的绝对年代，笔者从44例人骨标本中随机抽选5例进行取样，并送往北京大学进行加速器质谱碳十四（AMS^{14}C）测年，结果分别为：2190±25BP、2260±30BP、2235±30BP、2305±25BP、2250±25BP（详见附表1）。

1."明上"玺

2."正行亡私"玺

图1.1（彩版一） 大堡山墓地出土铜玺印（张旭制图）

---

① 齐溶青等：《和林格尔县大堡山墓地发掘报告》，《草原文物》2013年第2期。

第四节 研究目的与相关说明

内蒙古和林格尔地区发掘的先秦时期墓葬数以千计，但针对这些墓葬出土人骨标本所进行的研究却十分有限。大堡山墓地位于和林格尔县东南部，三面环山，北傍浑河，在河的对岸，与其直线距离约 6 千米处便是"古蒙古高原类型"新店子古代居民的"长眠"之所，再往北则是葬有"古中原类型"东周居民的将军沟墓地，针对这些人骨标本所进行的分析与研究为大堡山墓地出土人骨的系统研究树立了标杆。本研究旨在"托骨见人"，科学发掘大堡山墓地出土人骨标本所蕴含的人类学信息，进一步充实和林格尔地区古代人骨研究成果，同时为探寻该区域人群迁徙与民族交融等问题提供科学的依据。本研究将从以下两方面对大堡山墓地出土人骨标本进行研究与分析：

第一，对大堡山墓地人骨标本进行系统的生物考古学研究，全面提取该墓地古代居民的人口结构、骨骼形态特征、骨骼发育程度和健康状况等方面的信息。

第二，以大堡山墓地为中心，与邻近地区相关人骨材料进行比较与分析，将与大堡山墓地古代居民的颅面形态特征相仿的古代人群在时空框架中进行系统梳理，并结合史料，还原大堡山墓地古代居民与邻近地区人群间的迁徙、交流、融合情况以及与所持生业模式、考古学文化之间的内在关系。

基于以上目的，本研究主体结构由以下四个部分组成：

第一，第二章对大堡山墓地古代居民的性别构成、年龄结构、平均预期寿命等信息进行提取，并通过对比东周时期和林格尔地区其他墓葬古代居民相关数据开展初步的古人口学研究。

第二，对大堡山墓地古代居民的骨骼形态研究主要分为测量性状统计与非测量性状观察两部分：其中，测量性状研究针对颅骨和四肢长骨分别进行，于第三章和第四章进行统计分析；非测量性状研究针对颅骨和牙齿分别开展，于第五章和第六章进行观察讨论。

第三，第七章从古病理学的角度对大堡山墓地古代居民的健康状况进行探讨，包括口腔疾病，以及颅骨、四肢长骨疾病与创伤的诊断、统计和比较分析。

第四，第八章结合考古学文化与相关历史文献，对大堡山墓地古代居民人骨研究中所反映出的相关问题进行深入分析与讨论，具体包括对其人种构成、种系来源与流向等问题的系统梳理和全面认识。

第二章　大堡山墓地古代居民的古人口学研究

古人口学（Paleodemography）是以考古发掘出土的古代人骨标本为主要分析对象，提取古代人群相关人口统计学信息，进而还原古代人群健康状况的一门学科[1]，对于研究古代社会史、经济史、文化史有着一定的学术价值。

一般而言，古人口学需综合运用统计学、历史学、考古学、体质人类学等多门学科的方法，对古代人群的人口数量、人口结构、人口分布等人口统计学信息进行提取。本章所涉及的古人口学研究，主要集中在对大堡山墓地古代居民性别与死亡年龄情况的统计、平均预期寿命的推算以及与和林格尔地区古代人群间的比较分析三个方面。

第一节　性别鉴定与死亡年龄推算

针对古代墓葬发掘出土的人骨标本进行性别鉴定与死亡年龄推算，不仅能统计出该墓地埋藏的古代人群性别年龄构成基本情况，还为这些人骨标本的深入研究及该墓地考古学文化研究提供了基础数据，是考古学研究中不可或缺的重要环节。大堡山墓地共采集人骨标本 44 例，在对其进行个体性别鉴定和年龄推算的过程中，视骨骼标本的保存情况及具体部位，分别参考由简·布伊克斯特拉（Jane E. Buikstra）、

---

[1] "Paleodemography is the field of inquiry that attempts to identify demographic parameters from past populations (usually skeletal samples) derived from archaeological contexts, and then to make interpretations regarding the health and well-being of those populations." Robert D. Hoppa, James W. Vaupel, *Paleodemography*: *Age Distributions from Skeletal Samples*. Cambridge, NY: Cambridge University Press, 2008, p. 9.

提姆·怀特（Tim D. White）、邵象清、朱泓等人类学家介绍的鉴定标准①，力求对大堡山墓地古代居民的个体性别与死亡年龄做出科学的判定。

一、个体性别鉴定

一般而言，由于生理功能的不同，骨盆形态上的性别差异最为明显②。大堡山墓地女性居民的骨盆普遍纤细较轻，肌嵴发育较弱，耻骨弓夹角偏大，耻骨支移行部上下宽度大致相等，呈方形，耻骨结节距耻骨联合较远，坐骨大切迹宽而浅，髂骨较低，上部略向外张开，髂翼较薄（图2.1）。相比之下，该墓地男性居民的骨盆略微粗壮厚重，肌嵴发育明显，耻骨弓夹角较小，耻骨支移行部上宽下窄，近似三角形，耻骨结节靠近耻骨联合，坐骨大切迹窄而深，髂骨较高且陡直，髂翼较厚（图2.2）。

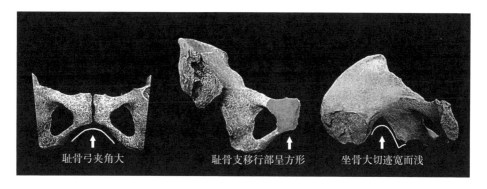

图2.1（彩版二）　大堡山墓地女性居民骨盆基本形态特征（2011HXSM22）（张旭制图）

但是，在颅骨方面，大堡山墓地古代居民两性差异并不显著，一些个体的颅骨形态处于性别鉴定指标变异范围的重叠部分，从而较难甄别。总体而言，该墓地女

① Jane E. Buikstra，Douglas H. Ubelaker，*Standards for data collection from human skeletal remains*. Fayetteville，AR：Arkansas Archaeological Survey，1994，pp. 15 – 38；Tim D. White，Pieter A. Folkens，*The Human Bone Manual*. Burlington，MA：Elsevier Academic Press，2005，pp. 360 – 414；邵象清：《人体测量手册》，上海辞书出版社，1985年，第34～56页；朱泓：《体质人类学》，北京：高等教育出版社，2004年，第92～106页。

② 朱泓：《体质人类学》，第92页。

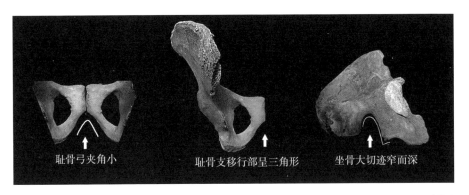

图 2.2（彩版二）　大堡山墓地男性居民骨盆基本形态特征（2011HXSM25）（张旭制图）

性居民的颅骨整体较小，骨壁略薄，额骨额鳞下部平直，上部弯曲，眉间突度不明显，眉弓发育较弱，鼻根点凹陷浅，颧弓较细且平直，乳突偏小，枕外隆突欠发达，下颌骨相对偏小。相比之下，该墓地男性居民的颅骨普遍偏大，骨壁偏厚，额骨后倾，眉间突度略微明显，眉弓发育略为显著，鼻根点凹陷较深，颧弓较粗且向外突出，乳突普遍偏大，枕外隆突相对明显，下颌角区多外翻（图 2.3）。

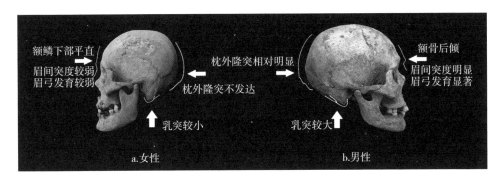

图 2.3　大堡山墓地古代居民颅骨主要形态特征（a. 2011HXSM15，b. 2011HXSM40）
　　　（张旭制图）

　　在根据骨盆和颅骨进行性别鉴定的同时，笔者还综合观察了四肢长骨等其他骨骼，并借鉴牙釉基因鉴定[①]的方法对大堡山墓地人骨标本进行了个体性别鉴定，需要说明的是，因受限于大堡山墓地的人骨标本的牙齿保存情况，仅成功提取了 15 例个体的牙釉基因用于性别鉴定。

---

① 江斌等：《扩增 X－Y 同源 Amelogenin 基因内含子在性别鉴定中的应用研究》，《法医学杂志》1997 年第 2 期。

大堡山墓地发掘出土的 44 例人骨标本中，性别明确者 39 例，鉴定率为 88.64%，男性标本 23 例，女性标本 16 例，两性比例为 1.44∶1，另有 5 例人骨标本，因保存情况欠佳无法进行准确的形态学观察以及牙釉基因的提取，未能做出准确的性别鉴定，其中，疑似男性标本 2 例，疑似女性标本 2 例，性别不详者 1 例（表 2.1）。

二、个体年龄推算

人类骨骼的年龄变化是一个复杂的综合性过程，会受到个体发育情况、营养条件和健康状况等众多因素的影响，从而存在一定的个体差异，在没有任何史料记载的情况下，根据骨骼或牙齿对古代人骨标本进行死亡年龄推算时，难以做出与其实际死亡年龄完全一致的精准推算。因此，笔者主要采用推算年龄范围的方式（例如 8±、30～35、成年①）对大堡山墓地古代居民的个体死亡年龄进行记录，同时采用年龄分期的表述方法（例如青年期、壮年期）对鉴定结果进行归纳。

在对大堡山墓地出土人骨标本进行死亡年龄推算的过程中，针对未成年个体，笔者酌情参考乳、恒齿萌发的时间顺序，四肢长骨骨化点的出现及骨骺线的愈合时间来判别；针对成年个体，笔者主要依据耻骨联合面的年龄变化、牙齿磨耗程度、颅骨骨缝愈合情况来分析。因大堡山墓地古代居民的牙齿保存情况欠佳，且普遍存在牙齿磨耗偏重的现象，故笔者以耻骨联合面作为主要参考对象，并对通过牙齿磨耗推算出的年龄进行了校对，发现两种鉴定方法所得结果之间存在 5 岁左右的偏差，单纯依靠牙齿磨耗推算出的年龄略大（表 2.1）。

表 2.1　大堡山墓地出土人骨标本性别、年龄鉴定表②

墓号	性别	年龄（岁）	墓向	墓号	性别	年龄（岁）	墓向
M1	男性	35～40	南北	M4	男性	40～45	南北
M2	女性	25～30	南北	M5	男性*	35±	南北
M3	男性*	25～30	南北	M6	女性	40±	南北

---

① 笔者主要依据"四肢长骨骨骺线是否完全闭合"作为区分"未成年"与"成年"标准。

② ＊为借鉴牙釉基因鉴定结果。

墓号	性别	年龄（岁）	墓向	墓号	性别	年龄（岁）	墓向
M7	男性	35 ~ 40	东西	M29	男性	20 ~ 25	东西
M8	男性	40 ±	南北	M30	女性	30 ±	南北
M10	男性	25 ±	南北	M31	男性*	25 ~ 30	东西
M11	男性*	40 ±	南北	M32	女性*	35 ±	南北
M13	男性	30 ~ 35	东西	M33	疑似男性	成年	南北
M14	男性	35 ±	南北	M34	男性*	35 ~ 40	南北
M15	女性*	40 ~ 45	南北	M36	男性	35 ~ 40	南北
M16	男性	40 ±	南北	M37	女性*	30 ~ 35	南北
M17	女性	25 ~ 30	南北	M38	无法判断	8 ±	东西
M18	男性	25 ~ 30	南北	M39	男性*	14 ±	南北
M19	女性*	40 ±	南北	M40	男性	40 ±	南北
M20	男性	30 ~ 35	南北	M41	女性	25 ~ 30	东西
M21	女性	35 ~ 40	南北	M42	女性*	25 ~ 30	东西
M22	女性*	25 ~ 30	东西	M43	疑似男性	17 ±	南北
M23	女性	40 ~ 45	南北	M44	疑似女性	成年	南北
M24	男性*	30 ~ 35	东西	M45	疑似女性	40 ±	南北
M25	男性*	40 ±	东西	M47	男性	45 ±	东西
M26	女性*	30 ±	南北	M49	女性	40 ±	东西
M28	男性	40 ±	东西	M51	女性	35 ~ 40	东西

根据表 2.1 所示，在采集自大堡山墓地的 44 例人骨标本中，有 2 例个体仅能鉴定为成年，其余 42 例个体能够明确其年龄范围，鉴定率 95.45%。其中，少年期（7 ~ 14 岁）个体 2 例、青年期（15 ~ 23 岁）个体 2 例、壮年期（24 ~ 35 岁）个体 18 例[1]、中年期（36 ~ 55 岁）个体 20 例。需要说明的是，可能受到特殊葬俗、保存条件、采集情况等多方面因素影响，采集自大堡山墓地的古代人骨标本中不见婴儿期（0 ~ 2 岁）、幼儿期（3 ~ 6 岁）个体；同时，该墓地也不见老年期（≥56 岁）

---

[1]　笔者在进行年龄范围统计时，年龄鉴定 35 ± 岁的个体均归为壮年期（24 ~ 35 岁）。

个体。为更加明确表述大堡山墓地两性居民的年龄构成情况，进一步绘制了表2.2。

表2.2 大堡山墓地出土人骨标本性别、年龄构成统计表

年龄分期	男性（%）	女性（%）	男性?（%）	女性?（%）	性别不详（%）	合计（%）
少年期 （7～14岁）	1（4.35）	0	0	0	1（100）	2（4.76）
青年期 （15～23岁）	1（4.35）	0	1（100）	0	0	2（4.76）
壮年期 （24～35岁）	9（39.13）	9（56.25）	0	0	0	18（42.86）
中年期 （36～55岁）	12（52.17）	7（43.75）	0	1（100）	0	20（47.62）
合计	23	16	1	1	1	42
成年 （年龄不详）	0	0	1	1	0	2
总计	23	16	2	2	1	44

根据表2.2可知，在采集自大堡山墓地的44例人骨标本中，性别明确且可判断年龄范围者共39例，笔者对这39例个体进行死亡年龄两性差异检验；同时，由于该墓地墓向不一，年龄性别明确的39例个体中，采集自南北向墓葬26例、东西向墓葬13例，笔者对不同墓向墓葬出土的个体也进行了死亡年龄差异检验。因样本例数小于40，采用Fisher精确概率法检验，p值选取精确Sig.（双侧）值（表2.3）。

表2.3 大堡山墓地古代居民死亡年龄差异检验结果

年龄分期	按性别		X^2检验		按墓向		X^2检验	
	男性	女性	X^2值	p值	南北	东西	X^2值	p值
少年期 （7～14岁）	1	0			1	0		
青年期 （15～23岁）	1	0	2.128	0.834	0	1	2.526	0.636
壮年期 （24～35岁）	9	9			12	6		
中年期 （36～55岁）	12	7			13	6		

根据表2.3所示，按不同性别、墓向对大堡山墓地古代人群现有各年龄段所进行的差异检验 p 值均大于 0.05，由此可知，该墓地各死亡年龄段之间并不存在显著的性别或墓向差异。

第二节　平均预期寿命计算与讨论

人口平均预期寿命，简称预期寿命，是指假定当前社会各年龄死亡率恒定，在此基础上推算出同时期出生的人预期能继续生存的平均年数，在现代人口统计学中被视为社会经济发展、医疗卫生状况的度量标准之一[①]。但实际情况中各年龄的死亡率是无法恒定的，因此人口平均预期寿命的计算仅仅是一种理想状态下的推算。

人口平均预期寿命往往通过寿命表的编制来体现。寿命表的编制可以根据目的和数据来源不同分为队列寿命表（也作定群寿命表）和现时寿命表。使用队列寿命表来研究人群的生命过程重在队列数据的纵向分析，其不仅对于样本量有着相当大的需求，而且对于时间的跨度要以十年甚至百年计，因此在人口统计学中最常使用的是用于分析横向数据的现时寿命表。现时寿命表的编制原理是假定同时出生的一代人（一般设为 10 万人），按照不同年龄组的死亡率陆续死去直至这一代人群全部离世，根据实际死亡人数（D_x），分别计算出这一代人在不同年龄组的死亡概率（q_x）、尚存人数（l_x）、理论死亡人数（d_x）以及平均预期寿命（e_x）。因不涉及人群年龄结构差异，在不同人群中现时寿命表的编制都具有可行性与可比性。现时寿命表又可分为以 1 岁为单位的完全寿命表和以 5 岁为单位的简略寿命表[②]。根据寿命表的编制原理，针对大堡山墓地古代人群编制寿命表的唯一前提是假定该人群均为同时代出生，参考发掘者建议，大堡山墓地沿用时间并不长，且墓葬开口基本位于同一层位，因此，可视为同属于一个时代的古代人类遗存；结合前文针对该墓地古代居民个体死亡年龄推算的具体结果，笔者将不满 1 岁的死亡个体记为 "0 ~" 岁组，组距为 1；1 ~ 5 岁的死亡个体记为 "1 ~" 岁组，组距为 4；45 岁及以上死亡个

① 舒星宇等：《对我国人口平均预期寿命间接估算及评价》，《人口学刊》2014 年第 5 期。
② 徐勇勇、陈峰：《卫生统计学》（第七版），北京：人民卫生出版社，2012 年，第 369 页。

体记为"45～"岁组，组距为10；其余各年龄组以5岁为组距进行简略寿命表编制。

在采集自大堡山墓地的44例人骨标本中，42例个体可进行较为确切的年龄范围推算，在对其进行简略寿命表编制之前，首先需要将个体年龄范围的推算结果进行均值化处理（例如，某一个体死亡年龄推算为20～25岁，取中间值22.5岁作为其年龄均值化处理结果），并针对各个年龄的出现频数加以统计（表2.4），从而编制大堡山墓地古代居民的简略寿命表（表2.5），根据表2.5可知大堡山墓地古代居民的平均预期寿命为34.35岁。

表2.4　大堡山墓地古代居民死亡年龄出现频数统计表

有效年龄（岁）	出现频数	有效百分比（%）	累计百分比（%）
5～	1	2.38	2.38
10～	1	2.38	4.76
15～	1	2.38	7.14
20～	1	2.38	9.52
25～	9	21.43	30.95
30～	6	14.29	45.24
35～	9	21.43	66.67
40～	13	30.95	97.62
45～	1	2.38	100.00
合计	42	100.00	—

表2.5　大堡山墓地古代居民简略寿命表

年龄组（岁）	实际死亡人数	死亡概率（%）	尚存人数	死亡人数	生存人年数	生存总人年数	预期寿命
$X\sim$	D_x	$_nq_x$	l_x	d_x	$_nL_x$	T_x	e_x
0～	0	0.00	100000	0	100000	3434524	34.35
1～	0	0.00	100000	0	400000	3334524	33.35
5～	1	2.38	100000	2381	494048	2934524	29.35
10～	1	2.44	97619	2381	482143	2440476	25.00
15～	1	2.50	95238	2381	470238	1958333	20.56
20～	1	2.56	92857	2381	458333	1488095	16.03

续表 2.5

年龄组（岁）	实际死亡人数	死亡概率（%）	尚存人数	死亡人数	生存人年数	生存总人年数	预期寿命
25 ~	9	23.68	90476	21429	398810	1029762	11.38
30 ~	6	20.69	69048	14286	309524	630952	9.14
35 ~	9	28.13	54762	21429	220238	321429	5.87
40 ~	13	92.86	33333	30952	89286	101190	3.04
45 ~	1	100.00	2381	2381	11905	11905	5.00

现代人口统计学研究表明女性的平均预期寿命要略高于男性[1]，为进一步了解大堡山墓地古代居民的男女性平均预期寿命情况，笔者对大堡山墓地 39 例性别明确者各死亡年龄出现频数按性别不同加以统计（表 2.6），并编制简略寿命表（表 2.7、2.8）。

表 2.6　大堡山墓地古代居民死亡年龄出现频数统计表（按性别）

有效年龄（岁）	出现频数		有效百分比（%）		累计百分比（%）	
	男性	女性	男性	女性	男性	女性
5 ~	0	0	0.00	0.00	0.00	0.0
10 ~	1	0	4.35	0.00	4.35	0.0
15 ~	0	0	0.00	0.00	4.35	0.0
20 ~	1	0	4.35	0.00	8.70	0.0
25 ~	4	5	17.39	31.25	26.09	31.3
30 ~	3	3	13.04	18.75	39.13	50.0
35 ~	6	3	26.09	18.75	65.22	68.8
40 ~	7	5	30.43	31.25	95.65	100.0
45 ~	1	0	4.35	—	100.00	—
总计	23	16	100.00	100.00	—	—

---

[1]　黄荣清、庄亚儿：《人口死亡水平的国际比较》，《人口学刊》2004 年第 6 期。

表 2.7 大堡山墓地古代男性居民简略寿命表

年龄组 （岁）	实际死亡 人数	死亡概率 （%）	尚存人数	死亡人数	生存人 年数	生存总人 年数	预期寿命
X ~	D_x	$_nq_x$	l_x	d_x	$_nL_x$	T_x	e_x
0 ~	0	0.00	100000	0	100000	3543478	35.43
1 ~	0	0.00	100000	0	400000	3443478	34.43
5 ~	0	0.00	100000	0	500000	3043478	30.43
10 ~	1	4.35	100000	4348	489130	2543478	25.43
15 ~	0	0.00	95652	0	478261	2054348	21.48
20 ~	1	4.55	95652	4348	467391	1576087	16.48
25 ~	4	19.05	91304	17391	413043	1108696	12.14
30 ~	3	17.65	73913	13043	336957	695652	9.41
35 ~	6	42.86	60870	26087	239130	358696	5.89
40 ~	7	87.50	34783	30435	97826	119565	3.44
45 ~	1	100.00	4348	4348	21739	21739	5.00

表 2.8 大堡山墓地古代女性居民简略寿命表

年龄组 （岁）	实际死亡 人数	死亡概率 （%）	尚存人数	死亡人数	生存人 年数	生存总人 年数	预期寿命
X ~	D_x	$_nq_x$	l_x	d_x	$_nL_x$	T_x	e_x
0 ~	0	0.00	100000	0	100000	3500000	35.00
1 ~	0	0.00	100000	0	400000	3400000	34.00
5 ~	0	0.00	100000	0	500000	3000000	30.00
10 ~	0	0.00	100000	0	500000	2500000	25.00
15 ~	0	0.00	100000	0	500000	2000000	20.00
20 ~	0	0.00	100000	0	500000	1500000	15.00
25 ~	5	31.25	100000	31250	421875	1000000	10.00
30 ~	3	27.27	68750	18750	296875	578125	8.41
35 ~	3	37.50	50000	18750	203125	281250	5.63
40 ~	5	100.00	31250	31250	78125	78125	2.50

　　根据表2.7和表2.8所示结果可知，大堡山墓地古代男性居民的平均预期寿命为35.43岁，女性居民的平均预期寿命为35岁，均略高于该墓地古代居民的整体平均预期寿命（34.35岁），或许是按照性别分别计算过程中将无法准确判定性别的个体全部剔除，从而影响了最终的计算结果。同时，该墓地古代男性居民的平均预期寿命略高于女性，与现代人口统计学中"女性平均预期寿命高于男性"的结论不同。根据表2.6可知，在"25～"岁组中，女性死亡率（31.25%）明显高于男性（17.39%）；在"30～"岁组，女性死亡率（18.75%）仍高于男性（13.04%）；在"35～"岁组，男性死亡率（26.09%）反超女性（18.75%）；在"40～"岁组，两性死亡率几乎持平，但女性死亡率（31.25%）略高于男性（30.43%）。由于古代社会医疗卫生条件有限，承担生育"任务"的女性面临着围产期保健不当染病甚至死亡的"风险"，故笔者推测这是导致该墓地古代男性居民的平均预期寿命略高于女性的主要原因。诚然，平均预期寿命取决于各年龄单位逝者所占比例，即死亡概率的计算，在现代人口统计学研究中，死亡概率可通过人口普查等方式获得，而建立在依靠年龄范围推算基础上的古代人类死亡概率却很难做到精确无误，故以此作为基础计算出的平均预期寿命难免存在偏差。

第三节　人口构成情况分析与讨论

一、人口性别构成

　　依据考古发掘出土的古代人类遗骸的性别鉴定结果，计算出该遗存的人口性别构成，是目前古人口学研究中最为基本的内容。为探索大堡山墓地古代居民性别构成所蕴含的人类学意义，笔者将其与同处和林格尔地区的土城子①、将军沟②、东头

---

① 顾玉才：《内蒙古和林格尔县土城子遗址战国时期人骨研究》，第8～18页。
② 张全超、曹建恩、朱泓：《内蒙古和林格尔县将军沟墓地人骨研究》，《人类学学报》2006年第4期。

号①、新店子②墓地的古代人群的性别构成进行比较（表2.9）。在第一章中，四组对比人群基本情况已作介绍，此处不再赘述。根据考古学文化初步研究，土城子遗址、将军沟墓地、东头号墓地被认定为中原农耕成民遗存；而新店子墓地则被认为是主要依靠畜牧为生的北方草原民族。

表2.9 和林格尔地区古代居民人口性别构成统计表

墓葬名称	墓葬年代	人群来源	男性（%）	女性（%）	男性：女性
大堡山	战国晚期	?	23（58.97）	16（41.03）	1.44
土城子	战国中晚期	中原地区	177（74.06）	62（25.94）	2.85
将军沟	战国中晚期	中原地区	11（78.57）	3（21.43）	3.67
东头号	战国中晚期	中原地区	10（71.43）	4（28.57）	2.50
新店子	春秋晚期—战国早期	北方草原	26（68.42）	12（31.58）	2.17

根据表2.9所示数据可知，将军沟墓地古代居民的两性比例表现最为失衡，其样本量过小或许是导致失衡的原因所在，但也极可能是因为该墓地古代居民作为自中原北迁至该区域的戍边人群，戍边防御的任务本应主要由男性承担，所以才导致该墓地两性比例高达3.67。与将军沟墓地古代居民同为"北上"中原成民的东头号墓地以及土城子遗址也均表现出两性比例失衡的现象，顾玉才研究认为，土城子遗址中两性比例失衡与其作为"中原赵国戍民墓地"的遗存性质有关，由于戍边防御需要，男性居民在人口结构中应占有较高比例③。新店子墓地古代人群同样存在男女比例失衡的现象，相关研究虽未能对于失衡原因做出合理的解释，但综合考虑其作为南下的北方草原人群，这种偏高的两性比例或许与北方草原人群中两性成活几率存在差异以及特殊埋葬习俗有关④。虽然大堡山墓地男性居民略多于女性，但与和林格尔地区其他四组古代人群相比，大堡山墓地两性比例所代表的人口性别结构相对平衡，笔者推测该墓地应不像北上中原成民那样需要大量男性，也不像南下草原人群

① 朱思媚：《内蒙古和林格尔县东头号墓地人骨研究》，第3~8页。
② 张全超：《内蒙古和林格尔县新店子墓地人骨研究》，第4~10页。
③ 顾玉才：《内蒙古和林格尔县土城子遗址战国时期人骨研究》，第8~18页。
④ 张全超：《内蒙古和林格尔县新店子墓地人骨研究》，第4~10页。

一般女性成活几率偏低或者存在特殊埋葬制度。

二、人口年龄构成

为了进一步探讨大堡山墓地古代居民人口构成情况，笔者将其与同处和林格尔地区的土城子①、将军沟②、东头号③、新店子④墓地的古代人群的年龄构成进行比较（表2.10）。需要说明的是，由于不满14岁的未成年个体常因特殊葬俗、保存条件、采集情况等诸多因素影响，无法做到精确的个体统计，故将其归为一组，并在此不予讨论。

表2.10　和林格尔地区古代居民人口年龄构成统计表

墓葬名称	墓葬年代	人群来源	性别	年龄分期（%）					总计
				未成年 ≤14岁	青年期 15~23岁	壮年期 24~35岁	中年期 36~55岁	老年期 ≥56岁	
大堡山	战国晚期	？	男	1（4.35）	1（4.35）	9（39.13）	12（52.17）	0	23
			女	0	0	9（56.25）	7（43.75）	0	16
土城子	战国中晚期	中原地区	男	0	8（4.68）	87（50.88）	72（42.11）	4（2.34）	171
			女	0	4（6.90）	40（68.97）	12（20.69）	2（3.45）	58
将军沟	战国中晚期	中原地区	男	0	0	1（33.33）	2（66.67）	0	3
			女	0	0	0	1（100.00）	0	1
东头号	战国中晚期	中原地区	男	0	0	6（60.00）	4（40.00）	0	10
			女	0	1（25.00）	2（50.00）	1（25.00）	0	4
新店子	春秋晚期—战国早期	北方草原	男	0	2（9.52）	10（47.62）	9（42.86）	0	21
			女	0	5（45.45）	3（27.27）	3（27.27）	0	11

① 顾玉才：《内蒙古和林格尔县土城子遗址战国时期人骨研究》，第8~18页。

② 王海晶等：《内蒙古和林格尔县将军沟墓地古人骨分子生物学研究》，《自然科学进展》2006年第7期。

③ 朱思媚：《内蒙古和林格尔县东头号墓地人骨研究》，第3~8页。

④ 张全超：《内蒙古和林格尔县新店子墓地人骨研究》，第4~10页。

根据表 2.10 可知，土城子遗址、东头号墓地、新店子墓地的男性居民均在壮年期（24~35 岁）达到死亡高峰，而大堡山墓地与将军沟墓地死亡高峰发生在中年期（36~55 岁）。相关研究并未对将军沟、东头号、新店子墓地男性居民死亡高峰期的形成原因进行合理性解释，特别是将军沟墓地，刊布数据过少[1]，极有可能造成分析结果与实际情况出现偏差。而顾玉才认为，战国中晚期，赵国与匈奴等北方草原民族间战争频发，是导致作为戍民的土城子遗址壮年期男性大量伤亡的主要原因[2]。那么，疑似同为中原戍民的东头号墓地男性居民壮年期死亡人数较多或许也是由于同样的原因。相较而言，虽然大堡山墓地古代男性居民壮年期死亡率偏高，但其中年期死亡人数占男性总人数的 52.17%，完全不同于土城子遗址男性居民壮年期死亡人数最多的情况，笔者由此推测，该墓地古代男性居民应不同于土城子遗址、东头号墓地这类"北上"中原男性戍民，将戍边防御作为首要任务而卒于壮年。

新店子墓地女性居民的死亡高峰期为青年期（15~23 岁），而土城子遗址、大堡山墓地女性居民的死亡高峰期为壮年期（24~35 岁），由于将军沟墓地仅刊布了 1 例中年期女性个体数据，故在此不做讨论。张全超认为，当时社会医疗保健条件较差导致了作为"南下牧人"的新店子墓地大量青年女性在分娩和产褥期患病死亡[3]。相较而言，土城子遗址、大堡山墓地古代女性居民的死亡高峰期推后到了壮年期，笔者认为围产期保健不当仍然是造成大堡山墓地壮年期女性死亡的原因之一，但其所处社会的稳定性、文明化程度、医疗卫生条件的差异，也是导致大堡山墓地古代女性居民与新店子墓地女性居民死亡高峰期出现时间不同的原因，即大堡山墓地所处社会的发展水平应与"北上"的土城子人群相似，不同于"南下"的新店子古代人群。

第四节　小结

本章针对采集自大堡山墓地的 44 例古代人骨标本进行了个体性别鉴定与死亡

---

① 张全超：《内蒙古和林格尔县新店子墓地人骨研究》，第 4~10 页。

② 顾玉才：《内蒙古和林格尔县土城子遗址战国时期人骨研究》，第 8~18 页。

③ 张全超：《内蒙古和林格尔县新店子墓地人骨研究》，第 4~10 页。

年龄推算，研究发现该墓地各死亡年龄段之间并不存在显著的性别、墓向差异。利用简略寿命表的编制，推算出该墓地古代居民的平均预期寿命为 34.35 岁，且女性居民的平均预期寿命（35 岁）与男性居民平均预期寿命（35.43）近似。为了进一步发掘大堡山墓地古代居民的人口结构特征，笔者选择了与大堡山墓地地理位置邻近的和林格尔地区土城子遗址、将军沟墓地、东头号墓地、新店子墓地古代居民作为对比人群，通过各人群的性别、年龄结构的对比与分析可知：大堡山墓地古代居民两性比例相对其他四组人群而言较为均衡（男性∶女性 = 1.44），男性居民的死亡高峰期为中年期（36～55 岁），女性居民的死亡高峰期为壮年期（24～35 岁），这样的人群结构表明该人群既不像"北上"的土城子遗址、东头号墓地人群那样，由于战争频发造成男女性比例严重失衡、壮年期男性死亡人数骤增，也不像"南下"的新店子墓地古代人群一般青年女性成活几率偏低或者存在特殊埋葬制度。

　　诚然，将现代人口统计学方法运用于古代人类骨骼标本上，不仅需要承受来自"骨学悖论"（the Osteological Paradox）[①] 的巨大质疑，还需要默认许多假定前提，例如，假定了人群的同时代性进而推算出平均预期寿命，却忽视了遗址本身的延用性；假定了人群处于静止模式而进行人口结构评估，却忽视了人群间的正常生死更迭与迁徙。正是由于这些假定前提的存在，本章对大堡山墓地古代居民的古人口学研究仅可视为一次理想状态下的分析与研究。其次，将简略寿命表编制法运用于研究古代人类的平均预期寿命，会受限于实际考古发掘中人骨材料保存及骨骼信息采集的情况，使其不能对人群的死亡概率等重要参数进行真实评估，例如，对于大堡山墓地不满 14 岁的古代居民，因标本采集情况欠佳，作出的死亡概率估算是极不真实的，因此所造成的误差也必将影响进一步的简略寿命表的编制与相关问题的讨论。再次，在与不同人群进行人口结构比较时，墓地年代的差异、地理环境的不同、社会发展阶段的迥异等客观条件都可能成为影响人口结构的重要因素，因此，通过人群间的对比来探讨大堡山墓地古代居民人口结构特点的重要前提，是要有大量满足

---

① James W. Wood, George R. Milner, Henry C. Harpending, Kenneth M. Weiss, The Osteological Paradox: Problems of inferring prehistoric health from skeletal samples. *Current Anthropology*, vol. 33, 1992, pp. 343 – 370.

"年代相似、地理位置相近、社会发展阶段相同"等客观制约条件的古代人类遗存的发掘与相关古人口学研究的开展。目前，虽然和林格尔地区的考古发掘正进行得如火如荼，但此类研究在该地区乃至整个内蒙古中南部地区却相对匮乏。基于以上原因，本章对于大堡山墓地古代居民的古人口学研究所得结论必定与实际情况存有误差。

第三章　大堡山墓地古代居民的颅骨测量性状研究

　　针对人类骨骼进行测量学研究是传统人类骨骼考古研究不可或缺的组成部分，主要通过被测者整体或局部的测量性状的记录以及各项指数的计算与统计，对其体质特征与类型以及变异和发展的规律作出分析总结，进而针对人类在个体发育和系统发育过程中所经历的体质特征的变化进行探讨，根据测量部位的不同可初步分为颅骨测量和体骨测量①。

第一节　颅骨测量性状统计

　　采集自大堡山墓地的 44 例人骨标本中，性别明确者共 39 例（男性 23 例、女性 16 例），其中，可提供颅骨测量性状数据的成年个体共 31 例（男性 17 例、女性 14 例），针对这 31 例颅骨标本，本章所采用的测量方法与指数计算公式主要参照邵象清②、朱泓③等我国人类学家的介绍与定义，还分别进行了各项测量性状的算数平均值、标准差、均值标准误④、最小值、最大值、极差（最大值与最小值之差）等标志变异指数的计算，具体计算公式如下（其中，n 代表样本例数；X_i 代表具体测量性状值）：

　　（1）算数平均值（Arithmetic mean，用 $\bar{X}$ 表示）计算公式为：

$$\bar{X} = \frac{\sum\limits_{i=1}^{n} X_i}{n}$$

---

① 朱泓：《体质人类学》，第 89～147 页。

② 邵象清：《人体测量手册》，第 57～110 页。

③ 朱泓：《体质人类学》，第 89～147 页。

④ 陈彦垒、郭少阳：《标准误在统计与测量中的使用比较》，《统计与决策》2014 年第 20 期。

（2）标准差（Standard Deviation，用 S 表示）计算公式为：

$$S = \sqrt{\frac{\sum_{i=1}^{n}(X_i - \bar{X})^2}{n-1}}$$

标准差表示测量性状数据值之间的离散程度。在计算过程中标准差越大，则表明测量数据离散度越高，将标准差与算数平均值相结合，能够估算出测量数据值的参考范围，计算出样本变异系数。

（3）均值标准误（Standard Error of the Mean，用 $S_{\bar{X}}$ 表示）计算公式为：

$$S_{\bar{X}} = \frac{S}{\sqrt{n}}$$

均值标准误表示测量性状均值的抽样误差，与标准差在样本例数不变时呈正比例关系，与样本例数呈反比例关系。在计算过程中均值标准误越小，则表明抽样结果越能反映样本的总体情况。

一、颅骨测量项目统计

笔者分别对采集自大堡山墓地的 31 例成年个体 78 项颅骨测量项目进行数据采集与统计（详见表 3.1～3.4）。需要说明的是，大堡山墓地全部为单人葬，且墓向不一，南北向墓 35 座，提取性别明确的颅骨标本 19 例（男性 9 例、女性 10 例），东西向墓 15 座，提取性别明确的颅骨标本 12 例（男性 8 例、女性 4 例）。

表 3.1　大堡山墓地古代男性居民颅骨测量项目统计表（南北向）[①]

马丁号	测量项目	个体数	平均数	标准差	标准误	最大值	最小值	极差
1	颅骨最大长 g - op	7	175.43	4.96	1.88	182.00	168.00	14.00
5	颅基底长 n - enba	7	98.79	5.38	2.03	105.00	91.00	14.00
8	颅骨最大宽 eu - eu	7	138.57	3.51	1.32	144.00	135.00	9.00
9	额骨最小宽 ft - ft	7	90.97	3.76	1.42	98.00	87.00	11.00
11	耳点间宽 au - au	7	120.43	5.32	2.01	127.00	112.00	15.00

---

① 长度单位为毫米（mm）；角度单位为度（°）。

马丁号	测量项目	个体数	平均数	标准差	标准误	最大值	最小值	极差
12	枕骨最大宽 ast – ast	7	107.29	2.98	1.13	112.00	103.00	9.00
7	枕骨大孔长 enba – o	7	33.68	2.21	0.84	35.44	30.12	5.32
16	枕骨大孔宽	7	29.04	2.53	0.96	33.56	26.40	7.16
17	颅高 b – ba	7	136.57	4.76	1.80	143.00	130.00	13.00
21	耳上颅高 po – po	7	113.71	6.29	2.38	123.00	105.00	18.00
23	颅周长 g – op – g	7	502.00	16.31	6.16	519.00	480.00	39.00
24	颅横弧 po – b – po	7	306.50	19.88	7.51	327.50	275.00	52.50
25	颅矢状弧 n – o	7	361.29	17.53	6.63	375.00	333.00	42.00
26	额骨矢状弧 n – b	7	124.00	8.58	3.24	135.00	112.00	23.00
27	顶骨矢状弧 b – l	7	120.71	8.67	3.28	135.00	106.00	29.00
28	枕骨矢状弧 l – o	7	116.00	7.12	2.69	127.00	110.00	17.00
29	额骨矢状弦 n – b	7	109.60	6.46	2.44	117.18	100.84	16.34
30	顶骨矢状弦 b – l	7	108.30	4.76	1.80	113.30	99.78	13.52
31	枕骨矢状弦 l – o	7	97.42	5.27	1.99	106.74	92.01	14.73
40	面底长 pr – enba	4	94.98	4.78	2.39	99.82	89.39	10.43
43	上面宽 fmt – fmt	6	101.46	3.08	1.26	105.67	97.72	7.95
44	两眶宽 ek – ek	6	95.38	3.16	1.29	99.23	90.79	8.44
45	面宽/颧点间宽 zy – zy	4	134.50	2.38	1.19	137.00	132.00	5.00
46	中面宽 zm – zm	6	97.57	4.36	1.78	100.82	89.38	11.44
48	上面高 n – pr	3	68.80	7.45	4.30	77.40	64.36	13.04
	上面高 n – sd	6	71.89	7.62	3.11	80.81	63.84	16.97
50	前眶间宽 mf – mf	7	19.03	2.33	0.88	22.84	15.36	7.48
51	眶宽 mf – ek L	6	41.52	2.43	0.99	44.42	37.62	6.80
	眶宽 mf – ek R	7	42.22	2.60	0.98	46.08	38.38	7.70
51a	眶宽 d – ek L	4	38.21	1.82	0.91	40.71	36.43	4.28
	眶宽 d – ek R	4	37.94	2.12	1.06	40.27	35.68	4.59
52	眶高 L	5	31.50	2.65	1.18	35.55	28.20	7.35
	眶高 R	7	32.00	2.64	1.00	35.26	27.04	8.22
MH	颧骨高 fmo – zm L	4	42.09	5.46	2.73	49.37	37.72	11.65
	颧骨高 fmo – zm R	7	43.65	4.31	1.63	49.30	37.20	12.10

续表 3.1

马丁号	测量项目	个体数	平均数	标准差	标准误	最大值	最小值	极差
MB	颧骨宽 zm – rim. Orb L	4	23.41	3.23	1.62	26.52	19.44	7.08
	颧骨宽 zm – rim. Orb R	7	25.50	2.20	0.83	27.56	21.44	6.12
54	鼻宽	7	24.89	1.64	0.62	28.22	23.30	4.92
55	鼻高 n – ns	7	51.81	4.48	1.69	56.78	45.52	11.26
60	上颌齿槽弓长 pr – alv	3	53.00	3.90	2.25	57.13	49.38	7.75
61	上颌齿槽弓宽 ekm – ekm	4	63.48	2.13	1.07	66.57	61.85	4.72
62	腭长 ol – sta	6	45.15	2.95	1.21	49.82	40.64	9.18
63	腭宽 enm – enm	6	35.20	3.64	1.49	39.76	29.64	10.12
FC	两眶内宽 fmo – fmo	6	93.79	3.26	1.33	97.21	89.00	8.21
DC	眶间宽 d – d	4	21.94	1.54	0.77	22.88	19.65	3.23
32	额侧角 I ∠n – m and FH	7	79.29	6.10	2.31	88.00	69.00	19.00
	额侧角 II ∠g – m and FH	7	75.43	5.62	2.13	84.00	68.00	16.00
	前囟角 ∠g – b and FH	7	45.57	2.99	1.13	49.00	40.00	9.00
72	总面角 ∠n – pr and FH	3	83.67	2.08	1.20	86.00	82.00	4.00
73	中面角 ∠n – ns and FH	6	87.67	6.15	2.51	98.00	82.00	16.00
74	齿槽面角 ∠ns – pr and FH	3	78.00	4.36	2.52	83.00	75.00	8.00
77	鼻颧角 ∠fmo – n – fmo	4	141.47	3.84	1.92	145.83	136.78	9.05
	颧上颌角 ∠zm – ss – zm	3	127.74	7.70	4.45	134.08	119.17	14.91
	面三角 ∠pr – n – ba	3	68.26	4.31	2.49	72.62	64.00	8.62
	∠n – pr – ba	3	69.00	1.25	0.72	69.99	67.60	2.39
	∠n – ba – pr	3	42.74	3.48	2.01	46.58	39.78	6.80
65	下颌髁突间宽 cdl – cdl	5	126.23	4.60	2.06	130.92	119.43	11.49
66	下颌角间宽 go – go	6	105.34	2.79	1.14	109.00	103.23	5.77
67	髁孔间径	7	49.05	1.25	0.47	50.70	47.15	3.55
68	下颌体长	6	73.13	5.25	2.14	78.73	64.00	14.73
68 – 1	下颌体最大投影长	6	105.83	9.27	3.78	115.00	91.00	24.00
69	下颌联合高 id – gn	6	36.08	4.53	1.85	41.75	29.35	12.40
69 – 1	下颌体高 I L	8	31.99	3.74	1.32	39.22	27.36	11.86
	下颌体高 I R	8	33.18	3.70	1.31	39.46	28.00	11.46
	下颌体高 II L	8	29.50	3.16	1.12	34.42	25.99	8.43
	下颌体高 II R	8	30.20	3.40	1.20	34.16	26.03	8.13

续表 3.1

马丁号	测量项目	个体数	平均数	标准差	标准误	最大值	最小值	极差
69-3	下颌体厚 I L	8	12.94	1.62	0.57	14.48	10.02	4.46
	下颌体厚 I R	8	12.97	1.91	0.67	15.47	10.20	5.27
	下颌体厚 II L	8	15.03	2.08	0.73	17.76	11.67	6.09
	下颌体厚 II R	8	15.30	2.13	0.75	18.90	12.75	6.15
70	下颌支高 L	7	62.07	4.72	1.78	69.93	55.88	14.05
	下颌支高 R	7	61.42	5.50	2.08	69.33	51.36	17.97
71	下颌支宽 L	6	40.69	4.95	2.02	48.70	34.12	14.58
	下颌支宽 R	6	42.02	3.36	1.37	48.09	37.76	10.33
71a	下颌支最小宽 L	7	31.58	3.36	1.27	35.48	26.41	9.07
	下颌支最小宽 R	7	31.67	3.18	1.20	35.32	26.43	8.89
79	下颌角	6	120.00	2.61	1.06	124.00	117.00	7.00
	颏孔间弧	7	58.57	3.55	1.34	64.00	52.00	12.00

表 3.2 大堡山墓地古代男性居民颅骨测量项目统计表（东西向）[①]

马丁号	测量项目	个体数	平均数	标准差	标准误	最大值	最小值	极差
1	颅骨最大长 g-op	7	177.64	5.45	2.06	184.00	170.00	14.00
5	颅基底长 n-enba	7	101.57	4.12	1.56	106.00	94.00	12.00
8	颅骨最大宽 eu-eu	8	139.31	2.74	0.97	143.00	135.00	8.00
9	额骨最小宽 ft-ft	8	93.21	3.95	1.40	99.71	88.24	11.47
11	耳点间宽 au-au	7	125.00	2.45	0.93	129.00	122.00	7.00
12	枕骨最大宽 ast-ast	7	110.82	2.96	1.12	115.00	106.00	9.00
7	枕骨大孔长 enba-o	7	34.89	3.40	1.29	40.10	28.95	11.15
16	枕骨大孔宽	7	30.00	3.17	1.20	33.83	24.30	9.53
17	颅高 b-ba	7	140.57	5.65	2.14	146.00	131.00	15.00
21	耳上颅高 po-po	7	116.43	3.78	1.43	122.00	112.00	10.00
23	颅周长 g-op-g	7	520.86	8.88	3.36	531.00	509.00	22.00

---

① 长度单位为毫米（mm）；角度单位为度（°）。

续表 3.2

马丁号	测量项目	个体数	平均数	标准差	标准误	最大值	最小值	极差
24	颅横弧 po－b－po	7	313.71	12.59	4.76	335.00	295.00	40.00
25	颅矢状弧 n－o	6	370.50	11.04	4.51	380.00	355.00	25.00
26	额骨矢状弧 n－b	8	124.88	4.61	1.63	131.00	119.00	12.00
27	顶骨矢状弧 b－l	8	124.88	8.24	2.91	140.00	115.00	25.00
28	枕骨矢状弧 l－o	6	119.33	10.33	4.22	135.00	105.00	30.00
29	额骨矢状弦 n－b	8	110.19	4.68	1.66	115.78	104.42	11.36
30	顶骨矢状弦 b－l	8	111.39	6.78	2.40	122.30	98.64	23.66
31	枕骨矢状弦 l－o	8	100.37	8.06	2.85	113.87	90.13	23.74
40	面底长 pr－enba	2	97.95	3.39	2.40	100.35	95.55	4.80
43	上面宽 fmt－fmt	5	103.07	2.66	1.19	106.27	99.47	6.80
44	两眶宽 ek－ek	3	98.37	1.36	0.79	99.92	97.36	2.56
45	面宽/颧点间宽 zy－zy	1	132.00	—	—	—	—	—
46	中面宽 zm－zm	2	97.56	1.36	0.96	98.52	96.60	1.92
48	上面高 n－pr	2	69.10	4.38	3.10	72.20	66.00	6.20
	上面高 n－sd	4	73.15	2.17	1.08	74.72	70.02	4.70
50	前眶间宽 mf－mf	6	18.35	2.29	0.94	22.02	15.21	6.81
51	眶宽 mf－ek L	5	43.32	0.76	0.34	44.00	42.17	1.83
	眶宽 mf－ek R	4	41.91	2.38	1.19	44.44	39.04	5.40
51a	眶宽 d－ek L	5	39.38	1.02	0.46	40.40	38.20	2.20
	眶宽 d－ek R	3	38.00	0.85	0.49	38.50	37.02	1.48
52	眶高 L	5	34.14	1.38	0.62	36.12	32.78	3.34
	眶高 R	3	34.19	2.14	1.24	36.30	32.02	4.28
MH	颧骨高 fmo－zm L	4	44.58	2.28	1.14	46.65	41.33	5.32
	颧骨高 fmo－zm R	4	47.07	4.32	2.16	52.89	42.48	10.41
MB	颧骨宽 zm－rim.Orb L	4	24.15	1.57	0.79	25.80	22.22	3.58
	颧骨宽 zm－rim.Orb R	4	25.78	1.55	0.77	28.09	24.83	3.26
54	鼻宽	5	26.25	2.12	0.95	29.74	24.38	5.36
55	鼻高 n－ns	5	53.75	1.75	0.78	56.00	51.28	4.72
60	上颌齿槽弓长 pr－alv	2	54.25	0.01	0.01	54.26	54.24	0.02

马丁号	测量项目	个体数	平均数	标准差	标准误	最大值	最小值	极差
61	上颌齿槽弓宽 ekm – ekm	3	64.91	3.54	2.04	67.31	60.84	6.47
62	腭长 ol – sta	6	43.99	2.34	0.95	46.60	39.83	6.77
63	腭宽 enm – enm	6	36.95	3.57	1.46	40.02	31.51	8.51
FC	两眶内宽 fmo – fmo	6	95.07	3.16	1.29	100.46	91.30	9.16
DC	眶间宽 d – d	6	20.81	2.47	1.01	22.92	16.70	6.22
32	额侧角 I ∠n – m and FH	5	80.00	4.90	2.19	86.00	74.00	12.00
	额侧角 II ∠g – m and FH	6	76.33	7.26	2.96	86.00	68.00	18.00
	前囟角 ∠g – b and FH	6	45.33	3.01	1.23	49.00	40.00	9.00
72	总面角 ∠n – pr and FH	2	84.00	0.00	0.00	84.00	84.00	0.00
73	中面角 ∠n – ns and FH	5	86.40	3.44	1.54	91.00	83.00	8.00
74	齿槽面角 ∠ns – pr and FH	2	79.50	0.71	0.50	80.00	79.00	1.00
77	鼻颧角 ∠fmo – n – fmo	6	143.07	2.33	0.95	145.84	139.88	5.96
	颧上颌角 ∠zm – ss – zm	2	120.94	1.17	0.83	121.77	120.11	1.66
	面三角 ∠pr – n – ba	2	65.02	1.99	1.41	66.43	63.61	2.82
	∠n – pr – ba	2	72.98	0.26	0.18	73.16	72.79	0.37
	∠n – ba – pr	2	42.01	2.26	1.60	43.60	40.41	3.19
65	下颌髁突间宽 cdl – cdl	4	123.27	1.19	0.59	124.72	121.86	2.86
66	下颌角间宽 go – go	3	102.19	4.05	2.34	105.00	97.55	7.45
67	髁孔间径	7	47.52	2.73	1.03	50.25	43.04	7.21
68	下颌体长	5	72.43	7.62	3.41	81.04	63.00	18.04
68 – 1	下颌体最大投影长	4	100.66	7.29	3.64	111.25	95.00	16.25
69	下颌联合高 id – gn	3	30.29	2.51	1.45	32.54	27.59	4.95
69 – 1	下颌体高 I L	7	29.83	3.20	1.21	33.54	25.76	7.78
	下颌体高 I R	6	29.06	3.06	1.25	33.02	25.85	7.17
	下颌体高 II L	6	26.75	3.44	1.40	30.83	21.63	9.20
	下颌体高 II R	5	27.51	2.96	1.32	31.60	23.92	7.68
69 – 3	下颌体厚 I L	8	12.06	1.55	0.55	14.37	10.18	4.19
	下颌体厚 I R	7	12.71	1.84	0.69	14.89	9.49	5.40
	下颌体厚 II L	8	15.00	1.12	0.40	16.37	12.56	3.81
	下颌体厚 II R	7	15.32	1.25	0.47	16.68	12.68	4.00

续表 3.2

马丁号	测量项目	个体数	平均数	标准差	标准误	最大值	最小值	极差
70	下颌支高 L	4	59.40	4.34	2.17	64.98	54.73	10.25
	下颌支高 R	5	60.97	5.17	2.31	66.06	54.02	12.04
71	下颌支宽 L	4	40.31	1.48	0.74	42.50	39.34	3.16
	下颌支宽 R	4	40.22	1.34	0.67	41.96	39.02	2.94
71a	下颌支最小宽 L	7	33.22	1.74	0.66	36.50	31.75	4.75
	下颌支最小宽 R	6	32.50	2.41	0.98	36.20	29.25	6.95
79	下颌角	5	122.80	6.69	2.99	134.00	118.00	16.00
	颏孔间弧	7	54.86	4.71	1.78	60.00	48.00	12.00

表 3.3　大堡山墓地古代女性居民颅骨测量项目统计表（南北向）[①]

马丁号	测量项目	个体数	平均数	标准差	标准误	最大值	最小值	极差
1	颅骨最大长 g – op	6	171.67	4.50	1.84	179.00	166.00	13.00
5	颅基底长 n – enba	7	97.14	1.68	0.63	100.00	96.00	4.00
8	颅骨最大宽 eu – eu	6	132.83	2.48	1.01	135.00	128.00	7.00
9	额骨最小宽 ft – ft	7	86.79	4.08	1.54	93.21	81.92	11.29
11	耳点间宽 au – au	6	121.83	0.75	0.31	123.00	121.00	2.00
12	枕骨最大宽 ast – ast	6	106.33	2.07	0.84	109.00	104.00	5.00
7	枕骨大孔长 enba – o	5	34.23	1.21	0.54	35.94	32.86	3.08
16	枕骨大孔宽	5	27.72	1.46	0.65	29.65	26.43	3.22
17	颅高 b – ba	7	131.36	5.01	1.89	138.00	126.00	12.00
21	耳上颅高 po – po	6	109.17	6.31	2.57	119.00	102.00	17.00
23	颅周长 g – op – g	6	488.33	9.31	3.80	505.00	480.00	25.00
24	颅横弧 po – b – po	6	288.67	8.94	3.65	298.00	276.00	22.00
25	颅矢状弧 n – o	5	347.20	10.13	4.53	362.00	334.00	28.00
26	额骨矢状弧 n – b	7	115.14	7.31	2.76	126.00	105.00	21.00
27	顶骨矢状弧 b – l	6	120.33	8.36	3.41	130.00	106.00	24.00

---

① 长度单位为毫米（mm）；角度单位为度（°）。

马丁号	测量项目	个体数	平均数	标准差	标准误	最大值	最小值	极差
28	枕骨矢状弧 l–o	5	112.80	5.45	2.44	119.00	105.00	14.00
29	额骨矢状弦 n–b	7	103.59	4.85	1.83	110.65	96.68	13.97
30	顶骨矢状弦 b–l	6	108.97	4.99	2.04	116.60	101.44	15.16
31	枕骨矢状弦 l–o	5	95.36	6.06	2.71	103.00	86.36	16.64
40	面底长 pr–enba	4	95.36	4.01	2.01	101.18	92.02	9.16
43	上面宽 fmt–fmt	7	98.85	2.97	1.12	101.61	92.70	8.91
44	两眶宽 ek–ek	5	93.54	2.76	1.23	96.58	90.06	6.52
45	面宽/颧点间宽 zy–zy	4	127.50	2.38	1.19	130.00	125.00	5.00
46	中面宽 zm–zm	6	94.76	4.28	1.75	102.70	91.49	11.21
48	上面高 n–pr	3	66.51	4.33	2.50	71.40	63.14	8.26
	上面高 n–sd	5	67.70	3.18	1.42	71.99	63.35	8.64
50	前眶间宽 mf–mf	7	19.07	1.85	0.70	21.32	15.50	5.82
51	眶宽 mf–ek L	6	40.16	1.41	0.57	42.00	38.39	3.61
	眶宽 mf–ek R	6	40.66	0.87	0.36	41.52	39.18	2.34
51a	眶宽 d–ek L	5	37.08	0.88	0.40	38.02	35.80	2.22
	眶宽 d–ek R	6	36.95	1.12	0.46	39.04	35.96	3.08
52	眶高 L	5	32.19	2.01	0.90	35.36	30.00	5.36
	眶高 R	6	32.28	1.11	0.45	34.09	31.08	3.01
MH	颧骨高 fmo–zm L	6	41.97	2.16	0.88	46.11	40.16	5.95
	颧骨高 fmo–zm R	6	42.09	0.91	0.37	43.56	41.10	2.46
MB	颧骨宽 zm–rim. Orb L	6	23.07	1.85	0.75	25.65	20.14	5.51
	颧骨宽 zm–rim. Orb R	6	23.91	2.30	0.94	26.93	21.59	5.34
54	鼻宽	7	25.86	0.76	0.29	26.68	24.74	1.94
55	鼻高 n–ns	7	48.51	2.12	0.80	51.38	45.74	5.64
60	上颌齿槽弓长 pr–alv	3	51.05	3.06	1.77	54.56	48.98	5.58
61	上颌齿槽弓宽 ekm–ekm	6	63.04	2.84	1.16	66.48	58.85	7.63
62	腭长 ol–sta	8	43.14	3.07	1.09	47.54	37.02	10.52
63	腭宽 enm–enm	9	37.67	2.31	0.77	41.86	34.18	7.68
FC	两眶内宽 fmo–fmo	6	92.16	2.13	0.87	95.34	89.52	5.82

续表 3.3

马丁号	测量项目	个体数	平均数	标准差	标准误	最大值	最小值	极差
DC	眶间宽 d – d	6	22.59	3.15	1.29	25.84	18.02	7.82
32	额侧角 I∠n – m and FH	6	78.00	5.80	2.37	87.00	72.00	15.00
	额侧角 II∠g – m and FH	6	74.67	6.06	2.47	84.00	68.00	16.00
	前囟角∠g – b and FH	6	45.83	5.91	2.41	55.00	38.00	17.00
72	总面角∠n – pr and FH	3	81.00	1.00	0.58	82.00	80.00	2.00
73	中面角∠n – ns and FH	5	85.80	2.28	1.02	88.00	82.00	6.00
74	齿槽面角∠ns – pr and FH	3	71.67	13.80	7.97	82.00	56.00	26.00
77	鼻颧角∠fmo – n – fmo	5	140.69	4.34	1.94	145.28	135.90	9.38
	颧上颌角∠zm – ss – zm	3	129.51	6.72	3.88	137.15	124.50	12.65
	面三角∠pr – n – ba	4	65.75	1.79	0.90	67.70	63.70	4.00
	∠n – pr – ba	4	72.17	1.45	0.72	73.65	70.54	3.11
	∠n – ba – pr	4	42.06	3.15	1.58	44.90	38.65	6.25
65	下颌髁突间宽 cdl – cdl	6	121.68	5.09	2.08	128.50	115.67	12.83
66	下颌角间宽 go – go	7	98.31	2.37	0.89	101.00	94.58	6.42
67	髁孔间径	8	44.94	1.72	0.61	47.14	41.22	5.92
68	下颌体长	8	69.79	5.72	2.02	76.00	62.00	14.00
68 – 1	下颌体最大投影长	7	104.13	5.63	2.13	114.40	98.00	16.40
69	下颌联合高 id – gn	5	28.91	2.99	1.34	33.01	24.87	8.14
69 – 1	下颌体高 I L	9	30.64	2.26	0.75	34.03	27.98	6.05
	下颌体高 I R	8	30.10	1.94	0.68	32.46	27.52	4.94
	下颌体高 II L	9	28.17	2.13	0.71	31.09	23.85	7.24
	下颌体高 II R	8	27.70	1.95	0.69	31.43	25.48	5.95
69 – 3	下颌体厚 I L	9	11.85	0.85	0.28	13.63	10.98	2.65
	下颌体厚 I R	8	11.91	1.22	0.43	14.02	10.32	3.70
	下颌体厚 II L	9	15.93	0.93	0.31	17.17	14.87	2.30
	下颌体厚 II R	9	16.08	1.29	0.43	17.83	14.00	3.83
70	下颌支高 L	7	58.37	2.81	1.06	61.68	53.10	8.58
	下颌支高 R	8	59.53	3.65	1.29	65.18	55.00	10.18

续表 3. 3

马丁号	测量项目	个体数	平均数	标准差	标准误	最大值	最小值	极差
71	下颌支宽 L	7	39. 68	3. 01	1. 14	44. 66	35. 58	9. 08
	下颌支宽 R	7	40. 33	2. 01	0. 76	43. 92	37. 70	6. 22
71a	下颌支最小宽 L	8	32. 16	1. 30	0. 46	34. 70	30. 95	3. 75
	下颌支最小宽 R	8	32. 78	2. 23	0. 79	35. 96	30. 04	5. 92
79	下颌角	7	124. 29	2. 14	0. 81	128. 00	122. 00	6. 00
	颏孔间弧	8	53. 13	2. 70	0. 95	58. 00	50. 00	8. 00

表 3. 4 大堡山墓地古代女性居民颅骨测量项目统计表（东西向）①

马丁号	测量项目	个体数	平均数	标准差	标准误	最大值	最小值	极差
1	颅骨最大长 g－op	4	176. 00	2. 16	1. 08	178. 00	173. 00	5. 00
5	颅基底长 n－enba	3	100. 33	3. 79	2. 19	103. 00	96. 00	7. 00
8	颅骨最大宽 eu－eu	4	132. 88	1. 44	0. 72	135. 00	132. 00	3. 00
9	额骨最小宽 ft－ft	3	91. 40	4. 50	2. 60	95. 07	86. 38	8. 69
11	耳点间宽 au－au	4	119. 00	2. 94	1. 47	122. 00	115. 00	7. 00
12	枕骨最大宽 ast－ast	4	106. 50	3. 87	1. 94	110. 00	101. 00	9. 00
7	枕骨大孔长 enba－o	4	33. 15	2. 73	1. 37	35. 78	30. 15	5. 63
16	枕骨大孔宽	4	27. 29	2. 04	1. 02	29. 12	24. 45	4. 67
17	颅高 b－ba	4	136. 50	4. 65	2. 33	141. 00	132. 00	9. 00
21	耳上颅高 po－po	4	115. 25	1. 50	0. 75	116. 00	113. 00	3. 00
23	颅周长 g－op－g	4	502. 00	5. 42	2. 71	510. 00	498. 00	12. 00
24	颅横弧 po－b－po	4	300. 25	4. 79	2. 39	306. 00	295. 00	11. 00
25	颅矢状弧 n－o	4	366. 00	2. 00	1. 00	369. 00	365. 00	4. 00
26	额骨矢状弧 n－b	4	118. 25	4. 79	2. 39	125. 00	114. 00	11. 00
27	顶骨矢状弧 b－l	4	121. 00	11. 97	5. 99	132. 00	105. 00	27. 00
28	枕骨矢状弧 l－o	4	124. 50	5. 74	2. 87	132. 00	118. 00	14. 00
29	额骨矢状弦 n－b	4	104. 76	6. 06	3. 03	112. 45	98. 27	14. 18

① 长度单位为毫米（mm）；角度单位为度（°）。

续表 3.4

马丁号	测量项目	个体数	平均数	标准差	标准误	最大值	最小值	极差
30	顶骨矢状弦 b－l	4	108.50	8.72	4.36	119.68	99.11	20.57
31	枕骨矢状弦 l－o	4	104.18	8.37	4.19	113.10	92.87	20.23
40	面底长 pr－enba	2	93.05	1.36	0.96	94.01	92.09	1.92
43	上面宽 fmt－fmt	2	101.63	1.78	1.26	102.89	100.37	2.52
44	两眶宽 ek－ek	2	96.25	2.18	1.55	97.79	94.70	3.09
45	面宽/颧点间宽 zy－zy	2	125.50	7.78	5.50	131.00	120.00	11.00
46	中面宽 zm－zm	2	94.62	4.96	3.51	98.12	91.11	7.01
48	上面高 n－pr	2	64.88	3.11	2.20	67.08	62.68	4.40
	上面高 n－sd	2	67.21	3.09	2.19	69.39	65.02	4.37
50	前眶间宽 mf－mf	2	19.16	0.23	0.16	19.32	19.00	0.32
51	眶宽 mf－ek L	2	41.43	1.20	0.85	42.28	40.58	1.70
	眶宽 mf－ek R	3	40.75	1.54	0.89	41.88	39.00	2.88
51a	眶宽 d－ek L	2	37.43	0.05	0.04	37.46	37.39	0.07
	眶宽 d－ek R	3	37.94	0.15	0.08	38.04	37.77	0.27
52	眶高 L	2	33.14	0.65	0.46	33.60	32.68	0.92
	眶高 R	3	32.46	1.17	0.67	33.47	31.18	2.29
MH	颧骨高 fmo－zm L	2	40.30	1.22	0.86	41.16	39.43	1.73
	颧骨高 fmo－zm R	4	176.00	2.16	1.08	178.00	173.00	5.00
MB	颧骨宽 zm－rim.Orb L	3	100.33	3.79	2.19	103.00	96.00	7.00
	颧骨宽 zm－rim.Orb R	4	132.88	1.44	0.72	135.00	132.00	3.00
54	鼻宽	3	91.40	4.50	2.60	95.07	86.38	8.69
55	鼻高 n－ns	4	119.00	2.94	1.47	122.00	115.00	7.00
60	上颌齿槽弓长 pr－alv	3	41.32	1.36	0.79	42.84	40.20	2.64
61	上颌齿槽弓宽 ekm－ekm	2	19.60	0.26	0.19	19.78	19.41	0.37
62	腭长 ol－sta	3	23.48	3.74	2.16	27.52	20.15	7.37
63	腭宽 enm－enm	3	27.03	0.46	0.27	27.52	26.61	0.91
FC	两眶内宽 fmo－fmo	3	47.59	2.43	1.41	50.40	46.11	4.29
DC	眶间宽 d－d	2	49.71	0.43	0.31	50.01	49.40	0.61

续表 3.4

马丁号	测量项目	个体数	平均数	标准差	标准误	最大值	最小值	极差
32	额侧角 I∠n – m and FH	2	62.43	4.17	2.95	65.38	59.48	5.90
	额侧角 II∠g – m and FH	2	42.91	1.40	0.99	43.90	41.92	1.98
	前囟角∠g – b and FH	2	36.73	1.37	0.97	37.70	35.76	1.94
72	总面角∠n – pr and FH	3	94.24	3.29	1.90	96.68	90.50	6.18
73	中面角∠n – ns and FH	2	23.80	2.02	1.43	25.22	22.37	2.85
74	齿槽面角∠ns – pr and FH	4	85.75	7.04	3.52	96.00	80.00	16.00
77	鼻颧角∠fmo – n – fmo	3	84.00	7.00	4.04	92.00	79.00	13.00
	颧上颌角∠zm – ss – zm	3	49.33	1.53	0.88	51.00	48.00	3.00
	面三角∠pr – n – ba	2	82.00	4.24	3.00	85.00	79.00	6.00
	∠n – pr – ba	3	90.67	4.16	2.40	94.00	86.00	8.00
	∠n – ba – pr	2	63.00	1.41	1.00	64.00	62.00	2.00
65	下颌髁突间宽 cdl – cdl	3	144.70	7.56	4.37	153.28	138.99	14.29
66	下颌角间宽 go – go	2	135.55	7.58	5.36	140.91	130.19	10.72
67	髁孔间径	2	67.96	1.21	0.86	68.81	67.10	1.71
68	下颌体长	2	70.93	1.88	1.33	72.26	69.60	2.66
68 – 1	下颌体最大投影长	2	41.12	3.09	2.19	43.30	38.93	4.37
69	下颌联合高 id – gn	3	116.64	3.80	2.19	120.58	113.00	7.58
69 – 1	下颌体高 I L	3	97.38	7.31	4.22	103.02	89.12	13.90
	下颌体高 I R	3	46.27	2.70	1.56	48.20	43.19	5.01
	下颌体高 II L	3	71.93	4.29	2.48	74.79	67.00	7.79
	下颌体高 II R	3	99.33	7.77	4.48	108.00	93.00	15.00
69 – 3	下颌体厚 I L	3	30.50	4.14	2.39	34.41	26.17	8.24
	下颌体厚 I R	3	33.00	3.20	1.85	36.37	30.01	6.36
	下颌体厚 II L	3	30.95	0.92	0.53	32.00	30.30	1.70
	下颌体厚 II R	3	27.31	2.02	1.17	29.56	25.63	3.93
70	下颌支高 L	3	28.79	0.47	0.27	29.11	28.25	0.86
	下颌支高 R	3	12.90	1.68	0.97	14.53	11.18	3.35

续表 3.4

马丁号	测量项目	个体数	平均数	标准差	标准误	最大值	最小值	极差
71	下颌支宽 L	4	13.12	1.26	0.63	14.24	11.31	2.93
	下颌支宽 R	3	16.04	2.10	1.22	17.57	13.64	3.93
71a	下颌支最小宽 L	4	17.05	2.62	1.31	20.20	13.87	6.33
	下颌支最小宽 R	3	60.39	2.78	1.61	62.64	57.28	5.36
79	下颌角	3	62.59	0.69	0.40	63.35	62.00	1.35
	颏孔间弧	3	39.29	2.70	1.56	41.16	36.20	4.96

二、颅骨测量指数计算

测量指数是指两组测量项目绝对值的百分比，是不同测量项目之间几何关系最简单的表现形式。在人体测量学研究中，为排除因个体差异所造成的统计结果误差，常常通过测量指数的计算来描述人体形态上的某种特定比例关系[①]。根据前文统计的31 例大堡山墓地古代居民 78 项颅骨测量项目，笔者选择了 11 项主要颅骨测量指数（相关指数计算公式见表 3.5）对该墓地古代居民进行计算（表 3.6、3.7）。

表 3.5　颅骨测量指数计算公式[②]

测量指数项目	指数计算公式	测量指数项目	指数计算公式
颅长宽指数	$\dfrac{颅骨最大宽（eu-eu）}{颅骨最大长（g-op）} \times 100$	颅长高指数	$\dfrac{颅高（ba-b）}{颅骨最大长（g-op）} \times 100$
颅宽高指数	$\dfrac{颅高（ba-b）}{颅骨最大宽（eu-eu）} \times 100$	上面指数	$\dfrac{上面高（n-sd）}{面宽（zy-zy）} \times 100$
眶指数 I	$\dfrac{眶高}{眶宽 I（mf-ek）} \times 100$	眶指数 II	$\dfrac{眶高}{眶宽 II（d-ek）} \times 100$
鼻指数	$\dfrac{鼻宽}{鼻高（n-ns）} \times 100$	垂直颅面指数	$\dfrac{上面高（n-sd）}{颅高（ba-b）} \times 100$
面部突度指数	$\dfrac{面底长（pr-enba）}{颅基底长（n-enba）} \times 100$	额顶宽指数	$\dfrac{额骨最小宽（ft-ft）}{颅骨最大宽（eu-eu）} \times 100$
枕骨大孔指数	$\dfrac{枕骨大孔宽}{枕骨大孔长（enba-o）} \times 100$		

---

① 朱泓：《体质人类学》，第 89～147 页。

② 朱泓：《体质人类学》，第 89～147 页。

表3.6 大堡山墓地古代男性居民颅骨测量指数统计表

	马丁号	测量指数项目	例数	平均数	标准差	标准误	最大值	最小值	极差
南北向	8:1	颅长宽指数	7	79.02	1.88	0.71	81.25	75.98	5.27
	17:1	颅长高指数	7	77.85	1.78	0.67	80.34	76.00	4.34
	17:8	颅宽高指数	7	98.56	2.71	1.02	103.62	96.30	7.32
	48:45	上面指数（sd）	3	52.83	5.71	3.30	59.42	49.33	10.09
	52:51	眶指数ⅠR	7	75.92	6.39	2.42	82.36	64.38	17.98
	52:51a	眶指数ⅡR	4	84.27	3.63	1.81	88.57	79.71	8.86
	54:55	鼻指数	7	48.30	4.62	1.74	53.71	41.21	12.50
	48:17	垂直颅面指数（sd）	6	52.97	4.25	1.74	58.14	48.00	10.14
	40:5	面部突度指数	4	98.19	5.18	2.59	105.33	93.22	12.11
	9:8	额顶宽指数	7	65.63	1.51	0.57	68.53	64.44	4.09
	16:7	枕骨大孔指数	7	86.51	8.66	3.27	100.00	75.47	24.53
东西向	8:1	颅长宽指数	7	78.19	2.79	1.05	82.35	75.00	7.35
	17:1	颅长高指数	6	78.26	2.64	1.08	81.03	73.77	7.26
	17:8	颅宽高指数	7	101.06	4.53	1.71	105.07	93.57	11.50
	48:45	上面指数（sd）	1	53.05	—	—	—	—	—
	52:51	眶指数ⅠR	3	79.97	8.26	4.77	88.54	72.05	16.49
	52:51a	眶指数ⅡR	3	89.91	3.99	2.30	94.29	86.49	7.80
	54:55	鼻指数	5	48.92	4.83	2.16	56.09	44.14	11.95
	48:17	垂直颅面指数（sd）	4	51.06	1.01	0.50	52.04	49.66	2.38
	40:5	面部突度指数	2	96.51	0.02	0.02	96.52	96.49	0.03
	9:8	额顶宽指数	8	66.95	3.44	1.22	71.22	61.71	9.51
	16:7	枕骨大孔指数	7	88.98	4.78	1.81	95.29	81.80	13.49

表3.7 大堡山墓地古代女性居民颅骨测量指数统计表

	马丁号	测量指数项目	例数	平均数	标准差	标准误	最大值	最小值	极差
南北向	8:1	颅长宽指数	6	77.43	2.84	1.16	81.33	73.56	7.77
	17:1	颅长高指数	6	76.34	4.56	1.86	83.13	70.39	12.74
	17:8	颅宽高指数	6	98.57	3.96	1.62	103.01	94.03	8.98
	48:45	上面指数（sd）	3	54.16	1.38	0.79	55.38	52.67	2.71

	马丁号	测量指数项目	例数	平均数	标准差	标准误	最大值	最小值	极差
南北向	52∶51	眶指数ⅠR	6	79.41	2.96	1.21	84.89	76.45	8.44
	52∶51a	眶指数ⅡR	6	87.44	4.45	1.82	94.80	81.30	13.50
	54∶55	鼻指数	7	53.42	3.35	1.27	58.33	49.38	8.95
	48∶17	垂直颅面指数（sd）	5	52.36	3.72	1.66	57.13	48.44	8.69
	40∶5	面部突度指数	4	98.02	2.25	1.13	101.18	95.85	5.33
	9∶8	额顶宽指数	6	65.44	2.82	1.15	69.56	61.59	7.97
	16∶7	枕骨大孔指数	5	80.97	2.55	1.14	84.96	77.87	7.09
东西向	8∶1	颅长宽指数	4	75.50	0.74	0.37	76.30	74.58	1.72
	17∶1	颅长高指数	4	77.55	2.25	1.12	80.11	75.14	4.97
	17∶8	颅宽高指数	4	102.72	2.94	1.47	106.42	100.00	6.42
	48∶45	上面指数（sd）	2	53.73	5.80	4.10	57.83	49.63	8.20
	52∶51	眶指数ⅠR	3	79.66	1.39	0.80	80.88	78.15	2.73
	52∶51a	眶指数ⅡR	3	85.57	3.31	1.91	88.62	82.05	6.57
	54∶55	鼻指数	3	56.91	3.63	2.10	59.68	52.80	6.88
	48∶17	垂直颅面指数（sd）	2	49.34	4.57	3.23	52.57	46.11	6.46
	40∶5	面部突度指数	2	93.67	6.02	4.26	97.93	89.41	8.52
	9∶8	额顶宽指数	3	69.15	3.37	1.95	72.02	65.44	6.58
	16∶7	枕骨大孔指数	4	82.37	3.00	1.50	86.28	79.23	7.05

第二节　人群内部种系检验

一、不同墓向种系相似系数计算

为进一步明确大堡山墓地所埋葬的先民是否归属于同一人种类型，参考以往的古代颅骨测量性状研究成果，笔者尝试运用以下两种计算方法来分别确定该墓地不同墓向居民的种系相似系数。

第一，种系相似系数（Coefficient of Racial Likeness，简称 C. L.）计算。笔者从 78 项颅骨测量项目中选取了 17 项线性项目和 1 项角度项目，从 11 项测量指数中选取了 6 项来代表大堡山墓地不同墓向居民颅面型特征，并对其进行种系相似系数的计算[①]，具体计算公式如下：

$$C. L. = \frac{\sum \alpha}{m} - 1$$

其中，m 代表对比项目总数；

$$\alpha = \frac{(M_1 - M_2)^2}{\delta^2} \times \frac{N_1 \times N_2}{N_1 + N_2}$$

M 代表各相关对比项目的算数平均值；

N 代表各相关对比项目的样本例数；

δ 代表同种系标准差。

C. L. 值由 0 开始，若有负值出现则记为 0；若 C. L. 小于 1，表示两个对比组可能有非常密切联系；C. L. 介于 1~4 之间，表示两个对比组可能有密切联系；C. L. 介于 4~7 之间，表示两个对比组为中等联系；C. L. 介于 7~10 之间，表示两个对比组为稍有联系；C. L. 介于 10~13 之间，表示两个对比组为疑似联系；C. L. 介于 13~16 之间，表示两个对比组轻微离散；C. L. 介于 16~22 之间，表示两个对比组中等离散；C. L. 介于 22~28 之间，表示两个对比组显著分散；C. L. 大于 31，则表示两个对比组广泛分离[②]。

同时，C. L. 值计算公式中 α 值也与种系相似程度相关，若 α 值介于 0~2.7 之间，表明该项目可能源自同种系；若 α 值介于 2.7~6.1 之间，表明对比人群的种族关系可能稍远或者差异性质不能肯定；若 α 值大于 6.1，则表明对比人群的种族关系可能很远或者完全不能确定[③]。

首先，笔者对大堡山墓地不同墓向的男性居民进行了 C. L. 值的计算（表3.8）。其中，同种系标准差借用莫兰特（G. M. Morant）介绍的埃及（E）组男性标准差。

---

①　G. M. Morant，A First Study of the Tibetan Skull. *Biometrika*，vol. 14，1923，pp. 193–260.

②　韩康信、谭婧泽、张帆：《中国西北地区古代居民种族研究》，上海：复旦大学出版社，2005 年，第 219 页。

③　韩康信、谭婧泽、张帆：《中国西北地区古代居民种族研究》，第219 页。

表 3.8　大堡山墓地古代男性居民颅骨测量性状 C. L. 值统计

马丁号	测量性状	南北向		东西向		δ	α	
		M₁	N₁	M₂	N₂			
5	颅基底长 n－enba	98.79	7	101.57	7	3.97 ± 0.06	1.7245	± 0.0521
8	颅骨最大宽 eu－eu	138.57	7	139.31	8	4.76 ± 0.08	0.0906	± 0.0030
9	额骨最小宽 ft－ft	90.97	7	93.21	8	4.05 ± 0.06	1.1510	± 0.0341
7	枕骨大孔长 enba－o	33.68	7	34.89	7	2.47 ± 0.04	0.8347	± 0.0270
16	枕骨大孔宽	29.04	7	30.00	7	2.15 ± 0.03	0.6961	± 0.0194
21	耳上颅高 po－po	113.71	7	116.43	7	4.12 ± 0.07	1.5204	± 0.0516
23	颅周长 g－op－g	502.00	7	520.86	7	13.77 ± 0.22	6.5688	± 0.2098
24	颅横弧 po－b－po	306.50	7	313.71	7	9.75 ± 0.16	1.9178	± 0.0629
25	颅矢状弧 n－o	361.29	7	370.50	6	12.51 ± 0.20	1.7541	± 0.0561
45	面宽/颧点间宽 zy－zy	134.50	4	132.00	1	4.57 ± 0.08	0.2396	± 0.0084
48	上面高 n－pr	68.80	3	69.10	2	4.15 ± 0.07	0.0064	± 0.0002
51	眶宽 mf－ek R	42.22	7	41.91	4	1.67 ± 0.03	0.0886	± 0.0032
52	眶高 R	32.00	7	34.19	3	1.91 ± 0.03	2.7581	± 0.0866
54	鼻宽	24.89	7	26.25	7	1.77 ± 0.03	1.7394	± 0.0589
55	鼻高 n－ns	51.81	7	53.75	5	2.92 ± 0.05	1.2939	± 0.0443
62	腭长 ol－sta	45.15	6	43.99	6	3.33 ± 0.06	0.3675	± 0.0132
63	腭宽 enm－enm	35.20	6	36.95	6	2.63 ± 0.05	1.3348	± 0.0507
72	总面角∠n－pr and FH	83.67	3	84.00	2	3.24 ± 0.05	0.0127	± 0.0004
8 : 1	颅长宽指数	79.02	7	78.19	7	2.67 ± 0.04	0.3361	± 0.0101
17 : 1	颅长高指数	77.85	7	78.26	7	2.94 ± 0.05	0.0611	± 0.0021
17 : 8	颅宽高指数	98.56	7	101.06	7	4.30 ± 0.06	1.1824	± 0.0330
52 : 51	眶指数ⅠR	75.92	7	79.97	3	5.05 ± 0.08	1.3549	± 0.0429
54 : 55	鼻指数	48.30	7	48.92	5	3.82 ± 0.06	0.0776	± 0.0024
16 : 7	枕骨大孔指数	86.51	7	88.98	7	5.79 ± 0.09	0.6367	± 0.0198
24 项测量性状 C. L. 值							0.1562 ± 0.0372	

根据表 3.8 所示数据，大堡山墓地南北墓向男性居民与东西墓向男性居民之间的 24 项测量性状 C. L. 值小于 1，表明二者之间应该有着非常密切的联系；而在 α 值计算中，颅周长、右侧眶高等两项测量项目的 α 值大于 2.7，其余项目 α 值均位于 0～2.7 之间，即 91.67% 的测量性状项目可能源自同种系。

同时，笔者也对大堡山墓地不同墓向的女性居民进行了 C. L. 值的计算。其中，同种系标准差借用和林格尔地区土城子遗址女性组标准差[1]（表 3.9）。

表 3.9　大堡山墓地古代女性居民颅骨测量性状 C. L. 值统计

马丁号	测量性状	南北向		东西向		δ	α
		M_1	N_1	M_2	N_2		
5	颅基底长 n－enba	97.14	7	100.33	3	3.60	1.6494
8	颅骨最大宽 eu－eu	132.83	6	132.88	4	4.64	0.0002
9	额骨最小宽 ft－ft	86.79	7	91.40	3	4.50	2.1966
7	枕骨大孔长 enba－o	34.23	5	33.15	4	2.79	0.3327
16	枕骨大孔宽	27.72	5	27.29	4	1.76	0.1370
21	耳上颅高 po－po	109.17	6	115.25	4	3.49	7.2919
23	颅周长 g－op－g	488.33	6	502.00	4	12.08	3.0719
24	颅横弧 po－b－po	288.67	6	300.25	4	7.56	5.6342
25	颅矢状弧 n－o	347.20	5	366.00	4	9.43	8.8324
45	面宽/颧点间宽 zy－zy	127.50	4	125.50	2	3.55	0.4232
48	上面高 n－pr	66.51	3	64.88	2	3.04	0.3464
51	眶宽 mf－ek R	40.66	6	40.75	3	1.74	0.0062
52	眶高 R	32.28	6	32.46	5	1.48	0.0313
54	鼻宽	26.29	7	27.03	3	1.97	0.2936
55	鼻高 n－ns	48.51	7	47.59	3	2.07	0.4187
62	腭长 ol－sta	43.14	8	42.91	2	2.70	0.0112

---

[1]　顾玉才：《内蒙古和林格尔县土城子遗址战国时期人骨研究》，第 52～74 页。

续表 3.9

马丁号	测量性状	南北向		东西向		δ	α
		M₁	N₁	M₂	N₂		
63	腭宽 enm – enm	37.67	9	36.73	2	2.64	0.2075
72	总面角∠n – pr and FH	81.00	3	82.00	2	3.12	0.1233
8:1	颅长宽指数	77.43	6	75.50	4	3.35	0.7993
17:1	颅长高指数	76.34	6	77.55	4	2.30	0.6606
17:8	颅宽高指数	98.57	6	102.72	4	3.74	2.9550
52:51	眶指数 I R	79.41	6	79.66	3	4.19	0.0073
54:55	鼻指数	54.33	7	56.91	3	4.15	0.8128
16:7	枕骨大孔指数	80.97	5	82.37	4	5.76	0.1325
24 项测量性状 C. L. 值						0.5156	

　　根据表 3.9 所示数据，大堡山墓地南北墓向女性居民与东西墓向女性居民之间的 24 项测量性状 C. L. 值小于 1，表明二者之间应该有着非常密切的联系；而在 α 值计算中，耳上颅高、颅周长、颅横弧、颅矢状弧等四项测量项目和颅宽高指数项目的 α 值大于 2.7，其余项目 α 值均位于 0~2.7 之间，即 79.17% 的测量性状项目可能源自同种系。

　　第二，两独立样本 t 检验测定。笔者将表 3.1 至表 3.4 中 78 项颅骨测量项目以及表 3.6、表 3.7 中 11 项测量指数共计 89 项测量性状进行不同墓向颅骨测量性状的 t 检验（表 3.10、3.11）。其中，东西向墓葬男性居民的面宽/颧点间宽、上面指数（sd）仅有 1 项数据，无法进行相关检验。

表 3.10　大堡山墓地古代男性居民颅骨测量性状 t 检验

马丁号	测量性状	单个样本 K – S 检验				方差齐性检验		t 检验	
		南北向		东西向		Levene 统计量	p 值	t 值	p 值
		K – S 值	p 值	K – S 值	p 值				
1	颅骨最大长 g – op	0.48	0.95	0.63	0.74	0.48	0.50	– 0.79	0.44
5	颅基底长 n – enba	0.41	0.99	0.42	0.98	0.98	0.34	– 1.09	0.30
8	颅骨最大宽 eu – eu	0.74	0.55	0.63	0.74	0.54	0.48	– 0.46	0.65

续表 3.10

马丁号	测量性状	单个样本 K-S 检验				方差齐性检验		t 检验	
		南北向		东西向		Levene 统计量	p 值	t 值	p 值
		K-S 值	p 值	K-S 值	p 值				
9	额骨最小宽 ft-ft	0.69	0.64	0.32	1.00	0.06	0.82	-1.12	0.28
11	耳点间宽 au-au	0.37	1.00	0.61	0.78	2.98	0.11	-2.07	0.06
12	枕骨最大宽 ast-ast	0.39	0.99	0.63	0.74	0.03	0.88	-2.23	0.05
7	枕骨大孔长 enba-o	0.77	0.50	0.55	0.86	0.43	0.52	-0.79	0.45
16	枕骨大孔宽	0.60	0.79	0.59	0.81	0.39	0.55	-0.63	0.54
17	颅高 b-ba	0.54	0.89	0.65	0.71	0.08	0.78	-1.43	0.18
21	耳上颅高 po-po	0.48	0.95	0.65	0.71	2.17	0.17	-0.98	0.35
23	颅周长 g-op-g	0.57	0.84	0.58	0.83	5.87	0.03	-2.69	0.02
24	颅横弧 po-b-po	0.49	0.94	0.44	0.97	1.51	0.24	-0.81	0.43
25	颅矢状弧 n-o	0.73	0.57	0.80	0.45	1.58	0.24	-1.11	0.29
26	额骨矢状弧 n-b	0.49	0.93	0.71	0.61	3.03	0.11	-0.25	0.81
27	顶骨矢状弧 b-l	0.62	0.76	0.40	0.99	0.00	0.96	-0.95	0.36
28	枕骨矢状弧 l-o	0.75	0.53	0.42	0.98	0.53	0.48	-0.69	0.51
29	额骨矢状弦 n-b	0.52	0.90	0.59	0.81	0.38	0.55	-0.20	0.84
30	顶骨矢状弦 b-l	0.61	0.77	0.58	0.83	0.18	0.68	-1.01	0.33
31	枕骨矢状弦 l-o	0.47	0.95	0.38	0.99	1.46	0.25	-0.83	0.42
40	面底长 pr-enba	0.47	0.95	0.37	1.00	1.65	0.27	-0.77	0.49
43	上面宽 fmt-fmt	0.58	0.82	0.50	0.91	0.10	0.76	-0.92	0.38
44	两眶宽 ek-ek	0.32	1.00	0.55	0.83	2.37	0.17	-1.53	0.17
45	面宽/颧点间宽 zy-zy	0.47	0.94	—	—	—	—	—	—
46	中面宽 zm-zm	0.65	0.70	0.37	1.00	1.39	0.28	0.00	1.00
48	上面高 n-pr	0.66	0.65	0.37	1.00	2.02	0.25	-0.05	0.96
	上面高 n-sd	0.68	0.66	0.58	0.80	39.75	0.00	-0.38	0.71
50	前眶间宽 mf-mf	0.59	0.80	0.44	0.97	0.00	0.97	0.53	0.61
51	眶宽 mf-ek L	0.35	1.00	0.44	0.96	3.45	0.10	-1.58	0.15
	眶宽 mf-ek R	0.31	1.00	0.40	0.99	0.01	0.93	0.20	0.85
51a	眶宽 d-ek L	0.51	0.89	0.53	0.88	0.66	0.44	-1.23	0.26
	眶宽 d-ek R	0.44	0.97	0.66	0.64	7.68	0.04	-0.05	0.96

续表 3.10

马丁号	测量性状	单个样本 K－S 检验				方差齐性检验		t 检验	
		南北向		东西向		Levene 统计量	p 值	t 值	p 值
		K－S 值	p 值	K－S 值	p 值				
52	眶高 L	0.59	0.80	0.66	0.68	0.47	0.51	－1.97	0.08
	眶高 R	0.51	0.92	0.31	1.00	0.13	0.73	－1.26	0.24
MH	颧骨高 fmo－zm L	0.54	0.86	0.65	0.70	3.26	0.12	－0.84	0.43
	颧骨高 fmo－zm R	0.44	0.97	0.55	0.84	0.17	0.69	－1.26	0.24
MB	颧骨宽 zm－rim.Orb L	0.48	0.93	0.40	0.99	4.01	0.09	－0.41	0.70
	颧骨宽 zm－rim.Orb R	0.81	0.44	0.77	0.48	0.74	0.41	－0.22	0.83
54	鼻宽	0.84	0.40	0.64	0.71	0.30	0.60	－1.26	0.24
55	鼻高 n－ns	0.53	0.89	0.39	0.99	8.01	0.02	－1.04	0.33
60	上颌齿槽弓长 pr－alv	0.38	0.99	0.37	1.00	3.55	0.16	－0.43	0.70
61	上颌齿槽弓宽 ekm－ekm	0.62	0.73	0.60	0.74	1.64	0.26	－0.67	0.53
62	腭长 ol－sta	0.60	0.78	0.54	0.87	0.03	0.87	0.76	0.47
63	腭宽 enm－enm	0.44	0.97	0.71	0.60	0.00	0.96	－0.84	0.42
FC	两眶内宽 fmo－fmo	0.44	0.97	0.45	0.96	0.10	0.76	－0.69	0.51
DC	眶间宽 d－d	0.74	0.54	0.81	0.44	1.90	0.21	0.80	0.44
32	额侧角 I∠n－m and FH	0.52	0.91	0.58	0.82	0.02	0.90	－0.22	0.83
	额侧角 II∠g－m and FH	0.45	0.96	0.43	0.97	0.41	0.53	－0.25	0.80
	前囟角 ∠g－b and FH	0.42	0.98	0.71	0.60	0.04	0.85	0.14	0.89
72	总面角 ∠n－pr and FH	0.51	0.90	—	—	6.19	0.09	－0.21	0.84
73	中面角 ∠n－ns and FH	0.67	0.67	0.53	0.88	2.06	0.19	0.41	0.69
74	齿槽面角 ∠ns－pr and FH	0.59	0.75	0.37	1.00	6.19	0.09	－0.46	0.68
77	鼻颧角 ∠fmo－n－fmo	0.29	1.00	0.37	0.99	1.11	0.32	－0.83	0.43
	颧上颌角 ∠zm－ss－zm	0.49	0.93	0.37	1.00	4.14	0.14	1.18	0.32
	面三角 ∠pr－n－ba	0.31	1.00	0.37	1.00	0.69	0.47	0.96	0.41
	∠n－pr－ba	0.51	0.90	0.37	1.00	4.07	0.14	－4.23	0.02
	∠n－ba－pr	0.46	0.95	0.37	1.00	0.73	0.46	0.26	0.81
65	下颌髁突间宽 cdl－cdl	0.50	0.92	0.34	1.00	6.28	0.04	1.38	0.23
66	下颌角间宽 go－go	0.91	0.30	0.59	0.76	1.75	0.23	1.09	0.32

续表 3.10

马丁号	测量性状	单个样本 K – S 检验				方差齐性检验		t 检验	
		南北向		东西向		Levene 统计量	p 值	t 值	p 值
		K – S 值	p 值	K – S 值	p 值				
67	髁孔间径	0.62	0.76	0.51	0.92	3.46	0.09	1.05	0.32
68	下颌体长	0.40	0.99	0.48	0.93	0.92	0.37	0.08	0.94
68 – 1	下颌体最大投影长	0.65	0.69	0.64	0.71	1.71	0.23	0.84	0.43
69	下颌联合高 id – gn	0.43	0.98	0.41	0.98	0.78	0.41	2.02	0.08
69 – 1	下颌体高ⅠL	0.39	0.99	0.55	0.87	0.03	0.86	1.48	0.17
	下颌体高ⅠR	0.60	0.79	0.49	0.94	0.08	0.79	2.53	0.03
	下颌体高ⅡL	0.55	0.87	0.41	0.99	0.02	0.90	1.51	0.16
	下颌体高ⅡR	0.53	0.89	0.39	0.99	0.56	0.47	1.47	0.18
69 – 3	下颌体厚ⅠL	0.42	0.98	0.62	0.77	0.05	0.82	0.60	0.56
	下颌体厚ⅠR	0.48	0.94	0.40	0.99	0.41	0.54	0.08	0.94
	下颌体厚ⅡL	0.58	0.82	0.71	0.61	5.62	0.04	– 0.16	0.88
	下颌体厚ⅡR	0.44	0.97	0.89	0.32	1.37	0.27	– 0.80	0.44
70	下颌支高 L	0.41	0.98	0.35	1.00	0.20	0.67	0.59	0.57
	下颌支高 R	0.56	0.85	0.53	0.89	0.00	0.96	0.03	0.97
71	下颌支宽 L	0.69	0.64	0.71	0.59	1.50	0.26	– 0.06	0.95
	下颌支宽 R	0.79	0.46	0.49	0.92	0.61	0.46	1.00	0.34
71a	下颌支最小宽 L	0.40	0.99	0.69	0.64	1.28	0.28	– 2.07	0.07
	下颌支最小宽 R	0.46	0.96	0.56	0.86	0.53	0.49	– 0.69	0.51
79	下颌角	0.44	0.96	0.70	0.60	3.05	0.12	– 0.69	0.51
	颏孔间弧	0.93	0.28	0.44	0.97	2.96	0.11	1.27	0.23
8:1	颅长宽指数	0.51	0.92	0.51	0.91	0.94	0.35	0.65	0.53
17:1	颅长高指数	0.52	0.90	0.43	0.97	0.38	0.55	– 0.33	0.75
17:8	颅宽高指数	0.74	0.55	0.81	0.45	2.46	0.14	– 1.25	0.23
48:45	上面指数（sd）	0.64	0.67	—	—	—	—	—	—
52:51	眶指数ⅠR	0.42	0.98	0.34	1.00	0.11	0.75	– 0.85	0.42
52:51a	眶指数ⅡR	0.47	0.94	0.45	0.96	0.12	0.74	– 1.96	0.11
54:55	鼻指数	0.44	0.97	0.42	0.98	0.01	0.94	– 0.23	0.83

续表 3. 10

马丁号	测量性状	单个样本 K‒S 检验				方差齐性检验		t 检验	
		南北向		东西向		Levene 统计量	p 值	t 值	p 值
		K‒S 值	p 值	K‒S 值	p 值				
48:17	垂直颅面指数（sd）	0.47	0.95	0.59	0.78	17.03	0.00	1.06	0.33
40:5	面部突度指数	0.49	0.92	0.37	1.00	2.35	0.20	0.43	0.69
9:8	额顶宽指数	0.70	0.62	0.46	0.96	3.29	0.09	-0.93	0.37
16:7	枕骨大孔指数	0.50	0.93	0.47	0.95	3.86	0.07	-0.66	0.52

根据表 3.10 所示数据，不同墓向的大堡山墓地男性居民的 78 项测量项目中，仅枕骨最大宽、颅周长、面三角（∠n‒pr‒ba）、右侧下颌体高 Ⅰ 等四项存在显著性差异（$p \leqslant 0.05$），11 项测量指数全部无显著性差异，即不同墓向的男性居民 95.51% 的测量性状项目无显著性差异，换言之，二者颅面形态特征具有一致性。

表 3.11　大堡山墓地古代女性居民颅骨测量性状 t 检验

马丁号	测量性状	单个样本 K‒S 检验				方差齐性检验		t 检验	
		南北向		东西向		Levene 统计量	p 值	t 值	p 值
		K‒S 值	p 值	K‒S 值	p 值				
1	颅骨最大长 g‒op	0.35	1.00	0.50	0.91	1.63	0.24	-1.77	0.12
5	颅基底长 n‒enba	0.86	0.37	0.58	0.77	5.13	0.05	-1.94	0.09
8	颅骨最大宽 eu‒eu	0.88	0.33	0.71	0.59	0.34	0.58	-0.03	0.98
9	额骨最小宽 ft‒ft	0.45	0.97	0.49	0.92	0.03	0.88	-1.59	0.15
11	耳点间宽 au‒au	0.62	0.75	0.50	0.91	3.65	0.09	2.31	0.05
12	枕骨最大宽 ast‒ast	0.50	0.92	0.60	0.77	1.16	0.31	-0.09	0.93
7	枕骨大孔长 enba‒o	0.44	0.97	0.53	0.87	11.32	0.01	0.73	0.50
16	枕骨大孔宽	0.65	0.71	0.47	0.94	0.13	0.73	0.38	0.72
17	颅高 b‒ba	0.47	0.95	0.55	0.85	0.07	0.80	-1.68	0.13
21	耳上颅高 po‒po	0.41	0.98	0.88	0.32	4.38	0.07	-1.86	0.10
23	颅周长 g‒op‒g	0.64	0.72	0.79	0.46	0.72	0.42	-2.62	0.03
24	颅横弧 po‒b‒po	0.64	0.72	0.36	1.00	4.98	0.06	-2.35	0.05
25	颅矢状弧 n‒o	0.48	0.94	0.88	0.32	2.88	0.13	-3.61	0.01

马丁号	测量性状	单个样本 K–S 检验				方差齐性检验		t 检验	
		南北向		东西向		Levene统计量	p 值	t 值	p 值
		K–S 值	p 值	K–S 值	p 值				
26	额骨矢状弧 n – b	0.50	0.93	0.54	0.86	1.40	0.27	– 0.75	0.47
27	顶骨矢状弧 b – l	0.60	0.79	0.44	0.97	0.66	0.44	– 0.10	0.92
28	枕骨矢状弧 l – o	0.42	0.98	0.57	0.82	0.05	0.83	– 3.13	0.02
29	额骨矢状弦 n – b	0.43	0.98	0.34	1.00	0.18	0.69	– 0.35	0.73
30	顶骨矢状弦 b – l	0.56	0.86	0.34	1.00	1.53	0.25	0.11	0.92
31	枕骨矢状弦 l – o	0.51	0.91	0.61	0.76	0.27	0.62	– 1.84	0.11
40	面底长 pr – enba	0.68	0.64	0.37	1.00	1.41	0.30	0.75	0.49
43	上面宽 fmt – fmt	0.75	0.54	0.37	1.00	0.17	0.69	– 1.23	0.26
44	两眶宽 ek – ek	0.42	0.98	0.37	1.00	0.52	0.50	– 1.22	0.28
45	面宽/颧点间宽 zy – zy	0.47	0.94	0.37	1.00	65.33	0.00	0.36	0.78
46	中面宽 zm – zm	0.82	0.42	0.37	1.00	0.02	0.90	0.04	0.97
48	上面高 n – pr	0.53	0.88	0.37	1.00	0.71	0.46	0.45	0.68
	上面高 n – sd	0.38	0.99	0.37	1.00	0.00	0.95	0.19	0.86
50	前眶间宽 mf – mf	0.55	0.86	0.37	1.00	1.63	0.24	– 0.06	0.95
51	眶宽 mf – ek L	0.44	0.97	0.37	1.00	0.49	0.51	– 1.13	0.30
	眶宽 mf – ek R	0.46	0.96	0.56	0.81	1.97	0.20	– 0.12	0.91
51a	眶宽 d – ek L	0.43	0.98	0.37	1.00	2.97	0.15	– 0.52	0.63
	眶宽 d – ek R	0.81	0.44	0.58	0.77	3.40	0.11	– 1.47	0.18
52	眶高 L	0.57	0.83	0.37	1.00	0.84	0.40	– 0.62	0.56
	眶高 R	0.58	0.82	0.45	0.96	0.00	0.96	– 0.23	0.82
MH	颧骨高 fmo – zm L	0.69	0.64	0.37	1.00	0.33	0.59	1.01	0.35
	颧骨高 fmo – zm R	0.35	1.00	0.49	0.93	0.77	0.41	1.02	0.34
MB	颧骨宽 zm – rim. Orb L	0.43	0.98	0.37	1.00	1.42	0.28	2.52	0.05
	颧骨宽 zm – rim. Orb R	0.69	0.64	0.42	0.98	0.80	0.40	0.22	0.83
54	鼻宽	0.53	0.89	0.40	0.99	2.24	0.17	– 2.43	0.04
55	鼻高 n – ns	0.64	0.72	0.65	0.67	0.01	0.94	0.61	0.56
60	上颌齿槽弓长 pr – alv	0.60	0.74	0.37	1.00	6.64	0.08	0.59	0.60

续表 3.11

马丁号	测量性状	单个样本 K – S 检验				方差齐性检验		t 检验	
		南北向		东西向		Levene统计量	p 值	t 值	p 值
		K – S 值	p 值	K – S 值	p 值				
61	上颌齿槽弓宽 ekm – ekm	0.67	0.67	0.37	1.00	0.44	0.53	0.24	0.82
62	腭长 ol – sta	0.49	0.94	0.37	1.00	0.51	0.50	0.10	0.92
63	腭宽 enm – enm	0.39	0.99	0.37	1.00	0.56	0.48	0.54	0.60
FC	两眶内宽 fmo – fmo	0.44	0.97	0.55	0.83	1.05	0.34	– 1.17	0.28
DC	眶间宽 d – d	0.61	0.77	0.37	1.00	1.04	0.35	– 0.49	0.64
32	额侧角 I ∠n – m and FH	0.48	0.94	0.70	0.61	0.05	0.83	– 1.91	0.09
	额侧角 II ∠g – m and FH	0.52	0.91	0.58	0.78	0.12	0.74	– 2.08	0.08
	前囟角 ∠g – b and FH	0.55	0.87	0.44	0.97	2.72	0.14	– 0.98	0.36
72	总面角 ∠n – pr and FH	0.30	1.00	0.37	1.00	29.40	0.01	– 0.33	0.80
73	中面角 ∠n – ns and FH	0.75	0.53	0.51	0.90	1.91	0.22	– 2.19	0.07
74	齿槽面角 ∠ns – pr and FH	0.55	0.84	0.37	1.00	6.01	0.09	0.84	0.46
77	鼻颧角 ∠fmo – n – fmo	0.67	0.67	0.54	0.85	2.01	0.21	– 0.98	0.37
	颧上颌角 ∠zm – ss – zm	0.55	0.83	0.37	1.00	0.02	0.90	– 0.94	0.42
	面三角 ∠pr – n – ba	0.40	0.99	0.37	1.00	1.58	0.28	– 1.53	0.20
	∠n – pr – ba	0.48	0.94	0.37	1.00	0.17	0.70	0.91	0.41
	∠n – ba – pr	0.57	0.81	0.37	1.00	1.18	0.34	0.35	0.75
65	下颌髁突间宽 cdl – cdl	0.40	0.99	0.34	1.00	1.15	0.32	1.50	0.18
66	下颌角间宽 go – go	0.41	0.98	0.53	0.87	8.97	0.02	0.22	0.85
67	髁孔间径	0.75	0.55	0.57	0.78	1.37	0.27	– 0.99	0.35
68	下颌体长	0.59	0.82	0.61	0.73	2.00	0.19	– 0.58	0.57
68 – 1	下颌体最大投影长	0.49	0.93	0.49	0.92	0.49	0.50	1.12	0.30
69	下颌联合高 id – gn	0.47	0.95	0.36	1.00	0.27	0.62	– 0.64	0.55
69 – 1	下颌体高 I L	0.47	0.96	0.37	1.00	0.18	0.68	– 1.43	0.18
	下颌体高 I R	0.44	0.97	0.58	0.78	2.01	0.19	– 0.71	0.49
	下颌体高 II L	0.56	0.87	0.48	0.94	0.00	0.99	0.61	0.56
	下颌体高 II R	0.61	0.77	0.60	0.74	2.28	0.17	– 0.93	0.38

续表 3.11

马丁号	测量性状	单个样本 K-S 检验				方差齐性检验		t 检验	
		南北向		东西向		Levene 统计量	p 值	t 值	p 值
		K-S 值	p 值	K-S 值	p 值				
69-3	下颌体厚 I L	0.53	0.90	0.32	1.00	1.48	0.25	-1.47	0.17
	下颌体厚 I R	0.39	0.99	0.66	0.67	0.02	0.91	-1.60	0.14
	下颌体厚 II L	0.56	0.86	0.57	0.80	5.78	0.04	-0.09	0.94
	下颌体厚 II R	0.73	0.57	0.34	1.00	1.85	0.20	-0.92	0.38
70	下颌支高 L	0.46	0.96	0.50	0.92	0.00	0.96	-1.05	0.33
	下颌支高 R	0.45	0.97	0.46	0.96	7.36	0.02	-2.26	0.05
71	下颌支宽 L	0.46	0.96	0.59	0.76	0.02	0.90	0.19	0.85
	下颌支宽 R	0.41	0.99	0.66	0.65	2.06	0.19	0.13	0.90
71a	下颌支最小宽 L	0.70	0.63	0.50	0.91	9.19	0.01	0.13	0.91
	下颌支最小宽 R	0.56	0.85	0.58	0.80	1.03	0.34	-0.10	0.92
79	下颌角	0.60	0.80	0.46	0.95	7.01	0.03	0.50	0.67
	颏孔间弧	0.81	0.45	0.67	0.64	2.09	0.18	-0.10	0.93
8:1	颅长宽指数	0.42	0.98	0.35	1.00	4.13	0.08	1.31	0.23
17:1	颅长高指数	0.46	0.96	0.42	0.98	1.92	0.20	-0.48	0.64
17:8	颅宽高指数	0.51	0.91	0.50	0.91	1.06	0.33	-1.78	0.11
48:45	上面指数（sd）	0.42	0.98	0.37	1.00	42.31	0.01	0.10	0.93
52:51	眶指数 I R	0.64	0.72	0.43	0.97	0.68	0.44	-0.14	0.89
52:51a	眶指数 II R	0.57	0.84	0.39	0.99	0.13	0.73	0.64	0.55
54:55	鼻指数	0.66	0.69	0.54	0.85	0.03	0.86	-1.48	0.18
48:17	垂直颅面指数（sd）	0.53	0.89	0.37	1.00	0.03	0.87	0.93	0.40
40:5	面部突度指数	0.61	0.75	0.37	1.00	7.29	0.05	1.40	0.23
9:8	额顶宽指数	0.45	0.96	0.46	0.95	0.07	0.80	-1.76	0.12
16:7	枕骨大孔指数	0.66	0.69	0.36	1.00	0.27	0.62	-0.76	0.47

根据表 3.11 所示数据，不同墓向的大堡山墓地女性居民的 78 项测量项目中，仅耳点间宽、颅周长、颅横弧、颅矢状弧、枕骨矢状弧、左侧颧骨宽、鼻宽、右侧下颌支高等 8 项存在显著性差异（p≤0.05），11 项测量指数全部无显著性差异，即不

同墓向的女性居民91.01%的测量性状项目无显著性差异，换言之，二者大部分颅面形态特征具有一致性。

综上所述，可将大堡山墓地不同墓向居民测量性状按性别进行合并统计（表3.12、3.13）

表 3.12　大堡山墓地古代男性居民颅骨测量性状统计表[①]

马丁号	测量性状	个体数	平均数	标准差	标准误	最大值	最小值	极差
1	颅骨最大长 g - op	14	176.54	5.14	1.37	184.00	168.00	16.00
5	颅基底长 n - enba	14	100.18	4.83	1.29	106.00	91.00	15.00
8	颅骨最大宽 eu - eu	15	138.97	3.03	0.78	144.00	135.00	9.00
9	额骨最小宽 ft - ft	15	92.16	3.90	1.01	99.71	87.00	12.71
11	耳点间宽 au - au	14	122.71	4.63	1.24	129.00	112.00	17.00
12	枕骨最大宽 ast - ast	14	109.05	3.39	0.91	115.00	103.00	12.00
7	枕骨大孔长 enba - o	14	34.29	2.83	0.76	40.10	28.95	11.15
16	枕骨大孔宽	14	29.52	2.80	0.75	33.83	24.30	9.53
17	颅高 b - ba	14	138.57	5.43	1.45	146.00	130.00	16.00
21	耳上颅高 po - po	14	115.07	5.18	1.38	123.00	105.00	18.00
23	颅周长 g - op - g	14	511.43	15.96	4.27	531.00	480.00	51.00
24	颅横弧 po - b - po	14	310.11	16.42	4.39	335.00	275.00	60.00
25	颅矢状弧 n - o	13	365.54	15.08	4.18	380.00	333.00	47.00
26	额骨矢状弧 n - b	15	124.47	6.51	1.68	135.00	112.00	23.00
27	顶骨矢状弧 b - l	15	122.93	8.41	2.17	140.00	106.00	34.00
28	枕骨矢状弧 l - o	13	117.54	8.53	2.37	135.00	105.00	30.00
29	额骨矢状弦 n - b	15	109.91	5.38	1.39	117.18	100.84	16.34
30	顶骨矢状弦 b - l	15	109.95	5.94	1.53	122.30	98.64	23.66
31	枕骨矢状弦 l - o	15	98.99	6.84	1.77	113.87	90.13	23.74
40	面底长 pr - enba	6	95.97	4.29	1.75	100.35	89.39	10.96
43	上面宽 fmt - fmt	11	102.19	2.88	0.87	106.27	97.72	8.55

① 长度单位为毫米（mm）；角度单位为度（°）。

续表 3.12

马丁号	测量性状	个体数	平均数	标准差	标准误	最大值	最小值	极差
44	两眶宽 ek – ek	9	96.38	2.99	1.00	99.92	90.79	9.13
45	面宽/颧点间宽 zy – zy	5	134.00	2.35	1.05	137.00	132.00	5.00
46	中面宽 zm – zm	8	97.56	3.72	1.32	100.82	89.38	11.44
48	上面高 n – pr	5	68.92	5.71	2.55	77.40	64.36	13.04
	上面高 n – sd	10	72.40	5.85	1.85	80.81	63.84	16.97
50	前眶间宽 mf – mf	13	18.71	2.24	0.62	22.84	15.21	7.63
51	眶宽 mf – ek L	11	42.33	2.01	0.61	44.42	37.62	6.80
	眶宽 mf – ek R	11	42.11	2.40	0.72	46.08	38.38	7.70
51a	眶宽 d – ek L	9	38.86	1.46	0.49	40.71	36.43	4.28
	眶宽 d – ek R	7	37.97	1.58	0.60	40.27	35.68	4.59
52	眶高 L	10	32.82	2.43	0.77	36.12	28.20	7.92
	眶高 R	10	32.66	2.61	0.82	36.30	27.04	9.26
MH	颧骨高 fmo – zm L	8	43.34	4.09	1.45	49.37	37.72	11.65
	颧骨高 fmo – zm R	11	44.89	4.44	1.34	52.89	37.20	15.69
MB	颧骨宽 zm – rim. Orb L	8	23.78	2.38	0.84	26.52	19.44	7.08
	颧骨宽 zm – rim. Orb R	11	25.60	1.91	0.58	28.09	21.44	6.65
54	鼻宽	12	25.46	1.90	0.55	29.74	23.30	6.44
55	鼻高 n – ns	12	52.62	3.61	1.04	56.78	45.52	11.26
60	上颌齿槽弓长 pr – alv	5	53.50	2.84	1.27	57.13	49.38	7.75
61	上颌齿槽弓宽 ekm – ekm	7	64.09	2.65	1.00	67.31	60.84	6.47
62	腭长 ol – sta	12	44.57	2.61	0.75	49.82	39.83	9.99
63	腭宽 enm – enm	12	36.07	3.56	1.03	40.02	29.64	10.38
FC	两眶内宽 fmo – fmo	12	94.43	3.13	0.90	100.46	89.00	11.46
DC	眶间宽 d – d	10	21.26	2.13	0.67	22.92	16.70	6.22
32	额侧角 I ∠n – m and FH	12	79.58	5.40	1.56	88.00	69.00	19.00
	额侧角 II ∠g – m and FH	13	75.85	6.16	1.71	86.00	68.00	18.00
	前囟角 ∠g – b and FH	13	45.46	2.88	0.80	49.00	40.00	9.00
72	总面角 ∠n – pr and FH	5	83.80	1.48	0.66	86.00	82.00	4.00

续表 3.12

马丁号	测量性状	个体数	平均数	标准差	标准误	最大值	最小值	极差
73	中面角∠n－ns and FH	11	87.09	4.91	1.48	98.00	82.00	16.00
74	齿槽面角∠ns－pr and FH	5	78.60	3.21	1.44	83.00	75.00	8.00
77	鼻颧角∠fmo－n－fmo	10	142.43	2.93	0.93	145.84	136.78	9.06
	颧上颌角∠zm－ss－zm	5	125.02	6.62	2.96	134.08	119.17	14.91
	面三角∠pr－n－ba	5	66.96	3.66	1.64	72.62	63.61	9.01
	∠n－pr－ba	5	70.59	2.35	1.05	73.16	67.60	5.56
	∠n－ba－pr	5	42.45	2.74	1.23	46.58	39.78	6.80
65	下颌髁突间宽 cdl－cdl	9	124.92	3.68	1.23	130.92	119.43	11.49
66	下颌角间宽 go－go	9	104.29	3.38	1.13	109.00	97.55	11.45
67	髁孔间径	14	48.28	2.19	0.59	50.70	43.04	7.66
68	下颌体长	11	72.81	6.09	1.84	81.04	63.00	18.04
68－1	下颌体最大投影长	10	103.76	8.52	2.69	115.00	91.00	24.00
69	下颌联合高 id－gn	9	34.15	4.77	1.59	41.75	27.59	14.16
69－1	下颌体高ⅠL	15	30.98	3.55	0.92	39.22	25.76	13.46
	下颌体高ⅠR	14	31.41	3.93	1.05	39.46	25.85	13.61
	下颌体高ⅡL	14	28.32	3.45	0.92	34.42	21.63	12.79
	下颌体高ⅡR	13	29.17	3.39	0.94	34.16	23.92	10.24
69－3	下颌体厚ⅠL	16	12.50	1.60	0.40	14.48	10.02	4.46
	下颌体厚ⅠR	15	12.85	1.81	0.47	15.47	9.49	5.98
	下颌体厚ⅡL	16	15.01	1.61	0.40	17.76	11.67	6.09
	下颌体厚ⅡR	15	15.31	1.71	0.44	18.90	12.68	6.22
70	下颌支高 L	11	61.10	4.57	1.38	69.93	54.73	15.20
	下颌支高 R	12	61.23	5.13	1.48	69.33	51.36	17.97
71	下颌支宽 L	10	40.54	3.79	1.20	48.70	34.12	14.58
	下颌支宽 R	10	41.30	2.78	0.88	48.09	37.76	10.33
71a	下颌支最小宽 L	14	32.40	2.71	0.72	36.50	26.41	10.09
	下颌支最小宽 R	13	32.05	2.76	0.77	36.20	26.43	9.77
79	下颌角	11	121.27	4.84	1.46	134.00	117.00	17.00

续表 3.12

马丁号	测量性状	个体数	平均数	标准差	标准误	最大值	最小值	极差
	颏孔间弧	14	56.71	4.45	1.19	64.00	48.00	16.00
8:1	颅长宽指数	14	78.60	2.33	0.62	82.35	75.00	7.35
17:1	颅长高指数	13	78.04	2.13	0.59	81.03	73.77	7.26
17:8	颅宽高指数	14	99.81	3.81	1.02	105.07	93.57	11.50
48:45	上面指数（sd）	4	52.89	4.66	2.33	59.42	49.33	10.09
52:51	眶指数 I R	10	77.14	6.80	2.15	88.54	64.38	24.16
52:51a	眶指数 II R	7	86.69	4.58	1.73	94.29	79.71	14.58
54:55	鼻指数	12	48.56	4.49	1.30	56.09	41.21	14.88
48:17	垂直颅面指数（sd）	10	52.21	3.37	1.07	58.14	48.00	10.14
40:5	面部突度指数	6	97.63	4.11	1.68	105.33	93.22	12.11
9:8	额顶宽指数	15	66.33	2.71	0.70	71.22	61.71	9.51
16:7	枕骨大孔指数	14	87.75	6.84	1.83	100.00	75.47	24.53

表 3.13　大堡山墓地古代女性居民颅骨测量性状统计表[①]

马丁号	测量性状	个体数	平均数	标准差	标准误	最大值	最小值	极差
1	颅骨最大长 g – op	10	173.40	4.22	1.33	179.00	166.00	13.00
5	颅基底长 n – enba	10	98.10	2.73	0.86	103.00	96.00	7.00
8	颅骨最大宽 eu – eu	10	132.85	2.03	0.64	135.00	128.00	7.00
9	额骨最小宽 ft – ft	10	88.18	4.53	1.43	95.07	81.92	13.15
11	耳点间宽 au – au	10	120.70	2.31	0.73	123.00	115.00	8.00
12	枕骨最大宽 ast – ast	10	106.40	2.72	0.86	110.00	101.00	9.00
7	枕骨大孔长 enba – o	9	33.75	1.96	0.65	35.94	30.15	5.79
16	枕骨大孔宽	9	27.53	1.64	0.55	29.65	24.45	5.20
17	颅高 b – ba	11	133.23	5.32	1.60	141.00	126.00	15.00
21	耳上颅高 po – po	10	111.60	5.72	1.81	119.00	102.00	17.00
23	颅周长 g – op – g	10	493.80	10.38	3.28	510.00	480.00	30.00

———————

① 长度单位为毫米（mm）；角度单位为度（°）。

续表 3.13

马丁号	测量性状	个体数	平均数	标准差	标准误	最大值	最小值	极差
24	颅横弧 po – b – po	10	293.30	9.37	2.96	306.00	276.00	30.00
25	颅矢状弧 n – o	9	355.56	12.29	4.10	369.00	334.00	35.00
26	额骨矢状弧 n – b	11	116.27	6.44	1.94	126.00	105.00	21.00
27	顶骨矢状弧 b – l	10	120.60	9.31	2.94	132.00	105.00	27.00
28	枕骨矢状弧 l – o	9	118.00	8.08	2.69	132.00	105.00	27.00
29	额骨矢状弦 n – b	11	104.01	5.05	1.52	112.45	96.68	15.77
30	顶骨矢状弦 b – l	10	108.78	6.27	1.98	119.68	99.11	20.57
31	枕骨矢状弦 l – o	9	99.28	8.14	2.71	113.10	86.36	26.74
40	面底长 pr – enba	6	94.59	3.38	1.38	101.18	92.02	9.16
43	上面宽 fmt – fmt	9	99.46	2.92	0.97	102.89	92.70	10.19
44	两眶宽 ek – ek	7	94.31	2.76	1.04	97.79	90.06	7.73
45	面宽/颧点间宽 zy – zy	6	126.83	4.07	1.66	131.00	120.00	11.00
46	中面宽 zm – zm	8	94.72	4.08	1.44	102.70	91.11	11.59
48	上面高 n – pr	5	65.86	3.55	1.59	71.40	62.68	8.72
	上面高 n – sd	7	67.56	2.89	1.09	71.99	63.35	8.64
50	前眶间宽 mf – mf	9	19.09	1.61	0.54	21.32	15.50	5.82
51	眶宽 mf – ek L	8	40.48	1.40	0.50	42.28	38.39	3.89
	眶宽 mf – ek R	9	40.69	1.04	0.35	41.88	39.00	2.88
51a	眶宽 d – ek L	7	37.18	0.74	0.28	38.02	35.80	2.22
	眶宽 d – ek R	9	37.28	1.02	0.34	39.04	35.96	3.08
52	眶高 L	7	32.46	1.73	0.65	35.36	30.00	5.36
	眶高 R	9	32.34	1.06	0.35	34.09	31.08	3.01
MH	颧骨高 fmo – zm L	8	41.55	2.04	0.72	46.11	39.43	6.68
	颧骨高 fmo – zm R	9	41.83	1.06	0.35	43.56	40.20	3.36
MB	颧骨宽 zm – rim. Orb L	8	22.20	2.24	0.79	25.65	19.41	6.24
	颧骨宽 zm – rim. Orb R	9	23.77	2.62	0.87	27.52	20.15	7.37
54	鼻宽	10	26.21	0.86	0.27	27.52	24.74	2.78
55	鼻高 n – ns	10	48.24	2.13	0.67	51.38	45.74	5.64

马丁号	测量性状	个体数	平均数	标准差	标准误	最大值	最小值	极差
60	上颌齿槽弓长 pr－alv	5	50.51	2.29	1.03	54.56	48.98	5.58
61	上颌齿槽弓宽 ekm－ekm	8	62.89	2.89	1.02	66.48	58.85	7.63
62	腭长 ol－sta	10	43.09	2.75	0.87	47.54	37.02	10.52
63	腭宽 enm－enm	11	37.50	2.14	0.65	41.86	34.18	7.68
FC	两眶内宽 fmo－fmo	9	92.85	2.58	0.86	96.68	89.52	7.16
DC	眶间宽 d－d	8	22.89	2.82	1.00	25.84	18.02	7.82
32	额侧角Ⅰ∠n－m and FH	10	81.10	7.16	2.26	96.00	72.00	24.00
	额侧角Ⅱ∠g－m and FH	9	77.78	7.55	2.52	92.00	68.00	24.00
	前囟角∠g－b and FH	9	47.00	5.05	1.68	55.00	38.00	17.00
72	总面角∠n－pr and FH	5	81.40	2.30	1.03	85.00	79.00	6.00
73	中面角∠n－ns and FH	8	87.63	3.78	1.34	94.00	82.00	12.00
74	齿槽面角∠ns－pr and FH	5	68.20	10.87	4.86	82.00	56.00	26.00
77	鼻颧角∠fmo－n－fmo	8	142.20	5.60	1.98	153.28	135.90	17.38
	颧上颌角∠zm－ss－zm	5	131.93	6.92	3.09	140.91	124.50	16.41
	面三角∠pr－n－ba	6	66.48	1.88	0.77	68.81	63.70	5.11
	∠n－pr－ba	6	71.76	1.54	0.63	73.65	69.60	4.05
	∠n－ba－pr	6	41.74	2.85	1.16	44.90	38.65	6.25
65	下颌髁突间宽 cdl－cdl	9	120.00	5.11	1.70	128.50	113.00	15.50
66	下颌角间宽 go－go	10	98.03	3.98	1.26	103.02	89.12	13.90
67	髁孔间径	11	45.30	1.98	0.60	48.20	41.22	6.98
68	下颌体长	11	70.37	5.25	1.58	76.00	62.00	14.00
68－1	下颌体最大投影长	10	102.69	6.32	2.00	114.40	93.00	21.40
69	下颌联合高 id－gn	8	29.51	3.27	1.15	34.41	24.87	9.54
69－1	下颌体高ⅠL	12	31.23	2.59	0.75	36.37	27.98	8.39
	下颌体高ⅠR	11	30.33	1.72	0.52	32.46	27.52	4.94
	下颌体高ⅡL	12	27.96	2.05	0.59	31.09	23.85	7.24
	下颌体高ⅡR	11	28.00	1.72	0.52	31.43	25.48	5.95

续表 3.13

马丁号	测量性状	个体数	平均数	标准差	标准误	最大值	最小值	极差
69－3	下颌体厚Ⅰ L	12	12.11	1.12	0.32	14.53	10.98	3.55
	下颌体厚Ⅰ R	12	12.31	1.32	0.38	14.24	10.32	3.92
	下颌体厚Ⅱ L	12	15.95	1.20	0.35	17.57	13.64	3.93
	下颌体厚Ⅱ R	13	16.37	1.74	0.48	20.20	13.87	6.33
70	下颌支高 L	10	58.97	2.81	0.89	62.64	53.10	9.54
	下颌支高 R	11	60.37	3.39	1.02	65.18	55.00	10.18
71	下颌支宽 L	10	39.56	2.78	0.88	44.66	35.58	9.08
	下颌支宽 R	10	40.26	2.32	0.73	43.92	36.10	7.82
71a	下颌支最小宽 L	11	32.07	2.20	0.66	35.28	27.08	8.20
	下颌支最小宽 R	12	32.84	2.77	0.80	37.00	27.33	9.67
79	下颌角	10	123.70	3.71	1.17	128.00	115.00	13.00
	颏孔间弧	11	53.18	3.06	0.92	58.00	48.00	10.00
8：1	颅长宽指数	10	76.66	2.38	0.75	81.33	73.56	7.77
17：1	颅长高指数	10	76.83	3.69	1.17	83.13	70.39	12.74
17：8	颅宽高指数	10	100.23	4.02	1.27	106.42	94.03	12.39
48：45	上面指数（sd）	5	53.99	3.07	1.37	57.83	49.63	8.20
52：51	眶指数Ⅰ R	9	79.49	2.44	0.81	84.89	76.45	8.44
52：51a	眶指数Ⅱ R	9	86.81	4.00	1.33	94.80	81.30	13.50
54：55	鼻指数	10	54.47	3.64	1.15	59.68	49.38	10.30
48：17	垂直颅面指数（sd）	7	51.50	3.86	1.46	57.13	46.11	11.02
40：5	面部突度指数	6	96.57	3.92	1.60	101.18	89.41	11.77
9：8	额顶宽指数	9	66.67	3.36	1.12	72.02	61.59	10.43
16：7	枕骨大孔指数	9	81.59	2.68	0.89	86.28	77.87	8.41

二、颅骨测量性状变异度的估计

为进一步明确大堡山墓地所埋葬的先民是否归属于同一人种类型，参考以往的古代颅骨测量性状研究成果，笔者尝试运用以下三种计算方法来分别确定该墓地古代两性居民的颅骨测量性状变异度，进而初步估算该人群的种系纯度。

第一，颅骨最大长、最大宽的标准差计算。著名统计学家皮尔森（Karl Pearson）研究发现，颅骨最大长、最大宽的标准差计算可用于确定人群的种系纯度，即颅骨最大长或最大宽的标准差大于 6.5，则该人群可能属于异种系；若颅骨最大长标准差小于 5.5 或颅骨最大宽标准差小于 3.3，则该人群可能属于同种系①。为更加准确地分析判断大堡山墓地古代两性居民的种系纯度，笔者还将其与被认为是同种系的今和林格尔地区土城子遗址②、新店子墓地③古代人群，可能为同种系的河南殷墟大司空与刘家庄北地遗址古代人群④，疑似异种系的山西浮山桥北古代人群⑤的颅骨最大长、颅骨最大宽标准差进行比较（表 3.14）。

表 3.14　大堡山墓地古代居民种系纯度判定表（一）

性别	标准差	同种系	异种系	对比组（例数）				
				大堡山组	土城子组	新店子组	殷墟组	浮山桥北组
男性	颅骨最大长标准差	<5.5	>6.5	5.14（14）	6.01（48）	4.09（5）	4.61（22）	6.78（5）
	颅骨最大宽标准差	<3.3	>6.5	3.03（15）	4.39（53）	4.88（15）	5.05（20）	8.29（3）
女性	颅骨最大长标准差	<5.5	>6.5	4.22（10）	5.20（28）	6.02（7）	5.91（17）	4.33（4）
	颅骨最大宽标准差	<3.3	>6.5	2.03（10）	4.64（27）	2.59（10）	3.99（16）	3.76（4）

根据表 3.14 所示，在男性居民中，大堡山墓地古代居民颅骨最大长、最大宽标准差均小于同种系参考值，即颅骨最大长标准差 5.14 < 5.5、颅骨最大宽标准差 3.03 < 3.3。

---

① Karl Pearson, Craniological Notes: Homogeneity and Heterogeneity in Collections of Crania. *Biometrika*, Vol. 2, 1903, pp. 345–347.

② 顾玉才：《内蒙古和林格尔县土城子遗址战国时期人骨研究》，第 52～74 页。

③ 张全超：《内蒙古和林格尔县新店子墓地人骨研究》，第 37～57 页。

④ 原海兵：《殷墟中小墓人骨的综合研究》，长春：吉林大学博士学位论文，2010 年，第 115～142 页。

⑤ 贾莹：《山西浮山桥北及乡宁内阳垣先秦时期人骨研究》，北京：文物出版社，2010 年，第 66～117 页。其中，女性颅骨最大长标准差、颅骨最大宽标准差由笔者根据原文附表数据计算所得。

与被认为是同种系的今和林格尔地区其他两组人群相比，大堡山组仅颅骨最大长标准差高于新店子组；与被认为可能是同种系的殷墟组（大司空与刘家庄北地遗址）相比，大堡山组颅骨最大长标准差偏高；而与疑似异种系的浮山桥北组相比，大堡山组两项标准差全部低于该对比组人群。由此可知，大堡山墓地古代男性居民应该有着相对统一的人种学来源。在女性居民中，两项标准差不仅低于同种系参考值，还低于所有对比组人群，由此可见，大堡山墓地古代女性居民的人种学来源应该也不复杂。

第二，标准差百分比平均值计算。人类学家豪厄尔（Howells）曾提出另一种依靠颅骨测量性状辨别同种系的方法[①]，即将待测组颅骨测量性状标准差与由他认定的、属于同种系的、多组欧洲人群的颅骨测量性状标准差的均值[②]相除，若所得平均值大于100，则可能为异种系，反之则为同种系。由于豪厄尔所用的同种系标准差均出自男性，因此笔者在对大堡山墓地古代居民进行测定时仅选取了男性标本的30项数据，并将其与被认为是同种系的今和林格尔地区土城子遗址[③]、新店子墓地[④]古代人群，可能为同种系的河南殷墟大司空与刘家庄北地遗址古代人群[⑤]，疑似异种系的山西浮山桥北古代人群[⑥]进行比较（表3.15）。

表 3.15　大堡山墓地古代居民种系纯度判定表（二）

马丁号	测量性状	同种系标准差均值	对比组标准差/同种系标准差均值（%）				
			大堡山组	土城子组	新店子组	殷墟组	浮山桥北组
1	颅骨最大长 g – op	6.09	84.37	98.69	67.16	75.70	111.33
5	颅基底长 n – enba	4.22	114.37	86.49	105.45	72.99	162.56
8	颅骨最大宽 eu – eu	5.03	60.17	87.28	97.02	100.40	164.81
9	额骨最小宽 ft – ft	4.32	90.28	117.36	66.44	113.19	146.53

① W. W. Howells, Some Uses of the Standard Deviation in Anthropology. *Human Biology*, vol. 8, 1936, pp. 592 – 600.

② W. W. Howells, The Early Christian Irish: The Skeletons at Gallen Priory. *Proceedings of the Royal Irish Academy. section C: Archaeology, Celtic Studies, History, Linguistics, Literature.* vol. 46, 1941, pp. 103 – 129.

③ 顾玉才：《内蒙古和林格尔县土城子遗址战国时期人骨研究》，第 52～74 页。

④ 张全超：《内蒙古和林格尔县新店子墓地人骨研究》，第 37～57 页。

⑤ 原海兵：《殷墟中小墓人骨的综合研究》，第 115～142 页。

⑥ 贾莹：《山西浮山桥北及乡宁内阳垣先秦时期人骨研究》，第 66～117 页。

马丁号	测量性状	同种系标准差均值	对比组标准差/同种系标准差均值（%）				
			大堡山组	土城子组	新店子组	殷墟组	浮山桥北组
17	颅高 b – ba	5.12	106.07	91.41	80.47	83.40	109.57
21	耳上颅高 po – po	4.24	122.19	92.22	99.53	79.48	143.40
23	颅周长 g – op – g	14.14	112.91	88.12	88.83	76.24	9.97
24	颅横弧 po – b – po	10.02	163.85	91.72	117.56	60.28	42.32
25	颅矢状弧 n – o	12.71	118.61	111.49	102.28	89.61	103.15
26	额骨矢状弧 n – b	6.01	108.36	102.66	127.12	68.89	156.74
27	顶骨矢状弧 b – l	7.65	109.98	98.82	97.91	113.20	136.60
28	枕骨矢状弧 l – o	7.46	114.35	81.23	90.35	117.29	63.14
40	面底长 pr – enba	4.88	87.81	88.32	95.08	74.39	119.06
45	面宽/颧点间宽 zy – zy	5.10	45.98	113.92	79.61	80.98	205.29
48	上面高 n – pr	4.28	133.40	113.08	89.25	111.68	188.55
51a	眶宽 d – ek L	1.84	79.35	108.15	82.61	51.63	152.72
	眶宽 d – ek R	1.82	86.81	125.27	87.91	87.36	183.52
52	眶高 L	1.99	121.99	109.05	111.56	127.64	195.48
	眶高 R	2.01	129.63	111.94	98.51	118.41	189.05
54	鼻宽	1.81	104.76	104.42	101.66	131.49	133.15
55	鼻高 n – ns	3.03	119.17	98.68	91.09	106.93	146.20
62	腭长 ol – sta	2.93	89.11	110.58	84.64	94.54	104.44
63	颚宽 enm – enm	3.19	111.47	70.85	68.65	63.95	123.82
72	总面角∠n – pr and FH	3.22	46.06	104.35	113.04	56.52	140.06
65	下颌髁突间宽 cdl – cdl	5.58	65.94	118.28	94.27	103.05	90.50
8:1	颅长宽指数	3.22	72.24	90.68	83.23	100.00	132.30
17:1	颅长高指数	3.05	69.81	78.36	71.15	90.82	40.00
17:08	颅宽高指数	4.61	82.67	87.85	71.58	110.63	35.57
52:51a	眶指数 II R	5.46	83.88	100.92	121.61	104.40	160.26
54:55	鼻指数	4.49	100.11	92.87	83.52	101.78	103.12
	标准差百分比均值（%）		97.86	99.17	92.30	92.23	126.44

根据表 3.15 所示，在 30 项测量性状标准差百分比平均值计算结果中，包括大堡山组在内的内蒙古和林格尔地区三组对比组人群，以及殷墟组古代人群的颅骨测量性状标准差与同种系标准差均值相除所得数据的平均值皆未超过 100，而疑似异种系的山西浮山桥北组古代人群所得数据均值大于 100。大堡山组与同种系标准差百分比平均值（97.86%）与被认为是同种系的和林格尔土城子组（99.17%）计算结果最为接近；而与被认为是异种系的山西浮山桥北组（126.44%）计算结果差异最大。由此可见，大堡山墓地古代男性居民应该同内蒙古和林格尔地区土城子遗址、新店子墓地以及河南殷墟大司空与刘家庄北地遗址古代男性居民一样，也是由属于同种系的人群构成，与前文论证结果相同。

根据表 3.15 还可知，大堡山组有 16 项测量性状标准差与同种系标准差百分比平均值大于 100，计算结果从小到大依次是：鼻指数（100.11%）、鼻宽（104.76%）、颅高（106.07%）、额骨矢状弧（108.36%）、顶骨矢状弧（109.98%）、颚宽（111.47%）、颅周长（112.91%）、枕骨矢状弧（114.35%）、颅基底长（114.37%）、颅矢状弧（118.61%）、鼻高（119.17%）、眶高 L（121.99%）、耳上颅高（122.19%）、眶高 R（129.63%）、上面高（133.40%）、颅横弧（163.85%）。其中差异较大的项目（大于 150%）是颅横弧（163.85%），表明大堡山墓地古代男性居民在该项测量性状上具有较高的变异程度。

第三，平均变异系数（Coefficient of Variation）计算。即通过计算测量性状标准差与其算数平均值之比的方法来对群体间变异度大小进行估计。为便于比较分析，笔者还引用了韩康信等计算所得的异种系变异系数[1]，由于该异种系变异系数也出自男性，故笔者在对大堡山墓地古代居民进行测定时仅选取了男性标本的 22 项数据，同时将其与被认为是同种系的今和林格尔地区土城子遗址[2]、新店子墓地[3]古代人群，可能为同种系的河南殷墟大司空与刘家庄北地遗址古代人群[4]，疑似异种系的山西浮山桥北古代人群[5]进行比较（表 3.16）。

---

① 韩康信、谭婧泽、张帆：《中国西北地区古代居民种族研究》，第 27~28 页。
② 顾玉才：《内蒙古和林格尔县土城子遗址战国时期人骨研究》，第 52~74 页。
③ 张全超：《内蒙古和林格尔县新店子墓地人骨研究》，第 37~57 页。
④ 原海兵：《殷墟中小墓人骨的综合研究》，第 115~142 页。
⑤ 贾莹：《山西浮山桥北及乡宁内阳垣先秦时期人骨研究》，第 66~117 页。

表 3.16 大堡山墓地古代居民种系纯度判定表（三）

马丁号	测量性状	对比组标准差/平均值（%）					
		异种系组	大堡山组	土城子组	新店子组	殷墟组	浮山桥北组
1	颅骨最大长 g – op	3.36	2.91	3.33	2.35	2.52	3.68
5	颅基底长 n – enba	4.24	4.82	3.55	4.38	3.02	6.46
8	颅骨最大宽 eu – eu	3.65	2.18	3.13	3.18	3.64	5.96
9	额骨最小宽 ft – ft	5.34	4.23	5.51	3.04	5.22	7.04
17	颅高 b – ba	3.78	3.92	3.32	3.19	3.08	3.85
21	耳上颅高 po – po	3.57	4.50	3.36	3.66	2.93	5.15
23	颅周长 g – op – g	2.93	3.12	2.39	2.37	2.06	0.27
24	颅横弧 po – b – po	3.45	5.29	2.91	3.64	1.96	1.30
25	颅矢状弧 n – o	3.56	4.12	3.85	3.72	3.06	3.46
40	面底长 pr – enba	5.40	4.46	4.40	4.63	3.69	5.88
45	面宽/颧点间宽 zy – zy	4.09	1.75	4.27	2.86	3.01	7.62
51	眶宽 mf – ek L	5.28	4.76	4.28	3.99	3.50	6.89
52	眶高 L	5.74	7.40	6.34	6.65	7.57	11.15
54	鼻宽	7.26	7.45	7.13	6.78	5.49	9.31
55	鼻高 n – ns	5.83	6.86	5.47	4.88	6.17	8.08
62	腭长 ol – sta	6.23	5.86	7.12	5.52	6.90	6.58
63	颚宽 enm – enm	6.79	9.86	5.48	5.48	4.73	10.48
8:1	颅长宽指数	5.02	2.96	3.76	3.04	4.25	5.63
17:1	颅长高指数	4.34	2.73	3.07	2.98	3.66	1.55
17:8	颅宽高指数	5.11	3.82	4.04	3.90	5.09	1.62
52:51	眶指数 L	5.66	6.56	5.97	7.14	4.85	8.61
54:55	鼻指数	9.15	9.26	8.57	7.80	8.86	9.47
	5 项指数平均变异系数	5.86	5.06	5.08	4.97	5.34	5.37
	22 项测量性状平均变异系数	4.99	4.95	4.60	4.33	4.33	5.91

根据表 3.16 可知，在大堡山墓地古代男性居民 22 项测量性状的变异系数中，有 10 项测量项目、2 项指数项目超过了异种系变异系数值，12 项测量项目、2 项指数项目超过了土城子组，14 项测量项目、1 项指数项目超过新店子组，12 项测量项目、2 项指数项目超过殷墟组，4 项测量项目、2 项指数项目超过浮山桥北组。韩康信认为此项研究可能在颅骨测量项目的验证上效果并不明显，但在颅骨指数项目方面具有

一定的意义①，因此，笔者计算了 5 项指数的平均变异系数，大堡山组（5.06%）的变异系数略高于新店组（4.97%），但低于土城子组（5.08%）、殷墟组（5.34%）、浮山桥北组（5.37%）以及异种系组（5.86%）的变异系数；同时笔者还计算了 22 项测量性状的平均变异系数，大堡山组（4.95%）与被认为是同种系的今和林格尔地区其他两组以及可能为同种系的河南殷墟组计算结果皆小于异种系变异系数，而疑似异种系的山西浮山桥北组却远高于异种系变异系数，综合两类平均变异系数计算结果，可以认定大堡山古代男性居民种族的同源性。

根据大堡山墓地古代男性居民 Y 染色体 DNA 研究结果可知②，对该墓地随机抽样并进行 Y – SNP 单倍型类群鉴定的五例男性标本中，三例为 O 型（中原和南方地区新石器时代人群的主要单倍型类群），一例为 N 型（N1c2a——辽西、内蒙古中南部地区古代人群的主要单倍型类群），一例为 C 型（C2——蒙古国境内现代人群的常见单倍型类群），可见该墓地古代居民 Y 染色体 DNA 来源较为复杂。但笔者通过对大堡山墓地古代居民，特别是男性居民进行的三项种系纯度检验表明，该人群表现出一定的同源性倾向，这一结果并不意味着该人群中绝对排除了个别异种系倾向成分的混入，只表示即便该人群含有异种系个体，也不足以影响对该人群种族属性整体判断。故在接下来的研究中，可将大堡山墓地古代居民，特别是男性居民等同于拥有相同种系来源的古代人群。

第三节　颅骨形态特征分类

颅骨测量指数有利于建立有关骨骼形态或相对大小的概念，一般而言，其比测量项目绝对值更为恒定，且存在一定的变异范围，因此，根据不同的变异范围可以将各项指数进行分级，每一等级代表了一定的骨骼形态，有助于在人群之间进行相互比较③。经前文关于大堡山墓地人群内部种系检验，可将该墓地古代居民归属于同

---

① 韩康信、谭婧泽、张帆：《中国西北地区古代居民种族研究》，第 27~28 页。
② 刘铭：《内蒙古和林格尔大堡山墓地古代居民的 DNA 研究》，长春：吉林大学硕士学位论文，2013 年，第 20~23 页。
③ 邵象清：《人体测量手册》，第 57~110 页。

种系人群，故笔者将该墓地古代居民 31 例颅骨标本进行合并统计，并根据各项指数的分级标准①，按不同性别进行初步的颅骨形态特征分类（表 3.17）。

表 3.17　大堡山墓地古代居民颅骨测量性状形态特征统计表

测量性状			男性（%）	女性（%）	X^2检验	
					X^2值	p 值
颅长宽指数	长颅型	70～74.9	—	3（30.00）	4.800	0.059
	中颅型	75～79.9	9（64.29）	6（60.00）	0.046	＞0.999
	圆颅型	80～84.9	5（35.71）	1（10.00）	2.057	0.341
颅长高指数	正颅型	70～74.9	1（7.69）	3（30.00）	1.958	0.281
	高颅型	＞75	12（92.31）	7（70.00）	1.958	0.281
颅宽高指数	中颅型	92～97.9	6（42.86）	3（30.00）	0.411	0.678
	狭颅型	＞98	8（57.14）	7（70.00）	0.411	0.678
上面指数（sd）	阔上面型	45～49.9	2（50.00）	1（20.00）	0.900	0.524
	中上面型	50～54.9	1（25.00）	2（40.00）	0.225	＞0.999
	狭上面型	55～59.9	1（25.00）	2（40.00）	0.225	＞0.999
眶指数ⅠR	低眶型	＜75.9	4（40.00）	—	4.560	0.087
	中眶型	76～84.9	5（50.00）	9（100.00）	6.107	0.033
	高眶型	＞85	1（10.00）	—	0.950	＞0.999
眶指数ⅡR	低眶型	＜82.9	1（14.29）	2（22.22）	0.163	＞0.999
	中眶型	83～88.9	5（71.42）	6（66.67）	0.042	＞0.999
	高眶型	＞89	1（14.29）	1（11.11）	0.036	＞0.999
鼻指数	狭鼻型	＜46.9	5（41.67）	—	5.392	0.040
	中鼻型	47～50.9	3（25.00）	2（20.00）	0.078	＞0.999
	阔鼻型	51～57.9	4（33.33）	5（50.00）	0.627	0.666
	特阔鼻型	＞58	—	3（30.00）	4.168	0.078

---

① 邵象清：《人体测量手册》，第 57～110 页。

续表 3.17

测量性状			男性（%）	女性（%）	X² 检验	
					X² 值	p 值
面部突度指数	正颌型	<97.9	4（66.66）	4（66.67）	0.000	>0.999
	中颌型	98～102.9	1（16.67）	2（33.33）	0.444	>0.999
	突颌型	>103	1（16.67）	—	1.091	>0.999
额顶宽指数	狭额型	<65.9	8（53.33）	4（44.44）	0.178	>0.999
	中额型	66～68.9	5（33.33）	2（22.22）	0.336	0.669
	阔额型	>69	2（13.33）	3（33.33）	1.364	0.326
枕骨大孔指数	狭型	<81.9	3（21.43）	6（66.67）	4.707	0.077
	中型	82～85.9	2（14.29）	2（22.22）	0.240	>0.999
	阔型	>86	9（64.29）	1（11.11）	6.303	0.029
总面角	突颌型	70°～79.90°	—	1（20.00）	1.111	>0.999
	中颌型	80°～84.90°	4（80.00）	3（60.00）	0.476	>0.999
	平颌型	85°～92.90°	1（20.00）	1（20.00）	0.000	>0.999
中面角	中颌型	80°～84.90°	4（36.36）	1（12.50）	1.360	0.338
	平颌型	>85°	7（63.64）	7（87.50）	1.360	0.338
齿槽面角	超突颌型	<59.90°	—	1（20.00）	1.111	>0.999
	特突颌型	60°～69.90°	—	2（40.00）	2.500	0.444
	突颌型	70°～79.90°	3（60.00）	1（20.00）	1.667	0.524
	中颌型	80°～84.90°	2（40.00）	1（20.00）	0.476	>0.999
鼻颧角	小扁平度	135°～139°	2（20.00）	3（37.5）	0.678	0.608
	中等扁平度	140°～144°	2（50.00）	3（37.5）	0.281	0.664
	大扁平度	145°～148°	3（30.00）	1（12.5）	0.788	0.588
	很大扁平度	>149°	—	1（12.5）	1.324	0.444

根据表 3.17 所示，并结合前文的表 3.12、3.13，大堡山墓地古代居民的颅骨测量性状形态特征可概括为：

（1）颅长宽指数方面，该墓地两性居民皆以中颅型为主，并不存在两性差异（p>0.05），其中，男性居民还存在一定数量的圆颅型个体，平均颅长宽指数为 78.60，属于中颅型；女性居民还有少量圆颅型个体，以及一定数量的长颅型个体，平均颅长宽指数为 76.66，也属于中颅型。

（2）颅长高指数方面，该墓地古代两性居民皆以高颅型为主，正颅型次之，且都不存在两性差异（p＞0.05）。男性平均颅长高指数为78.04，女性平均颅长高指数为76.83，均属于高颅型。

（3）颅宽高指数方面，该墓地古代两性居民皆以狭颅型为主，中颅型次之，且都不存在两性差异（p＞0.05）。男性平均颅宽高指数为99.81，女性平均颅宽高指数为100.23，均属于狭颅型。

（4）上面指数方面，该墓地古代两性居民主要表现为阔上面型、中上面型、狭上面型三种类型，且三种类型均无两性差异（p＞0.05），其中，男性居民有两例阔上面型，中上面型和狭上面型各一例，平均上面指数为52.89，属于中上面型；女性居民有一例阔上面型，中上面型和狭上面型各两例，平均上面指数为53.99，也属于中上面型。

（5）眶指数方面，右侧I指数中，该墓地古代两性居民以中眶型为大宗，而男性居民还有一定数量的低眶型个体和一例高眶型个体，平均右侧I指数为77.14，属于中眶型。而女性居民全部为中眶型，平均右侧I指数为79.49，且存在显著的两性差异（p＜0.05）。右侧II指数中，该墓地古代两性居民同样为中眶型个体占优势，并都存有少量低眶型和高眶型个体，均无性别差异（p＞0.05）。男性平均右侧II指数为86.69，女性平均右侧II指数为86.81，均属于中眶型。

（6）鼻指数方面，该墓地古代男性居民多为狭鼻型，但女性居民无此鼻型，故存在显著的两性差异（p＜0.05），另外男性居民还有中鼻型和阔鼻型，男性平均鼻指数为48.56，属于偏狭的中鼻型；女性居民以阔鼻型为主，特阔鼻型、中鼻型次之，并均无性别差异（p＞0.05），女性平均鼻指数为54.47，属于阔鼻型。

（7）面部突度指数方面，正颌型在两性居民中占有绝对优势，另有少量的中颌型个体存在，而男性居民还有一例突颌型个体，均无性别差异（p＞0.05）。男性平均面部突度指数为97.63，女性平均面部突度指数为96.57，均属于正颌型。

（8）额顶宽指数方面，该墓地古代两性居民狭额型偏多，但还有一定量的中额型和阔额型个体，均无性别差异（p＞0.05）。男性平均额顶宽指数为66.33，女性平均额顶宽指数为66.67，属于偏狭的中额型。

（9）枕骨大孔指数方面，该墓地古代两性居民有着截然相反的枕骨大孔形态特征，男性以阔型居多，狭型、中型次之，平均枕骨大孔指数为87.75，属于阔型；而女性则以狭型为主，中型、阔型次之，其中阔型存在显著的两性差异（p < 0.05），女性平均枕骨大孔指数为81.59，属于狭型。

（10）总面角方面，该墓地古代两性居民均以中颌型为大宗，平颌型次之，其中女性还有一例突颌型，均无性别差异（p > 0.05）。男性平均总面角为83.80°，女性平均总面角为81.40°，均属于中颌型。

（11）中面角方面，该墓地古代两性居民平颌型居多，但也有中颌型个体存在，均无性别差异（p > 0.05）。男性平均中面角为87.09°，女性平均中面角为87.63°，均属于平颌型。

（12）齿槽面角方面，该墓地古代男性居民以突颌型、中颌型为主，平均齿槽面角为78.60°，属于突颌型；女性居民以特突颌型为主，另有超突颌型、突颌型、中颌型个体，平均齿槽面角为68.20°，属于特突颌型。齿槽面角均无性别差异（p > 0.05）。

（13）鼻颧角方面，该墓地古代男性居民鼻颧角变异范围为136.78°~145.84°，平均值为142.43°，属于中等的面部扁平度，此外，男性居民鼻颧角超过145°的个体有三例，小于140°的个体有两例；而女性居民鼻颧角变异范围为135.90°~153.28°，平均值为142.20°，也属于中等的面部扁平度，同时超过145°的个体有两例，小于140°的个体有三例。该项性状均无性别差异（p > 0.05）。

综合以上关于大堡山墓地古代两性居民颅骨形态特征的统计与分析表明，该墓地古代两性居民的颅骨形态特征较为一致，同以中颅型的颅长宽指数、高颅型的颅长高指数以及狭颅型的颅宽高指数为主要颅型特点；以中眶型、狭额型、平颌型的中面角、中等的面宽和面部扁平度为主要面型特征；但是在鼻指数、枕骨大孔指数方面存在着明显的两性差异，男性居民以狭鼻型为主，枕骨大孔为阔型，而女性居民表现为明显的阔鼻倾向，枕骨大孔为狭型。笔者认为这种现象可能与颅骨形态特征的性别差异有关，男性梨状孔多是高而窄，枕骨大孔往往较大，而女性梨状孔常见低而宽，枕骨大孔较小[①]（图3.1、3.2）。

---

① 朱泓：《体质人类学》，第89~147页。

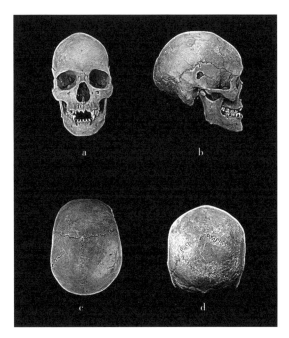

图 3.1　大堡山墓地男性颅骨（张旭制图）

2011HXSM24：a. 正视图　b. 侧视图　c. 顶视图　d. 后视图

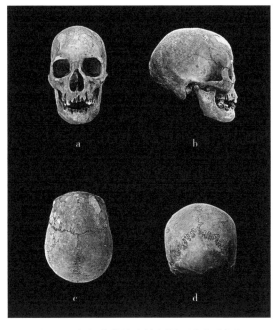

图 3.2　大堡山墓地女性颅骨（张旭制图）

2011HXSM21：a. 正视图　b. 侧视图　c. 顶视图　d. 后视图

第四节　小结

　　本章对大堡山墓地性别明确的 31 例人骨标本进行了颅骨测量及指数计算，并分别进行了各项测量性状的算数平均值、标准差、均值标准误、最小值、最大值、极差等标志变异指数的计算。

　　利用所得数据，通过种系相似系数计算、两独立样本 t 检验等两种方法对该墓地不同墓向居民进行种系相似程度的检验，结果表明大堡山墓地南北墓向与东西墓向的古代居民大部分颅骨测量性状可能源自同种系，即二者大部分颅面形态特征具有一致性，在未来的研究中可将该墓地不同墓向居民等同于拥有相同种系来源的古代人群。同时，通过颅骨最大长与最大宽的标准差计算、标准差百分比平均值计算以及平均变异系数计算等三种方法来分别估算该墓地古代居民的种系纯度，结果表明该人群具有一定的同源性倾向，故在接下来的研究中，可将大堡山墓地古代居民，特别是男性古代居民视为同种系人群。

　　根据各项指数的分级标准，按性别不同，笔者初步对大堡山墓地古代居民的颅骨形态特征进行了分类：该墓地古代两性居民颅型特点为中颅型、高颅型以及狭颅型，面型特点为中眶型、狭额型、平颌型及中等的面部扁平度；但是鼻指数、枕骨大孔指数方面存在着明显的两性差异，笔者认为这种差异与颅骨的性别特征差异有关。

　　诚然，本章仅是对于大堡山墓地古代居民的颅骨形态特征进行初步的线性指数方面的数据化描述，重点在于确定该墓地古代人群的种系纯度与颅骨的主要形态特征，而关于该墓地古代居民人种类型的分析以及人群来源与流向问题的讨论，将在后文当中继续展开。

第四章　大堡山墓地古代居民的肢骨研究

　　四肢长骨的观测与分析也是人类骨骼考古研究的重要内容之一。四肢长骨的观测不仅能够为身高估算、性别鉴定、死亡年龄判断以及行为模式推测提供一定的科学依据[1]，通过对四肢长骨的形态、长度，不同部位的骨干和髓腔大小的比较研究还能够探讨人类长骨演化的过程、原因以及人群间的差异[2]；而通过四肢比例、长骨粗壮度及形态两性差异的相关分析，还可以进一步探讨长骨功能状况与古代人类生业模式、生存环境的关系。

　　大堡山墓地古代居民的骨骼采集情况虽不理想，但四肢长骨却保存相对完好。本章所涉及的肢骨研究是指对该墓地古代人骨标本的四肢长骨的发育情况进行全面认识，并提取相关的人类学信息，主要包括四肢长骨测量与统计、肢骨粗壮程度计算与分析、个体身高推算与比较三个方面。因人类四肢长骨骨骺在20岁以前闭合[3]，故笔者选取了大堡山墓地性别明确且大于20岁的个体38例（男性22例，包括南北向墓14例、东西向墓8例；女性16例，包括南北向墓11例、东西向墓5例），结合该墓地四肢骨骼的具体保存情况，遵照由人类学家邵象清介绍的各项测量标准[4]，对该墓地古代人类标本的四肢长骨进行全面的测量与相关指数的计算。

---

[1]　Jane E. Buikstra, Douglas H. Ubelaker, *Standards for data collection from human skeletal remains.* Fayetteville, AR: Arkansas Archaeological Survey, 1994, p. 69.

[2]　何嘉宁等：《"高资人"化石与股骨形态变异的生物力学分析》，《科学通报》2012年第10期。

[3]　邵象清：《人体测量手册》，第45页。

[4]　邵象清：《人体测量手册》，第133～191页。

第一节　四肢长骨的测量统计

由于大堡山墓地存在不同墓向埋葬的古代居民，故笔者首先根据墓向不同，分别对该墓地古代两性居民的四肢长骨左右两侧的测量项目算数平均值进行了单个样本 K–S 检验（表 4.1、4.2），进一步确定该人群四肢长骨测量项目是否服从正态分布。需要说明的是，个别测量项目样本量较少无法进行单个样本 K–S 检验，例如南北向男性居民的右侧胫骨上内侧关节面矢状径、右侧腓骨中部最小径、右侧腓骨上端宽、左右侧桡骨小头矢状径、左右侧桡骨小头周，女性居民的左侧肱骨头最大矢状径、左侧肱骨头周、左侧桡骨小头矢状径、左侧桡骨小头周；东西向男性居民的左侧股骨内侧髁高、胫骨上外侧关节面矢状径、左右侧腓骨上端宽、右侧肱骨上端宽、右侧肱骨头最大矢状径、左右侧肱骨头周、左侧桡骨最大长、左侧桡骨生理长、左侧桡骨小头横径、左右侧桡骨小头矢状径、左右侧桡骨小头周，女性居民的右侧股骨内侧髁长、左侧胫骨上外侧关节面宽、左侧胫骨上外侧关节面矢状径、右侧腓骨最大长、右侧腓骨小头外踝长、右侧腓骨中部最大径、右侧腓骨中部最小径、右侧腓骨骨干中部周、左侧腓骨最小周、左右侧腓骨上端宽、右侧桡骨小头矢状径、右侧桡骨小头周。

根据表 4.1、4.2 所示，不同墓向的两性居民左右侧四肢长骨测量项目基本服从正态分布，符合独立样本 t 检验测定的前提条件。

一、左右侧别的独立样本 t 检验测定

笔者对大堡山墓地古代两性居民服从正态分布的四肢长骨测量项目分别进行了左右侧别的独立样本 t 检验（表 4.3），结果表明：

1. 南北向男性居民仅尺骨上部横径（$p = 0.048$）、鹰嘴深（$p = 0.021$）两项测量值的 p 值小于 0.05，即存在显著的侧别差异，其余各项测量值均无侧别差异。

表 4.1　大堡山墓地古代男性居民四肢长骨测量项目统计表（按墓向）

测量项目	南北向								东西向							
	右侧				左侧				右侧				左侧			
	例数	均值(mm)	K-S值	p值	例数	均值(mm)	K-S值	p值	例数	均值(mm)	K-S值	p值	例数	均值(mm)	K-S值	p值
股骨																
最大长	9	443.22	0.820	0.512	13	439.92	0.670	0.761	7	449.43	0.660	0.777	7	449.57	0.528	0.943
全长	9	439.06	0.750	0.627	13	436.62	0.682	0.741	7	444.57	0.604	0.859	7	445.26	0.530	0.941
转子内髁长	11	423.18	0.452	0.987	10	422.20	0.446	0.989	6	433.58	0.520	0.949	6	436.17	0.560	0.912
转子全长	11	411.82	0.645	0.800	10	411.00	0.415	0.995	6	420.83	0.607	0.855	6	421.67	0.420	0.995
转子外髁长	11	416.09	0.633	0.818	10	415.10	0.354	>0.999	6	423.83	0.769	0.596	6	426.00	0.448	0.988
骨干长	10	345.00	0.536	0.937	13	341.54	0.553	0.920	7	347.00	0.499	0.964	7	350.64	0.450	0.987
骨干中部矢状径	11	29.33	0.466	0.982	13	28.91	0.695	0.720	8	30.96	0.271	>0.999	8	30.19	0.640	0.807
骨干中部横径	11	26.73	0.552	0.921	13	27.42	0.515	0.954	8	26.57	0.691	0.726	8	27.20	0.845	0.473
骨干中部周	11	90.55	0.630	0.822	13	91.15	0.488	0.971	8	91.71	0.653	0.788	8	91.75	0.763	0.605
骨干上部矢状径	14	26.88	0.813	0.524	11	26.09	0.532	0.940	8	27.54	0.823	0.507	8	27.59	0.474	0.978
骨干上部横径	14	31.13	0.455	0.986	12	31.35	0.430	0.993	8	30.78	0.602	0.862	8	31.47	0.459	0.984
骨干下部最小矢状径	11	29.03	0.748	0.631	10	29.13	0.801	0.542	7	30.83	0.676	0.751	7	31.25	0.384	0.998
骨干下部横径	10	39.48	0.730	0.661	13	38.03	0.781	0.576	7	37.39	0.732	0.658	7	38.18	0.413	0.996
上端宽	10	94.93	0.552	0.920	11	93.63	0.644	0.802	7	97.13	0.334	>0.999	6	99.04	0.455	0.986
股骨颈头前长	10	66.21	0.469	0.981	11	68.99	0.721	0.676	8	68.57	0.353	>0.999	7	75.31	0.478	0.977

续表 4.1

测量项目	南北向 右侧				南北向 左侧				东西向 右侧				东西向 左侧			
	例数	均值（mm）	单个样本K-S检验 K-S值	p值	例数	均值（mm）	单个样本K-S检验 K-S值	p值	例数	均值（mm）	单个样本K-S检验 K-S值	p值	例数	均值（mm）	单个样本K-S检验 K-S值	p值
股骨头垂直径	11	44.16	0.881	0.419	9	45.63	0.765	0.602	7	44.82	0.363	0.999	7	45.95	0.441	0.990
股骨头矢状径	8	46.63	0.491	0.970	11	45.28	0.698	0.714	7	46.90	0.381	0.999	7	46.84	0.478	0.976
股骨颈垂直径	11	32.51	0.513	0.955	10	32.39	0.531	0.941	8	33.65	0.408	0.996	8	32.61	0.922	0.363
股骨颈矢状径	11	27.81	0.406	0.997	9	29.21	0.744	0.637	8	27.42	0.711	0.694	8	28.13	0.546	0.926
股骨颈周	11	103.09	0.559	0.914	9	102.44	0.341	>0.999	8	103.63	0.627	0.826	8	103.31	0.869	0.437
上髁宽	5	80.48	0.481	0.975	7	78.56	0.502	0.963	4	78.25	0.324	>0.999	4	77.85	0.475	0.978
股骨头周	8	147.63	0.482	0.974	7	145.86	0.474	0.978	6	151.00	0.412	0.996	7	149.07	0.688	0.731
外侧髁长	7	60.55	0.688	0.732	8	59.71	0.779	0.578	4	61.05	0.488	0.971	5	61.53	0.489	0.971
内侧髁长	3	63.53	0.393	0.998	6	59.54	0.612	0.848	3	63.95	0.536	0.937	1	68.00	0.809	0.530
外侧髁高	11	36.05	0.511	0.957	11	35.87	0.876	0.427	6	36.49	0.610	0.851	6	36.18	0.760	0.610
内侧髁高	12	37.69	0.634	0.816	12	37.47	0.465	0.982	6	37.53	0.591	0.876	7	38.49	—	—
股骨颈干角	13	124.85	0.655	0.784	13	125.54	0.519	0.950	8	127.50	0.931	0.351	8	126.75	0.517	0.952
胫骨																
最大长	6	358.67	0.498	0.965	11	359.77	0.453	0.986	5	364.60	0.569	0.903	4	364.50	0.548	0.925
全长	6	351.00	0.459	0.984	11	352.73	0.418	0.995	5	360.40	0.654	0.786	4	360.75	0.740	0.644

续表 4.1

测量项目	南北向 右侧				南北向 左侧				东西向 右侧				东西向 左侧			
	例数	均值(mm)	K-S值	p值	例数	均值(mm)	K-S值	p值	例数	均值(mm)	K-S值	p值	例数	均值(mm)	K-S值	p值
胫骨长	6	348.33	0.479	0.976	11	347.45	0.384	0.999	5	353.80	0.486	0.972	5	352.00	0.540	0.932
生理长	8	333.38	0.501	0.963	11	335.45	0.338	>0.999	6	341.67	0.833	0.491	5	341.60	0.370	0.999
髁踝长	6	348.17	0.438	0.991	11	349.45	0.381	0.999	5	353.00	0.549	0.924	5	354.80	0.497	0.966
上端宽	2	78.00	0.368	0.999	4	74.16	0.545	0.928	2	79.50	0.368	0.999	3	77.93	0.493	0.968
上内侧关节面宽	5	32.64	0.412	0.996	5	33.62	0.484	0.973	2	35.89	0.368	0.999	4	34.70	0.373	0.999
上外侧关节面宽	2	35.50	0.368	0.999	3	31.77	0.667	0.766	2	36.60	0.368	0.999	3	36.49	0.509	0.958
上内侧关节矢状径	2	45.00	—	—	3	47.04	0.508	0.959	2	51.83	0.368	0.999	2	51.25	0.368	0.999
上外侧关节矢状径	3	38.31	0.615	0.844	4	40.69	0.459	0.984	4	43.72	0.467	0.981	1	43.30	—	—
粗隆处最大矢状径	7	43.80	0.442	0.990	10	43.60	0.600	0.864	6	46.11	0.488	0.971	5	45.22	0.697	0.716
粗隆处横径	10	40.05	0.662	0.773	10	39.48	0.365	0.999	6	39.84	0.630	0.822	5	39.74	0.483	0.974
中部最大径	7	30.20	0.898	0.395	11	29.49	0.830	0.497	5	30.90	0.702	0.707	4	31.32	0.756	0.617
中部横径	6	21.79	0.684	0.737	11	21.93	0.563	0.910	5	22.04	0.552	0.920	4	20.85	0.587	0.881
中部周	6	81.00	0.408	0.996	11	81.82	0.442	0.990	5	87.60	0.640	0.807	4	83.25	0.665	0.768
骨干最小处周	12	75.67	0.487	0.972	11	75.82	0.553	0.920	7	76.83	0.516	0.953	7	75.86	0.524	0.947
滋养孔处横径	11	24.12	0.692	0.724	11	23.91	0.879	0.422	7	23.73	0.423	0.994	7	23.29	0.621	0.835

续表 4.1

测量项目	南北向								东西向							
	右侧				左侧				右侧				左侧			
	例数	均值(mm)	单个样本K-S检验		例数	均值(mm)	单个样本K-S检验		例数	均值(mm)	单个样本K-S检验		例数	均值(mm)	单个样本K-S检验	
			K-S值	p值			K-S值	p值			K-S值	p值			K-S值	p值
滋养孔处矢状径	10	33.02	0.368	0.835	10	32.68	0.414	0.995	7	34.33	0.494	0.968	7	35.43	0.446	0.989
下端宽	4	52.50	0.546	0.927	2	51.75	0.368	0.999	5	53.12	0.678	0.747	2	55.25	0.368	0.999
下端矢状径	9	36.80	0.568	0.904	6	36.11	0.506	0.960	7	38.14	0.631	0.821	4	37.81	0.548	0.925
腓骨																
最大长	2	323.50	0.368	0.999	4	344.50	0.494	0.968	3	345.00	0.432	0.992	3	358.33	0.590	0.878
小头外踝长	2	315.00	0.368	0.999	4	338.50	0.465	0.982	3	339.67	0.476	0.977	3	352.33	0.488	0.971
中部最大径	2	14.56	0.368	0.999	4	14.24	0.640	0.807	4	16.91	0.509	0.958	3	15.94	0.593	0.873
中部最小径	2	12.00	—	—	4	11.75	0.646	0.799	4	13.05	0.393	0.998	3	12.75	0.473	0.979
骨干中部周	2	45.00	0.368	0.999	4	47.00	0.500	0.964	4	47.25	0.608	0.854	3	45.67	0.527	0.944
最小周	4	37.00	0.727	0.666	7	39.86	0.795	0.552	5	40.60	0.554	0.919	5	39.60	1.057	0.214
下端宽	3	17.66	0.646	0.798	5	18.75	0.476	0.977	6	22.36	0.558	0.914	4	20.81	0.543	0.930
上端宽	0	—	—	—	2	30.05	0.368	0.999	1	27.00	—	—	1	32.42	—	—
胫骨																
全长	8	311.75	0.597	0.868	6	305.83	0.630	0.823	3	319.67	0.324	>0.999	6	309.00	0.580	0.890
最大长	8	316.75	0.627	0.827	7	310.29	0.595	0.871	3	325.33	0.567	0.904	7	319.86	0.638	0.810

续表 4.1

测量项目	南北向								东西向							
	右侧				左侧				右侧				左侧			
	例数	均值(mm)	单个样本K-S检验		例数	均值(mm)	单个样本K-S检验		例数	均值(mm)	单个样本K-S检验		例数	均值(mm)	单个样本K-S检验	
			K-S值	p值			K-S值	p值			K-S值	p值			K-S值	p值
上端宽	6	47.56	0.582	0.887	5	47.63	0.876	0.427	1	51.28	—	—	4	49.00	0.561	0.911
下端宽	9	59.60	0.540	0.933	8	59.10	0.697	0.716	6	62.02	0.512	0.955	5	62.27	0.293	>0.999
骨干中部最大径	8	22.54	0.565	0.906	7	22.03	0.497	0.966	3	24.06	0.556	0.917	7	23.79	0.631	0.820
骨干中部最小径	8	18.00	0.562	0.910	7	17.67	0.850	0.465	3	17.50	0.438	0.991	7	17.61	0.742	0.640
骨干中部矢状径	8	20.80	0.677	0.749	7	21.35	0.399	0.997	3	23.19	0.416	0.995	7	22.60	0.486	0.972
骨干中部横径	8	21.77	0.886	0.412	7	21.06	0.394	0.998	3	21.30	0.447	0.988	7	21.29	0.648	0.794
骨干中部周	8	68.13	0.670	0.760	7	66.43	0.527	0.944	3	70.33	0.506	0.960	7	68.86	0.862	0.447
骨干最小周	11	65.18	0.580	0.889	12	64.83	0.375	0.999	8	67.88	0.764	0.604	8	66.63	0.653	0.787
肱骨头最大横径	8	44.41	0.709	0.697	7	43.74	0.697	0.717	2	45.23	0.368	0.999	8	44.37	0.608	0.853
肱骨头最大矢状径	6	41.69	0.567	0.904	5	41.48	0.421	0.994	1	48.56	—	—	4	45.42	0.401	0.997
肱骨头周	5	134.00	0.671	0.759	5	134.80	0.552	0.921	0	—	—	—	1	140.00	—	—
滑车宽	12	24.46	0.522	0.948	10	25.14	0.854	0.460	7	24.86	0.498	0.965	5	25.47	0.509	0.958
滑车和小头宽	10	42.92	0.666	0.767	5	44.36	0.624	0.831	6	43.74	0.432	0.992	4	44.13	0.455	0.986
滑车矢状径	12	17.70	0.768	0.598	9	17.65	0.504	0.961	6	19.21	0.740	0.645	8	18.68	0.956	0.320
鹰嘴窝宽	13	22.73	0.752	0.623	11	22.39	1.122	0.161	8	22.89	0.365	0.999	8	23.49	0.504	0.961

续表 4.1

测量项目	南北向								东西向							
	右侧				左侧				右侧				左侧			
	例数	均值(mm)	单个样本 K-S检验		例数	均值(mm)	单个样本 K-S检验		例数	均值(mm)	单个样本 K-S检验		例数	均值(mm)	单个样本 K-S检验	
			K-S值	p值			K-S值	p值			K-S值	p值			K-S值	p值
鹰嘴窝深	13	12.44	0.454	0.986	11	12.11	0.633	0.818	7	12.26	0.673	0.756	8	13.24	0.453	0.987
肱骨头干角	7	43.71	0.546	0.927	9	43.78	0.702	0.707	5	42.80	0.394	0.998	6	40.33	0.527	0.944
尺骨																
最大长	6	259.17	0.646	0.799	3	254.67	0.388	0.998	3	271.50	0.496	0.966	3	276.67	0.637	0.812
生理长	6	227.25	0.719	0.680	4	222.25	0.554	0.918	4	243.00	0.554	0.919	3	244.00	0.650	0.792
鹰嘴小头长	7	255.86	0.498	0.965	4	252.25	0.308	>0.999	4	271.75	0.810	0.528	3	273.00	0.621	0.836
骨干最小周	8	41.88	0.546	0.927	4	40.50	0.429	0.993	5	39.80	0.723	0.672	4	39.00	0.500	0.964
骨干横径	9	16.36	0.480	0.975	7	15.49	0.396	0.998	8	16.18	0.760	0.611	6	16.04	0.591	0.876
骨干矢状径	9	13.96	0.485	0.973	7	15.10	0.712	0.692	7	15.17	0.589	0.878	6	14.26	0.412	0.996
上部横径	8	22.55	0.662	0.773	9	20.65	0.417	0.995	7	21.73	0.548	0.925	6	21.10	0.399	0.997
上部矢状径	10	26.76	0.511	0.957	9	27.38	0.603	0.860	6	25.25	0.620	0.836	7	25.78	0.641	0.806
鹰嘴宽	3	26.24	0.383	0.999	4	25.20	0.585	0.884	5	24.68	0.525	0.946	5	25.32	0.617	0.841
鹰嘴深	9	24.36	0.434	0.992	7	26.28	0.421	0.994	5	26.60	0.342	>0.999	5	26.62	0.568	0.904
鹰嘴高	9	21.87	0.807	0.533	8	22.49	0.354	>0.999	6	25.39	0.928	0.355	5	27.00	0.549	0.924
鹰嘴-冠突间距	7	23.19	0.671	0.759	8	22.45	0.489	0.970	6	21.89	0.401	0.997	6	22.25	0.644	0.801

续表 4.1

测量项目	南北向								东西向							
	右侧				左侧				右侧				左侧			
	例数	均值(mm)	单个样本 K-S检验		例数	均值(mm)	单个样本 K-S检验		例数	均值(mm)	单个样本 K-S检验		例数	均值(mm)	单个样本 K-S检验	
			K-S值	p值			K-S值	p值			K-S值	p值			K-S值	p值
桡骨																
最大长	7	243.71	0.524	0.947	4	237.75	0.334	>0.999	6	245.50	0.863	0.446	2	246.00	—	—
生理长	7	229.14	0.426	0.993	4	224.50	0.364	0.999	7	236.00	0.572	0.899	2	233.00	—	—
骨干最小周	9	44.56	0.524	0.946	5	45.40	0.780	0.577	7	46.57	0.341	>0.999	4	45.25	0.440	0.990
骨干横径	10	17.01	0.624	0.832	7	15.81	0.553	0.920	7	17.31	0.592	0.875	4	17.10	0.806	0.534
骨干矢状径	10	12.06	0.554	0.918	7	11.75	0.410	0.996	7	11.82	0.379	0.999	4	12.61	0.564	0.908
骨干中部横径	7	16.22	0.644	0.802	4	15.50	0.526	0.945	6	15.40	0.569	0.902	2	14.43	0.368	0.999
骨干中部矢状径	7	12.58	0.424	0.994	4	12.01	0.473	0.979	6	12.49	0.423	0.994	2	12.51	0.368	0.999
桡骨小头矢状径	4	22.52	0.490	0.970	2	20.77	0.368	0.999	3	23.81	0.616	0.843	1	21.58	—	—
桡骨小头矢径	1	23.60	—	—	1	23.12	—	—	1	24.14	—	—	1	22.20	—	—
桡骨颈横径	8	13.74	0.900	0.393	6	12.90	0.349	>0.999	7	13.38	0.454	0.986	3	12.66	0.565	0.907
桡骨颈矢状径	7	14.65	0.333	>0.999	6	14.20	0.743	0.639	6	14.75	0.533	0.938	3	14.67	0.656	0.782
桡骨小头周	1	76.00	—	—	1	74.00	—	—	1	79.00	—	—	0	—	—	—
骨干中部周	7	46.71	0.444	0.989	4	46.75	0.595	0.870	6	47.17	0.620	0.837	2	44.50	0.368	0.999
下端宽	9	33.16	0.648	0.795	2	35.50	0.368	0.999	5	35.31	0.575	0.896	3	34.83	0.340	>0.999
桡骨颈干角	7	155.71	0.513	0.955	7	155.86	0.350	>0.999	7	156.00	0.489	0.970	4	155.00	0.586	0.883

表 4.2　大堡山墓地古代女性居民四肢长骨测量项目统计表（按墓向）

测量项目	南北向 右侧				南北向 左侧				东西向 右侧				东西向 左侧			
	例数	均值(mm)	单个样本K–S检验 K–S值	p值	例数	均值(mm)	单个样本K–S检验 K–S值	p值	例数	均值(mm)	单个样本K–S检验 K–S值	p值	例数	均值(mm)	单个样本K–S检验 K–S值	p值
股骨																
最大长	11	404.59	0.367	0.999	9	406.17	0.468	0.981	5	404.20	0.475	0.978	3	404.67	0.614	0.846
全长	11	400.59	0.367	0.999	9	401.56	0.424	0.994	5	398.00	0.750	0.626	3	398.00	0.623	0.833
转子内髁长	10	388.30	0.501	0.963	7	393.00	0.556	0.917	5	388.60	0.639	0.808	2	393.00	0.368	0.999
转子全长	10	377.00	0.479	0.976	6	381.08	1.335	0.057	5	375.00	0.739	0.646	2	378.00	0.368	0.999
转子外髁长	10	382.00	0.398	0.997	8	383.50	0.745	0.635	5	381.40	0.631	0.821	2	383.50	0.368	0.999
骨干长	8	315.75	0.492	0.969	7	312.29	0.650	0.791	5	312.60	0.717	0.683	3	311.67	0.590	0.878
骨干中部矢状径	11	26.17	0.859	0.452	11	25.62	0.594	0.872	5	24.49	0.605	0.857	5	24.14	0.784	0.571
骨干中部横径	11	25.10	0.828	0.499	11	25.80	0.653	0.787	5	24.96	0.497	0.966	5	26.04	0.700	0.712
骨干中部周	11	82.55	0.584	0.885	11	80.82	0.617	0.841	5	79.00	0.514	0.954	5	79.76	0.831	0.494
骨干上部矢状径	11	24.65	0.519	0.950	11	23.86	0.574	0.897	5	24.30	0.531	0.940	5	23.31	0.951	0.326
骨干上部横径	11	28.11	0.500	0.964	11	29.47	0.342	>0.999	5	28.55	0.487	0.972	5	29.56	0.337	>0.999
骨干下部最小矢状径	9	27.53	0.376	0.999	8	26.47	0.382	0.999	4	26.04	0.554	0.919	3	27.69	0.637	0.812
骨干下部横径	9	35.77	0.454	0.986	8	36.23	0.577	0.893	4	35.63	0.466	0.982	3	38.67	0.667	0.766
上端宽	10	86.42	0.599	0.865	6	86.54	0.626	0.828	5	84.11	0.621	0.835	5	83.74	0.584	0.885
股骨颈头前长	10	61.68	0.670	0.760	8	67.05	0.505	0.960	5	58.10	0.450	0.988	5	61.32	0.629	0.824

续表 4.2

测量项目	南北向								东西向							
	右侧				左侧				右侧				左侧			
	例数	均值（mm）	单个样本K-S检验		例数	均值（mm）	单个样本K-S检验		例数	均值（mm）	单个样本K-S检验		例数	均值（mm）	单个样本K-S检验	
			K-S值	p值			K-S值	p值			K-S值	p值			K-S值	p值
股骨头垂直径	7	39.30	0.608	0.853	9	39.67	0.524	0.946	4	39.71	0.634	0.816	4	39.90	0.457	0.985
股骨头矢状径	8	41.45	0.412	0.996	9	41.54	0.423	0.994	3	41.17	0.332	>0.999	4	40.65	0.604	0.859
股骨颈垂直径	10	28.97	0.410	0.996	11	29.17	0.864	0.445	4	28.58	0.556	0.917	5	28.56	0.543	0.929
股骨颈矢状径	10	24.46	0.576	0.894	10	25.49	0.685	0.736	3	23.03	0.526	0.945	4	24.93	0.570	0.901
股骨颈周	9	94.00	0.536	0.936	10	91.00	1.184	0.121	3	91.33	0.553	0.920	4	90.25	0.527	0.944
上髁宽	7	71.48	0.391	0.998	6	71.00	0.408	0.996	2	69.00	0.368	0.999	3	70.67	0.438	0.991
股骨头周	7	132.14	0.564	0.908	7	134.14	0.560	0.912	3	130.00	0.369	0.999	3	130.33	0.309	>0.999
外侧髁长	8	57.70	0.691	0.726	9	57.37	0.937	0.344	4	52.00	0.742	0.640	4	52.74	0.327	>0.999
内侧髁长	6	56.44	0.683	0.740	4	55.80	0.448	0.988	1	56.22	—	—	3	53.06	0.521	0.949
外侧髁高	9	32.33	0.641	0.806	9	31.98	0.362	0.999	4	31.22	0.433	0.992	5	32.07	0.710	0.695
内侧髁高	9	34.10	0.633	0.817	9	34.62	0.615	0.844	4	32.50	0.657	0.780	4	33.59	0.304	>0.999
股骨颈干角	11	129.73	0.384	0.998	11	130.00	0.908	0.381	5	125.80	0.408	0.996	5	125.80	0.594	0.872
胫骨																
最大长	9	327.00	0.573	0.898	8	324.63	0.563	0.910	4	325.00	0.692	0.725	4	326.00	0.883	0.417
全长	9	322.33	0.666	0.766	8	318.50	0.589	0.878	4	321.25	0.778	0.581	4	321.25	0.702	0.708

续表 4.2

测量项目	南北向								东西向							
	右侧				左侧				右侧				左侧			
	例数	均值（mm）	单个样本K-S检验		例数	均值（mm）	单个样本K-S检验		例数	均值（mm）	单个样本K-S检验		例数	均值（mm）	单个样本K-S检验	
			K-S值	p值			K-S值	p值			K-S值	p值			K-S值	p值
胫骨长	9	318.11	0.617	0.842	8	314.00	0.641	0.805	4	316.00	0.567	0.905	4	317.25	0.842	0.478
生理长	9	304.89	0.641	0.806	9	303.00	0.450	0.987	4	302.25	0.598	0.867	4	304.00	0.748	0.630
髁踝长	9	316.33	0.649	0.794	8	314.88	0.490	0.970	4	316.75	0.378	0.999	4	318.00	0.576	0.894
上端宽	5	67.26	0.511	0.956	5	66.80	0.316	>0.999	3	64.67	0.402	0.997	3	64.33	0.380	0.999
上内侧关节面宽	4	29.17	0.803	0.540	6	30.65	0.426	0.993	2	24.69	0.368	0.999	2	28.45	0.368	0.999
上外侧关节面宽	6	29.81	0.628	0.825	4	28.47	0.327	>0.999	4	28.01	0.300	>0.999	1	28.00	—	—
上内侧关节面矢状径	5	42.52	0.624	0.832	5	41.86	0.564	0.908	2	38.01	0.368	0.999	3	40.87	0.464	0.983
上外侧关节面矢状径	6	37.20	0.508	0.959	3	36.83	0.443	0.989	2	34.50	0.368	0.999	1	32.50	—	—
粗隆处最大矢状径	8	41.25	0.538	0.935	10	40.33	0.556	0.917	4	36.72	0.544	0.929	4	36.56	0.428	0.993
粗隆处横径	8	39.99	0.715	0.685	10	38.76	0.569	0.903	4	36.84	0.420	0.995	4	36.58	0.590	0.878
中部最大横径	9	26.22	0.383	0.999	8	26.35	0.501	0.963	4	25.60	0.626	0.828	4	25.08	0.438	0.991
中部横径	9	19.91	0.463	0.983	8	19.72	0.683	0.739	4	19.11	0.522	0.948	4	18.26	0.534	0.938
中部周	9	73.33	0.636	0.813	8	73.50	0.571	0.900	4	71.25	0.572	0.899	4	69.50	0.469	0.981
骨干最小周	10	68.40	0.717	0.682	10	68.30	0.631	0.821	4	66.50	0.665	0.768	4	65.00	0.371	0.999
滋养孔处横径	9	21.90	0.829	0.498	10	21.68	0.550	0.922	4	21.10	0.663	0.771	4	21.08	0.491	0.969

续表 4.2

测量项目	南北向								东西向							
	右侧				左侧				右侧				左侧			
	例数	均值(mm)	单个样本K-S检验		例数	均值(mm)	单个样本K-S检验		例数	均值(mm)	单个样本K-S检验		例数	均值(mm)	单个样本K-S检验	
			K-S值	p值			K-S值	p值			K-S值	p值			K-S值	p值
滋养孔处矢状径	8	29.17	0.693	0.724	10	30.27	0.550	0.923	4	28.23	0.747	0.632	4	28.65	0.560	0.913
下端宽	8	44.69	0.554	0.919	6	45.18	0.710	0.695	3	42.67	0.488	0.971	4	43.25	0.804	0.538
下端矢状径	8	32.96	0.388	0.998	6	32.86	0.514	0.954	3	33.17	0.319	>0.999	4	34.07	0.379	0.999
腓骨																
最大长	4	317.75	0.580	0.890	5	317.80	0.656	0.783	1	312.00	—	—	2	323.50	0.368	0.999
小头外踝长	5	311.00	0.498	0.965	5	308.00	0.422	0.994	1	300.00	—	—	2	312.00	0.368	0.999
中部最大径	3	13.36	0.436	0.991	4	12.99	0.771	0.592	1	11.28	—	—	2	15.30	0.368	0.999
中部最小径	3	10.43	0.667	0.766	4	10.86	0.580	0.890	1	9.18	—	—	2	12.05	0.368	0.999
骨干中部周	3	40.00	0.478	0.976	4	40.50	0.429	0.993	1	38.00	—	—	2	46.50	0.368	0.999
最小周	5	36.60	0.738	0.647	5	36.80	0.589	0.879	3	37.00	0.616	0.842	2	40.00	—	—
下端宽	6	17.61	0.711	0.692	7	18.14	0.725	0.669	2	18.00	0.368	0.999	2	17.00	0.368	0.999
上端宽	3	23.14	0.590	0.877	3	28.29	0.611	0.850	1	18.00	—	—	1	22.02	—	—
肱骨																
全长	3	296.00	0.506	0.960	4	289.50	0.661	0.776	3	286.67	0.354	>0.999	3	286.00	0.628	0.826
最大长	3	299.67	0.499	0.965	5	294.80	0.768	0.598	3	292.00	0.303	>0.999	4	288.25	0.610	0.851

续表 4.2

测量项目	南北向								东西向							
	右侧				左侧				右侧				左侧			
	例数	均值(mm)	单个样本K-S检验		例数	均值(mm)	单个样本K-S检验		例数	均值(mm)	单个样本K-S检验		例数	均值(mm)	单个样本K-S检验	
			K-S值	p值			K-S值	p值			K-S值	p值			K-S值	p值
上端宽	3	43.07	0.630	0.822	2	42.60	0.368	0.999	3	43.00	0.303	>0.999	2	42.20	0.368	0.999
下端宽	5	53.36	0.458	0.985	4	54.55	0.561	0.911	4	52.75	0.528	0.943	3	52.77	0.415	0.995
骨干中部最大径	3	20.50	0.303	>0.999	5	20.86	0.479	0.976	3	19.67	0.438	0.991	4	20.01	0.420	0.995
骨干中部最小径	3	15.51	0.628	0.825	5	16.54	0.396	0.998	3	15.77	0.569	0.902	4	15.57	0.376	0.999
骨干中部矢状径	3	19.23	0.667	0.766	5	20.20	0.651	0.791	3	18.55	0.584	0.885	4	19.37	0.462	0.983
骨干中部横径	3	18.50	0.336	>0.999	5	18.98	0.404	0.997	3	18.73	0.497	0.966	4	18.40	0.644	0.802
骨干中部周	3	63.67	0.527	0.944	5	62.00	0.671	0.759	3	58.33	0.488	0.971	4	59.50	0.510	0.957
骨干最小周	8	60.13	0.536	0.936	10	57.20	0.635	0.814	5	57.00	0.864	0.444	5	57.00	0.475	0.978
肱骨头最大横径	4	39.68	0.787	0.566	3	38.67	0.602	0.862	3	38.56	0.605	0.858	4	38.95	0.532	0.940
肱骨头最大矢状径	3	37.80	0.667	0.766	1	36.38	—	—	3	36.78	0.323	>0.999	4	35.75	0.605	0.858
肱骨头周	3	124.33	0.438	0.991	1	120.00	—	—	3	121.67	0.667	0.766	4	119.25	0.463	0.983
滑车宽	7	21.56	0.624	0.831	6	22.23	0.545	0.928	5	21.22	0.722	0.675	3	20.74	0.464	0.983
滑车和小头宽	5	38.06	0.717	0.684	2	38.25	0.368	0.999	4	36.95	0.318	>0.999	3	37.49	0.598	0.867
滑车矢状径	7	15.91	0.497	0.966	7	15.81	0.574	0.897	4	15.41	0.503	0.962	3	16.40	0.343	>0.999
鹰嘴窝宽	7	19.33	0.668	0.764	8	19.69	0.513	0.955	5	19.09	0.349	>0.999	5	18.98	0.754	0.620

续表 4.2

测量项目	南北向								东西向							
	右侧				左侧				右侧				左侧			
	例数	均值(mm)	单个样本K-S检验		例数	均值(mm)	单个样本K-S检验		例数	均值(mm)	单个样本K-S检验		例数	均值(mm)	单个样本K-S检验	
			K-S值	p值			K-S值	p值			K-S值	p值			K-S值	p值
鹰嘴窝深	7	11.88	0.527	0.944	8	12.14	0.370	0.999	5	12.21	0.501	0.963	5	11.42	0.751	0.625
肱骨头干角	3	48.33	0.380	0.999	5	47.80	0.449	0.988	3	42.33	0.506	0.960	4	43.00	0.473	0.979
尺骨																
最大长	3	246.00	0.628	0.826	5	233.80	0.457	0.985	2	240.50	0.368	0.999	2	240.00	0.368	0.999
生理长	6	206.92	0.628	0.825	5	207.50	0.554	0.919	2	211.00	0.368	0.999	2	210.50	0.368	0.999
鹰嘴小头长	5	234.70	0.498	0.965	6	229.67	0.545	0.928	2	236.50	0.368	0.999	2	237.00	0.368	0.999
骨干最小周	6	37.17	0.428	0.993	5	37.80	0.584	0.885	2	36.00	0.368	0.999	3	35.67	0.604	0.859
骨干横径	7	14.77	0.516	0.953	6	14.62	0.552	0.921	3	14.73	0.453	0.986	4	14.32	0.541	0.931
骨干矢状径	7	12.16	0.977	0.295	6	11.74	0.498	0.965	3	11.73	0.603	0.861	4	12.80	0.421	0.994
上部横径	7	19.75	0.550	0.922	7	18.55	0.429	0.993	3	18.77	0.555	0.918	2	18.26	0.368	0.999
上部矢状径	7	24.48	0.465	0.982	7	25.69	0.381	0.999	2	24.63	0.405	0.997	3	24.25	0.567	0.905
鹰嘴宽	4	22.82	0.612	0.848	5	22.96	0.722	0.674	3	21.24	0.368	0.999	3	21.19	0.407	0.996
鹰嘴深	6	23.73	0.569	0.903	6	24.70	0.564	0.908	3	22.67	0.438	0.991	4	21.83	0.383	0.999
鹰嘴高	7	20.93	0.548	0.925	6	21.62	0.479	0.976	3	20.67	0.438	0.991	3	20.27	0.398	0.997
鹰嘴-冠突间距	7	19.57	0.579	0.890	6	20.20	0.557	0.916	3	19.17	0.340	>0.999	3	20.62	0.610	0.851

续表 4.2

测量项目	南北向								东西向							
	右侧				左侧				右侧				左侧			
	例数	均值(mm)	单个样本 K-S 检验		例数	均值(mm)	单个样本 K-S 检验		例数	均值(mm)	单个样本 K-S 检验		例数	均值(mm)	单个样本 K-S 检验	
			K-S值	p值			K-S值	p值			K-S值	p值			K-S值	p值
桡骨																
最大长	6	218.50	0.456	0.985	7	216.71	0.617	0.842	3	217.67	0.466	0.982	2	222.50	0.368	0.999
生理长	6	207.33	0.445	0.989	8	204.63	0.371	0.999	3	208.00	0.496	0.966	2	209.00	0.368	0.999
骨干最小周	8	40.88	1.138	0.150	8	42.00	0.914	0.374	3	40.67	0.354	>0.999	2	37.50	0.368	0.999
骨干横径	7	15.48	0.571	0.900	8	15.67	0.402	0.997	3	14.84	0.577	0.893	3	14.87	0.598	0.867
骨干矢状径	7	10.92	0.379	0.999	8	10.67	0.605	0.858	3	11.17	0.357	>0.999	3	11.21	0.303	>0.999
骨干中部横径	5	13.94	0.819	0.513	7	14.28	0.444	0.989	3	14.86	0.384	0.998	2	14.50	0.368	0.999
骨干中部矢状径	6	11.00	0.845	0.473	7	10.64	0.783	0.572	3	11.00	0.472	0.979	2	10.96	0.368	0.999
桡骨小头横径	3	20.43	0.567	0.904	3	20.17	0.500	0.964	3	19.95	0.537	0.935	2	19.70	0.368	0.999
桡骨小头矢状径	3	20.60	0.667	0.766	0	—	—	—	1	21.40	—	—	2	19.41	0.368	0.999
桡骨颈横径	6	12.17	0.649	0.794	8	12.23	0.654	0.786	3	11.90	0.405	0.997	2	12.00	0.368	0.999
桡骨颈矢状径	6	13.59	0.420	0.995	8	14.15	0.499	0.964	3	13.65	0.525	0.945	2	13.89	0.368	0.999
桡骨小头周	2	71.00	0.368	0.999	0	—	—	—	1	68.00	—	—	2	66.00	0.368	0.999
骨干中部周	5	41.40	0.780	0.577	7	42.00	0.567	0.905	3	41.33	0.354	>0.999	2	41.50	0.368	0.999
下端宽	6	28.50	0.959	0.316	7	29.29	0.451	0.987	3	31.00	0.595	0.871	2	33.50	0.368	0.999
桡骨颈干角	6	153.50	0.470	0.980	8	154.63	0.428	0.993	3	154.67	0.380	0.999	2	154.50	0.368	0.999

表 4.3　大堡山墓地古代居民四肢长骨测量项目左右侧别 t 检验

测量项目	男性								女性							
	南北向				东西向				南北向				东西向			
	方差齐性检验		t 检验		方差齐性检验		t 检验		方差齐性检验		t 检验		方差齐性检验		t 检验	
	Levene统计量	p 值	t 值	p 值	Levene统计量	p 值	t 值	p 值	Levene统计量	p 值	t 值	p 值	Levene统计量	p 值	t 值	p 值
股骨																
最大长	0.072	0.792	0.397	0.696	0.030	0.869	-0.055	0.958	0.025	0.876	-0.357	0.725	0.030	0.869	-0.055	0.958
全长	0.021	0.885	0.301	0.767	0.164	0.699	0.000	1.000	0.008	0.931	-0.247	0.808	0.164	0.699	0.000	1.000
转子内髁长	0.016	0.902	0.126	0.901	0.027	0.876	-0.323	0.760	0.579	0.459	-0.549	0.592	0.027	0.876	-0.323	0.760
转子全长	0.000	0.988	0.107	0.916	1.793	0.238	-0.216	0.837	10.937	0.005	-1.000	0.363	1.793	0.238	-0.216	0.837
转子外髁长	0.000	0.994	0.126	0.901	0.482	0.518	-0.170	0.872	2.173	0.161	-0.165	0.871	0.482	0.518	-0.170	0.872
骨干长	0.001	0.972	0.530	0.602	0.000	0.998	-0.279	0.785	1.492	0.245	0.894	0.389	1.943	0.213	0.110	0.916
骨干中部矢状径	0.027	0.872	0.415	0.682	0.001	0.980	0.216	0.834	2.877	0.106	0.467	0.646	0.001	0.980	0.216	0.834
骨干中部横径	0.077	0.784	-0.816	0.423	0.903	0.370	-0.639	0.541	0.000	0.991	-1.044	0.310	0.903	0.370	-0.639	0.541
骨干中部周	0.164	0.689	-0.244	0.809	0.079	0.786	-0.191	0.853	3.028	0.098	0.878	0.391	0.079	0.786	-0.191	0.853
骨干上部矢状径	0.224	0.640	0.846	0.406	0.075	0.791	0.769	0.464	1.423	0.248	1.217	0.238	0.075	0.791	0.769	0.464
骨干上部横径	0.098	0.757	-0.229	0.821	0.393	0.548	-0.709	0.498	0.144	0.708	-2.384	0.028	0.393	0.548	-0.709	0.498
骨干下部最小矢状径	3.998	0.060	-0.118	0.907	0.118	0.745	-0.986	0.369	0.308	0.588	0.941	0.362	0.118	0.745	-0.986	0.369
骨干下部横径	1.300	0.267	1.031	0.314	0.064	0.805	-0.584	0.570	0.011	0.916	-0.205	0.841	0.129	0.734	-1.118	0.314
上端宽	0.199	0.660	0.427	0.674	1.045	0.337	0.155	0.881	0.183	0.676	-0.317	0.756	1.045	0.337	0.155	0.881
股骨头头前长	0.720	0.407	-0.739	0.469	0.269	0.618	-0.943	0.373	1.153	0.300	-1.962	0.069	0.269	0.618	-0.943	0.373

续表 4.3

测量项目	男性								女性							
	南北向				东西向				南北向				东西向			
	方差齐性检验		t检验		方差齐性检验		t检验		方差齐性检验		t检验		方差齐性检验		t检验	
	Levene统计量	p值	t值	p值	Levene统计量	p值	t值	p值	Levene统计量	p值	t值	p值	Levene统计量	p值	t值	p值
股骨头垂直径	1.019	0.326	-0.867	0.397	0.358	0.571	-0.093	0.929	0.196	0.665	-0.295	0.772	0.358	0.571	-0.093	0.929
股骨头矢状径	0.514	0.483	0.759	0.458	0.006	0.943	0.215	0.838	0.293	0.597	-0.129	0.899	0.006	0.943	0.215	0.838
股骨颈垂直径	0.189	0.669	0.139	0.891	0.061	0.812	0.014	0.990	0.852	0.368	-0.252	0.804	0.061	0.812	0.014	0.990
股骨颈矢状径	0.060	0.809	-1.159	0.261	0.773	0.420	-1.503	0.193	0.332	0.572	-0.781	0.445	0.773	0.420	-1.503	0.193
股骨颈周	0.118	0.735	0.241	0.813	0.235	0.648	0.180	0.864	6.066	0.026	1.916	0.082	0.235	0.648	0.180	0.864
上髁宽	3.790	0.080	0.634	0.540	0.011	0.920	0.194	0.852	0.473	0.507	-0.229	0.823	7.212	0.075	-0.382	0.728
股骨头周	0.000	0.988	0.346	0.735	0.156	0.713	-0.040	0.970	1.138	0.309	-0.880	0.398	0.156	0.713	-0.040	0.970
外侧髁长	10.274	0.007	0.640	0.535	0.298	0.605	-0.351	0.738	0.796	0.387	0.162	0.873	0.298	0.605	-0.351	0.738
内侧髁长	7.277	0.031	2.369	0.050	—	—	1.041	0.407	0.002	0.963	0.332	0.748	—	—	—	—
外侧髁高	0.488	0.493	0.208	0.837	0.000	0.993	-0.831	0.433	0.002	0.966	0.559	0.585	0.005	0.947	-0.644	0.544
内侧髁高	0.156	0.697	0.189	0.852	—	—	—	—	0.166	0.689	-0.543	0.595	—	—	—	—
股骨颈干角	0.096	0.759	-0.288	0.776	0.296	0.602	0.000	1.000	0.747	0.398	0.069	0.945	0.296	0.602	0.000	1.000
胫骨																
最大长	0.144	0.709	-0.112	0.913	0.000	1.000	-0.116	0.911	0.046	0.834	0.277	0.786	0.000	1.000	-0.116	0.911
全长	0.189	0.670	-0.171	0.866	0.012	0.915	0.000	1.000	0.000	0.994	0.421	0.680	0.012	0.915	0.000	1.000
胫骨长	0.220	0.646	0.087	0.932	0.007	0.937	-0.149	0.887	0.001	0.981	0.475	0.642	0.007	0.937	-0.149	0.887

续表 4.3

测量项目	男性								女性							
	南北向				东西向				南北向				东西向			
	方差齐性检验		t检验		方差齐性检验		t检验		方差齐性检验		t检验		方差齐性检验		t检验	
	Levene统计量	p值	t值	p值	Levene统计量	p值	t值	p值	Levene统计量	p值	t值	p值	Levene统计量	p值	t值	p值
生理长	0.069	0.796	-0.250	0.806	0.010	0.923	-0.252	0.810	0.137	0.717	0.146	0.886	0.010	0.923	-0.252	0.810
踝长	0.296	0.595	-0.130	0.898	1.620	0.239	-0.171	0.869	0.004	0.948	0.142	0.889	0.092	0.772	-0.160	0.878
上端宽	1.562	0.279	0.790	0.474	0.685	0.454	0.121	0.909	1.464	0.266	0.086	0.934	0.685	0.454	0.121	0.909
上内侧关节面宽	9.101	0.017	-0.371	0.729	—	—	-2.804	0.107	0.022	0.886	-0.810	0.445	—	—	—	—
上外侧关节面宽	6.647	0.082	1.284	0.289	—	—	0.002	0.999	0.848	0.384	0.681	0.515	—	—	—	—
上内侧关节面矢状径	—	—	—	—	0.000	0.986	-0.910	0.430	1.362	0.281	0.106	0.919	0.000	0.986	-0.910	0.430
上外侧关节面矢状径	2.044	0.212	-1.582	0.174	—	—	—	—	0.016	0.903	0.159	0.878	—	—	—	—
粗隆处最大矢状径	0.001	0.977	0.111	0.913	0.091	0.773	0.041	0.968	0.220	0.646	0.815	0.428	0.091	0.773	0.041	0.968
粗隆处横径	0.012	0.914	0.217	0.831	0.026	0.878	0.096	0.927	0.139	0.714	0.807	0.432	0.026	0.878	0.096	0.927
中部最大径	0.017	0.898	0.722	0.480	0.233	0.647	0.239	0.819	0.370	0.553	0.294	0.773	0.233	0.647	0.239	0.819
中部横径	1.428	0.251	-0.125	0.902	0.001	0.976	0.393	0.708	0.609	0.448	0.837	0.417	0.001	0.976	0.393	0.708
中部周	0.354	0.561	-0.319	0.754	0.002	0.969	0.319	0.761	0.000	0.997	0.235	0.818	0.002	0.969	0.319	0.761
骨干最小周	0.105	0.749	-0.079	0.938	0.229	0.649	0.273	0.794	0.256	0.620	0.039	0.969	0.229	0.649	0.273	0.794
滋养孔处横径	0.001	0.975	0.187	0.854	0.401	0.550	0.008	0.994	0.136	0.717	0.270	0.790	0.401	0.550	0.008	0.994

续表 4.3

测量项目	男性								女性							
	南北向				东西向				南北向				东西向			
	方差齐性检验		t 检验		方差齐性检验		t 检验		方差齐性检验		t 检验		方差齐性检验		t 检验	
	Levene 统计量	p 值	t 值	p 值	Levene 统计量	p 值	t 值	p 值	Levene 统计量	p 值	t 值	p 值	Levene 统计量	p 值	t 值	p 值
滋养孔处矢状径	1.063	0.316	0.295	0.771	0.056	0.821	-0.137	0.895	0.338	0.570	-1.872	0.081	0.056	0.821	-0.137	0.895
下端宽	10.256	0.033	0.444	0.686	1.510	0.274	-0.175	0.868	1.618	0.230	0.061	0.952	1.510	0.274	-0.175	0.868
下端矢状径	0.307	0.589	0.501	0.625	0.035	0.859	-0.344	0.745	0.016	0.901	0.475	0.644	0.035	0.859	-0.344	0.745
腓骨																
最大长	0.122	0.745	-1.252	0.279	—	—	-0.577	0.667	0.411	0.545	-0.235	0.822	—	—	—	—
小头外踝长	1.434	0.297	-1.304	0.262	—	—	-0.577	0.667	0.724	0.423	-0.028	0.978	—	—	—	—
中部最大径	0.384	0.569	0.227	0.832	—	—	-2.579	0.235	1.638	0.257	0.543	0.611	—	—	—	—
中部最小径	—	—	—	—	—	—	-33.140	0.019	1.165	0.330	-0.586	0.583	—	—	—	—
骨干中部周	0.078	0.793	-0.596	0.583	—	—	-9.815	0.065	0.394	0.558	-0.214	0.839	—	—	—	—
最小周	0.010	0.923	-1.205	0.259	9.046	0.057	-0.662	0.555	0.606	0.462	-0.590	0.574	—	—	—	—
下端宽	2.738	0.149	-0.536	0.611	—	—	0.707	0.553	2.859	0.122	-0.410	0.690	0.181	0.693	0.110	0.918
上端宽	—	—	—	—	—	—	—	—	0.882	0.401	-1.779	0.150	—	—	—	—
肱骨																
全长	1.657	0.222	0.649	0.529	0.181	0.693	0.110	0.918	0.014	0.909	0.686	0.523	1.176	0.358	1.052	0.370
最大长	0.996	0.337	0.757	0.462	1.546	0.269	0.546	0.609	0.059	0.818	0.511	0.631	0.051	0.830	-0.007	0.994
上端宽	0.001	0.973	-0.051	0.960	—	—	—	—	1.338	0.331	0.674	0.549	0.650	0.457	-0.259	0.806

续表 4.3

测量项目	男性								女性							
	南北向				东西向				南北向				东西向			
	方差齐性检验		t检验		方差齐性检验		t检验		方差齐性检验		t检验		方差齐性检验		t检验	
	Levene统计量	p值	t值	p值	Levene统计量	p值	t值	p值	Levene统计量	p值	t值	p值	Levene统计量	p值	t值	p值
下端宽	0.004	0.951	0.346	0.734	0.051	0.830	-0.007	0.994	7.956	0.026	-0.780	0.477	0.387	0.561	0.179	0.865
骨干中部最大径	1.266	0.281	0.709	0.491	0.650	0.457	-0.259	0.806	0.204	0.671	-0.830	0.444	0.203	0.671	-0.582	0.586
骨干中部最小径	0.371	0.553	0.470	0.646	0.094	0.767	-0.199	0.847	0.368	0.570	-0.794	0.463	0.366	0.572	0.209	0.843
骨干中部矢状径	0.267	0.614	-0.636	0.536	0.203	0.671	-0.582	0.586	6.130	0.056	-4.158	0.009	0.018	0.900	-0.287	0.786
骨干中部横径	0.147	0.708	0.851	0.410	0.366	0.572	0.209	0.843	1.438	0.284	-0.220	0.835	0.000	1.000	0.000	1.000
骨干中部周	1.496	0.243	0.762	0.460	0.018	0.900	-0.287	0.786	6.404	0.052	1.097	0.323	0.016	0.904	-0.367	0.729
骨干最小周	1.432	0.245	0.211	0.835	0.000	1.000	0.000	1.000	6.095	0.026	1.657	0.128	0.669	0.451	0.818	0.451
肱骨头最大矢状径	0.174	0.683	0.575	0.575	0.016	0.904	-0.367	0.729	0.015	0.908	0.866	0.426	0.582	0.480	0.689	0.521
肱骨头最大横径	0.131	0.726	0.210	0.839	—	—	—	—	—	—	—	—	—	—	—	—
肱骨头最小横径	0.003	0.956	-0.192	0.852	—	—	—	—	—	—	—	—	—	—	—	—
滑车宽	0.121	0.732	-0.877	0.391	1.910	0.216	0.529	0.616	—	—	—	—	—	—	—	—
滑车和小头宽	2.046	0.176	-1.012	0.330	0.119	0.745	-0.347	0.743	—	—	—	—	—	—	—	—
滑车矢状径	0.465	0.503	0.069	0.946	0.033	0.864	-1.170	0.295	0.000	0.983	-0.198	0.847	1.910	0.216	0.529	0.616
鹰嘴窝宽	6.850	0.016	0.525	0.605	0.360	0.565	0.158	0.879	0.652	0.456	-0.173	0.869	0.119	0.745	-0.347	0.743
鹰嘴窝深	2.473	0.130	0.480	0.636	0.022	0.884	-1.084	0.298	1.169	0.303	0.996	0.341	0.033	0.864	-1.170	0.295

续表 4.3

测量项目	男性								女性							
	南北向				东西向				南北向				东西向			
	方差齐性检验		t检验		方差齐性检验		t检验		方差齐性检验		t检验		方差齐性检验		t检验	
	Levene统计量	p值	t值	p值	Levene统计量	p值	t值	p值	Levene统计量	p值	t值	p值	Levene统计量	p值	t值	p值
肱骨头干角	3.865	0.069	-0.034	0.974	0.301	0.607	-0.243	0.818	0.274	0.620	0.112	0.915	0.301	0.607	-0.243	0.818
尺骨																
最大长	0.331	0.583	0.512	0.625	—	—	0.070	0.951	0.070	0.796	-0.589	0.567	0.138	0.720	1.176	0.273
生理长	0.397	0.546	0.625	0.549	—	—	0.074	0.948	0.240	0.645	0.246	0.815	0.301	0.607	-0.243	0.818
鹰嘴小头长	0.022	0.886	0.465	0.653	—	—	-0.080	0.944	0.132	0.731	1.064	0.336	—	—	—	—
骨干最小周	0.571	0.467	0.654	0.528	0.030	0.873	0.070	0.948	0.283	0.609	-0.543	0.602	—	—	—	—
骨干横径	0.104	0.752	1.055	0.309	0.249	0.627	0.152	0.882	0.022	0.885	0.745	0.478	—	—	—	—
骨干矢状径	0.161	0.694	-1.705	0.110	6.199	0.030	1.318	0.226	0.101	0.758	-0.417	0.688	0.030	0.873	0.070	0.948
上部矢状径	0.846	0.372	2.149	0.048	0.222	0.669	0.263	0.810	1.677	0.224	0.308	0.764	0.008	0.931	0.699	0.516
上部矢状径	0.270	0.610	-0.768	0.453	0.155	0.713	0.115	0.914	0.045	0.836	0.228	0.824	0.504	0.509	-0.668	0.534
鹰嘴宽	1.309	0.304	0.651	0.544	0.406	0.569	0.041	0.970	0.823	0.384	1.510	0.159	0.222	0.669	0.263	0.810
鹰嘴深	0.373	0.551	-2.611	0.021	0.312	0.601	0.551	0.605	1.273	0.283	-0.847	0.415	0.155	0.713	0.115	0.914
鹰嘴高	0.214	0.650	-0.666	0.516	1.395	0.303	0.395	0.713	7.167	0.037	-0.397	0.711	0.406	0.569	0.041	0.970
鹰嘴-冠突间距	0.089	0.770	0.818	0.428	0.402	0.561	-0.947	0.397	0.132	0.725	-1.113	0.294	0.312	0.601	0.551	0.605
桡骨																
最大长	0.024	0.880	0.640	0.538	—	—	—	—	0.154	0.703	-0.417	0.686	1.395	0.303	0.395	0.713

续表 4.3

测量项目	男性								女性							
	南北向				东西向				南北向				东西向			
	方差齐性检验		t检验		方差齐性检验		t检验		方差齐性检验		t检验		方差齐性检验		t检验	
	Levene统计量	p值	t值	p值	Levene统计量	p值	t值	p值	Levene统计量	p值	t值	p值	Levene统计量	p值	t值	p值
生理长	0.225	0.646	0.487	0.638	1.834	0.218	0.292	0.779	0.625	0.448	-1.018	0.333	0.402	0.561	-0.947	0.397
骨干最小周	4.535	0.055	-0.704	0.495	0.762	0.447	0.570	0.609	0.008	0.933	0.358	0.728	0.386	0.578	-0.557	0.616
骨干横径	0.680	0.423	1.662	0.117	0.880	0.401	-0.014	0.990	0.191	0.670	0.440	0.668	0.600	0.495	-0.121	0.911
骨干矢状径	0.674	0.425	0.591	0.563	0.001	0.979	-0.028	0.979	0.002	0.966	-1.143	0.274	0.762	0.447	0.570	0.609
骨干中部横径	0.379	0.554	1.152	0.279	2.062	0.247	0.150	0.890	1.057	0.324	-0.772	0.455	0.880	0.401	-0.014	0.990
骨干中部矢状径	0.052	0.825	1.882	0.092	3.006	0.181	0.028	0.980	1.383	0.262	0.827	0.424	0.001	0.979	-0.028	0.979
桡骨小头横径	0.925	0.391	1.405	0.233	—	—	—	—	0.800	0.394	-0.850	0.417	2.062	0.247	0.150	0.890
桡骨小头矢状径	—	—	—	—	—	—	—	—	—	—	—	—	—	—	—	—
桡骨颈横径	0.032	0.861	1.033	0.322	6.573	0.083	-0.118	0.913	8.822	0.041	0.418	0.717	6.832	0.079	0.416	0.706
桡骨颈矢状径	0.004	0.948	0.562	0.585	0.007	0.936	-0.306	0.780	0.002	0.967	-0.080	0.938	6.573	0.083	-0.118	0.913
桡骨小头周	—	—	—	—	—	—	—	—	—	—	—	—	—	—	—	—
骨干中部周	0.564	0.472	-0.028	0.979	0.002	0.970	-0.052	0.962	2.343	0.160	-0.717	0.492	0.002	0.970	-0.052	0.962
下端宽	0.074	0.792	-1.463	0.178	1.661	0.245	0.425	0.685	0.571	0.467	-1.438	0.181	0.021	0.893	-0.600	0.591
桡骨颈干角	0.389	0.545	-0.105	0.918	0.087	0.787	0.076	0.944	1.137	0.309	-0.638	0.537	0.087	0.787	0.076	0.944

2. 南北向女性居民股骨骨干上部横径（p＝0.028）、肱骨骨干中部矢状径（p＝0.009）两项测量值的 p 值小于 0.05，即存在显著的侧别差异，其余各项测量值均无侧别差异。

3. 东西向男性居民的腓骨中部最小径（p＝0.019）一项测量值的 p 值小于0.05，即存在显著的侧别差异，其余各项测量值均无侧别差异。

4. 东西向女性居民全部测量值均无侧别差异。

二、不同墓向的独立样本 t 检验测定

笔者对大堡山墓地古代两性居民服从正态分布的四肢长骨测量项目分别进行了不同墓向的独立样本 t 检验（表4.4），结果表明：

1. 男性居民右侧腓骨下端宽（p＝0.042）、肱骨骨干中部矢状径（p＝0.043）、鹰嘴深（p＝0.048）、鹰嘴高（p＝0.025）、桡骨下端宽（p＝0.049）五项测量值的p 值小于0.05，即存在显著的墓向差异，其余各项测量值均无墓向差异。

2. 男性居民左侧股骨骨干下部最小矢状径（p＝0.026）、胫骨滋养孔处矢状径（p＝0.048）、肱骨头最大矢状径（p＝0.025）、肱骨头干角（p＝0.029）、鹰嘴高（p＝0.021）五项测量值的 p 值小于0.05，即存在显著的墓向差异，其余各项测量值均无墓向差异。

3. 女性居民右侧股骨外侧髁长（p＝0.003）一项测量值的 p 值小于0.05，即存在显著的墓向差异，其余各项测量值均无墓向差异。

4. 女性居民左侧股骨外侧髁长（p＝0.007）、腓骨中部最大径（p＝0.033）、腓骨骨干中部周（p＝0.040）、鹰嘴深（p＝0.032）、桡骨骨干最小周（p＝0.032）五项测量值的 p 值小于0.05，即存在显著的墓向差异，其余各项测量值均无墓向差异。

综上所述，大堡山墓地古代居民服从正态分布的四肢长骨测量项目在左右侧别、不同墓向方面的差异并不显著，可将其合并[①]后再进行标准差、均值标准误、最小值、最大值、极差等标志变异指数的计算（表4.5），具体计算公式已在第三章介绍，此处不再赘述。

---

① 左右侧合并公式为：（XL＋XR）/2，其中：XL、XR 分别代表左、右侧测量值。

表 4.4　大堡山墓地古代居民四肢长骨测量项目不同墓向 t 检验

测量项目	男性 右侧				男性 左侧				女性 右侧				女性 左侧			
	方差齐性检验		t 检验		方差齐性检验		t 检验		方差齐性检验		t 检验		方差齐性检验		t 检验	
	Levene 统计量	p 值	t 值	p 值	Levene 统计量	p 值	t 值	p 值	Levene 统计量	p 值	t 值	p 值	Levene 统计量	p 值	t 值	p 值
股骨																
最大长	0.231	0.638	-0.565	0.581	0.614	0.444	-0.969	0.345	0.633	0.439	0.050	0.961	0.579	0.464	0.149	0.884
全长	0.183	0.675	-0.520	0.612	0.581	0.456	-0.913	0.373	0.507	0.488	0.332	0.745	0.083	0.779	0.345	0.737
转子内髁长	0.352	0.563	-0.875	0.396	0.553	0.469	-1.298	0.215	0.094	0.764	-0.035	0.973	0.009	0.928	0.000	1.000
转子全长	0.174	0.683	-0.800	0.437	0.612	0.447	-1.049	0.312	0.037	0.850	0.240	0.814	1.493	0.261	0.509	0.626
转子外髁长	0.033	0.858	-0.651	0.526	0.439	0.518	-1.040	0.316	0.006	0.940	0.074	0.942	0.111	0.748	0.000	1.000
骨干长	1.319	0.269	-0.208	0.838	1.408	0.251	-1.019	0.322	0.157	0.699	0.441	0.668	4.055	0.079	0.059	0.955
骨干中部矢状径	0.874	0.365	-1.066	0.303	0.191	0.667	-1.152	0.263	0.002	0.965	1.384	0.188	1.485	0.243	1.590	0.134
骨干中部横径	0.000	1.000	0.012	0.990	0.023	0.882	0.246	0.808	1.529	0.237	0.156	0.879	6.096	0.027	-0.170	0.872
骨干中部周	0.090	0.768	-0.142	0.889	0.698	0.414	-0.226	0.823	0.000	0.986	1.191	0.254	4.348	0.056	0.474	0.643
骨干上部矢状径	0.516	0.482	-0.133	0.895	0.325	0.576	-1.557	0.138	0.044	0.837	0.399	0.696	2.418	0.142	0.694	0.499
骨干上部横径	0.122	0.731	0.256	0.801	0.006	0.941	-0.105	0.918	0.286	0.601	-0.497	0.627	1.958	0.184	-0.091	0.929
骨干下部最小矢状径	0.428	0.523	-2.052	0.058	6.927	0.019	-2.476	0.026	0.024	0.880	1.245	0.239	0.655	0.439	-1.021	0.334
骨干下部横径	0.001	0.971	1.696	0.110	0.702	0.413	-0.091	0.928	1.318	0.275	0.085	0.934	0.386	0.550	-1.340	0.213
上端宽	0.003	0.956	-0.461	0.652	0.002	0.961	-1.414	0.178	2.522	0.136	0.867	0.402	0.147	0.711	0.983	0.351
股骨颈头前长	0.090	0.769	-0.130	0.898	0.747	0.400	-1.454	0.165	0.092	0.766	1.579	0.138	0.033	0.858	1.701	0.117

续表 4.4

测量项目	男性								女性							
	右侧				左侧				右侧				左侧			
	方差齐性检验		t检验		方差齐性检验		t检验		方差齐性检验		t检验		方差齐性检验		t检验	
	Levene统计量	p值	t值	p值	Levene统计量	p值	t值	p值	Levene统计量	p值	t值	p值	Levene统计量	p值	t值	p值
股骨头垂直径	1.285	0.275	−0.445	0.663	0.043	0.839	−0.263	0.796	0.290	0.604	−0.275	0.790	2.470	0.144	−0.162	0.874
股骨头矢状径	0.080	0.782	−0.181	0.859	0.813	0.381	−0.848	0.409	1.250	0.293	0.204	0.843	2.735	0.126	0.733	0.479
股骨颈垂直径	0.285	0.601	−0.766	0.455	1.135	0.302	−0.215	0.832	0.552	0.472	0.375	0.714	1.753	0.207	0.758	0.461
股骨颈矢状径	0.011	0.917	−0.108	0.916	0.053	0.821	0.892	0.387	0.074	0.790	1.188	0.260	0.542	0.476	0.398	0.697
股骨颈周	0.714	0.411	−0.114	0.911	0.057	0.815	−0.311	0.760	2.116	0.176	0.698	0.501	4.175	0.064	0.304	0.766
上髁宽	0.001	0.978	1.161	0.284	2.846	0.126	0.211	0.837	7.312	0.030	0.487	0.707	0.050	0.830	0.172	0.868
股骨头周	0.532	0.480	−0.703	0.495	0.003	0.957	−0.632	0.539	0.229	0.645	0.466	0.653	0.049	0.831	0.580	0.578
外侧髁长	0.575	0.468	−0.330	0.749	1.371	0.266	−1.061	0.311	0.017	0.899	3.908	0.003	1.945	0.191	3.276	0.007
内侧髁长	6.075	0.069	−0.107	0.920	—	—	−2.315	0.068	—	—	—	—	0.042	0.845	1.245	0.268
外侧髁高	0.254	0.622	−0.528	0.606	0.002	0.967	−0.259	0.799	0.006	0.939	1.344	0.206	0.048	0.830	−0.120	0.907
内侧髁高	1.064	0.319	0.225	0.825	—	—	—	—	0.084	0.777	1.134	0.281	0.006	0.939	0.803	0.439
股骨颈干角	3.275	0.088	−0.788	0.441	0.488	0.493	−0.450	0.658	1.369	0.262	1.592	0.134	1.471	0.245	1.260	0.228
胫骨																
最大长	0.001	0.972	−0.428	0.679	2.239	0.158	−0.510	0.619	1.013	0.336	0.231	0.821	0.547	0.477	−0.162	0.875
全长	0.094	0.766	−0.686	0.510	2.298	0.154	−0.866	0.402	2.149	0.171	0.119	0.907	0.523	0.486	−0.305	0.766
胫骨长	0.001	0.973	−0.386	0.708	2.948	0.108	−0.545	0.594	1.754	0.212	0.236	0.818	0.650	0.439	−0.377	0.714

续表 4.4

测量项目	男性 右侧 方差齐性检验 Levene统计量	p值	t检验 t值	p值	男性 左侧 方差齐性检验 Levene统计量	p值	t检验 t值	p值	女性 右侧 方差齐性检验 Levene统计量	p值	t检验 t值	p值	女性 左侧 方差齐性检验 Levene统计量	p值	t检验 t值	p值
生理长	0.048	0.831	-0.778	0.452	1.287	0.276	-0.764	0.457	2.880	0.118	0.297	0.772	1.080	0.321	-0.121	0.906
踝踝长	0.038	0.849	-0.354	0.731	1.999	0.179	-0.639	0.533	1.481	0.249	-0.045	0.965	1.392	0.265	-0.362	0.725
上端宽	—	—	-0.832	0.493	0.002	0.969	-0.779	0.471	0.182	0.685	0.677	0.524	0.169	0.696	1.579	0.165
上内侧关节面宽	1.223	0.319	-0.716	0.506	4.207	0.079	-0.641	0.542	1.994	0.231	1.674	0.170	1.529	0.262	0.790	0.460
上外侧关节面宽	—	—	-1.408	0.294	0.380	0.571	-1.646	0.175	0.276	0.614	0.881	0.404	—	—	—	—
上内侧关节面矢状径	—	—	—	—	20.757	0.020	-1.477	0.355	0.008	0.934	1.621	0.166	1.975	0.210	0.563	0.594
上外侧关节面矢状径	5.856	0.060	-2.014	0.100	—	—	—	—	0.009	0.926	0.965	0.372	—	—	—	—
粗隆处最大矢状径	1.099	0.317	-1.297	0.221	1.494	0.243	-0.721	0.484	2.531	0.143	2.182	0.054	6.691	0.024	1.207	0.310
粗隆处横径	1.198	0.294	0.076	0.940	4.810	0.047	-0.141	0.891	0.331	0.578	1.530	0.157	0.086	0.774	1.118	0.285
中部最大径	0.291	0.602	-0.474	0.646	0.003	0.954	-1.652	0.122	0.192	0.669	0.492	0.632	0.166	0.692	0.730	0.482
中部横径	0.097	0.763	-0.162	0.875	0.889	0.363	1.032	0.321	1.762	0.211	0.586	0.570	3.393	0.095	1.118	0.290
中部周	1.485	0.254	-1.293	0.228	0.935	0.351	-0.492	0.631	1.777	0.209	0.627	0.544	2.033	0.184	1.246	0.241
骨干最小周	2.266	0.152	-0.643	0.529	2.041	0.172	-0.015	0.988	1.700	0.217	0.645	0.531	7.997	0.015	0.773	0.490
滋养孔处横径	0.008	0.929	0.201	0.844	0.334	0.572	0.587	0.566	3.086	0.107	0.483	0.639	1.999	0.179	-0.639	0.533

续表 4.4

测量项目	男性								女性							
	右侧				左侧				右侧				左侧			
	方差齐性检验		t检验		方差齐性检验		t检验		方差齐性检验		t检验		方差齐性检验		t检验	
	Levene统计量	p值	t值	p值	Levene统计量	p值	t值	p值	Levene统计量	p值	t值	p值	Levene统计量	p值	t值	p值
滋养孔处矢状径	0.469	0.505	-0.961	0.353	1.295	0.273	-2.158	0.048	2.213	0.168	0.557	0.589	2.000	0.183	0.881	0.396
下端宽	0.000	0.998	-0.228	0.826	—	—	-1.268	0.333	9.163	0.014	0.605	0.603	0.095	0.766	1.050	0.325
下端矢状径	0.590	0.455	-1.041	0.316	2.807	0.132	-1.354	0.213	2.796	0.129	-0.136	0.895	1.565	0.246	-0.809	0.442
腓骨																
最大长	0.509	0.527	-1.088	0.356	1.431	0.285	-1.095	0.323	—	—	—	—	0.344	0.583	-0.529	0.619
小头外踝长	2.268	0.229	-1.196	0.318	3.588	0.117	-0.982	0.371	—	—	—	—	0.626	0.465	-0.380	0.720
中部最大径	1.676	0.265	-1.729	0.159	0.037	0.855	-1.488	0.197	—	—	—	—	3.386	0.140	-3.208	0.033
中部最小径	—	—	—	—	0.039	0.851	-0.987	0.369	—	—	—	—	7.594	0.051	-1.485	0.212
骨干中部周	6.000	0.070	-0.835	0.451	0.402	0.554	0.419	0.692	—	—	—	—	2.400	0.196	-2.988	0.040
最小周	0.799	0.401	-1.371	0.213	2.642	0.135	0.142	0.890	4.868	0.069	-0.133	0.898	—	—	—	—
下端宽	8.860	0.021	-2.696	0.042	0.106	0.754	-0.859	0.419	0.017	0.902	-0.377	0.719	0.559	0.479	1.387	0.208
上端宽	—	—	—	—	—	—	—	—	—	—	—	—	—	—	—	—
肱骨																
全长	6.632	0.030	-1.279	0.237	7.364	0.022	-0.354	0.734	1.527	0.284	1.128	0.322	0.393	0.558	0.426	0.688
最大长	5.601	0.042	-1.385	0.203	0.566	0.466	-0.983	0.345	1.450	0.295	0.823	0.457	0.040	0.848	0.935	0.381
上端宽	—	—	—	—	0.253	0.630	-1.014	0.344	0.004	0.955	0.088	0.934	—	—	—	—

续表 4.4

测量项目	男性								女性							
	右侧				左侧				右侧				左侧			
	方差齐性检验		t 检验		方差齐性检验		t 检验		方差齐性检验		t 检验		方差齐性检验		t 检验	
	Levene 统计量	p 值	t 值	p 值	Levene 统计量	p 值	t 值	p 值	Levene 统计量	p 值	t 值	p 值	Levene 统计量	p 值	t 值	p 值
下端宽	0.014	0.907	-1.471	0.165	0.027	0.873	-1.883	0.086	7.460	0.029	0.392	0.714	0.024	0.882	0.802	0.459
骨干中部最大径	0.005	0.944	-1.898	0.090	0.278	0.608	-1.925	0.078	3.213	0.148	0.898	0.420	16.625	0.005	0.921	0.419
骨干中部最小径	0.908	0.366	0.532	0.607	1.094	0.316	0.111	0.913	3.126	0.152	-0.239	0.823	0.002	0.968	1.076	0.318
骨干中部矢状径	0.424	0.531	-2.349	0.043	1.210	0.293	-1.527	0.153	8.589	0.043	0.562	0.627	15.683	0.005	0.991	0.393
骨干中部横径	0.002	0.966	0.448	0.664	2.032	0.180	-0.337	0.742	0.097	0.772	-0.182	0.864	2.707	0.144	0.521	0.618
骨干中部周	0.476	0.508	-0.935	0.374	3.187	0.099	-1.128	0.281	0.149	0.719	1.249	0.280	3.420	0.107	0.972	0.364
骨干最小周	0.241	0.631	-1.879	0.080	3.036	0.099	-1.030	0.317	0.251	0.627	1.191	0.259	2.101	0.171	0.116	0.910
肱骨头最大横径	0.019	0.894	-0.431	0.678	0.595	0.460	-0.454	0.661	0.054	0.826	0.983	0.371	0.054	0.825	-0.253	0.810
肱骨头最大矢状径	—	—	—	—	1.671	0.237	-2.848	0.025	2.038	0.227	1.424	0.227	—	—	—	—
肱骨头周	—	—	—	—	—	—	—	—	—	—	—	—	—	—	—	—
滑车宽	0.182	0.675	-0.435	0.669	0.027	0.871	-0.351	0.731	1.328	0.276	0.500	0.628	0.442	0.527	1.402	0.204
滑车和小头宽	0.000	0.998	-0.416	0.684	1.866	0.214	0.160	0.878	1.102	0.329	1.064	0.323	0.549	0.512	0.403	0.714
滑车矢状径	2.822	0.114	-1.132	0.275	0.658	0.430	-0.776	0.450	0.007	0.934	0.769	0.461	0.097	0.763	-0.775	0.461
鹰嘴窝宽	0.249	0.624	0.440	0.665	2.627	0.123	-1.367	0.189	3.194	0.104	0.279	0.786	4.064	0.069	0.711	0.492
鹰嘴窝深	0.908	0.366	0.532	0.607	0.083	0.777	-1.231	0.235	0.357	0.563	-0.477	0.643	0.293	0.599	1.078	0.304

续表 4.4

测量项目	男性								女性							
	右侧				左侧				右侧				左侧			
	方差齐性检验		t检验		方差齐性检验		t检验		方差齐性检验		t检验		方差齐性检验		t检验	
	Levene统计量	p值	t值	p值	Levene统计量	p值	t值	p值	Levene统计量	p值	t值	p值	Levene统计量	p值	t值	p值
肱骨头干角	0.342	0.571	0.269	0.793	0.042	0.841	2.445	0.029	0.065	0.812	1.591	0.187	1.212	0.307	1.235	0.257
尺骨																
最大长	4.048	0.084	-1.571	0.160	2.035	0.227	-1.634	0.178	0.064	0.816	0.726	0.520	1.557	0.267	-0.619	0.563
生理长	0.001	0.973	-1.773	0.114	1.706	0.248	-1.989	0.103	0.973	0.362	-0.463	0.659	0.360	0.574	-0.339	0.749
鹰嘴小头长	0.363	0.562	-1.790	0.107	1.732	0.245	-1.732	0.144	0.988	0.366	-0.182	0.863	1.548	0.260	-0.859	0.423
骨干最小周	0.391	0.544	1.044	0.319	0.300	0.604	0.878	0.414	7.670	0.032	0.286	0.820	5.005	0.067	0.884	0.411
骨干横径	0.189	0.670	0.237	0.816	0.170	0.688	-0.600	0.560	0.095	0.765	0.074	0.943	0.784	0.402	0.421	0.685
骨干矢状径	0.801	0.386	-1.603	0.131	7.172	0.021	1.498	0.171	0.011	0.918	0.343	0.741	1.405	0.270	-0.900	0.395
上部横径	0.818	0.382	0.882	0.394	0.273	0.610	-0.451	0.660	0.151	0.708	0.843	0.424	5.914	0.045	0.165	0.894
上部矢状径	0.698	0.419	2.070	0.059	1.717	0.211	1.244	0.234	2.190	0.177	-0.085	0.934	5.801	0.043	0.569	0.620
鹰嘴宽	0.000	0.997	1.195	0.277	6.598	0.037	-0.096	0.927	76.531	0.001	1.392	0.356	1.711	0.239	1.640	0.152
鹰嘴深	0.667	0.430	-2.203	0.048	0.209	0.657	-0.505	0.625	2.093	0.191	1.437	0.194	1.012	0.344	2.593	0.032
鹰嘴高	0.377	0.550	-2.535	0.025	3.373	0.093	-2.678	0.021	2.884	0.128	0.179	0.862	2.632	0.149	0.883	0.406
鹰嘴-冠突间距	0.026	0.874	1.468	0.170	1.067	0.322	0.251	0.806	1.384	0.273	0.385	0.710	0.001	0.974	-0.444	0.670
桡骨																
最大长	1.699	0.219	-0.249	0.808	—	—	—	—	0.050	0.829	0.107	0.918	0.164	0.697	-0.718	0.496

续表 4.4

测量项目	男性								女性							
	右侧				左侧				右侧				左侧			
	方差齐性检验		t检验		方差齐性检验		t检验		方差齐性检验		t检验		方差齐性检验		t检验	
	Levene统计量	p值	t值	p值	Levene统计量	p值	t值	p值	Levene统计量	p值	t值	p值	Levene统计量	p值	t值	p值
生理长	0.550	0.473	-0.873	0.400	2.940	0.162	-0.775	0.481	0.008	0.933	-0.093	0.929	0.364	0.563	-0.516	0.620
骨干最小周	2.936	0.109	-1.069	0.303	2.778	0.140	0.099	0.924	5.136	0.050	0.050	0.964	1.600	0.242	2.595	0.032
骨干横径	0.074	0.789	0.065	0.949	0.053	0.822	-1.313	0.222	6.944	0.030	0.567	0.622	5.145	0.049	0.490	0.667
骨干矢状径	0.455	0.511	0.660	0.520	2.956	0.120	-1.375	0.202	6.331	0.036	-0.248	0.826	1.861	0.206	-0.734	0.482
骨干中部横径	1.949	0.190	1.703	0.117	0.117	0.750	1.658	0.173	0.265	0.625	-0.735	0.490	11.211	0.012	-0.087	0.944
骨干中部矢状径	0.318	0.584	0.273	0.790	1.098	0.354	-1.098	0.334	5.394	0.053	-0.006	0.995	26.928	0.001	-0.204	0.871
桡骨小头横径	0.903	0.386	-1.126	0.311	—	—	—	—	8.434	0.044	1.790	0.211	0.103	0.769	0.508	0.646
桡骨小头矢状径	—	—	—	—	—	—	—	—	—	—	—	—	—	—	—	—
桡骨颈横径	2.180	0.164	0.587	0.567	1.554	0.253	0.227	0.827	0.773	0.408	0.312	0.764	0.123	0.734	0.250	0.809
桡骨颈矢状径	2.940	0.114	-0.162	0.875	2.351	0.169	-0.536	0.608	0.008	0.930	-0.106	0.918	0.223	0.649	0.291	0.778
桡骨小头周	—	—	—	—	—	—	—	—	—	—	—	—	—	—	—	—
骨干中部周	0.888	0.366	-0.250	0.807	16.667	0.015	0.862	0.528	4.552	0.077	0.042	0.968	4.129	0.082	0.321	0.758
下端宽	3.441	0.088	-2.189	0.049	0.004	0.955	0.330	0.763	18.101	0.004	-0.984	0.426	14.143	0.007	-1.189	0.438
桡骨颈干角	2.205	0.163	-0.182	0.859	0.038	0.850	0.509	0.623	0.947	0.363	-0.441	0.673	0.114	0.744	0.064	0.950

表 4.5 大堡山墓地古代居民四肢长骨测量项目统计表①

测量项目	男性							女性						
	个体数	平均数	标准差	标准误	最大值	最小值	极差	个体数	平均数	标准差	标准误	最大值	最小值	极差
股骨														
最大长	21	442.62	20.65	4.51	494.00	401.00	93.00	16	404.28	14.00	3.50	425.00	378.50	46.50
全长	21	438.86	19.60	4.28	486.50	397.50	89.00	16	399.58	14.07	3.52	421.50	372.50	49.00
转子内髁长	20	427.43	19.33	4.32	477.00	386.00	91.00	15	388.67	15.29	3.95	409.00	361.50	47.50
转子全长	20	415.58	18.56	4.15	464.00	375.00	89.00	15	376.35	14.97	3.87	396.00	347.75	48.25
转子外髁长	20	419.53	18.89	4.22	468.50	379.00	89.50	15	381.97	14.80	3.82	402.00	353.50	48.50
骨干长	20	344.36	18.42	4.12	394.00	313.00	81.00	15	312.70	12.52	3.23	332.00	289.00	43.00
骨干中部矢状径	22	29.62	2.26	0.48	34.50	25.47	9.04	16	25.40	1.98	0.49	28.74	20.08	8.66
骨干中部横径	22	26.84	1.91	0.41	30.58	22.25	8.33	16	25.47	1.52	0.38	27.90	22.00	5.90
骨干中部周	22	90.74	5.55	1.18	99.00	79.50	19.50	16	80.96	4.42	1.10	90.00	69.00	21.00
骨干上部矢状径	22	27.06	2.22	0.47	30.64	23.59	7.05	16	24.11	1.41	0.35	26.54	20.51	6.03
骨干上部横径	22	31.22	2.14	0.46	34.29	26.57	7.72	16	28.87	1.54	0.39	31.96	26.50	5.46
骨干下部最小矢状径	20	29.91	1.97	0.44	33.08	26.60	6.48	14	27.10	2.10	0.56	31.00	23.20	7.80
骨干下部横径	22	38.20	3.35	0.71	42.00	29.00	13.00	14	36.26	2.92	0.78	39.75	30.50	9.25
上端宽	19	95.39	7.16	1.64	108.00	79.00	29.00	15	85.51	4.82	1.24	93.50	78.16	15.34
股骨颈头前长	20	68.88	8.50	1.90	83.00	45.08	37.92	16	62.27	5.16	1.29	69.81	52.54	17.27

① 长度单位为毫米（mm）；角度单位为度（°）。

续表 4.5

测量项目	男性							女性						
	个体数	平均数	标准差	标准误	最大值	最小值	极差	个体数	平均数	标准差	标准误	最大值	最小值	极差
股骨头垂直径	20	44.75	3.65	0.82	49.34	31.72	17.62	13	39.64	2.14	0.59	43.65	36.16	7.49
股骨头矢状径	19	46.01	3.64	0.84	51.56	35.06	16.50	14	41.20	1.84	0.49	44.61	37.64	6.97
股骨颈垂直径	19	32.72	1.85	0.42	36.60	29.49	7.11	16	28.89	1.48	0.37	31.50	26.05	5.45
股骨颈矢状径	19	28.16	2.43	0.56	32.77	24.00	8.77	14	24.80	1.77	0.47	28.76	22.49	6.27
股骨颈周	19	103.33	5.40	1.24	112.50	94.50	18.00	14	91.82	4.37	1.17	100.50	85.00	15.50
上髁宽	13	78.41	4.53	1.26	84.50	70.10	14.40	11	70.52	3.23	0.97	74.00	64.00	10.00
股骨头周	17	147.78	8.26	2.00	162.50	133.00	29.50	11	131.95	7.29	2.20	143.00	120.50	22.50
外侧髁长	15	60.32	2.77	0.72	64.59	56.28	8.31	14	56.05	3.19	0.85	60.65	49.50	11.15
内侧髁长	11	61.53	4.55	1.37	69.00	56.00	13.00	10	55.03	2.83	0.89	61.00	51.00	10.00
外侧髁高	19	35.95	2.13	0.49	40.93	30.80	10.13	15	32.08	1.25	0.32	34.62	29.69	4.93
内侧髁高	21	37.64	2.77	0.60	43.03	31.00	12.03	15	33.73	2.30	0.59	38.71	29.00	9.71
股骨颈干角	22	126.27	5.50	1.17	137.00	115.50	21.50	16	128.59	5.34	1.33	135.50	114.50	21.00
胫骨														
最大长	18	361.04	18.07	4.26	389.00	323.00	66.00	13	326.31	13.50	3.74	348.00	308.00	40.00
全长	18	355.25	17.91	4.22	381.00	316.00	65.00	13	321.38	14.32	3.97	344.50	304.00	40.50
胫骨长	18	349.11	18.03	4.25	378.00	310.00	68.00	13	316.92	13.94	3.87	338.00	297.50	40.50
生理长	19	337.16	16.87	3.87	362.00	300.50	61.50	14	304.32	13.45	3.60	328.50	285.00	43.50
踝髁长	18	350.25	17.76	4.19	377.00	313.50	63.50	13	316.73	14.07	3.90	340.50	297.00	43.50

续表 4.5

测量项目	男性							女性						
	个体数	平均数	标准差	标准误	最大值	最小值	极差	个体数	平均数	标准差	标准误	最大值	最小值	极差
上端宽	9	76.62	5.60	1.87	83.00	65.12	17.88	11	66.44	4.26	1.28	76.00	61.00	15.00
上内侧关节面宽	12	34.08	4.07	1.18	40.40	25.88	14.52	11	28.93	3.61	1.09	36.40	24.00	12.40
上外侧关节面宽	8	34.94	3.62	1.28	40.00	27.30	12.70	11	28.96	2.86	0.86	35.40	25.00	10.40
上内侧关节面矢状径	7	48.68	3.51	1.33	54.00	45.00	9.00	10	41.33	2.58	0.82	45.70	37.75	7.95
上外侧关节面矢状径	10	41.22	3.72	1.18	49.00	37.30	11.70	10	36.39	3.28	1.04	42.56	32.00	10.56
粗隆处最大矢状径	17	44.25	3.71	0.90	48.63	36.18	12.45	14	39.45	3.56	0.95	43.81	29.01	14.80
粗隆处横径	18	39.50	4.29	1.01	47.50	28.00	19.50	14	38.42	3.26	0.87	42.75	31.41	11.34
中部最大径	18	29.99	2.31	0.55	33.04	25.50	7.54	13	26.13	2.36	0.65	30.00	21.25	8.75
中部横径	18	21.72	2.03	0.48	25.05	17.80	7.25	13	19.52	2.07	0.57	22.60	14.90	7.70
中部周	18	83.17	7.59	1.79	106.00	71.00	35.00	13	72.58	5.18	1.44	80.50	60.00	20.50
骨干最小周	21	76.26	5.06	1.10	87.00	65.50	21.50	15	67.50	4.65	1.20	75.50	55.50	20.00
滋养孔处横径	20	23.98	2.16	0.48	29.40	19.17	10.23	15	21.54	2.23	0.58	25.25	16.00	9.25
滋养孔处矢状径	20	33.64	2.54	0.57	37.66	28.67	8.99	14	29.40	2.74	0.73	32.10	22.19	9.91
下端宽	10	52.96	2.94	0.93	59.00	49.50	9.50	13	44.33	2.66	0.74	48.50	39.50	9.00
下端矢状径	16	37.39	2.39	0.60	42.05	32.59	9.46	12	33.34	2.09	0.60	37.35	29.75	7.60
腓骨														
最大长	10	345.25	21.24	6.72	373.00	312.00	61.00	8	318.25	12.52	4.43	340.50	306.50	34.00
小头外踝长	10	339.35	22.34	7.06	370.00	308.00	62.00	8	308.94	12.42	4.39	328.50	297.00	31.50

续表 4.5

测量项目	男性							女性						
	个体数	平均数	标准差	标准误	最大值	最小值	极差	个体数	平均数	标准差	标准误	最大值	最小值	极差
中部最大径	10	15.29	1.87	0.59	18.30	12.10	6.20	7	13.50	1.60	0.61	16.20	11.28	4.92
中部最小径	10	12.33	1.31	0.42	14.04	9.72	4.32	7	10.96	1.23	0.46	12.20	9.18	3.02
骨干中部周	10	46.20	3.37	1.07	51.00	42.00	9.00	7	41.93	3.88	1.47	47.00	37.00	10.00
最小周	14	39.89	3.59	0.96	48.00	34.00	14.00	8	36.75	3.62	1.28	40.50	30.00	10.50
下端宽	13	20.11	3.89	1.08	28.14	14.00	14.14	9	17.84	0.90	0.30	19.00	16.50	2.50
上端宽	4	29.88	3.28	1.64	33.00	27.00	6.00	7	23.75	4.50	1.70	29.68	18.00	11.68
肱骨														
全长	15	308.10	14.65	3.78	330.00	274.00	56.00	8	288.31	9.67	3.42	303.50	277.00	26.50
最大长	16	315.88	17.62	4.40	354.00	280.00	74.00	9	293.17	10.11	3.37	308.00	280.00	28.00
上端宽	12	48.44	1.88	0.54	50.88	43.79	7.09	6	42.74	0.47	0.19	43.25	42.10	1.15
下端宽	17	60.49	3.00	0.73	65.54	55.65	9.89	10	53.32	2.39	0.75	57.58	50.00	7.58
骨干中部最大径	16	22.92	1.56	0.39	25.70	19.79	5.91	9	20.44	1.08	0.36	21.50	18.01	3.49
骨干中部最小径	16	17.80	1.10	0.27	19.78	15.33	4.45	9	16.14	1.32	0.44	18.62	13.94	4.68
骨干中部矢状径	16	21.86	1.52	0.38	24.40	18.71	5.69	9	19.64	1.22	0.41	21.00	16.74	4.26
骨干中部横径	16	21.38	1.29	0.32	23.54	18.15	5.39	9	18.82	1.24	0.41	20.46	16.23	4.23
骨干中部周	16	68.22	3.61	0.90	74.00	59.50	14.50	9	61.44	4.13	1.38	66.00	52.50	13.50
骨干最小周	20	66.08	3.50	0.78	72.00	57.50	14.50	15	57.70	3.74	0.96	64.00	49.50	14.50
肱骨头最大横径	14	44.18	2.08	0.55	46.88	40.01	6.87	8	38.89	1.27	0.45	41.16	37.00	4.16

续表 4.5

测量项目	男性							女性						
	个体数	平均数	标准差	标准误	最大值	最小值	极差	个体数	平均数	标准差	标准误	最大值	最小值	极差
肱骨头最大矢状径	11	43.11	2.61	0.79	48.81	38.96	9.85	7	36.54	1.70	0.64	38.00	33.00	5.00
肱骨头周	8	136.25	5.86	2.07	143.00	124.00	19.00	7	121.00	4.41	1.67	125.00	112.00	13.00
滑车宽	19	24.86	1.68	0.39	27.19	20.79	6.40	13	21.73	1.40	0.39	25.00	19.60	5.40
滑车和小头宽	16	43.43	2.74	0.69	47.50	35.60	11.90	9	37.72	1.51	0.50	40.00	35.28	4.72
滑车矢状径	20	18.03	2.43	0.54	26.95	15.21	11.74	13	15.78	0.97	0.27	17.70	14.22	3.48
鹰嘴窝宽	21	22.89	1.84	0.40	27.00	19.50	7.50	14	19.13	1.52	0.41	21.20	16.50	4.70
鹰嘴窝深	21	12.57	1.47	0.32	16.28	10.15	6.13	14	11.95	0.99	0.26	13.66	10.30	3.36
肱骨头干角	17	43.12	4.38	1.06	52.00	35.50	16.50	9	45.67	4.96	1.65	54.50	39.50	15.00
尺骨														
最大长	11	266.45	15.47	4.66	300.00	245.50	54.50	7	236.50	11.93	4.51	254.00	219.00	35.00
生理长	12	232.88	14.10	4.07	264.50	209.00	55.50	8	207.44	9.99	3.53	225.50	196.00	29.50
鹰嘴小头长	12	261.21	14.95	4.32	296.50	240.00	56.50	8	232.59	10.50	3.71	250.50	219.75	30.75
骨干最小周	14	41.21	3.33	0.89	49.00	37.50	11.50	9	36.94	2.78	0.93	40.50	31.00	9.50
骨干横径	19	16.07	1.70	0.39	19.00	13.00	6.00	12	14.66	0.73	0.21	15.81	13.50	2.31
骨干矢状径	19	14.64	1.36	0.31	18.18	12.80	5.38	12	12.22	1.72	0.50	16.00	9.95	6.05
上部横径	19	21.37	1.57	0.36	23.62	18.62	5.00	11	18.98	1.20	0.36	20.50	16.92	3.58
上部矢状径	19	26.22	2.21	0.51	29.65	20.00	9.65	12	25.03	2.15	0.62	27.66	20.03	7.63
鹰嘴宽	12	25.12	1.70	0.49	27.60	23.00	4.60	10	22.21	1.62	0.51	25.30	20.18	5.12

续表 4.5

测量项目	男性							女性						
	个体数	平均数	标准差	标准误	最大值	最小值	极差	个体数	平均数	标准差	标准误	最大值	最小值	极差
鹰嘴深	16	25.39	1.81	0.45	28.25	21.72	6.53	13	23.36	1.87	0.52	26.42	19.00	7.42
鹰嘴高	18	23.15	3.23	0.76	33.05	18.00	15.05	12	21.07	1.94	0.56	24.12	18.60	5.52
鹰嘴－冠突间距	17	22.42	1.40	0.34	25.99	20.50	5.49	12	19.79	1.43	0.41	21.69	17.00	4.69
桡骨														
最大长	13	243.54	12.15	3.37	261.00	222.00	39.00	11	217.00	9.46	2.85	237.00	206.50	30.50
生理长	14	231.68	14.49	3.87	260.00	210.00	50.00	11	206.23	9.27	2.79	225.50	194.50	31.00
骨干最小周	16	45.59	3.74	0.93	55.00	41.00	14.00	13	41.08	3.25	0.90	48.00	34.50	13.50
骨干横径	18	16.78	1.42	0.34	19.48	13.64	5.84	13	15.39	1.42	0.39	17.82	13.24	4.58
骨干矢状径	18	11.92	0.87	0.20	13.26	10.00	3.26	13	10.87	0.96	0.27	13.00	9.26	3.74
骨干中部横径	13	15.70	0.89	0.25	17.44	14.25	3.19	10	14.36	1.52	0.48	17.00	11.90	5.10
骨干中部矢状径	13	12.43	0.57	0.16	13.38	11.52	1.86	11	10.86	0.80	0.24	12.25	9.55	2.70
桡骨小头横径	8	22.68	1.86	0.66	25.00	19.44	5.56	8	20.10	0.63	0.22	20.71	19.00	1.71
桡骨小头矢状径	4	23.27	0.82	0.41	24.14	22.20	1.94	5	20.22	1.25	0.56	21.80	18.42	3.38
桡骨颈横径	17	13.36	1.35	0.33	15.80	10.46	5.34	11	12.19	1.11	0.34	14.25	10.91	3.34
桡骨颈矢状径	15	14.50	1.21	0.31	16.20	11.70	4.50	11	13.89	1.04	0.31	16.30	12.50	3.80
桡骨小头周	3	76.33	2.52	1.45	79.00	74.00	5.00	4	68.50	5.26	2.63	76.00	64.00	12.00
骨干中部周	13	46.77	3.03	0.84	54.00	42.00	12.00	10	41.65	1.81	0.57	44.50	38.50	6.00
下端宽	15	34.09	2.10	0.54	37.00	30.00	7.00	12	29.60	2.42	0.70	36.50	28.00	8.50
桡骨颈干角	17	155.79	2.56	0.62	160.00	152.00	8.00	11	154.50	2.82	0.85	158.00	148.50	9.50

第二节　四肢长骨的测量指数

一、四肢长骨的测量指数计算

根据前文统计的 38 例大堡山墓地古代居民四肢长骨测量项目，笔者选择了九项主要测量指数[①]（相关指数计算公式详见表 4.6）对该墓地古代居民进行计算（表 4.7、4.8），并根据侧别、性别不同分别进行了独立样本 t 检验（表 4.9、4.10），同时，按照各项指数的分级标准，对该墓地男女性四肢长骨形态特征进行初步的分类（表 4.11）。

表 4.6　四肢长骨测量指数计算公式[②]

	测量指数项目	指数计算公式	测量指数项目	指数计算公式
肱骨	粗壮指数	$\dfrac{肱骨骨干最小周}{肱骨最大长} \times 100$	骨干横断面指数	$\dfrac{肱骨骨干中部最小径}{肱骨骨干中部最大径} \times 100$
股骨	粗壮指数	$\dfrac{股骨骨干中部矢状径 + 股骨骨干中部横径}{股骨全长} \times 100$	肱股指数	$\dfrac{肱骨最大长}{股骨全长} \times 100$
股骨	扁平指数	$\dfrac{股骨骨干上部矢状径}{股骨骨干上部横径} \times 100$	嵴指数	$\dfrac{股骨骨干中部矢状径}{股骨骨干中部横径} \times 100$
胫骨	胫骨指数	$\dfrac{滋养孔处横径}{滋养孔处矢状径} \times 100$	胫股指数	$\dfrac{胫骨生理长}{股骨全长} \times 100$
胫骨	中部断面指数	$\dfrac{胫骨中部横径}{胫骨中部最大径} \times 1000$		

[①]　邵象清：《人体测量手册》，第 133～191 页。

[②]　邵象清：《人体测量手册》，第 133～191 页。

表4.7　大堡山墓地古代男性居民四肢长骨测量指数统计表

墓向	测量指数项目	右侧							左侧						
		例数	均值	标准差	标准误	最大值	最小值	极差	例数	均值	标准差	标准误	最大值	最小值	极差
南北向	肱骨粗壮指数	8	20.65	1.10	0.39	22.15	18.95	3.19	7	20.59	1.64	0.62	22.52	18.40	4.11
	肱骨干横断面指数	8	79.83	4.39	1.55	86.96	74.11	12.86	7	80.26	3.53	1.33	85.71	74.28	11.44
	股骨粗壮指数	9	12.77	0.47	0.16	13.65	11.99	1.66	13	12.89	0.50	0.14	13.99	12.19	1.80
	肱股指数	6	72.09	2.18	0.89	74.64	69.34	5.30	7	71.75	1.65	0.62	73.26	69.65	3.61
	股骨扁平指数	15	87.08	8.41	2.17	102.83	73.51	29.32	12	85.21	8.00	2.31	96.84	71.50	25.34
	股骨嵴指数	12	110.78	15.43	4.45	154.55	95.49	59.05	14	105.63	9.83	2.63	128.77	93.10	35.67
	胫骨指数	11	73.57	5.86	1.77	88.37	66.18	22.19	11	73.26	6.21	1.87	87.72	65.36	22.36
	胫股指数	6	76.83	1.94	0.79	80.59	75.51	5.07	11	77.05	1.47	0.44	80.22	75.22	5.01
	胫骨中部断面指数	6	74.10	8.49	3.46	83.89	62.00	21.89	11	74.38	5.17	1.56	83.17	64.58	18.59
东西向	肱骨粗壮指数	3	20.71	0.94	0.55	21.70	19.82	1.88	7	20.87	1.37	0.52	22.44	18.64	3.79
	肱骨干横断面指数	3	72.89	6.07	3.51	79.74	68.16	11.58	7	74.36	5.93	2.24	81.07	65.59	15.48
	股骨粗壮指数	7	12.96	0.54	0.20	14.11	12.47	1.64	6	12.60	0.53	0.22	13.55	12.09	1.45
	肱股指数	3	73.95	1.15	0.66	75.00	72.73	2.27	6	71.78	1.37	0.56	73.26	69.23	4.03
	股骨扁平指数	7	89.04	5.53	2.09	96.27	82.32	13.95	7	86.72	5.72	2.16	95.13	79.41	15.72
	股骨嵴指数	7	117.80	9.87	3.73	133.55	105.26	28.28	7	112.43	8.69	3.28	121.42	101.25	20.17
	胫骨指数	6	68.18	6.31	2.58	75.63	61.04	14.59	5	67.91	6.43	2.88	77.83	60.99	16.85
	胫股指数	5	76.14	1.99	0.89	78.56	73.79	4.77	4	76.21	1.69	0.85	78.18	74.07	4.11
	胫骨中部断面指数	5	71.46	6.11	2.73	77.42	64.07	13.35	4	66.89	6.76	3.38	76.31	61.52	14.79

表4.8 大堡山墓地古代女性居民四肢长骨测量指数统计表

墓向	测量指数项目	右侧							左侧						
		例数	均值	标准差	标准误	最大值	最小值	极差	例数	均值	标准差	标准误	最大值	最小值	极差
南北向	肱骨粗壮指数	3	20.27	2.19	1.26	22.37	18.01	4.36	5	19.90	0.89	0.40	21.01	18.69	2.33
	肱骨骨干横断面指数	3	75.62	2.33	1.34	78.19	73.66	4.53	5	79.24	5.83	2.61	88.67	74.38	14.28
	股骨粗壮指数	11	12.81	0.66	0.20	14.23	11.81	2.42	9	12.77	0.55	0.18	13.75	11.94	1.81
	肱股指数	3	72.83	1.19	0.69	73.87	71.54	2.34	4	71.72	1.37	0.69	73.11	69.87	3.23
	股骨扁平指数	11	88.13	9.42	2.84	107.20	74.19	33.01	11	81.15	5.35	1.61	89.11	73.13	15.98
	股骨嵴指数	11	104.44	8.76	2.64	117.92	90.04	27.88	11	99.52	6.30	1.90	108.00	89.10	18.90
	胫骨指数	8	75.45	5.80	2.05	84.97	67.23	17.74	10	71.78	5.45	1.72	79.57	64.52	15.05
	胫股指数	9	75.90	2.48	0.83	79.21	71.39	7.81	8	75.85	2.29	0.81	78.13	72.62	5.51
	胫骨中部断断面指数	9	76.23	8.01	2.67	92.89	66.67	26.22	8	75.04	4.76	1.68	80.54	66.23	14.32
东西向	肱骨粗壮指数	3	19.07	1.99	1.15	20.42	16.78	3.64	4	19.90	2.17	1.08	21.79	16.78	5.01
	肱骨骨干横断面指数	3	80.04	2.92	1.69	82.40	76.78	5.62	4	77.85	0.83	0.42	78.95	77.14	1.80
	股骨粗壮指数	5	12.42	0.86	0.38	13.18	11.09	2.09	3	13.18	0.22	0.13	13.42	12.97	0.44
	肱股指数	3	73.38	1.13	0.65	74.68	72.63	2.05	3	71.62	0.36	0.21	71.98	71.26	0.72
	股骨扁平指数	5	85.27	7.29	3.26	95.21	76.95	18.27	5	78.95	4.93	2.20	84.81	74.54	10.27
	股骨嵴指数	5	98.45	11.81	5.28	118.26	88.61	29.65	5	92.97	5.56	2.49	101.88	87.36	14.52
	胫骨指数	4	74.18	5.89	2.94	81.41	67.02	14.39	4	73.85	2.53	1.27	77.27	71.53	5.74
	胫股指数	4	76.41	0.65	0.32	76.98	75.70	1.28	3	76.63	0.60	0.35	77.12	75.96	1.16
	胫骨中部断面指数	4	74.27	7.09	3.55	82.23	65.36	16.87	4	72.93	6.51	3.26	80.77	65.73	15.04

表 4.9　大堡山墓地古代居民四肢长骨测量指数统计表（按侧别）

性别	测量指数项目	右侧				左侧				方差齐性检验		t 检验	
		例数	均值	单个样本K-S检验 K-S值	p值	例数	均值	单个样本K-S检验 K-S值	p值	Levene统计量	p值	t值	p值
男性	肱骨粗壮指数	11	20.67	0.498	0.966	14	20.73	0.568	0.903	2.546	0.124	-0.110	0.913
	肱骨干横断面指数	11	77.93	0.409	0.996	14	77.31	0.997	0.273	0.003	0.955	0.278	0.783
	股骨粗壮指数	16	12.85	0.775	0.585	19	12.80	1.020	0.249	0.065	0.800	0.333	0.741
	肱股指数	9	72.71	0.561	0.911	13	71.76	0.705	0.702	0.818	0.376	1.268	0.220
	股骨扁平指数	22	87.70	0.541	0.931	19	85.77	0.542	0.930	0.002	0.962	0.840	0.406
	股骨嵴指数	19	113.36	0.713	0.689	21	107.90	0.474	0.978	0.577	0.452	1.455	0.154
	胫骨扁平指数	17	71.67	0.736	0.651	16	71.59	0.581	0.888	0.032	0.859	0.034	0.973
	胫骨嵴指数	11	76.52	0.436	0.991	15	76.82	0.539	0.933	0.398	0.534	-0.455	0.653
	胫骨中部断面指数	11	72.90	0.373	0.999	15	72.39	0.606	0.857	0.100	0.755	0.192	0.850
女性	肱骨粗壮指数	6	19.67	0.572	0.899	9	19.90	0.686	0.735	0.712	0.414	-0.264	0.796
	肱骨干横断面指数	6	77.83	0.380	0.999	9	78.62	0.739	0.645	0.011	0.917	-0.381	0.709
	股骨粗壮指数	16	12.69	0.554	0.919	12	12.88	0.373	0.999	0.874	0.358	-0.778	0.444
	肱股指数	6	73.10	0.429	0.993	7	71.68	0.517	0.952	0.093	0.766	2.481	0.031
	股骨扁平指数	16	87.24	0.451	0.987	16	80.46	0.442	0.990	1.905	0.178	2.685	0.012
	股骨嵴指数	16	102.57	0.550	0.923	16	97.47	0.511	0.957	2.456	0.128	1.717	0.096
	胫骨扁平指数	12	75.03	0.584	0.885	14	72.37	0.560	0.912	0.095	0.760	1.303	0.205
	胫骨嵴指数	13	76.06	0.635	0.815	11	76.06	0.685	0.736	0.003	0.956	-0.007	0.995
	胫骨中部断面指数	13	75.63	0.455	0.986	12	74.34	0.573	0.898	0.876	0.359	0.497	0.624

表 4.10 大堡山墓地古代居民四肢长骨测量指数统计表（按性别）

测量指数项目	男性 例数	男性 均值	男性 单个样本K-S检验 K-S值	男性 单个样本K-S检验 p值	女性 例数	女性 均值	女性 单个样本K-S检验 K-S值	女性 单个样本K-S检验 p值	方差齐性检验 Levene 统计量	方差齐性检验 Levene p值	t检验 t值	t检验 p值
肱骨粗壮指数	16	20.92	0.674	0.754	9	20.05	0.849	0.467	0.001	0.974	1.495	0.148
肱骨骨干横断面指数	16	77.87	0.826	0.502	9	78.97	0.627	0.827	0.310	0.583	-0.537	0.596
股骨粗壮指数	21	12.84	1.116	0.166	16	12.73	0.910	0.379	0.686	0.413	0.546	0.589
肱股指数	16	71.94	0.666	0.767	9	72.69	0.649	0.793	1.894	0.182	-1.220	0.235
股骨扁平指数	22	86.86	0.721	0.675	16	83.7	0.602	0.862	0.048	0.827	1.489	0.145
股骨嵴指数	22	110.78	0.735	0.652	16	99.92	0.653	0.788	0.289	0.594	3.434	0.002
胫骨指数	20	71.44	0.450	0.987	14	73.35	0.367	0.999	0.643	0.428	-1.007	0.321
胫股指数	19	76.87	0.523	0.948	14	76.31	0.743	0.639	0.054	0.818	0.879	0.386
胫骨中部断面指数	18	72.58	0.582	0.887	13	74.75	0.682	0.741	0.191	0.665	-1.008	0.322

表 4.11 大堡山墓地古代居民四肢长骨形态统计表（按性别）

测量指数项目		男性（%）右侧	男性（%）左侧	男性（%）合计	女性（%）右侧	女性（%）左侧	女性（%）合计
股骨扁平指数	超扁型 <74.90	1 (4.55)	1 (5.26)	1 (4.55)	1 (6.25)	3 (18.75)	2 (12.50)
	扁型 75.00~84.90	6 (27.27)	9 (47.37)	6 (27.27)	4 (25.00)	10 (62.50)	5 (31.25)
	正型 85.00~99.90	14 (63.64)	9 (47.37)	15 (68.18)	10 (62.50)	3 (18.75)	9 (56.25)
	狭型 >100.00	1 (4.55)	0	0	1 (6.25)	0	0
胫骨指数	扁胫型 55.00~62.90	2 (11.76)	1 (6.25)	1 (5.00)	0	0	0
	中胫型 63.00~69.90	4 (23.53)	6 (37.50)	7 (35.00)	2 (16.67)	5 (35.71)	4 (28.57)
	宽胫型 >70.00	11 (64.71)	9 (56.25)	12 (60.00)	10 (83.33)	9 (64.29)	10 (71.43)
胫股指数	短胫型 <82.90	11 (100.00)	15 (100.00)	19 (100.00)	13 (100.00)	11 (100.00)	14 (100.00)

　　根据表4.9、4.10、4.11所示，从肱骨发育情况来看，粗壮指数显示大堡山墓地古代男性居民较女性居民略为粗壮，且两性居民左右侧肱骨粗壮程度几乎相仿；骨干横断面指数显示该墓地古代两性居民发育程度相当，但女性居民左侧较右侧略为发达，甚至高于同侧别男性居民。从股骨发育情况来看，股骨粗壮指数显示该墓地古代两性居民粗壮程度几乎相同，女性居民左侧较右侧略为发达，也高于男性居民；肱股指数显示该墓地两性居民存在一定的左右侧不对称发育，均以右侧最为明显，且女性尤为显著（p = 0.031 < 0.05）；股骨扁平指数显示该墓地男性居民两侧股骨均以正型（85.0 ~ 99.9）为大宗，而女性居民左右侧存在显著不同（p = 0.012 < 0.05），虽右侧仍以正型为主，但左侧却以扁型（75.0 ~ 84.9）居多；股骨嵴指数显示男性居民明显发达于女性居民（p = 0.002 < 0.05），且两性居民右侧均发达于左侧。从胫骨发育情况来看，胫骨指数显示该墓地古代两性居民均以宽胫型（> 70.0）为主；胫股指数显示该墓地两性居民全部为短胫型（< 82.9）；胫骨中部断面指数显示男性左右侧发育程度相当，但指数低于女性，女性右侧较左侧略发达。

　　综上所述，通过对大堡山墓地古代居民四肢长骨九项主要测量指数计算可知，该墓地两性居民八项指数均无明显性别差异，但男性的股骨嵴指数明显高于女性，说明该墓地男性居民的股骨嵴发育程度要强于女性居民；同时，男性居民的各项测量指数无明显侧别差异，而女性居民在左右侧肱股指数、股骨扁平指数方面存在显著性差异，且均为右侧指数更高。

二、四肢长骨发育情况比较

　　为了进一步解读大堡山墓地古代居民的四肢长骨发育情况所蕴含的人类学信息，笔者将其与同处于内蒙古中南部地区的土城子遗址①以及将军沟②、新店子③、东头号④、饮

---

① 顾玉才：《内蒙古和林格尔县土城子遗址战国时期人骨研究》，第19 ~ 41页。因文中仅提供了男女两性股骨嵴指数的左、右侧平均值，故本文将左、右侧平均值合并计算。
② 张全超：《内蒙古和林格尔县新店子墓地人骨研究》，第11 ~ 25页。
③ 张全超：《内蒙古和林格尔县新店子墓地人骨研究》，第11 ~ 25页。
④ 朱思媚：《内蒙古和林格尔县东头号墓地人骨研究》，第9 ~ 18页。因文中仅提供了男女两性股骨嵴指数的左、右侧平均值，故本文将左、右侧平均值合并计算。

牛沟墓地五组古代人群的主要四肢长骨测量指数值进行比较分析（表4.12）。根据考古学文化的初步研究，土城子遗址、将军沟墓地、东头号墓地被认定是农业经济占主导地位的中原戎民遗存；而新店子墓地因殉有大量马、牛、羊等牲畜，并随葬有青铜武器、工具和马具，则被认为是偏向于以畜牧业经济为主的北方民族遗存；因这四组对比组人群均已在前文有所介绍，故此处不再赘述。需要说明的是，饮牛沟墓地位于今内蒙古自治区乌兰察布市凉城县境内，1982年和1997年分别由内蒙古自治区文物工作队、中日岱海地区考察队发掘，共清理墓葬38座，该墓地存在有南北向随葬带钩的中原式和东西向有殉牲的北方式两类墓葬[1]，年代约为战国晚期[2]。通过对该墓地不同墓向人骨标本的龋病研究，张全超等推测该人群的生业模式疑似是农牧兼营的混合经济类型[3]，笔者所引数据为饮牛沟全组数据平均值[4]。

表4.12　内蒙古中南部地区古代居民四肢长骨主要测量指数

墓葬名称		大堡山组	饮牛沟组	土城子组	将军沟组	东头号组	新店子组
墓葬年代		战国晚期	战国晚期	战国中晚期	战国中晚期	战国中晚期	春秋晚期—战国早期
人群来源		?	混合人群	中原民族	中原民族	中原民族	北方民族
主要经济类型		?	混合经济?	农耕为主	农耕为主	农耕为主	畜牧为主
男性	肱骨粗壮指数	20.92	21.67	21.92	21.49	20.65	21.38
	股骨粗壮指数	12.84	13.27	13.14	12.99	13.25	12.72
	股骨嵴指数	110.78	107.05	105.80	108.26	105.96	103.61
女性	肱骨粗壮指数	20.05	20.22	20.97	20.28	21.21	19.96
	股骨粗壮指数	12.73	13.24	12.67	13.18	12.59	12.54
	股骨嵴指数	99.92	104.96	101.34	110.63	95.14	98.70

[1]　杨建华：《春秋战国时期中国北方文化带的形成》，北京：文物出版社，2004年，第54~56页。

[2]　内蒙古文物考古研究所、日本京都中国考古学研究会：《岱海考古（二）》，北京：科学出版社，2001年，第278~327页。

[3]　张全超、曹建恩、朱泓：《内蒙古中南部地区青铜—早期铁器时代居民的龋病研究》，《人类学学报》2009年第4期。

[4]　张全超：《内蒙古和林格尔县新店子墓地人骨研究》，第11~25页。

根据表 4.12 所示，肱骨粗壮指数方面，男性居民由低到高依次是东头号组 < 大堡山组 < 新店子组 < 将军沟组 < 饮牛沟组 < 土城子组。大堡山墓地古代男性居民发育程度相对较弱，仅次于同处于和林格尔地区的"中原移民"东头号墓地古代居民，而土城子遗址戍边人群发育最强。顾玉才研究发现，自中原地区移民至此的土城子遗址战国时期人群具有非正常死亡特征①，他认为该人群是以"军士或后勤人员"作为主要社会成员。笔者由此推测，在日常生产生活中，除承受农业耕种的劳作负担之外，土城子战国时期人群还应担负军士训练与战争防御的任务，因此较为发达的上肢粗壮度，应是该人群兼具两种社会角色的重要体现；被认为是北方民族的新店子墓地古代人群②，在骑马过程中上肢的使用相对较弱，但也需要一定的上肢强度用来驾驭和完成骑乘动作；而饮牛沟墓地古代人群综合了两种不同经济模式，所得结果约等于农耕与畜牧并举的混合经济模式人群指数；那么，大堡山墓地古代男性居民相对较弱的上肢骨骼发育程度，代表了其在上肢骨骼使用方面明显不及戍边军士或后勤人员、混合经济人群，甚至不及北方草原民族，即较以上人群而言，大堡山墓地古代男性居民日常生产生活中对于上肢粗壮程度的需求偏低。

股骨粗壮指数方面，男性居民由低到高依次是新店子组 < 大堡山组 < 将军沟组 < 土城子组 < 东头号组 < 饮牛沟组。大堡山墓地古代居民不及农业、混合经济模式的古代人群，却略高于畜牧业经济模式的新店子墓地古代人群。在股骨嵴指数方面，由低到高依次是新店子组 < 土城子组 < 东头号组 < 饮牛沟组 < 将军沟组 < 大堡山组。大堡山墓地古代居民高于所有对比组人群。通过上述股骨发育情况分析可知，新店子墓地北方民族男性居民的各项指数均为最低，反映出内蒙古中南部地区畜牧业经济模式下的男性居民下肢股骨发育特点为：偏弱的股骨粗壮度以及欠发达的股骨嵴；农业经济模式下的男性居民下肢股骨发育特点为：适中的股骨粗壮度以及中等发育的股骨嵴；混合经济模式下的男性居民下肢股骨发育特点为：较强的股骨粗壮度以及中等发育的股骨嵴；而大堡山墓地男性居民下肢股骨发育特点为：偏弱的股骨粗壮度以及发达的股骨嵴。股骨作为连接人体躯干与下半身，支撑上半身，完成行走、

---

① 顾玉才：《内蒙古和林格尔县土城子遗址战国时期人骨研究》，第 19~41 页。
② 张全超：《内蒙古和林格尔县新店子墓地人骨研究》，第 11~25 页。

奔跑等步态的重要骨骼，其粗壮程度会受到身体发育、行为模式等多方面因素的影响①，那么，与内蒙古中南部地区各对比组人群相比，偏弱的股骨粗壮度暗示大堡山墓地男性居民在股骨发育与使用方面不及戍边农耕、混合经济的古代人群，却强于主要从事畜牧活动的古代人群。而股骨嵴所反映出的股骨中部断面形态与发育情况，与其所承受的功能性压力有着直接的关系，股骨上共附有前、后、内三大肌群，通过收缩并利用肌腱带动股骨运动，股骨嵴的发育强弱与大腿前侧的股四头肌（其功能是维持人体直立，完成屈伸大腿、伸展小腿、伸膝屈髋等动作）、后侧的腘绳肌（其功能是维持膝关节稳定，完成屈膝伸髋等动作）等肌群的使用有着直接关系。而关于大堡山墓地古代男性居民股骨嵴指数高于其他对比组人群的原因，笔者推测与其男性居民所从事的生产活动以及所处的地理环境有关：第一，大堡山墓地古代男性居民与所选的内蒙古中南部地区农业经济、混合经济男性居民股骨嵴指数明显高于畜牧业经济的新店子墓地男性居民，表明上述人群没有或者不仅仅从事畜牧业经济模式下的生产活动，而大堡山墓地出土遗物中几乎不见新店子墓地常见的殉牲或马具、车具、武器等典型鄂尔多斯青铜文化的随葬品，笔者推测该墓地男性居民应该不同于新店子墓地男性居民以畜牧作为主要生产活动；第二，大堡山墓地古代男性居民的股骨嵴指数也高于农业经济、混合经济的各对比组男性居民，表明该墓地男性居民在日常生产生活中对于下肢的使用要强于各对比组人群，考虑到该墓地及环周地区所属的丘陵地貌特征，辗转于丘陵之间要比往返于平原之上更要求股骨肌肉群的发达，或许是造成该墓地股骨嵴发达的重要原因之一。

对于女性而言，由于同一人群女性居民在日常生产劳动中四肢力量要求往往不及男性，因此，各对比组女性居民的测量指数差异并不大。其中，肱骨粗壮指数方面，女性居民由低到高依次是新店子组＜大堡山组＜饮牛沟组＜将军沟组＜土城子组＜东头号组。同男性居民一样，大堡山墓地古代女性居民发育程度也相对较弱，略高于新店子墓地北方民族，而东头号墓地农耕人群发育最强。张全超研究认为，新店子墓地普遍存在着男女社会分工的不同，不同于男性居民，该墓地女性居民并不需要长时间骑马放牧②，那么，大堡山墓地古代女性居民与其相近的肱骨粗壮指数

---

① 何嘉宁等：《"高资人"化石与股骨形态变异的生物力学分析》，《科学通报》2012 年第 10 期。

② 张全超：《内蒙古和林格尔县新店子墓地人骨研究》，第 11～25 页。

似乎暗示二者所从事的生产活动对于上肢骨骼粗壮程度的要求几乎相当。同理，大堡山墓地与饮牛沟墓地古代女性居民相近的肱骨粗壮指数，似乎也能表明二者在从事生产活动方面的相似性。而肱骨粗壮指数偏高的将军沟、土城子、东头号居民，农业耕种应是其女性居民的主要生产活动，明显低于此类人群的肱骨粗壮指数表明，大堡山墓地古代女性居民所从事的生产活动对于上肢骨骼粗壮程度的要求与其应略有不同。

股骨粗壮指数方面，女性居民由低到高依次是新店子组＜东头号组＜土城子组＜大堡山组＜将军沟组＜饮牛沟组。大堡山墓地古代女性居民不及混合经济模式的饮牛沟墓地古代人群，高于畜牧业经济模式的新店子墓地古代人群，与农业经济模式的土城子、东头号人群相近。在股骨嵴指数方面，女性居民由低到高依次是东头号组＜新店子组＜大堡山组＜土城子组＜饮牛沟组＜将军沟组。大堡山墓地古代女性居民低于除东头号墓地之外大部分农业经济模式的古代人群，略高于畜牧业经济模式的新店子墓地古代人群。通过对比可知，大堡山墓地古代女性居民股骨发育情况适中，股骨粗壮程度类似于农耕人群，但股骨嵴发育情况却不及大部分农耕人群，而略高于新店子墓地古代女性居民。若正如前文所言，往返于丘陵地带会刺激股骨肌肉的发育，那么大堡山墓地与新店子墓地古代女性居民股骨嵴指数方面较小的差异度似乎可以忽略，笔者推测二者所从事的生产活动对于股骨肌肉群发育情况可能存在着一定的相似性，而与农业经济模式下的女性居民稍有不同。由于大堡山墓地女性居民的随葬品极少，并以带钩为主，能够反映生产活动的遗物仅有南北向墓 M6 出土的铁锛、M17 出土的铜铃，难以将股骨嵴发育情况与出土遗物相结合对其生业模式进行科学还原。

综上所述，与不同生业模式、不同人群来源的古代对比组相较而言，大堡山地区两性居民的肱骨粗壮程度较弱，股骨粗壮程度适中，男性居民股骨嵴相对发达，女性居民股骨嵴则偏弱。这或许反映出在大堡山墓地古代居民所处社会中，男性作为主要的社会劳动力，需要其具备相对发达的下肢肌肉来支撑身体并完成相应的肢体运动，特别是对于股骨前侧、后侧肌群的需求偏多；而对于女性而言，大堡山墓地古代女性居民的下肢发育情况相对较弱，不及农业经济模式下的女性居民，与畜牧经济模式下的新店子墓地女性居民相似。因此，从大堡山墓地古代居民四肢发育情况来看，其在生产劳动过程中似乎存在一定两性分工，但因该墓地随葬品有限，且能够反映其生产活动的遗物较少，以上仅是通过肱骨和股骨的发育情况进行初步的推测，还有待进一步研究的科学论证与分析。

第三节　生前身高的推算分析

人体身高是人类体质特征的一个基本表现形式，从世界范围来看，人群的平均身高会受到时代、生活方式以及生业模式等多因素的影响。例如王建华研究发现，我国黄河流域史前人口男性的平均身高随着时代的发展呈现逐渐递减的趋势，他推测"与农业产生以后人类劳动强度加大以及功能压力的增加"有关[①]。

一、生前身高的初步推算

针对古代人骨标本进行身高推算的方法众多，但根据四肢长骨的最大长推算身高是目前人类骨骼考古研究常用的方法之一。结合大堡山墓地古代居民四肢长骨的具体保存情况，笔者选择通过测量股骨最大长来推算该墓地古代居民身高，其中，对于该墓地古代男性居民身高的推算，选用了由皮尔森（Karl Pearson）[②]、特罗特（Trotter）与格莱塞（Gleser）[③]以及邵象清[④]等学者提出与介绍的计算公式；而针对

---

① 王建华：《黄河流域史前人口健康状况的初步考察》，《考古》2009 年第 5 期。

② Karl Pearson, Mathematical Contributions to the Theory of Evolution. V. On the Reconstruction of the Stature of Prehistoric Races. *Philosophical Transactions of the Royal Society of London. Series A, Containing Papers of a Mathematical or Physical Character*, vol. 192, 1899, p. 196.

③ Mildred Trotter, Goldine C. Gleser, A re-evaluation of estimation of stature based on measurements of stature taken during life and of long bones after death. *American Journal of Physical Anthropology*, vol. 16, 1958, pp. 79 – 123.

④ 邵象清：《人体测量手册》，第 395 页。

女性居民身高的推算，采取了由皮尔森①、陈世贤②和张继宗③等学者提出与介绍的计算公式（表4.13）。

表4.13　生前身高推算公式

适用性别	提出者	适用对象	推算公式（厘米）
男性	皮尔森	不限	$1.880 \times$ 股骨最大长 $+81.306$
	特罗特与格莱塞	蒙古人种	$(2.15 \times$ 股骨最大长 $+72.57) \pm 3.80$
	邵象清	中国汉族 21~30 岁	$(2.30 \times$ 左侧股骨最大长 $+64.362) \pm 3.481$；$(2.31 \times$ 右侧股骨最大长 $+64.484) \pm 3.486$
		中国汉族 31~40 岁	$(2.32 \times$ 左侧股骨最大长 $+64.021) \pm 3.332$；$(2.33 \times$ 右侧股骨最大长 $+63.564) \pm 3.298$
		中国汉族 41~50 岁	$(2.36 \times$ 左侧股骨最大长 $+61.748) \pm 3.116$；$(2.20 \times$ 右侧股骨最大长 $+68.757) \pm 3.235$
女性	皮尔森	不限	$1.945 \times$ 股骨最大长 $+72.844$
	陈世贤	中国汉族	$3.71 \times$ 股骨最大长 $+5$
	张继宗	中国汉族	$2.671 \times$ 左侧股骨最大长 $+48.3913$；$2.752 \times$ 右侧股骨最大长 $+45.929$

需要说明的是，由于个体身高会受到年龄、性别、营养状况等多种因素的影响，因此利用四肢骨骼最大长对古代人骨标本进行生前身高的推算一般会存在 2~10 厘米的误差，其推算结果仅可作为一种参考（表4.14、4.15）。同时，根据墓向不同，笔者分别对该墓地古代两性居民的生前身高推算平均值进行了独立样本 t 检验（表4.16）。

根据表4.16可知，大堡山墓地不同墓向的古代居民生前身高推算结果并无显著差异（$p < 0.05$），因此可将不同墓向的推算值进行合并求得该墓地古代居民的平均生前身高值（表4.17）。

---

① Karl Pearson, Mathematical Contributions to the Theory of Evolution. V. On the Reconstruction of the Stature of Prehistoric Races. *Philosophical Transactions of the Royal Society of London. Series A, Containing Papers of a Mathematical or Physical Character*, vol. 192, 1899, p. 196.

② 陈世贤：《法医骨学》，北京：群众出版社，1980 年。

③ 张继宗：《中国汉族女性长骨推断身长的研究》，《人类学学报》2001 年第 4 期。

表 4.14　大堡山墓地古代男性居民生前身高推算统计表①

墓向	墓号	年龄	右侧 股骨最大长	右侧 皮尔森公式	右侧 特罗特与格莱塞公式	右侧 邵象清公式	右侧 均值	左侧 股骨最大长	左侧 皮尔森公式	左侧 特罗特与格莱塞公式	左侧 邵象清公式	左侧 均值	左右合并均值
南北向	M1	35~40	44.30	164.59	167.82	163.49~170.08	166.40	44.20	164.40	167.60	163.23~169.90	166.19	166.29
	M3	25~30	—	—	168.46	163.64~170.11	166.83	41.60	159.51	162.01	156.56~163.52	160.52	160.52
	M4	40~45	44.60	165.15	170.18	166.05~172.64	168.73	45.00	165.91	169.32	164.83~171.06	167.72	167.28
	M5	35±	45.40	166.66	—	—	—	45.70	167.22	170.83	166.71~173.38	169.36	169.05
	M8	40±	—	—	—	—	—	41.40	159.14	161.58	156.74~163.40	160.26	160.26
	M10	25±	45.00	165.91	169.32	164.95~171.92	167.89	45.50	166.85	170.40	165.53~172.49	168.75	168.32
	M11	40±	45.20	166.28	169.75	165.58~172.18	168.30	45.60	167.03	170.61	166.48~173.15	169.15	168.73
	M14	35±	44.30	164.59	167.82	163.49~170.08	166.40	44.20	164.40	167.60	163.23~169.90	166.19	166.29
	M18	25~30	—	—	—	—	—	43.80	163.65	166.74	161.62~168.58	165.16	165.16
	M20	30~35	—	—	—	—	—	44.00	164.03	167.17	162.77~169.43	165.77	165.77
	M34	35~40	47.00	169.67	173.62	169.78~176.37	172.12	46.80	169.29	173.19	169.27~175.93	171.69	171.91
	M36	35~40	43.40	162.90	165.88	161.39~167.98	164.49	43.60	163.27	166.31	161.84~168.51	164.92	164.70
	M40	40±	39.70	155.94	157.93	152.77~159.36	156.64	40.50	157.45	159.65	154.65~161.31	158.36	157.50
东西向	M7	35~40	44.60	165.15	168.46	164.18~170.78	167.03	45.20	166.28	169.75	165.55~172.22	168.31	167.67
	M13	30~35	44.70	165.34	168.68	164.42~171.01	167.24	—	—	—	—	—	167.24
	M24	30~35	43.30	162.71	165.67	161.16~167.75	164.28	43.50	163.09	166.10	161.61~168.27	164.71	164.49
	M25	40±	45.60	167.03	170.61	166.51~173.11	169.15	45.70	167.22	170.83	166.71~173.38	169.36	169.26
	M28	40±	45.60	167.03	170.61	166.51~173.11	169.15	46.00	167.79	171.47	167.41~174.07	170.00	169.58
	M29	20~25	41.50	159.33	161.80	156.86~163.84	160.49	41.40	159.14	161.58	156.10~163.06	160.10	160.30
	M31	25~30	49.30	173.99	178.57	174.88~181.85	176.97	49.50	174.37	179.00	174.73~181.69	177.19	177.08
	M47	45±	—	—	—	—	—	43.40	162.90	165.88	161.06~167.29	164.32	164.32

① 长度单位为厘米（cm）。

表4.15　大堡山墓地古代女性居民生前身高推算统计表①

墓向	墓号	年龄	右侧					左侧					左右合并均值
			股骨最大长	皮尔森公式	陈世贤公式	张继宗公式	均值	股骨最大长	皮尔森公式	陈世贤公式	张继宗公式	均值	
南北向	M2	25~30	42.60	155.70	163.05	163.16	160.64	42.30	155.12	161.93	161.37	159.47	160.06
	M6	40±	40.80	152.20	156.37	158.21	155.59	40.60	151.81	155.63	156.83	154.76	155.18
	M15	40~45	42.50	155.51	162.68	162.89	160.36	42.50	155.51	162.68	161.91	160.03	160.20
	M17	25~30	39.35	149.38	150.99	154.22	151.53	39.40	149.48	151.17	153.63	151.43	151.48
	M19	40±	39.70	150.06	152.29	155.18	152.51	39.75	150.16	152.47	154.56	152.40	152.45
	M21	35~40	41.10	152.78	157.48	159.04	156.43	41.50	153.56	158.97	159.24	157.26	156.85
	M23	40~45	40.00	150.64	153.40	156.01	153.35	39.90	150.45	153.03	154.96	152.81	153.08
	M26	30±	42.00	154.53	160.82	161.51	158.95	41.90	154.34	160.45	160.31	158.37	158.66
	M30	30±	40.70	152.01	156.00	157.94	155.32	—	—	—	—	—	155.32
	M32	35±	38.00	146.75	145.98	150.51	147.75	37.70	146.17	144.87	149.09	146.71	147.23
	M37	30~35	38.30	147.34	147.09	151.33	148.59	—	—	—	—	—	148.59
东西向	M22	27~28	42.00	154.53	160.82	161.51	158.95	41.80	154.15	160.08	160.04	158.09	158.52
	M41	25~30	40.10	150.84	153.77	156.28	153.63	39.90	150.45	153.03	154.96	152.81	153.22
	M42	25~30	39.40	149.48	151.17	154.36	151.67	—	—	—	—	—	151.67
	M49	40±	41.20	152.98	157.85	159.31	156.71	—	—	—	—	—	156.71
	M51	35~40	39.40	149.48	151.17	154.36	151.67	39.70	150.06	152.29	154.43	152.26	151.97

① 长度单位为厘米（cm）。

表 4.16 大堡山墓地古代居民生前身高推算结果 t 检验（按墓向）

性别	墓向	例数	均值	标准差	标准误	最大值	最小值	极差	单个样本 K-S 检验		方差齐性检验		t 检验	
									K-S 值	p 值	Levene 统计量	p 值	t 值	p 值
男性	南北向	13	165.52	4.02	1.11	171.91	157.50	14.41	0.679	0.747	0.102	0.753	-1.002	0.329
	东西向	8	167.49	4.93	1.74	177.08	160.30	16.78	0.597	0.566				
女性	南北向	11	154.46	4.36	1.32	160.20	147.23	12.97	0.367	0.999	0.824	0.379	0.021	0.984
	东西向	5	154.42	3.04	1.36	158.52	151.67	6.85	0.868	0.906				

表 4.17 大堡山墓地古代居民生前身高推算结果（按性别）

男性							女性						
例数	均值	标准差	标准误	最大值	最小值	极差	例数	均值	标准差	标准误	最大值	最小值	极差
21	166.27	4.38	0.95	177.08	157.50	19.58	16	154.45	3.89	0.97	160.20	147.23	12.97

　　根据表 4.17 可知，大堡山墓地古代男性居民的平均身高为 166.27 厘米，变异范围 157.50 ~ 177.08 厘米，女性居民的平均身高为 154.45 厘米，变异范围在 147.23 ~ 160.20 厘米。

二、不同人群的身高比较

　　为了进一步分析大堡山墓地古代居民生前身高水平，将其与同处于内蒙古中南部地区的土城子遗址[1]以及将军沟[2]、新店子[3]、东头号[4]、饮牛沟[5]墓地五组古代人群生前身高平均值进行比较分析。同时，为了深度发掘大堡山墓地古代居民生前身高的两性差异所蕴含的人类学信息，笔者还计算了上述人群的两性身高差异指数[6]（表 4.18），参考克莱尔·霍尔登（Clare Holden）和露丝·梅斯（Ruth Mace）对两性身高差异指数的相关研究[7]，该指数越小则表示同一人群中两性身高差距越小，暗示在同一人群中女性能够摄取充足营养来促进其身高发育，进一步表明同一人群中女性在生产劳动中的贡献越大、受重视程度越高。该指数通常介于 5% ~ 10% 之间[8]。

　　需要说明的是，为统一标准，表 4.18 所进行的身高推算均由右侧股骨最大长平均值计算所得，其中，男性居民分别遵照皮尔森、特罗特和格莱塞介绍的身高推算公式求得均值，女性居民则按照皮尔森、张继宗介绍的身高推算公式求得均值。

---

① 顾玉才：《内蒙古和林格尔县土城子遗址战国时期人骨研究》，第 19 ~ 41 页。

② 张全超：《内蒙古和林格尔县新店子墓地人骨研究》，第 11 ~ 25 页。

③ 张全超：《内蒙古和林格尔县新店子墓地人骨研究》，第 11 ~ 25 页。

④ 《内蒙古和林格尔县东头号墓地人骨研究》，第 9 ~ 18 页。

⑤ 张全超：《内蒙古和林格尔县新店子墓地人骨研究》，第 11 ~ 25 页。

⑥ 两性身高差异指数 = （男性平均身高 – 女性平均身高）/男性平均身高 × 100

⑦ Clare Holden, Ruth Mace, Sexual dimorphism in stature and women's work: A phylogenetic cross-cultural analysis. *American Journal of Physical Anthropology*, vol. 110, 1999, pp. 27 – 45.

⑧ Stephen Molnar, *Human Variation: Races, types, and ethnic groups.* Englewood Cliffs, NJ: Prentice Hall, 2005, p. 207.

表 4.18　内蒙古中南部地区古代居民生前身高①

墓葬名称		大堡山组	饮牛沟组	土城子组	将军沟组	东头号组	新店子组
墓葬年代		战国晚期	战国晚期	战国中晚期	战国中晚期	战国中晚期	春秋晚期—战国早期
人群来源		?	混合人群	中原民族	中原民族	中原民族	北方民族
男性	右股骨最大长	44.59	43.54	44.55	43.43	43.57	44.17
	推算身高均值	166.79	164.66	166.71	164.45	164.73	165.94
女性	右股骨最大长	40.45	40.00	40.00	41.20	40.17	40.94
	推算身高均值	154.38	153.33	153.33	156.14	153.72	155.53
两性身高差异指数		7.45	6.27	6.88	8.03	6.68	5.05

　　根据表 4.18 可知，在内蒙古中南部地区对比人群中，大堡山墓地古代居民的男性身高水平居高；而大堡山墓地古代居民的女性身高水平中等，高于大部分农业经济女性居民以及混合经济女性人群，低于畜牧业经济女性人群。

　　根据表 4.18 还可知，各古代居民的两性身高差异指数由低到高依次是新店子组＜饮牛沟组＜东头号组＜土城子组＜大堡山组＜将军沟组，且均属于正常变异范围（5%～10%），大堡山墓地古代居民身高的两性差异性指数为 7.45%，仅次于将军沟墓地古代人群（8.03%），与农业经济的土城子遗址（6.88%）、东头号墓地（6.68%）古代人群也较为接近，却与混合经济的饮牛沟墓地（6.27%）、畜牧业经济的新店子墓地（5.05%）古代居民相差较大。所选内蒙古中南部地区人群中，将军沟墓地等农业经济人群较大的两性身高差异指数表明，农业经济模式下的女性居民经济地位普遍不高，而新店子、饮牛沟墓地相对偏低的指数表明，因畜牧经济、混合经济模式下的女性人群在日常生产劳动中贡献较大，所以其受重视程度与男性人群相近，其在成长过程中能够摄取充足营养来促进身高发育，最终表现为两性身高差距较小。综上可知，大堡山墓地偏高的两性身高差异指数值表明该墓地两性身高差距偏大，暗示该墓地女性居民在成长过程中营养摄入不够充足，究其原因可能是其在日常生产劳动中的贡献偏小，从而可进一步推测该墓地古代女性居民在所属社会的受重视程度较低。诚然，这仅仅是通过两性身高差异指数值展开的初步分析，

---

① 长度单位为厘米（cm）。

关于大堡山墓地古代居民女性社会地位的探讨实属管中窥豹，还有待未来对该墓地所蕴含的人类学信息的深度发掘以及科学研究。

第四节　小结

本章对大堡山墓地性别明确的38例人骨标本的四肢长骨进行了系统测量，针对左右侧别、不同墓向的测量值进行了独立样本 t 检验，并分别对四肢长骨测量值进行了算数平均值、标准差、均值标准误、最小值、最大值、极差等标志变异指数的计算。同时，还利用股骨最大长对大堡山墓地古代居民生前身高进行初步推算。为尽可能减少由于地理环境、公式不统一等因素造成的不必要的误差，秉持方法统一的基本原则，笔者在测量项目、测量指数、对比组选择等方面均借鉴了前人关于内蒙古中南部地区古代人骨四肢长骨的相关研究。

第一，根据四肢长骨测量值以及九项测量指数所反映出的骨骼发育程度可知，采集自大堡山墓地的男性居民各项测量值及测量指数无明显侧别差异，而女性居民在左右侧肱股指数、股骨扁平指数方面存在显著性差异，且均为右侧指数更高。同时，该墓地古代居民还存在着一定的性别差异；男性居民的股骨嵴发育程度要强于女性居民，笔者推测这种差异与当时社会生产过程中两性分工不同有着一定的内在联系。

第二，通过与内蒙古中南部地区各对比组古代人群进行测量指数的比较可知，大堡山地区两性居民的肱骨粗壮程度较弱，股骨粗壮程度适中，男性居民股骨嵴相对发达，女性居民股骨嵴则偏弱。这或许反映出在大堡山墓地古代居民所处社会中，男性作为主要的社会劳动力，需要其具备相对发达的下肢肌肉来支撑身体并完成相应的肢体运动，特别是对于股骨前侧、后侧肌群的需求偏多。大堡山墓地古代女性居民的下肢发育情况相对较弱，不及农业经济模式下的女性居民，与畜牧经济模式下的新店子墓地女性居民相似，笔者推测二者可能从事相近或相同的生产劳作。

第三，参考内蒙古中南部地区各对比组古代人群生前身高的推算结果可知，大堡山墓地古代男性居民身高相对偏高，而女性居民身高不及新店子畜牧业经济人群，却高于所选的部分农业经济对比组人群和饮牛沟混合经济人群。同时，按照平均身高计算出该墓地古代居民两性身高差异指数（7.45%），相比各对比组人群，特别是畜牧业经济、混合经济人群，大堡山墓地女性居民在所属社会上的受重视程度明显不高，换言之，同农业经济的女性居民一样，大堡山墓地女性居民在发育过程中的营养摄入欠佳。

诚然，本章仅仅是针对大堡山墓地古代人骨标本的四肢长骨进行测量以及初步的比较分析，关于生前身高、行为模式、营养状况、两性差异等问题的讨论尚属推论层面。由于骨骼的发育、人体的身高易受到来自基因、营养、行为模式等众多客观、主观因素的影响，而目前学术界也并未形成相对统一的研究方法，基于以上原因，本章关于大堡山墓地古代居民的生业模式、女性社会地位等方面的推论还有待未来更多人骨材料的发掘和四肢骨骼测量数据的搜集，而针对大堡山墓地古代居民所进行的考古学、古病理学等相关学科的进一步展开，也将弥补本章论述部分的不足之处。

第五章　大堡山墓地古代居民的颅骨非测量性状研究

在传统的人类骨骼考古研究当中，骨骼上的一些形态特征难以用测量项目数值的大小或者指数的高低来进行表述，却可以通过按照一定分级或分类标准的记录来进行直观的形容与描述，故此类形态特征被称作非测量性状[①]。

颅骨作为人类骨骼考古重要的研究对象，针对其所进行的非测量性状观察与统计是传统研究中不可或缺的组成部分，主要分为连续性形态特征和非连续性形态特征两个方面。其中，连续性形态特征是指颅骨上能够按照分级或分型标准进行记录与统计的非测量性状[②]，例如颅形、齿弓形状、梨状孔形态、眉弓或眉间突度、枕外隆突的发育程度等；而颅骨非连续性形态特征，或称作颅骨形态小变异特征，是指颅骨上不具有分级或者分类条件，仅适用于"存在或缺失""有或无"等方式来表示的非测量性状，通常可大致归纳为四类[③]：（1）骨化不全的变异，例如鼓板开裂、卵圆孔棘孔融合；（2）骨化过度的变异，例如髁前结节、舌骨沟骨桥等形态特征的存在；（3）额外的骨缝和骨化中心，例如额中缝的存在、人字点骨、顶切迹骨、枕乳缝间骨等缝间骨的存在；（4）供血管和神经通行的孔、管、沟，例如副眶下孔、二分髁管的出现。

早在20世纪初，人类学家弗雷德里克·伍德琼斯（Frederic Wood-Jones）就曾利

---

① 邵象清：《人体测量手册》，第111页。

② Don R. Brothwell, *Digging up Bones* (3rd ed). New York, NY: Cornell University Press, 1981.

③ 张银运：《人类头骨非测量性状述评》，《人类学学报》1993年第4期。

用颅骨的非测量性状作为人种学研究的判断标准①，而后更有研究指出一些颅骨非连续性形态特征的出现具有一定程度的遗传性，与人群基因传递息息相关②。而 20 世纪 60 年代以来，伴随着利用非测量性状（尤指非连续性形态特征）出现率来计算人群间离散程度的史密斯生物学距离（the Cedric A. B. Smith's Mean Measure of Divergence，下文简称 MMD 值）的理论方法的提出与改善③，人类颅骨的非测量性状研究被广泛应用于人群亲缘关系的界定当中。

我国关于现代人颅骨非测量性状的研究可追溯到 20 世纪 80 年代④，而随后针对古代人类颅骨的非测量性状研究工作也相继展开，但却存在所观察形态特征项目数量偏少和可对比人群较少等问题。根据我国目前颅骨非测量性状研究现状，笔者试图将大堡山墓地古代居民的颅骨非测量形态特征进行相对全面的观察与统计，并结合以往的我国境内外古今人群颅骨非测量性状的研究成果，拟对大堡山墓地古代居民的人群构成、颅骨非测量形态特征的形态学源流等问题进行尝试性讨论。

第一节 颅骨连续性形态特征的观察与分析

笔者拟对采集自大堡山墓地 44 例人骨标本中性别明确的 32 例颅骨可供观察的个体（男性 18 例、女性 14 例）进行非测量性状的观察与统计。对于颅骨非测量性状

---

① Frederic Wood-Jones, The non-metrical morphological characters of the skull as criteria for racial diagnosis. Part I. General discussion of the morphological characters employed in racial diagnosis. *Journal of Anatomy*, vol. 67. 1931, pp. 179 – 195.

② "Family studies on some of these traits have shown them to be inherited." A. Caroline Berry, R. J. Berry, Epigenetic variation in the human cranium. *Journal of Anatomy*, vol. 101. 1967, pp. 361 – 379.

③ Joel D. Irish, The Mean Measure of Divergence: Its Utility in Model-Free and Model-Bound Analyses Relative to the Mahalanobis D^2 Distance for Nonmetric Traits. *American Journal Of Human Biology*. vol. 22. 2010, pp. 378 – 395.

④ 王令红：《华北人头骨非测量性状的观察》，《人类学学报》1988 年第 1 期；王令红、孙凤喈：《太原地区现代人头骨的研究》，《人类学学报》1988 年第 3 期；郑靖中等：《西安地区现代人颅骨非测量性研究》，《人类学学报》1988 年第 3 期。

的分级与记录标准，主要参考由吴汝康①、邵象清②、王令红③、张银运④等人类学家定义和介绍的观察标准。

根据颅骨的具体保存情况，笔者选择了传统体质人类学研究中常用的 20 项⑤观察项目，分别是：（1）颅形：即顶面观时颅骨轮廓形状，一般分为七类，即椭圆形、卵圆形、球形、五角形、楔形、菱形及盾形；（2）眉弓突度：即眶上缘上方突出的条形骨嵴的发育程度，分为六级，即微显、稍显、中等、显著、特显和粗壮，通常同一人群的男性居民眉弓突度要略发达于女性居民；（3）眉弓范围：眉弓范围可分为四级，0 = 缺如，1 = 未延伸至眶上缘中点，2 = 延伸至眶上缘中点，3 = 几乎与整个眶上缘合并；（4）眉间突度：即左右眉弓内侧区域的突度，因进化阶段以及性别的不同而表现出不同程度的突度，可分为六级，即不显、稍显、中等、显著、极显和粗壮；（5）前额：即颅骨额骨前部的发育形态，通常分为平直、中等和倾斜三种类型；（6）颅顶缝：即颅顶缝的形态变化，描述时分为前囟段、顶段、顶孔段和后段分别记录，分级标准为愈合、直线型、微波型、深波型、锯齿型和复杂型；（7）乳突：即乳突的发育程度，通常情况下同一人群的两性居民在乳突的发育程度上存在明显的性别差异，男性乳突粗大，女性乳突弱小；（8）枕外隆突：即枕外隆突的发育程度，一般分为六级，即缺如、稍显、中等、显著、极显和喙状；（9）眶形：主要依眶口四周的曲直程度与四角的转折或圆钝程度，眶高与眶宽的比例以及两条对角线的长短比例，将眶形分为圆形、椭圆形、方形、长方形和斜长方形；（10）梨状孔：即针对梨状孔发育形状的描述，一般分为心形、圆形和梨形三种；（11）梨状孔下缘：即针对梨状孔下缘形态特征的描述，一般分为锐型、钝型、鼻前沟型、鼻前窝型和混合型五种类型；（12）鼻前棘：即鼻前棘的发育程度，可分为五级，即不显、稍显、中等、显著和特显；（13）犬齿窝：即眶下窝的发育程度，可分为五级，即缺如、略成浅凹、中等（清晰浅凹）、显著（深而明显）、极显（凹陷甚深）；（14）鼻根点凹陷：亦称眉间鼻根点凹陷，即由鼻骨与额骨相交构成的曲度或角度，

---

①　吴汝康、吴新智、张振标：《人体测量方法》，北京：科学出版社，1984 年，第 71～94 页。

②　邵象清：《人体测量手册》，第 111 页。

③　王令红：《华北人头骨非测量性状的观察》，《人类学学报》1988 年第 1 期。

④　张银运：《人类头骨非测量性状述评》，《人类学学报》1993 年第 4 期。

⑤　原海兵：《殷墟中小墓人骨的综合研究》，第 122 页。

一般分为 0～4 级；（15）翼区：即蝶骨、顶骨、额骨和颞骨相衔接的区域的骨缝发育的形态特征，除此之外，个别个体还存在有翼上骨，分为四种连接类型，即 H 型（蝶顶型）、I 型（额颞型）、X 型（点型）和翼上骨型；（16）齿弓形状，即腭形，可分为 U 形、马蹄形（C 形或椭圆形）和抛物线形三种形态；（17）腭圆枕：即硬腭面是否存在高低不平的骨质隆起，并按隆起的形状可分为嵴状型、丘状型和瘤状型三种；（18）颏形：即下颌骨颏部的形状，一般分为方形、圆形、尖形和不对称形四种类型；（19）下颌角区：即下颌角区发育形态的描述，一般分为外翻型、直型和内翻型三种类型；（20）下颌圆枕：即下颌骨第一前臼齿和第二臼齿之间的齿槽突内侧面上的长圆形骨质隆起，一般分为四级（表 5.1）。

根据表 5.1 统计，大堡山墓地古代居民颅骨连续性性状特征可概括为：颅形全部为卵圆形。男性居民眉弓突度普遍发育中等（中等 58.82%），女性居民则多数发育偏弱（微显 53.85%）。两性居民的眉弓范围皆以"未延伸至眶上缘中点"的 1 级发育为主（男性 64.71%、女性 91.67%）。两性居民的眉间突度发育程度以稍显为主（男性 47.06%、女性 83.33%）。男性居民前额普遍倾斜（75%），女性居民则表现为中等（41.67%）或平直（33.33%）。颅顶缝前囟段两性居民多为深波型（男性 50%、女性 66.67%），男性居民不见直线型与微波型，而女性居民则不见直线型、锯齿型和复杂型；两性居民的顶段骨缝以锯齿型为主（男性 43.75%、女性 75%），且均不见直线型、微波型和复杂型存在；颅顶孔段骨缝形态男性居民以深波型为主（37.50%），但由于年龄的原因，该段骨缝愈合的个体数量也高于其他各段，女性居民骨缝形态与男性居民相仿（63.64%）；两性居民的顶骨后段骨缝形态中，深波型在男性居民中具有较高的出现率（40%），而女性居民则存在有一定程度的复杂型骨缝形态（33.33%）；综合各段骨缝形态来看，大堡山墓地古代居民的颅顶缝形态相对简单，两性居民之间仅存在有细微差异。男性居民乳突发育中等（55.56%）或偏大（44.44%），女性居民乳突发育中等（75%）或偏小（16.67%）。男性居民枕外隆突发育多为稍显（66.67%），但也存在发育显著（13.33%）的个体，而女性居民则多为稍显（58.33%）或者中等（33.33%），不见发育显著个体。两性居民眶形均以椭圆形为主（男性 78.57%、女性 90.91%）。梨状孔形状以梨形为主（男性 93.75%、女性 90.91%）。男性梨状孔下缘形态以钝型为主（37.50%），其余各型皆

表 5.1　大堡山墓地古代居民颅骨连续性形态特征观察统计表

观察项目	性别	例数	出现情况（%）						
			椭圆形/微显/0级/不显	卵圆形/稍显/1级/稍显	球形/中等/2级/中等	五角形/显著/3级/显著	楔形/特显/极显	菱形/粗壮/粗壮	盾形
颅形	男性	16	0	16（100）	0	0	0	0	0
	女性	13	0	13（100）	0	0	0	0	0
	总计	29	0	29（100）	0	0	0	0	0
眉弓突度	男性	17	5（29.41）	2（11.76）	10（58.82）	0	0	0	
	女性	13	7（53.85）	6（46.15）	0	0	0	0	
	总计	30	12（40.00）	8（26.67）	10（33.33）	0	0	0	
眉弓范围	男性	17	0	11（64.71）	6（35.29）	0			
	女性	12	0	11（91.67）	1（8.33）	0			
	总计	29	0	22（75.86）	7（24.14）	0			
眉间突度	男性	17	0	8（47.06）	7（41.18）	2（11.76）	0	粗壮	
	女性	12	1（8.33）	10（83.33）	1（8.33）	0	0	0	
	总计	29	1（3.45）	18（62.07）	8（27.59）	2（6.90）	0	0	

续表 5.1

观察项目	性别	例数	出现情况（%）		
			平直	中等	倾斜
前额	男性	16	0	4（25.00）	12（75.00）
	女性	12	4（33.33）	5（41.67）	3（25.00）
	总计	28	4（14.29）	9（32.14）	15（53.57）

观察项目		性别	例数	出现情况（%）					
				愈合	直线型	微波型	深波型	锯齿型	复杂型
顶顶缝	前囟段	男性	16	1（6.25）	0	0	8（50.00）	4（25.00）	3（18.75）
		女性	12	2（16.67）	0	2（16.67）	8（66.67）	0	0
		总计	28	3（10.71）	0	2（7.14）	16（57.14）	4（14.29）	3（10.71）
	顶段	男性	16	3（18.75）	0	0	6（37.50）	7（43.75）	0
		女性	12	2（16.67）	0	0	1（8.33）	9（75.00）	0
		总计	28	5（17.86）	0	0	7（25.00）	16（57.14）	0
	顶孔段	男性	16	4（25.00）	0	4（25.00）	6（37.50）	2（12.50）	0
		女性	11	2（18.18）	0	2（18.18）	7（63.64）	0	0
		总计	27	6（22.22）	0	6（22.22）	13（48.15）	2（7.41）	0
	后段	男性	15	3（20.00）	0	2（13.33）	6（40.00）	4（26.67）	0
		女性	12	1（8.33）	0	2（16.67）	3（25.00）	2（16.67）	4（33.33）
		总计	27	4（14.81）	0	4（14.81）	9（33.33）	6（22.22）	4（14.81）

续表 5.1

观察项目	性别	例数	出现情况（%）					
乳突			特小	小	中等	大	特大	喙状
	男性	18	0	0	10 (55.56)	8 (44.44)	0	0
	女性	12	1 (8.33)	2 (16.67)	9 (75.00)	0	0	0
	总计	30	1 (3.33)	2 (6.67)	19 (63.33)	8 (26.67)	0	0
枕外隆突			缺如	稍显	中等	显著	极显	
	男性	15	0	10 (66.67)	3 (20.00)	2 (13.33)	0	
	女性	12	1 (8.33)	7 (58.33)	4 (33.33)	0	0	
	总计	27	1 (3.70)	17 (62.96)	7 (25.93)	2 (7.41)	0	
眶形			圆形	椭圆形	方形	长方形	斜长方形	
	男性	14	2 (14.29)	11 (78.57)	0	0	1 (7.14)	
	女性	11	0	10 (90.91)	0	0	1 (9.09)	
	总计	25	2 (8.00)	21 (84.00)	0	0	2 (8.00)	
梨状孔			心形	圆形	梨形			
	男性	16	1 (6.25)	0	15 (93.75)			
	女性	11	1 (9.09)	0	10 (90.91)			
	总计	27	2 (7.41)	0	25 (92.59)			
梨状孔下缘			锐型	钝型	鼻前沟型	鼻前窝型	混合型	
	男性	16	3 (18.75)	6 (37.50)	1 (6.25)	3 (18.75)	3 (18.75)	
	女性	12	2 (16.67)	6 (50.00)	0	3 (25.00)	1 (8.33)	
	总计	28	5 (17.86)	12 (42.86)	1 (3.57)	6 (21.43)	4 (14.29)	

续表 5.1

观察项目	性别	例数	出现情况（%）				
			不显	稍显	中等	显著	特显
鼻前棘	男性	8	0	2（25.00）	6（75.00）	0	0
	女性	5	0	3（60.00）	2（40.00）	0	0
	总计	13	0	5（38.46）	8（61.54）	0	0

观察项目	性别	例数	缺如	浅凹	中等	显著	极显
大齿窝	男性	16	0	9（56.25）	6（37.50）	1（6.25）	0
	女性	11	0	8（72.73）	2（18.18）	1（9.09）	0
	总计	27	0	17（62.96）	8（29.63）	2（7.41）	0

观察项目	性别	例数	0级	1级	2级	3级	4级
鼻根点凹陷	男性	16	0	14（87.50）	2（12.50）	0	0
	女性	10	0	9（90.00）	1（10.00）	0	0
	总计	26	0	23（88.46）	3（11.54）	0	0

观察项目	性别	例数	愈合	H 型	I 型	X 型	翼上骨型
翼区	男性	16	0	15（93.75）	0	0	1（6.25）
	女性	12	3（25.00）	5（41.67）	0	0	4（33.33）
	总计	28	3（10.71）	20（71.43）	0	0	5（17.86）

观察项目	性别	例数	U 形	马蹄形	抛物线形
齿弓形状	男性	16	4（25.00）	0	12（75.00）
	女性	12	1（8.33）	1（8.33）	10（83.33）
	总计	28	5（17.86）	1（3.57）	22（78.57）

续表 5.1

观察项目	性别	例数	出现情况（%）			
腭圆枕			缺如	嵴状型	丘状型	瘤状型
	男性	16	12 (75.00)	2 (12.50)	2 (12.50)	0
	女性	12	7 (58.33)	4 (33.33)	1 (8.33)	0
	总计	28	19 (67.86)	6 (21.43)	3 (10.71)	0
颏形			方形	圆形	尖形	不对称形
	男性	17	9 (52.94)	8 (47.06)	0	0
	女性	12	2 (16.67)	9 (75.00)	1 (8.33)	0
	总计	29	11 (37.93)	17 (58.62)	1 (3.45)	0
下颌角区			外翻型	直型	内翻型	
	男性	16	12 (75.00)	4 (25.00)	0	0
	女性	13	4 (30.77)	8 (61.54)	1 (7.69)	0
	总计	29	16 (55.17)	12 (41.38)	1 (3.45)	0
下颌圆枕			无	弱	明显	极显
	男性	17	14 (82.35)	3 (17.65)	0	0
	女性	13	13 (100)	0	0	0
	总计	30	27 (90.00)	3 (10.00)	0	0

有一定比例的存在，而女性居民同样以钝型为主（50%），鼻前窝型（25%）次之，并且不见鼻前沟型。男性居民鼻前棘中等发育（75%），而女性则多为稍显（60%）。两性居民犬齿窝发育均较浅（男性56.25%、女性72.73%）。鼻根点凹陷多表现为"略有凹陷"的1级发育程度（男性87.5%、女性90%）。翼区以H型为主（男性93.75%、女性41.67%）。齿弓形状以抛物线形为主（男性75%、女性83.33%）。腭圆枕发育较弱（男性75%、女性58.33%），存在腭圆枕的个体多为嵴状（21.43%）。男性居民颏形仅为方形（52.94%）或圆形（47.06%），女性居民则多以圆形为主（75%），方形次之（16.67%），尖形最少（8.33%）。男性下颌角区多外翻（75%），不见下颌角区内收的个体，女性下颌角区多陡直（61.54%），也存在有一定数量的下颌角外翻个体（30.77%）和下颌角内收个体（7.69%）。男性下颌圆枕发育较弱（17.65%），多为不发育（82.35%），而全部女性个体下颌圆枕未见发育。需要说明的是，大堡山墓地古代两性居民在连续性形态特征上出现的发育程度差异均属于性别差异的范畴。参考相关研究可知，与欧洲、非洲人群的颅骨非测量形态特征相比，以现代中国人为代表的亚洲蒙古人种颅骨形态整体纤细，眉弓、鼻前棘和犬齿窝的发育相对较弱[1]，并鲜有眉间鼻根点明显凹陷的个体存在[2]，这与大堡山墓地古代居民颅骨的连续性形态特征的发育程度完全相符。

第二节　颅骨非连续性形态特征的观察与讨论

针对颅骨非连续性形态特征的研究多集中在骨骼形态所表现出的个体差异性和群体相似性，不仅能够对于人群内部颅骨形态中所存在的小变异形态特征进行记录与描述，还能为该人群与其他人群之间亲疏关系的探讨做出一定的贡献[3]。不同于测量学研究或者连续性形态特征研究对骨骼材料要求必须完整及存在一定的性别差异，

①　朱泓：《体质人类学》，第337页。

②　刘武、吴秀杰、邢松、Victoria Gibbon、Ronald Clarke：《现代中国人群形成与分化的形态证据——中国与非洲和欧洲人群头骨非测量特征分析》，《人类学学报》2011年第3期。

③　Jeffrey H. Schwartz, *Skeleton keys: an introduction to human skeletal morphology, development, and analysis.* Oxford, NY: Oxford University Press, 1995, p.257.

非连续性形态特征研究只要所观察的骨骼部位能够得以保存便可以进行记录与统计，并且因其受遗传因素的影响，理论上同一人群之间的性别差异并不显著，在探讨人群之间关系时可将同一人群的两性居民合并讨论，进而确保样本量的统计学意义①，正因如此，将颅骨的非连续性形态特征研究应用于古代人类种系关系的探讨深受研究者的青睐。

关于大堡山墓地古代居民颅骨的非连续性形态特征的记录与统计，笔者选择了传统体质人类学研究中常用的 33 项主要观察项目②，分别是：（1）前囟骨，即前囟点处存在的缝间骨；（2）冠状缝小骨，即除前囟点处之外，冠状缝上存在的缝间骨；（3）人字点小骨，即人字点处存在的小骨；（4）人字缝小骨，即除人字点和星点处之外，人字缝上存在的缝间骨；（5）印加骨，即枕骨上独立存在的大骨；（6）星点小骨，即星点处存在的小骨；（7）枕乳缝间骨，即枕乳缝上出现的小骨；（8）眶上孔/切迹，常出现于眶上缘中部到内侧三分之一处；（9）额孔/切迹，是眶上孔/切迹近中侧表现形式；（10）副眶下孔，即眶下孔旁边的小孔；（11）眶下缝，是由眶下缘向犬齿窝延伸的骨缝，有时眶内可见；（12）二分颧骨，由颧颞缝向颧上颌缝延伸的骨缝通常大于 5 毫米；（13）颧面孔缺如，即颧面滋养孔不存在；（14）外耳道骨肿，是指外耳门以及外耳道鼓板边缘存在的明显的骨质隆起；（15）胡施克氏孔（颞骨鼓板裂孔），即在颅底面颞骨鼓板至岩部之间出现的圆形、椭圆形或不规则形的小孔，常见于鼓板近中三分之一处；（16）乳突孔缺如，即乳突孔不存在；（17）顶孔缺如，即顶孔不存在；（18）枕横缝残存，由人字缝向枕骨鳞部延伸的骨缝，通常大于 10 毫米；（19）二分枕髁关节面，即枕髁关节面由两个小关节面组成；（20）髁前结节，即枕髁前近内侧存在骨性结节；（21）旁髁突，即在枕骨大孔外侧出现的骨质隆起；（22）二分髁管，即髁后管被一骨质分隔；（23）二分舌下神经管，即舌下神经通道被一骨质分隔；（24）颈静脉孔骨桥，即横跨颈静脉孔的骨质联结；（25）卵圆孔棘孔融合，因卵圆孔的外后壁发育不全致使卵圆孔与棘孔相连接；（26）棘孔开放，棘孔的后壁发育不全致使其与蝶岩裂相通；（27）维萨里孔，亦称静脉孔，是蝶骨上卵圆孔内侧的小孔；（28）颞颧孔，指蝶骨大翼的颞面存在滋养孔；

① 张雅军：《人类头骨上的不连续形态特征》，《人类学学报》2004 年第 23 卷增刊。
② 李法军等：《鲤鱼墩新石器时代居民头骨的形态学分析》，《人类学学报》2013 年第 3 期。

（29）翼棘孔，蝶骨的角棘与翼突外侧板之间因有骨桥跨过形成小孔；（30）副腭小孔，即腭小孔旁边的小孔；（31）腭圆枕，即上颌硬腭上存在骨质隆起；（32）多颏孔，下颌主颏孔旁存在的副颏孔；（33）下颌舌骨沟骨桥，由于蝶颌韧带骨化使下颌小舌向后延伸形成的近中型骨桥，或者因下颌孔下后缘产生小棘而形成的远中型骨桥（表5.2）。

表5.2　大堡山墓地古代居民颅骨非连续性形态特征观察统计表（按性别）

观察项目①		男性			女性			X²检验		平均出现率（%）
		总数	出现	出现率（%）	总数	出现	出现率（%）	X²值	p值	
前囟骨	U	16	0	0	12	0	0	—	—	0
冠状缝小骨	R	16	1	6.25	12	0	0	0.778	>0.999	3.57
	L	14	0	0	13	0	0	—	—	0
人字点小骨	U	16	2	12.50	13	3	23.08	0.562	0.632	17.24
人字缝小骨	R	14	8	57.14	11	3	27.27	2.231	0.227	44.00
	L	15	3	20.00	12	5	41.67	1.501	0.398	29.63
印加骨	U	15	1	6.67	12	0	0	0.831	>0.999	3.70
星点小骨	R	15	1	6.67	11	0	0	0.763	>0.999	3.85
	L	16	1	6.25	12	1	8.33	0.045	>0.999	7.14
枕乳缝间骨	R	16	2	12.50	11	2	18.18	0.167	>0.999	14.81
	L	14	2	14.29	11	3	27.27	0.649	0.623	20.00
眶上孔	R	16	4	25.00	10	5	50.00	1.699	0.234	34.62
	L	15	3	20.00	9	5	55.56	3.200	0.099	33.33
眶上切迹	R	16	12	75.00	10	8	80.00	0.087	>0.999	76.92
	L	16	12	75.00	10	6	60.00	0.650	0.664	69.23
额孔/切迹	R	15	1	6.67	9	1	11.11	0.145	>0.999	8.33
	L	15	1	6.67	9	0	0	0.626	>0.999	4.17
副眶下孔	R	15	4	26.67	10	2	20.00	0.146	>0.999	24.00
	L	9	3	33.33	9	2	22.22	0.277	>0.999	27.78
眶下缝	R	13	8	61.54	9	5	55.56	0.079	>0.999	59.09
	L	10	6	60.00	9	7	77.78	0.693	0.628	68.42

① 其中 U 指不分左右，R 指右侧，L 指左侧，M 指中部。

续表 5. 2

观察项目①		男性			女性			X²检验		平均出现率（%）
		总数	出现	出现率（%）	总数	出现	出现率（%）	X²值	p 值	
二分颧骨（>5mm）	R	13	0	0	10	0	0	—	—	0
	L	11	0	0	9	0	0	—	—	0
颧面孔缺如	R	13	0	0	8	0	0	—	—	0
	L	10	1	10.00	7	0	0	0.744	>0.999	5.88
外耳道骨肿	R	17	0	0	12	0	0	—	—	0
	L	17	0	0	12	0	0	—	—	0
胡施克氏孔	R	17	1	5.88	13	2	15.38	0.739	0.565	10.00
	L	17	1	5.88	11	1	9.09	0.104	>0.999	7.14
乳突孔缺如	R	17	7	41.18	12	8	66.67	1.830	0.264	51.72
	L	17	12	70.59	10	5	50.00	1.144	0.415	62.96
顶孔缺如	R	16	5	31.25	12	6	50.00	1.011	0.441	39.29
	M	15	14	93.33	12	11	91.67	0.027	>0.999	92.59
	L	16	5	31.25	13	5	38.46	0.165	0.714	34.48
枕横缝残存（>10mm）	R	15	2	13.33	11	0	0	1.589	0.492	7.69
	L	16	1	6.25	12	0	0	0.778	>0.999	3.57
二分枕髁关节面	R	16	0	0	13	1	7.69	1.275	0.448	3.45
	L	15	0	0	13	1	7.69	1.197	0.464	3.57
髁前结节	R	15	7	46.67	13	3	23.08	1.688	0.254	35.71
	L	15	7	46.67	13	1	7.69	5.184	0.038	28.57
旁髁突	R	15	13	86.67	8	8	100	1.168	0.526	91.30
	L	15	12	80.00	9	8	88.89	0.320	>0.999	83.33
二分髁管	R	16	1	6.25	11	0	0	0.714	>0.999	3.70
	L	14	1	7.14	12	0	0	0.891	>0.999	3.85
二分舌下神经管	R	16	3	18.75	11	0	0	2.320	0.248	11.11
	L	16	4	25.00	12	1	8.33	1.299	0.355	17.86
颈静脉孔骨桥	R	17	1	5.88	13	1	7.69	0.039	>0.999	6.67
	L	16	2	12.50	11	4	36.36	2.148	0.187	22.22
卵圆孔棘孔融合	R	16	1	6.25	12	0	0	0.778	>0.999	3.57
	L	16	0	0	12	0	0	—	—	0

续表 5.2

观察项目		男性			女性			X² 检验		平均出现率（%）
		总数	出现	出现率（%）	总数	出现	出现率（%）	X²值	p 值	
棘孔开放	R	17	9	52.94	12	8	66.67	0.546	0.703	58.62
	L	17	6	35.29	12	8	66.67	2.773	0.139	48.28
维萨里孔	R	17	7	41.18	12	6	50.00	0.221	0.716	44.83
	L	17	8	47.06	11	3	27.27	1.096	0.435	39.29
颏颊孔	R	16	5	31.25	11	8	72.73	4.492	0.054	48.15
	L	17	7	41.18	12	8	66.67	1.830	0.264	51.72
翼棘孔	R	15	4	26.67	10	3	30.00	0.033	>0.999	28.00
	L	14	3	21.43	12	5	41.67	1.242	0.401	30.77
副腭小孔	R	15	10	66.67	12	7	58.33	0.199	0.706	62.96
	L	13	8	61.54	13	9	69.23	0.170	>0.999	65.38
腭圆枕	R	16	0	0	13	0	0	—	—	0
	L	16	0	0	12	0	0	—	—	0
多颏孔	R	15	0	0	12	0	0	—	—	0
	L	17	0	0	12	0	0	—	—	0
下颌舌骨沟骨桥	R	14	1	7.14	12	0	0	0.891	>0.999	3.85
	L	17	1	5.88	13	0	0	0.791	>0.999	3.33

　　同时，笔者对大堡山墓地 33 项非连续性形态特征进行出现率的两性差异检验，因样本例数小于 40，采用 Fisher 精确概率法检验，p 值选取精确 Sig.（双侧）值。根据表 5.2 的统计结果可知，大堡山墓地古代居民大部分的非连续性形态特征皆无性别差异（p > 0.05），仅在左侧髁前结节（p = 0.038 < 0.05）存在显著的两性差异，基本符合"同一人群的非连续性形态特征普遍不具备性别差异"[①] 的论述，因此，可进一步计算大堡山墓地古代两性居民的非连续性形态特征的平均出现率。

　　根据表 5.2 统计的两性平均出现率数据可知，大堡山墓地古代居民 33 项非连续性形态特征根据不同性状的出现率可大致分为四种类型：第一，高频率出现类（60% ~ 100%）：眶上切迹、左侧眶下缝、左侧乳突孔缺如、中部顶孔缺如、旁髁

---

① 张雅军：《人类头骨上的不连续形态特征》，《人类学学报》2004 年第 23 卷增刊。

突、副腭小孔均属于这一分类范畴；第二，中等频率出现类（30%~60%）：右侧人字缝小骨、眶上孔、右侧眶下缝、右侧乳突孔缺如、左右侧顶孔缺如、右侧髁前结节、棘孔开放、维萨里孔、颞颥孔、左侧翼棘孔皆属于此范畴；第三，低频率出现类（小于30%，但不为0%）：右侧冠状缝小骨、人字点小骨、左侧人字缝小骨、印加骨、星点小骨、枕乳缝间骨、额孔/切迹、副眶下孔、左侧颧面孔缺如、胡施克氏孔、枕横缝残存、二分枕髁关节面、左侧髁前结节、二分髁管、二分舌下神经管、颈静脉孔骨桥、右侧卵圆孔棘孔融合、右侧翼棘孔、下颌舌骨沟骨桥，这些特征在大堡山墓地古代居民当中皆有着非常低的出现概率；第四，零频率出现类（0%）：前囟骨、左侧冠状缝小骨、二分颧骨、右侧颧面孔缺如、外耳道骨肿、左侧卵圆孔棘孔融合、腭圆枕、多颏孔等性状在大堡山墓地古代居民颅骨上并未出现。

综上可知，冠状缝小骨、人字缝小骨、眶下缝、颧面孔缺如、乳突孔缺如、髁前结节、卵圆孔棘孔融合、翼棘孔等八项非连续性形态特征出现率存在一定的左右侧差异，因此，笔者将这八项非连续性形态特征的出现情况进行了侧别差异检验（表5.3）。

表5.3 大堡山墓地古代居民八项颅骨非连续性形态特征出现率侧别差异检验[①]

观察项目	右侧		左侧		X^2检验	
	总数	出现	总数	出现	X^2值	p值
冠状缝小骨	28	1	27	0	0.982	>0.999*
人字缝小骨	25	11	27	8	1.156	0.282
眶下缝	22	13	19	13	0.383	0.536
颧面孔缺如	21	0	17	1	1.269	0.447*
乳突孔缺如	29	15	27	17	0.721	0.396
髁前结节	28	10	28	8	0.327	0.567
卵圆孔棘孔融合	28	1	28	0	1.018	>0.999*
翼棘孔	25	7	26	8	0.047	0.828

根据表5.3的统计结果可知，大堡山墓地古代居民八项非连续性形态特征左右

---

① *代表最小期望计数小于1。

侧出现率并不存在显著差异（p＞0.05），符合"同一人群的非连续性形态特征普遍
不具备侧别差异"① 的论述（图5.1）。

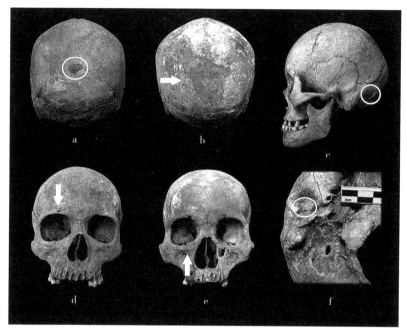

图5.1（彩版二）　　大堡山墓地古代居民非连续性形态特征典型标本（张旭制图）
a. 2011HXSM7 人字点小骨　b. 2011HXSM3 印加骨　c. 2011HXSM22 左侧枕乳缝间骨
d. 2011HXSM3 右侧眶上孔　e. 2011HXSM8 右侧副眶下孔　f. 2011HXSM22 胡施克氏孔

　　为探寻大堡山墓地古代居民颅骨非连续性形态特征的地域性，从而对该墓地古
代居民的人群构成进行相关的讨论，笔者参考学界关于颅骨非连续性形态特征分析
研究相关成果，从33项非连续性形态特征中选取了14项，将其性别与侧别所得数据
进行合并② （表5.4），综合考虑该墓地所处亚欧大陆的具体位置，分别选择东北亚、
东亚地区不同时代的九组对比人群（表5.5）进行非连续性形态特征出现率的比较与
分析（表5.6）。

①　张雅军：《人类头骨上的不连续形态特征》，《人类学学报》2004 年第 23 卷增刊。

②　张君：《从头骨非测量特征看青海李家山卡约文化居民的种族类型》，《考古》2001 年第 5 期。具体公
　　式为：出现率 = RL + R0 + 0L／N1 + N2，其中 RL 代表两侧同时出现；R0、0L 分别为只出现于右侧或左
　　侧；N1、N2 分别代表观察的两性例数。

表5.4　大堡山墓地古代居民14项颅骨非连续性形态特征出现情况

观察项目	女性				男性				出现	总数	出现率（%）
	RL	R0	0L	N1	RL	R0	0L	N2			
人字点小骨	3	0	0	13	2	0	0	16	5	29	17.24
星点小骨	0	0	1	12	0	1	1	16	3	28	10.71
枕乳缝间骨	1	1	2	12	2	0	0	16	6	28	21.43
眶上孔	3	2	2	10	0	4	3	17	14	27	51.85
副眶下孔	2	0	0	11	2	2	1	15	7	26	26.92
二分颧骨	0	0	0	11	0	0	0	15	0	26	0
外耳道骨肿	0	0	0	13	0	0	0	17	0	30	0
胡施克氏孔	1	1	0	13	0	1	1	17	4	30	13.33
枕横缝残存	0	0	0	12	1	1	0	16	2	28	7.14
二分舌下神经管	0	0	1	12	2	1	2	17	6	29	20.69
颈静脉孔骨桥	0	1	4	13	0	1	2	17	8	30	26.67
卵圆孔棘孔融合	0	0	0	12	0	1	0	16	1	28	3.57
多颏孔	0	0	0	13	0	0	0	17	0	30	0
下颌舌骨沟骨桥	0	0	0	13	0	1	1	17	2	30	6.67

表5.5　各对比组人群概况

	对比组	时代	地区	标本来源
东北亚地区	贝加尔湖组	新石器时代[①]	俄罗斯环贝加尔湖地区	人类学与民族学博物馆（圣彼得堡），俄罗斯科学人类学与民族学研究所，莫斯科国立大学人类学研究所，伊尔库茨克国立大学。
	蒙古组	近代	蒙古国	巴黎人类学博物馆，美国国立自然历史博物馆（华盛顿），美国自然历史博物馆（纽约）。

---

① Tsunehiko Hanihara, Hajime Ishida, Os incae: variation in frequency in major human population groups. *Journal of Anatomy*, vol. 198, 2001, pp. 137 – 152. 蒙古组、布里亚特组、日本组、阿伊努组、中国北方组、中国南方组的时代均参考以上文献。

续表 5.5

	对比组	时代	地区	标本来源
东北亚地区	布里亚特组	近代	东北西伯利亚	人类学与民族学博物馆（圣彼得堡），巴黎人类学博物馆。
东亚地区	磨沟组	公元前 1510—前 1310 年①	中国甘肃	甘肃省文物考古研究所
	西屯组	汉代②	中国北京	吉林大学边疆考古研究中心
	日本组	近代	日本主岛	日本东北大学
	阿伊努组	近代	日本北海道	东京大学，札幌医科大学。
	中国北方组	近代	中国辽宁（为主）	东京大学，京都大学。
	中国南方组	近代	中国长江以南	英国自然历史博物馆，巴黎人类学博物馆

① 赵永生：《甘肃临潭磨沟墓地人骨研究》，长春：吉林大学博士学位论文，2013 年，第 5 页。
② 周亚威：《北京延庆西屯墓地人骨研究》，长春：吉林大学博士学位论文，2013 年，第 3 页。

表5.6　各对比组人群14项颅骨非连续性形态特征出现率

观察项目	东北亚地区										东亚地区							
	贝加尔湖组①		蒙古组		布里亚特组		磨沟组②		西屯组③		日本组		阿伊努组		中国北方组		中国南方组	
	出现例数	出现率（%）	出现例数	出现率（%）	出现例数	出现率（%）	出现例数	出现率（%）	出现例数	出现率（%）	出现例数	出现率（%）	出现例数	出现率（%）	出现例数	出现率（%）	出现例数	出现率（%）
人字点小骨	7	10.14	22	12.36	19	12.93	26	9.32	5	6.33	12	7.64	2	0.82	21	13.29	20	23.26
星点小骨	11	15.49	24	13.26	19	13.19	18	6.41	5	6.33	26	15.20	34	13.23	24	14.63	29	33.72
枕乳缝间骨	9	14.52	24	13.26	19	13.87	44	15.77	3	3.80	24	14.12	43	16.93	33	20.25	28	32.56
眶上孔	53	67.09	104	56.83	106	70.20	193	68.20	57	72.15	89	52.05	65	26.10	102	61.45	52	56.52
副眶下孔	19	30.16	32	18.08	23	15.33	35	12.37	19	24.05	42	24.56	28	13.73	34	20.61	36	38.71
二分颧骨	12	18.18	21	12.28	17	11.64	25	8.83	0	0.00	17	10.37	52	25.00	21	13.04	9	9.86
外耳道骨肿	3	3.70	0	0.00	2	1.33	0	0.00	0	0.00	0	0.00	5	1.93	0	0.00	1	1.16
胡施克氏孔	17	21.25	72	39.34	87	58.00	54	19.29	6	7.59	55	31.98	68	26.36	81	49.09	34	36.56
枕横缝残存	7	10.00	31	16.94	24	16.22	41	14.54	1	1.27	21	12.43	27	10.42	21	12.73	21	24.42
二分舌下神经管	21	28.00	35	19.34	33	21.85	34	12.32	5	6.33	29	16.86	90	35.57	34	20.48	10	10.87
颈静脉孔骨桥	9	15.00	22	29.73	21	14.09	15	5.47	5	6.33	17	9.88	13	13.83	17	10.24	10	11.76
卵圆孔棘孔融合	3	4.05	8	4.37	8	5.30	12	4.29	1	1.27	7	4.07	19	7.63	5	3.01	6	6.98
多颏孔	9	13.64	26	24.07	23	18.55	17	6.23	3	5.00	18	12.50	44	23.40	16	17.98	4	8.70
下颌舌骨沟骨桥	5	7.81	8	7.48	17	13.71	16	5.88	1	1.75	10	6.99	34	17.80	4	4.49	4	8.70

① Tsunehiko Hamihara, Hajime Ishida, Frequency variations of discrete cranial traits in major human populations（I－IV）. *Journal of Anatomy*, vol.198－199, 2001. 转引自张建波等：《游疆于田流水墓地青铜时代人类颅骨的非连续性特征研究》，《人类学学报》2011年第4期。蒙古组、布里亚特组、日本组、阿伊努组、中国北方组、中国南方组均参考以上文献。

② 赵永生、毛瑞林、朱泓：《磨沟墓地古代居民非连续性特征的观察与研究》，《江汉考古》2017年第1期。

③ 周亚威：《北京延庆西屯墓地人骨研究》，第57～76页。

根据表5.4、5.6可知：（1）人字点小骨，大堡山墓地古代居民人字点小骨属于低频率出现性状（17.24%），与辽宁地区近代人群（13.29%）较为接近，低于中国南方地区近代人群（23.26%），高于其他各对比人群；（2）星点小骨，大堡山墓地古代居民星点小骨属于低频率出现性状（10.71%），与东北西伯利亚地区布里亚特近代居民（13.19%）最为接近，仅高于甘肃磨沟地区齐家文化居民（6.41%）以及北京西屯地区汉代居民（6.33%）；（3）枕乳缝间骨，大堡山墓地古代居民该项性状的出现情况仍属于低频率出现类（21.43%），与辽宁地区近代人群（20.25%）最为接近，低于中国南方地区近代人群（32.56%），但高于其他对比组人群；（4）眶上孔，大堡山墓地古代居民该项性状属中等频率出现类（51.85%），与日本近代人群（52.05%）最为接近，仅高于北海道阿伊努近代组人群（26.1%），低于其他对比组人群；（5）副眶下孔，大堡山墓地古代居民该项性状属于低频率出现类（26.92%），同样与日本近代人群（24.56%）最为接近，低于贝加尔湖新石器时代人群（30.16%）以及中国南方地区对比组人群（38.71%）；（6）二分颧骨，同北京西屯汉代居民一样，大堡山墓地古代居民不见该项性状出现；（7）外耳道骨肿，同磨沟齐家组、西屯汉代组、辽宁近代组、日本近代组、蒙古近代组一样，采集自大堡山墓地的30例颞骨得以保存的古代居民并没有出现该项性状；（8）胡施克氏孔，大堡山墓地古代居民胡施克氏孔的出现率为13.33%，属于低频率出现性状，在对比组人群中，仅高于北京西屯汉代居民（7.59%）；（9）枕横缝残存，大堡山墓地古代居民该项性状的出现情况仍属于低频率出现类（7.14%），与贝加尔湖新石器时代人群最为接近（10%），仅高于北京西屯汉代居民（1.27%）；（10）二分舌下神经管，大堡山墓地古代居民该项性状的出现率为20.69%，属于低频率出现性状，与辽宁地区近代人群（20.48%）最为接近，低于贝加尔湖新石器时代人群（28%）、北海道近代阿伊努人群（35.57%）以及布里亚特近代人群（21.85%）；（11）颈静脉孔骨桥，各对比组人群该项性状的出现情况皆属于低频率出现类，大堡山墓地古代居民在该项性状的出现率（26.67%）仅次于蒙古地区近代人群（29.73%），明显高于其他各对比组人群；（12）卵圆孔棘孔融合，大堡山墓地古代居民卵圆孔棘孔融合的出现率为3.57%，也属于低频率出现性状，与贝加尔湖新石器时代人群（4.05%）最为接近，高于北京西屯地区汉代人群（1.27%）和中国北方地区对比组人群（3.01%），略低于其他地区的对比组人群；（13）多颏孔，不同于其他各对比组人群，采集自大堡山墓地的 30 例保存下颌的古代居民未观察到此项非连续性形态特征；（14）下颌舌骨沟骨桥，同其他对比组人群近似，大堡山墓地古代居民下颌舌骨沟骨桥属于低频率出现性状（6.67%），与日本近代人群（6.99%）最为接近，略高于磨沟齐家组（5.88%）、西屯汉代组（1.75%）、辽宁近代组（4.49%）对比人群。

为进一步探寻大堡山墓地古代居民颅骨非连续性形态特征的地域性，笔者还计算了大堡山墓地与九组对比人群之间的 MMD 值（表5.7），从而确定他们在颅骨非连续性形态特征方面的亲疏关系。当 MMD 值小于 0.1 时，表示两个对比人群非常相似或者可能拥有相同的祖先；当 MMD 值介于 0.1 与 0.2 之间时，则表示两个对比人群比较相似；当 MMD 值超过 0.2 时，则表示两组对比人群拥有着不同的人种来源；当 MMD 值为负值时可计为 0，则代表两组对比人群之间 MMD 值的计算结果不具备生物学意义。

MMD 值的计算采用目前学界普遍使用的校正公式①，具体如下：

$$MMD = \frac{1}{r}\sum_{k=1}^{r}\left\{(\theta_{ik} - \theta_{jk})^2 - \left(\frac{1}{n_{ik} + 0.5} + \frac{1}{n_{jk} + 0.5}\right)\right\}$$

其中，k 代表具体的非测量性状；

i 和 j 分别代表两组需要进行对比的古代人群；

r 代表对比 i 和 j 两组人群时所使用的非测量性状项目总数；

θ 代表计算 MMD 值所需非测量性状出现情况的角度转换值，具体公式为：

$$\theta = \frac{1}{2}\sin^{-1}\left(1 - \frac{2m}{n+1}\right) + \frac{1}{2}\sin^{-1}\left(1 - \frac{2(m+1)}{n+1}\right)$$

m 代表非测量性状"k"的出现例数；

n 代表非测量性状"k"的样本总数。

为检验 MMD 值是否具备统计学意义，需进一步计算各组人群间 MMD 值的标准差（SD$_{MMD}$）②，若经 MMD 值计算表明两组对比人群之间的非测量性状出现率具有显著差异时，只有 MMD 值大于 2 倍 SD$_{MMD}$值，该结论才可以成立，反之则表明两组对

① Joel D. Irish, The Mean Measure of Divergence: Its Utility in Model-Free and Model-Bound Analyses Relative to the Mahalanobis D² Distance for Nonmetric Traits. *American Journal Of Human Biology*. vol. 22. 2010, pp. 378 – 395.

② Edward F. Harris, Torstein Sjøvold. Calculation of Smith's mean measure of divergence for intergroup comparisons using nonmetric data. *Dental Anthropology*, vol. 17, 2004, p. 92.

比人群之间不存在显著性差异，可将二者之间的距离记为0。导致 MMD 值不具有显著差异的原因大概有两点，即两组人群间的基因表型不足以将其区分或者对比组的样本含量过小。SD_{MMD} 计算的具体公式如下：

$$SD_{MMD} = \sqrt{\frac{2}{r^2}\sum_{k=1}^{r}\left(\frac{1}{n_{ik}+\frac{1}{2}}+\frac{1}{n_{jk}+\frac{1}{2}}\right)^2}$$

表 5.7 大堡山墓地古代居民与对比人群 14 项颅骨非连续性形态特征的 MMD 值和标准差值

对比组	东北亚地区			东亚地区					
	贝加尔湖组	蒙古组	布里亚特组	磨沟组	西屯组	日本组	阿伊努组	中国北方组	中国南方组
MMD	0.0395	0.0706	0.1145	0.0474	0.0609	0.0387	0.1558	0.0828	0.0634
SD_{MMD}	0.0185	0.0156	0.0157	0.0144	0.0181	0.0154	0.0149	0.0157	0.0179
$2*SD_{MMD}$	0.0370	0.0312	0.0314	0.0289	0.0361	0.0307	0.0297	0.0313	0.0358

根据表 5.7 的计算结果可知，大堡山墓地古代居民与所有对比组人群非连续性性状的 MMD 值均大于 2 倍 SD_{MMD} 值，因此所得结果具备统计学意义。在古代对比组人群当中，大堡山墓地古代居民与贝加尔湖地区新石器时代人群的史密斯生物学距离最小（MMD = 0.0395），其次是甘肃磨沟地区新石器时代（齐家文化）居民（MMD = 0.0474）、北京延庆西屯汉代居民（MMD = 0.0609），表明四组古代人群在颅骨非连续性形态特征方面具有较为亲密的近似关系，换言之，他们之间存在着一定程度的形态学同源关系；而在近代对比组人群当中，其与日本地区对比人群之间的史密斯生物距离最小（MMD = 0.0387），其次是中国南方地区（MMD = 0.0634）、蒙古地区（MMD = 0.0706）、中国北方地区（MMD = 0.0828）近代居民，而与日本北海道阿伊努近代人群（MMD = 0.1558）以及东北西伯利亚布里亚特近代人群（MMD = 0.1145）在颅骨非连续性形态特征方面的关系相对疏远，但 MMD 值未超过 0.2，故推测他们之间也存在一定的形态学关系。

为更加直观地反映出各对比人群之间的非连续性形态特征所代表的人群亲疏关系，笔者分别计算了各对比人群间的 MMD 值（表 5.8），并进一步绘制了以 MMD 值为基础的聚类树状图（图 5.2）。

表5.8 大堡山墓地古代居民与各对比人群间颅骨非连续性性状的 MMD 值[①]

对比组	大堡山组	贝加尔湖组	磨沟组	西屯组	日本组	阿伊努组	蒙古组	布里亚特组	中国北方组	中国南方组
大堡山组	0	0.0395	0.0474	0.0609	0.0387	0.1558	0.0706	0.1145	0.0828	0.0634
贝加尔湖组	0.0395	0	0.0441	0.1079	0.0118*	0.0761	0.0292	0.0423	0.0266	0.0536
磨沟组	0.0474	0.0441	0	0.0542	0.0251	0.1412	0.0713	0.0737	0.0492	0.1011
西屯组	0.0609	0.1079	0.0542	0	0.0903	0.2629	0.1640	0.1915	0.1506	0.2070
日本组	0.0387	0.0118*	0.0251	0.0903	0	0.0702	0.0203	0.0341	0.0070*	0.0450
阿伊努组	0.1558	0.0761	0.1412	0.2629	0.0702	0	0.0858	0.1187	0.1030	0.1747
蒙古组	0.0706	0.0292	0.0713	0.1640	0.0203	0.0858	0	0.0197	0.0147	0.0712
布里亚特组	0.1145	0.0423	0.0737	0.1915	0.0341	0.1187	0.0197	0	0.0066*	0.0731
中国北方组	0.0828	0.0266	0.0492	0.1506	0.0070*	0.1030	0.0147	0.0066*	0	0.0463
中国南方组	0.0634	0.0536	0.1011	0.2070	0.0450	0.1747	0.0712	0.0731	0.0463	0

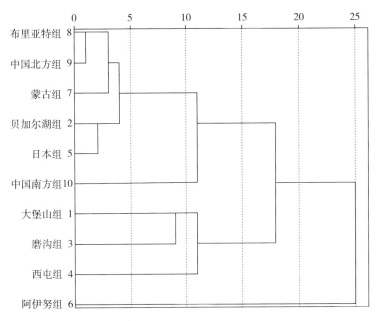

图5.2 大堡山墓地与九组对比人群之间颅骨非连续性形态特征
MMD 值聚类树状图（张旭制图）

[①] *代表 MMD 值小于 2 倍 SD_{MMD}。

根据图 5.2 所示，大堡山墓地古代居民与磨沟组在小于 10 的位置首先聚合，再与西屯组在 10～15 之间完成聚类，共同组成了一支聚类群，而后与除阿伊努近代人群外的其余各对比人群依次聚合成的另一支聚类群在 15～20 之间完成聚类。

赵永生对于甘肃临潭磨沟地区新石器时代居民的古人种学研究表明①，甘肃磨沟地区新石器时代居民，特别是占有主体地位的齐家文化古代居民，不仅发展成为甘肃地区各青铜时代古代居民的人群主体，还疑似向东迁徙至关中地区、内蒙古中南部地区以及中原地区，并对上述地区的古代居民颅骨形态特征产生了一定程度的影响。此推论通过其与内蒙古中南部地区的大堡山墓地古代居民颅骨非连续性形态特征之间相对较小的 MMD 值似乎也得到了证实。通过 MMD 值计算可知，采集自大堡山墓地的 32 例古代居民的颅骨标本的 14 项颅骨非连续性形态特征与甘肃磨沟墓地齐家文化古代居民之间的确存在着较近的形态学距离（MMD = 0.0474），遵循颅骨非连续性形态特征的遗传型特性可以推测，在一定程度上大堡山墓地古代居民与甘肃磨沟墓地古代居民在颅骨非连续性形态特征方面应该共同继承了某些相似基因。同理，大堡山墓地古代居民与北京延庆西屯墓地汉代居民也有着较近的史密斯生物学距离（MMD = 0.0609），表明二者在颅骨非连续性形态特征方面也共同继承了某些相似基因。

大堡山墓地古代居民与北海道阿伊努近代人群偏大的史密斯生物距离证明他们之间并不存在过于紧密的遗传学关系。周蜜对于日本阿伊努人的起源与分布进行了系统的阐述与分析②，认为其与"以中国东北地区为核心地带的东北亚大陆上的古东北类型居民有着密切的关系"，而位于内蒙古中南部地区的大堡山墓地古代居民与北海道阿伊努近代人群相对疏远的史密斯生物学距离，则可以表明大堡山墓地古代居民应该与我国先秦时期生活在东北亚大陆上的"古东北类型"居民之间的颅骨形态学关系并不算密切。

---

① 赵永生：《甘肃临潭磨沟墓地人骨研究》，第 242 页。
② 周蜜：《日本人种论》，长春：吉林大学博士学位论文，2007 年，第 118～132 页。

第三节　小结

本章针对采集自大堡山墓地的 32 例性别明确的古代居民颅骨非测量形态特征进行系统的观察与记录，并将其按照连续性和非连续性形态特征加以归纳，可概括为：

第一，连续性形态特征，大堡山墓地古代居民全部为卵圆形颅形；颅顶缝形态相对简单；眶形以椭圆形为主；梨状孔形状以梨形为大宗；梨状孔下缘形态以钝型为主；犬齿窝较浅；鼻根点略有凹陷；翼区以蝶顶型为主；腭圆枕发育较弱；而眉弓发育程度、前额倾斜程度、乳突发育程度、鼻前棘发育程度、枕外隆突发育程度、下颌颏形状、下颌圆枕发育情况存在一定的性别差异，众多颅骨连续性形态特征与以现代中国人为代表的亚洲蒙古人种发育程度相似。

第二，非连续性形态特征，大堡山墓地古代居民非连续性形态特征根据不同性状的出现率可大致分为四种类型：以眶上切迹、旁髁突、副腭小孔等性状为代表的高频率出现类（60%～100%）；以眶上孔、棘孔开放、维萨里孔、颞颊孔等性状为代表的中等频率出现类（30%～60%）；以人字点小骨、星点小骨、枕乳缝间骨、胡施克氏孔等性状为代表的低频率出现类（小于 30%，但不为 0%）；以前囟骨、二分颧骨、多颏孔等性状为代表的零频率出现类（0%）。其中，大堡山墓地古代居民非连续性形态特征以低频率出现类为主。

第三，根据大堡山墓地古代居民非连续性形态特征的具体出现情况，笔者参考目前已发表的颅骨非连续性形态研究中使用的观测项目，从 33 项非连续性性状中遴选了 14 项用作对比不同人群之间的生物学距离，并计算人群间的史密斯生物学距离。在古代对比组人群当中，大堡山墓地古代居民与贝加尔湖地区新石器时代人群的史密斯生物学距离最小，其次是甘肃磨沟地区新石器时代（齐家文化）居民、北京延庆西屯汉代居民；在近代对比组人群当中，其与日本地区对比人群之间的史密斯生物距离最小，表明大堡山墓地古代居民与上述对比组人群之间存在着一定程度的形态学同源关系，而这种不同时代、不同地区人群间颅骨非连续性形态特征同源性，是归因于人群的迁徙与交流，抑或是人类进化过程中的基因沉淀，就目前的研究成果尚不得而知。

诚然，仅凭这 14 项颅骨非连续性形态特征的近似程度来断定大堡山墓地古代居民与九组对比人群之间的亲疏关系，恐怕尚属一孔之见，因此，本章仅仅是对大堡山墓地古代居民颅骨非测量性状特征的观察与统计，而基于该墓地古代居民颅骨非连续性性状特征来进行的人群之间生物距离的讨论还需要与测量性状研究、牙齿人类学研究、古 DNA 分析等其他方面的相关研究相结合，才能更加科学地对大堡山墓地古代居民的人群来源与流向进行分析与探讨。

第六章 大堡山墓地古代居民的牙齿非测量性状研究

　　同颅骨非测量性状研究一样，针对牙齿所进行的非测量性状观察与统计也是传统人类骨骼考古研究的重要组成部分。牙齿作为人体最为坚硬的组织，伴随着人类进化的脚步，也经历了逐渐退化和变异的过程。然而，不同地区的人类牙齿由于受到多种因素的制约，退化或变异发生的时间与速度也有所不同，使其在尺寸、形态以及内部结构特征等方面都具有明显的区域性群体差异。这些差异的形成与人类的起源和进化存在着一定程度的相关性[1]，并且不具备明显的性别或侧别差异[2]，因此，通过分析牙齿形态特征在人群之间所存在的地域性差异，即针对不同人群牙齿非测量性状的观察与比较，能够进一步探索人群间的亲缘关系。

　　学术界关于古代人类牙齿的非测量性状研究已有近百年的历史。目前，针对古代人类恒齿的非测量性状研究主要表现在对于牙齿尺寸差异以及不同形态特征等方面的关注，即对于牙齿萌出、数量、尺寸、形态以及牙釉质形成等项目的观测与记录。本章拟从大堡山墓地出土人骨标本的牙齿非测量性状研究入手，将统计结果与欧亚大陆范围内的古今人群相关数据进行对比分析，试图为探索大堡山墓地古代居

① Marc A. Kelley, Clark Spencer Larsen (eds), *Advances in Dental Anthropology*. New York, NY: Wiley-Liss, 1991.

② Matthew W. Tocheri, The effects of sexual dimorphism, asymmetry, and inter-trait association on the distribution of thirteen deciduous dental nonmetric traits in a sample of Pima Indians. *Dental Anthropology Journal*, vol. 15, 2002, pp. 1-8.

民的人群构成提供牙齿形态学研究方面的线索。

第一节　牙齿非测量性状统计

　　笔者拟对采集自大堡山墓地的 44 例古代人骨标本的牙齿进行非测量性状观察，由于该墓地古代居民的牙齿普遍存在磨耗偏重现象，仅有 27 例（男性 15 例、女性 12 例）个体牙齿保存情况相对完好，故被纳为研究对象。

　　采用的观察方法参照由克里斯蒂·特纳二世（Christy G. Turner II）等牙齿人类学家建立的美国亚利桑那州立大学牙齿模型系统（Arizona State University Dental Anthropology System）[1]，该系统主要定义了 38 项人类牙齿齿冠、齿根的非测量形态特征，并配有分级标准的参考牙模，自建立以来，被广泛运用于国内外牙齿人类学研究当中，逐渐成为牙齿非测量性状研究标准化的象征。根据大堡山墓地古代居民牙齿保存的具体情况，笔者从 38 项牙齿非测量形态特征中筛选了 23 项性状，运用"个体记录计算法"[2] 进行观察并记录，并将该墓地古代居民的牙齿非测量性状进行了两性差异检验（表 6.1），因样本例数小于 40，采用 Fisher 精确概率法检验，p 值选取精确 Sig.（双侧）值。

　　根据表 6.1 的统计结果可知，大堡山墓地古代两性居民的牙齿非测量性状皆无显著性差异（p > 0.05）（图 6.1）。

---

① Christy G. Turner II, Christian R Nichol, G Richard Scott, Scoring procedures for key morphological traits of the permanent dentition: The Arizona State University dental anthropology system. Marc AKelley, Clark Spencer Larsen (eds). *Advances in Dental Anthropology.* New York, NY: Wiley-Liss, 1991, pp. 13 – 31.

② Christy G. Turner II, Expression count: a method for calculating morphological dental trait frequencies by using adjustable weighting coefficients with standard ranked scales. *American Journal of Physical Anthropology,* vol. 68, 1985, pp. 263 – 267.

表 6.1　大堡山墓地古代居民牙齿非测量性状观察统计表（按性别）

观察性状		分级范围	性状出现	男性			女性			X²检验		平均出现率%
				总数	出现	出现率%	总数	出现	出现率%	X²值	p值	
齿冠	上颌中门齿扭转	1-4	1-2	7	3	42.86	1	1	100	1.143	>0.999	50.00
	上颌中门齿铲形	0-7	3-7	7	4	57.14	1	1	100	0.686	>0.999	62.50
	上颌中门齿双铲形	0-6	2-6	7	0	0	1	0	0	—	—	0
	上颌侧门齿齿结节	0-6	1-6	5	2	40.00	2	1	50.00	0.058	0.714	42.86
	上颌犬齿远中副脊	0-5	2-5	8	1	12.50	3	0	0	0.413	>0.999	9.09
	上颌第一白齿第五尖	0-5	1-5	4	1	25.00	3	0	0	0.875	>0.999	14.29
	上颌第一白齿卡氏尖	0-7	2-7	5	1	20.00	3	0	0	0.686	>0.999	12.5
	上颌第一白齿釉质延伸	0-3	2-3	6	0	0	3	0	0	—	—	0
	上颌第二白齿次尖	0-5	2-5	4	2	50.00	3	0	0	2.100	0.429	28.57
	上颌第三白齿前副尖	0-5	1-5	3	1	33.33	1	0	0	0.444	>0.999	25.00
	上颌第三白齿缺失	0-2	1-2	3	1	33.33	2	0	0	0.833	>0.999	20.00
	下颌前白齿 舌侧多尖　第一前白齿	0-9	2-9	10	2	20.00	4	2	50.00	1.260	0.520	28.57
	下颌前白齿 舌侧多尖　第二前白齿	0-9	2-9	7	2	28.57	6	2	33.33	0.034	>0.999	30.77
	下颌第一白齿六尖	0-5	1-5	8	0	0	4	2	50.00	4.800	0.091	16.67
	下颌第一白齿七尖	0-5	1-5	8	0	0	4	0	0	—	—	0
	下颌第一白齿原副尖	0-7	1-7	8	1	12.50	4	1	25.00	0.300	>0.999	16.67
	下颌第一白齿转向皱纹	0-3	2-3	6	0	0	4	0	0	—	—	0
	下颌第二白齿四尖	4-6	4	7	4	57.14	7	6	85.71	1.400	0.559	71.43
	上下颌前白齿牙瘤	0-1	1	13	0	0	10	0	0	—	—	0
齿根	上颌第一前白齿双根	1-3	2	13	7	53.85	10	3	30.00	1.308	0.402	43.48
	上颌第二白齿三根	1-4	3	11	8	72.73	8	4	50.00	1.028	0.377	63.16
	下颌犬齿双根	1-2	2	13	2	15.38	12	0	0	2.007	0.480	8.00
	下颌第一白齿三根	1-3	3	15	2	13.33	12	0	0	1.728	0.487	7.41
	下颌第二白齿单根	1-2	1	14	4	28.57	12	6	50.00	1.254	0.422	38.46

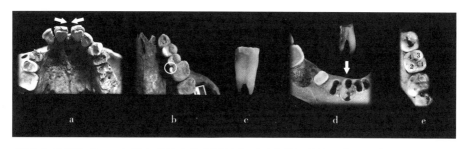

图 6.1（彩版三）　　大堡山墓地古代居民的主要牙齿非测量性状典型标本（张旭制图）
a. 上颌中门齿扭转：2011HXSM5　b. 上颌第一臼齿卡氏尖：2011HXSM3　c. 上颌第一前臼齿
双根：2011HXSM8　d. 下颌犬齿双根：2011HXSM8　e. 下颌第二臼齿四尖：2011HXSM42

第二节　不同人群的比较分析

一、与中国－美洲人群的比较

牙齿人类学家理查德·斯科特（G. Richard Scott）和克里斯蒂·特纳二世（Christy G. Turner II）等将人类牙齿形态按照地区的不同划分为五大基本类型，分别为中国－美洲人群（Sino－Americas）、巽他－太平洋人群（Sunda－Pacific）、莎湖－太平洋人群（Sahul－Pacific）、西部欧亚人群（Western Eurasia）和撒哈拉以南非洲人群（Sub－Saharan Africa），并发布了这五大人群牙齿非测量性状的出现率[①]。由于大堡山墓地位于我国内蒙古中南部地区，地处欧亚大陆东部，故笔者将中国－美洲人群（共8组）作为牙齿非测量性状研究的主要对比数据，并选择了17项牙齿非测量性状进行对比分析（表6.2）。中国－美洲人群的牙齿非测量形态特征主要表现为：较高的上颌中门齿扭转、上颌中门齿双铲形、下颌第一臼齿六尖、下颌第一臼齿转向皱纹、下颌第二臼齿单根出现率，以及较低的上颌第一前臼齿双根、上颌第二臼齿三根出现率。

---

① G. Richard Scott，Christy G. Turner II，*The anthropology of modern human teeth；dental morphology and its variation in recent human populations*. New York，NY：Cambridge University Press，1997，pp. 165－323.

表 6.2　中国－美洲人群的 17 项牙齿非测量性状出现率

观察性状	中国－蒙古组		日本绳文组		日本近代组		东北西伯利亚组		南西伯利亚组		美洲北极组		西北北美（原住民）组		北美－南美（原住民）组		世界变异范围（%）
	样本例数	出现率（%）	样本例数	出现率（%）	样本例数	出现率（%）	样本例数	出现率（%）	样本例数	出现率（%）	样本例数	出现率（%）	样本例数	出现率（%）	样本例数	出现率（%）	
上颌中门齿扭转	591	24.5	166	19.9	265	21.9	112	33.9	109	18.3	220	23.2	226	35.8	1177	50.0	4.2～50
上颌中门齿铲形	542	72.0	117	25.7	276	66.0	61	62.0	98	36.7	172	69.2	172	83.1	1368	91.9	0～91.9
上颌中门齿双铲形	545	28.8	138	1.4	267	19.5	43	32.5	92	15.2	155	34.9	158	56.7	1231	70.5	0～70.5
上颌第一白齿第五尖	633	24.2	146	31.5	390	19.7	106	10.4	191	25.1	418	16.7	378	21.4	1780	16.7	10.4～62.5
上颌第一白齿卡氏尖	774	16.2	181	2.3	458	14.9	172	5.3	186	14.0	477	1.9	388	5.5	2054	5.6	1.9～36
上颌第一白齿釉质延伸	718	53.2	278	9.7	522	54.6	328	49.7	289	24.9	936	45.9	699	50.9	3016	43.7	0～54.6
上颌第二白齿次尖	798	10.8	206	18.0	482	13.5	192	21.8	233	14.2	569	30.6	459	14.2	2381	11.5	3.3～30.6
下颌第一白齿六尖	538	35.9	214	46.7	314	42.7	90	50.0	195	20.5	355	50.4	322	50.3	1847	55.1	4.7～61.7
下颌第一白齿七尖	721	7.9	285	3.1	382	5.7	151	6.0	272	9.9	565	8.5	473	6.8	2756	8.5	3.1～43.7
下颌第一白齿转向皱纹	343	15.7	162	4.9	262	14.9	81	39.5	142	16.9	230	30.0	192	36.5	1311	38.1	4.9～39.5
下颌第二白齿四尖	639	20.8	244	28.7	345	13.6	138	6.5	225	54.2	484	5.2	447	4.4	2462	8.6	4.4～84.4
上下颌前白齿牙瘤	639	5.5	260	0.4	462	5.0	95	2.1	155	0.6	372	6.2	371	6.5	1787	4.4	0～6.5
上颌第一前白齿双根	645	27.2	241	24.5	506	24.9	375	6.9	278	31.3	1022	4.9	693	6.7	2849	14.3	4.9～66.7
上颌第二白齿三根	591	65.0	254	46.9	495	68.9	260	50.8	247	47.0	836	37.4	523	41.5	2054	55.9	37.4～84.5
下颌犬齿双根	401	0	203	1.0	335	1.2	206	0	260	3.0	733	0.3	500	0	2404	0.7	0～6.1
下颌第一白齿三根	604	28.3	377	3.4	429	24.2	238	22.3	242	2.5	871	31.1	741	16.5	3276	6.5	0～31.1
下颌第二白齿单根	548	39.8	336	9.8	407	32.9	220	35.5	242	46.3	772	31.2	659	38.7	2703	32.8	3.6～39.8

（齿冠：上颌中门齿扭转～上下颌前白齿牙瘤；齿根：上颌第一前白齿双根～下颌第二白齿单根）

通过对比可知，大堡山墓地古代人类的牙齿非测量形态特征可概括为：（1）偏高的上颌中门齿扭转出现率（50%），与北美－南美（原住民）组的出现率（50%）相一致，已达到世界变异范围的最大值；（2）偏高的上颌中门齿铲形出现率（62.5%），与东北西伯利亚组的出现率（62%）相近；（3）上颌中门齿双铲形出现率为0，低于所有中国－美洲人群的出现率，但符合世界变异范围；（4）偏低的上颌第一臼齿第五尖出现率（14.29%），与美洲北极组和北美－南美（原住民）组的出现率（16.7%）相近；（5）中等上颌第一臼齿卡氏尖出现率（12.5%），与南西伯利亚组出现率（14%）相近；（6）第一臼齿釉质延伸出现率为0，低于所有中国－美洲人群的出现率，但符合世界变异范围；（7）中等第二臼齿次尖出现率（28.57%），与美洲北极组的出现率（30.6%）相近；（8）中等的下颌第一臼齿六尖出现率（16.67%），与南西伯利亚组的出现率（20.5%）相近；（9）下颌第一臼齿七尖出现率为0，低于世界变异范围的最小值；（10）下颌第一臼齿转向皱纹出现率为0，低于世界变异范围的最小值；（11）偏高的下颌第二臼齿四尖出现率（71.43%），明显高于所有中国－美洲对比组人群出现率，但符合世界变异范围；（12）上下颌前臼齿牙瘤出现率为0，与日本绳文组（0.4%）的出现率相近；（13）偏高的上颌第一前臼齿双根出现率（43.48%），明显高于所有中国－美洲人群的出现率，但符合世界变异范围；（14）中等偏高的上颌第二臼齿三根出现率（63.16%），与中国－蒙古组的出现率（65%）相近；（15）下颌犬齿双根出现率（8%），已超过世界变异范围的最大值；（16）偏低的第一臼齿三根出现率（7.41%），与北美－南美（原住民）的出现率（6.5%）相近；（17）偏高的下颌第二臼齿单根出现率（38.46%），与西北北美（原住民）组出现率（38.7%）相近，接近于世界变异范围的最大值。

综上可知，在所选择的17项牙齿非测量性状中，大堡山墓地古代人群有7项牙齿非测量性状出现率情况不同于中国－美洲人群，分别是上颌中门齿双铲形、第一臼齿釉质延伸、下颌第一臼齿七尖、齿转向皱纹，下颌第二臼齿四尖、上颌第一前臼齿双根、下颌犬齿双根，其中，下颌第一臼齿七尖、转向皱纹以及下颌犬齿双根等三项性状出现率甚至不在世界变异范围内。

为了更加直观地反映出大堡山墓地古代居民与八组中国－美洲地区对比人群之间的亲疏关系，笔者计算了他们之间的 MMD 值（表6.3，具体公式及原理详见第五章）。

表 6.3　大堡山墓地古代居民与对比人群 17 项牙齿非测量性状的 MMD 值和标准差值

对比组	中国 – 蒙古组	日本 绳文组	日本 近代组	东北西伯 利亚组	南西伯 利亚组	美洲 北极组	西北 北美组	北美 – 南美组
MMD	0.2289	0.1231	0.2274	0.3633	0.0595	0.4093	0.4743	0.4666
SD_{MMD}	0.0316	0.0327	0.0319	0.0340	0.0330	0.0320	0.0321	0.0312
2 ∗ SD_{MMD}	0.0631	0.0655	0.0638	0.0679	0.0659	0.0639	0.0641	0.0624

参照表 6.3 的计算结果可知，大堡山墓地古代居民的牙齿非测量性状与南西伯利亚地区人群间的生物学距离最小（MMD = 0.0595），但 MMD 值不满足大于 2 倍 SD_{MMD} 的条件，可将二者之间的距离视为 0，表明他们之间不存在显著性差异，这或许是由于两组人群间的基因表型不足以将其区分或者样本含量过小。同时，大堡山墓地古代居民与日本绳文组（MMD = 0.1231）的 MMD 值介于 0.1 与 0.2 之间时，表示二者比较相似；而与西北北美（原住民）组（MMD = 0.4743）人群之间的 MMD 值最大，并与剩余其他对比组人群之间的 MMD 值均超过 0.2，表示他们应该拥有着不同的人种来源。

为更加直观地反映出各对比人群之间的牙齿非测量性状所代表的人群亲疏关系，笔者分别计算了各对比人群间的 MMD 值（表 6.4），并进一步绘制了以 MMD 值为基础的聚类树状图（图 6.2），使用组间联接法进行聚类。

表 6.4　大堡山墓地古代居民与各对比人群间牙齿非测量性状的 MMD 值[①]

对比组	大堡 山组	中国 – 蒙古组	日本 绳文组	日本 近代组	东北西伯 利亚组	南西伯 利亚组	美洲 北极组	西北 北美组	北美 – 南美组
大堡山组	0	0.2289	0.1231	0.2274	0.3633	0.0595	0.4093	0.4743	0.4666
中国 – 蒙古组	0.2289	0	0.2649	0.0087	0.0759	0.1452	0.1041	0.1026	0.1501
日本绳文组	0.1231	0.2649	0	0.2166	0.2827	0.1283	0.2991	0.4079	0.4729

---

① "∗"代表 MMD 值小于 2 倍 SD_{MMD}。

续表 6.4

对比组	大堡山组	中国－蒙古组	日本绳文组	日本近代组	东北西伯利亚组	南西伯利亚组	美洲北极组	西北北美组	北美－南美组
日本近代组	0.2274	0.0087	0.2166	0	0.0619	0.1506	0.0925	0.1141	0.1680
东北西伯利亚组	0.3633	0.0759	0.2827	0.0619	0	0.2241	0.0135	0.0306	0.0931
南西伯利亚组	0.0595*	0.1452	0.1283	0.1506	0.2241	0	0.2728	0.3074	0.3484
美洲北极组	0.4093	0.1041	0.2991	0.0925	0.0135	0.2728	0	0.0406	0.1283
西北北美组	0.4743	0.1026	0.4079	0.1141	0.0306	0.3074	0.0406	0	0.0328
北美－南美组	0.4666	0.1501	0.4729	0.1680	0.0931	0.3484	0.1283	0.0328	0

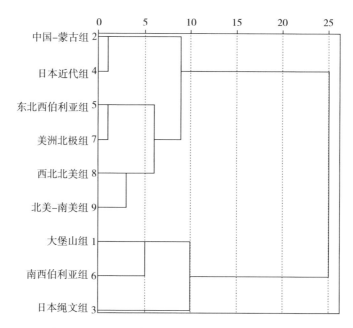

图 6.2　大堡山墓地与中国－美洲对比人群牙齿非测量性
状 MMD 值聚类树状图（张旭制图）

根据图 6.2 所示，大堡山墓地古代居民与南西伯利亚地区人群在 5 的位置完成聚类后，再与日本绳文组人群在 10 的位置聚合，形成一支聚类集团；而中国－蒙古组

与日本近代组、东北西伯利亚组与美洲北极组、西北北美（原住民）组和北美－南
美（原住民）组分别在小于 5 的位置聚合后又在 10 以内完成聚合并最终形成另一支
聚类集团，两大聚类集团在 25 的位置完成了此次聚类。

综上所述，在牙齿非测量性状方面，大堡山墓地古代居民与南西伯利亚组人群
之间存在极近的生物距离。南西伯利亚组包括图瓦（Tuva）、克拉斯诺亚尔斯克
（Krasnoyarsk）、阿尔泰（Altai）等六组人群数据[1]，若排除大堡山组样本含量相对较
少这一因素，或许可以推测大堡山墓地古代居民与这六组南西伯利亚人群在牙齿非
测量性状方面拥有着共同的基因来源，但这究竟是归因于东周时期人群融合，还是
更早阶段人群迁徙，以目前的研究结果尚不得而知。

二、与相关古代人群的比较

为进一步确定大堡山墓地古代居民牙齿非测量性状所具有的地区性特征，笔者
将其与我国河北姜家梁组[2]、内蒙古庙子沟组[3]、河南下王岗组[4]、甘肃磨沟组[5]，南
西伯利亚地区的俄罗斯贝加尔湖组[6]，蒙古国石板墓组、昌德曼组和匈奴合并组[7]等
八组古代人群（表6.5）进行比较分析，由于已发表的各对比组牙齿非测量性状项目
不尽相同，故笔者仅从前文所用的 17 项牙齿非测量性状中选择了 13 项性状（表
6.6），用于计算其与大堡山墓地古代居民之间的 MMD 值（表6.7）。

---

[1] G. Richard Scott, Christy G. Turner II, *The anthropology of modern human teeth: dental morphology and its variation in recent human populations*. New York, NY: Cambridge University Press, 1997, pp. 165 – 323.

[2] 李法军、朱泓：《河北阳原姜家梁新石器时代人类牙齿形态特征的观察与研究》，《人类学学报》2006 年第 2 期。

[3] 刘武、朱泓：《庙子沟新石器时代人类牙齿非测量特征》，《人类学学报》1995 年第 1 期。

[4] 刘武：《华北新石器时代人类牙齿形态特征及其在现代中国人起源与演化上的意义》，《人类学学报》1995 年第 4 期。

[5] 赵永生：《甘肃临潭磨沟墓地人骨研究》，第101 ~ 126 页。

[6] Christy G. Turner II, Late Pleistocene and Holocene population history of East Asia based on dental variation. *American Journal of Physical Anthropology*, vol. 73, 1987, pp. 305 – 321.

[7] Christine Lee, *The biological affinities of Neolithic through Modern period populations from China and Mongolia: The cranial and dental nonmetric trait evidence*. Doctoral dissertation, Arizona State University. 2007, pp. 144 – 146.

表 6.5　各对比组人群概况

对比组		时代	地区	标本来源
中国境内	姜家梁组	距今 6850 ± 80 年①	河北省阳原县	姜家梁遗址
	庙子沟组	距今 5500—5000 年	内蒙古自治区察右前旗	庙子沟遗址
	下王岗组	距今 5000—4500 年	河南省淅川县	下王岗遗址
	磨沟组	公元前 1510—前 1310 年	甘肃省临潭县	磨沟遗址
南西伯利亚地区	贝加尔湖组	新石器时代	俄罗斯环贝加尔湖地区	贝加尔湖新石器（Lake Baikal Neolithic）、西贝加尔湖（West Lake Baikal）两处遗址
	石板墓组	公元前 1200—前 400 年	蒙古国中部、北部及东部地区	石板墓文化（Slab Grave）11 处遗址
	昌德曼组	公元前 700—前 400 年	蒙古国西部	昌德曼文化（Chandman）遗址
	匈奴合并组	公元前 300—公元 200 年	蒙古国全境	匈奴部落联盟不同人群的六处遗址

参照表 6.7 的计算结果可知，大堡山墓地古代居民的牙齿非测量性状与南西伯利亚地区昌德曼人群间的生物学距离最小（MMD = 0.0927），其次是石板墓组（MMD = 0.1284），但 MMD 值均不满足大于 2 倍 SD_{MMD} 的条件，可将大堡山墓地与他们之间的距离视为 0，表明他们之间不存在显著性差异，这或许是由于两组人群间的基因表型不足以将其区分或者样本含量过小。同时，大堡山墓地古代居民与匈奴合并组之间的 MMD 值也相对较小（MMD = 0.1419），表示他们之间也比较相似。而与我国内蒙古地区的庙子沟组之间的 MMD 值最大（MMD = 1.1862），其次是河北地区的姜家梁组（MMD = 0.8004）以及河南地区的下王岗组（MMD = 0.7371）；再次是南西伯利亚地区的俄罗斯贝加尔湖新石器组（MMD = 0.4650）以及我国甘肃地区的磨沟组（MMD = 0.4009），大堡山墓地古代居民与他们之间的 MMD 值均已超过 0.2，表示他们应该拥有着不同的人种来源。综上所述，大堡山墓地古代居民的 13 项牙齿非测量性状与南西伯利亚地区的三组对比人群都表现出了非常近的生物距离，这同前文与中国 – 美洲人群的比较分析结果相一致。

---

① 李珺、谢飞、周云：《河北阳原县姜家梁新石器时代遗址的发掘》，《考古》2001 年第 2 期。

表 6.6　本文所选八组古代对比人群的 17 项牙齿非测量性状出现率

	观察性状	中国境内								南西伯利亚						世界变异范围（%）
		姜家梁组		庙子沟组		下王岗组		磨沟组		贝加尔湖组		石板墓组		昌德曼组		匈奴合并组	
		出现例数	出现率（%）	出现例数	出现率（%）	出现例数	出现率（%）	出现例数	出现率（%）	出现例数	出现率（%）	出现例数	出现率（%）	出现例数	出现率（%）	出现例数	出现率（%）	
齿冠	上颌中门齿扭转	—	—	—	—	6	33.3	61	4.9	17	35.3	1	100.0	13	8.0	14	7.0	4.2～50
	上颌中门齿铲形	34	100.0	17	100.0	71	90.1	50	88.0	13	92.3	3	33.0	13	38.0	13	23.0	0～91.9
	上颌中门齿双铲形	36	50.0	19	57.9	74	52.7	58	53.4	10	50.0	3	67.0	11	45.0	14	57.0	0～70.5
	上颌第一臼齿第五尖	52	3.8	18	16.7	125	4.0	111	6.3	3	66.7	8	13.0	31	0	50	8.0	10.4～62.5
	上颌第一臼齿卡氏尖	56	7.2	17	11.8	128	0	107	15.0	10	30.0	7	29.0	32	13.0	55	18.0	1.9～36
	上颌第一臼齿釉质延伸	62	37.1	16	81.3	120	51.7	110	44.5	32	18.7	5	40.0	26	19.0	37	24.0	0～54.6
	上颌第二臼齿次尖	55	100.0	18	88.2	120	98.3	96	83.3	24	100.0	7	0	45	36.0	51	29.0	3.3～30.6
	下颌第一臼齿六尖	59	50.1	16	31.3	162	14.8	102	22.5	9	33.3	5	40.0	33	9.0	36	11.0	4.7～61.7
	下颌第一臼齿七尖	57	15.8	17	11.8	155	2.6	103	8.7	21	19.0	6	0	36	8.0	43	9.0	3.1～43.7

续表 6.6

观察性状		中国境内								南西伯利亚								世界变异范围（%）
		姜家梁组		庙子沟组		下王岗组		磨沟组		贝加尔湖组		石板墓组		昌德曼组		匈奴合并组		
		出现例数	出现率（%）	出现例数	出现率（%）	出现例数	出现率（%）	出现例数	出现率（%）	出现例数	出现率（%）	出现例数	出现率（%）	出现例数	出现率（%）	出现例数	出现率（%）	
齿冠	下颌第一臼齿转向皱纹	52	65.4	13	100.0	73	60.3	56	46.4	2	0	5	20.0	19	16.0	22	14.0	4.9~39.5
	下颌第二臼齿四尖	59	22.5	16	18.8	156	27.6	73	43.8	18	22.2	6	33.0	40	65.0	42	71.0	4.4~84.4
	上下颌前臼齿白瘤	63	3.2	192	1.6	831	0.6	104	3.8	6	0	—	—	—	—	—	—	0~6.5
齿根	上颌第一前白齿双根	61	—	28	—	149	—	102	—	30	—	6	33.0	30	43.0	43	28.0	4.9~66.7
	上颌第二臼齿三根	59	64.4	18	88.9	115	77.4	91	54.9	28	35.7	3	67.0	13	54.0	29	66.0	37.4~84.5
	下颌犬齿双根	62	0	27	3.7	152	0.7	99	2.0	27	3.7	—	—	—	—	—	—	0~6.1
	下颌第一臼齿三根	61	11.5	21	47.6	187	36.4	103	15.5	30	23.3	1	0	13	15.0	16	6.0	0~31.1
	下颌第二臼齿单根	66	21.2	18	27.8	184	31.0	73	34.2	25	48.0	4	25.0	11	27.0	19	26.0	3.6~39.8

表 6.7 大堡山墓地古代居民与对比人群 13 项牙齿非测量性状的 MMD 值和标准差值

对比组	姜家梁组	庙子沟组	下王岗组	磨沟组	贝加尔湖组	石板墓组	昌德曼组	匈奴合并组
MMD	0.8004	1.1862	0.7371	0.4009	0.4650	0.1284	0.0927	0.1419
SD_{MMD}	0.0450	0.0594	0.0411	0.0423	0.0898	0.1346	0.0565	0.0521
$2 * SD_{MMD}$	0.0900	0.1187	0.0822	0.0847	0.1795	0.2691	0.1130	0.1041

为了更加直观地反映出各对比人群之间的牙齿非测量性状所代表的人群亲疏关系，笔者分别计算了各对比人群间的 MMD 值（表 6.8），并进一步绘制了以 MMD 值为基础的聚类树状图（图 6.3），使用组间联接法进行聚类。根据图 6.3 所示，大堡山组与由昌德曼组、匈奴合并组、石板墓组共同组成的聚类群在 5 ~ 10 的位置进行了聚类，形成第一支聚类集团；下王岗组、磨沟组、姜家梁组在 5 的位置进行聚类，又分别在 5 ~ 10 的位置与庙子沟组完成聚类、在 15 ~ 20 的位置与贝加尔湖组进行聚合，并最终形成第二支聚类集团，两大聚类集团在 25 的位置完成了此次聚类。

表 6.8 大堡山墓地古代居民与各对比人群间的 MMD 值[①]

对比组	大堡山组	姜家梁组	庙子沟组	下王岗组	磨沟组	贝加尔湖组	石板墓组	昌德曼组	匈奴合并组
大堡山组	0	0.8004	1.1862	0.7371	0.4009	0.4650	0.1284 *	0.0927 *	0.1419
姜家梁组	0.8004	0	0.1982	0.1203	0.1049	0.2775	0.6336	0.5939	0.7396
庙子沟组	1.1862	0.1982	0	0.1752	0.2542	0.6107	0.6373	0.8180	0.9218
下王岗组	0.7371	0.1203	0.1752	0	0.1045	0.3932	0.5601	0.4539	0.5981
磨沟组	0.4009	0.1049	0.2542	0.1045	0	0.1931	0.2016 *	0.1887	0.2859
贝加尔湖组	0.4650	0.2775	0.6107	0.3932	0.1931	0	0.4674	0.5030	0.5566
石板墓组	0.1284 *	0.6336	0.6373	0.5601	0.2016 *	0.4674	0	− 0.0577 *	− 0.1026 *
昌德曼组	0.0927 *	0.5939	0.8180	0.4539	0.1887	0.5030	− 0.0577 *	0	− 0.0474 *
匈奴合并组	0.1419	0.7396	0.9218	0.5981	0.2859	0.5566	− 0.1026 *	− 0.0474 *	0

---

① * 代表 MMD 值小于 2 倍 SD_{MMD}。

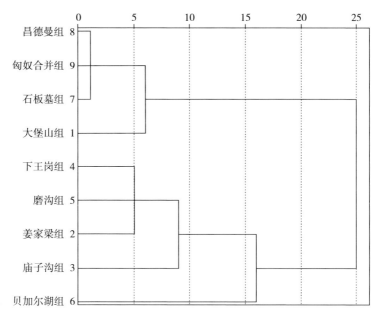

图 6.3　大堡山墓地与八组对比人群之间牙齿非测量性状 MMD
值聚类树状图（张旭制图）

由此可知，在牙齿非测量性状方面，大堡山墓地古代居民与南西伯利亚组地区的古代人群之间存在较近的生物距离。若排除大堡山组样本含量相对较少这一因素，或许可以推测大堡山墓地古代居民与南西伯利亚人群，特别是石板墓文化、昌德曼文化古代人群在牙齿非测量性状方面拥有着共同的基因来源。

第三节　小结

对于牙齿非测量性状的比较与分析是人类骨骼考古学的重要组成部分，这一方法不仅可以将不同人种和地区的古代人类牙齿形态特征进行统计，从而进一步分析人群之间的生物距离与相互影响，还能够探索世界范围内各个地区不同人群在人类进化过程中的进化程度。将其与古人种学研究、古 DNA 分析结果相结合，便能够多维度、全方位地针对人类进化、迁徙、交流等问题进行阐释。本章对采集自大堡山墓地古代人类的牙齿形态特征进行了非测量性状统计与初步的比较分析，结果表明：

第一，大堡山墓地古代居民在牙齿非测量性状特征方面不存在明显的两性差异。参照以往的牙齿非测量性状研究成果，大堡山墓地古代居民基本符合中国－美洲人群的主要牙齿非测量形态特征：相对偏高的上颌中门齿扭转出现率（50%）、上颌中门齿铲形出现率（62.5%）、上颌第二臼齿三根出现率（63.16%）和下颌第二臼齿单根出现率（38.46%）；但是上颌中门齿双铲形（0%）、第一臼齿釉质延伸（0%）、上颌第一前臼齿双根（43.48%），下颌第一臼齿七尖（0%）、齿转向皱纹（0%）、第二臼齿四尖（71.43%）、犬齿双根（8%）等七项性状却与中国－美洲人群之间存在着一定的差距，甚至下颌第一臼齿七尖、转向皱纹以及下颌犬齿双根等三项性状出现率已不在世界变异范围内。若排除因样本量过小而造成统计误差的出现，那么，很有可能是由于不同人群的融合导致大堡山墓地古代居民或其先民个别牙齿非测量性状具有完全不同于中国－美洲人群的出现情况。

第二，通过将大堡山墓地古代居民 17 项牙齿非测量性状与八组中国－美洲人群进行 MMD 值计算及 SD_{MMD} 检验，并进一步绘制以 MMD 值为基础的聚类树状图，发现其与南西伯利亚人群之间 MMD 值小于 2 倍的 SD_{MMD} 值，该项比较分析已无统计学意义，即二者之间不具备显著性差异。若排除大堡山墓地古代居民样本含量相对较少这一因素，那么，很有可能是因为进行对比的两组人群间的牙齿非测量性状特征不足以将二者区分，暗示大堡山墓地古代居民与南西伯利亚地区人群牙齿非测量性状特征方面非常相似，或者可能拥有相同的牙齿形态学来源。

第三，通过将大堡山墓地古代居民 13 项牙齿非测量性状与我国境内以及南西伯利亚地区八组古代人群进行 MMD 值计算及 SD_{MMD} 检验，并进一步绘制以 MMD 值为基础的聚类树状图，发现其与南西伯利亚地区的石板墓文化、昌德曼文化的古代人群之间 MMD 值小于 2 倍的 SD_{MMD} 值，与匈奴合并组之间的 MMD 值也相对较小（MMD = 0.1419）。正如前文所言，大堡山墓地古代居民在牙齿形态方面与南西伯利亚地区人群存在一定关系，石板墓文化、昌德曼文化古代人群以及匈奴正是南西伯利亚范围内北方民族的重要构成。由于地处"内蒙古阴山－河套地区"特殊的地理位置，自古以来大堡山墓地所属的内蒙古中南部地区便受到北方民族的"青睐"与中原人群的"重视"，在历史长河的不断浸染中，该地区人群流动与迁徙带来了人群构成的多元化与复杂化，青铜时代的和林格尔地区曾分布有一定数量的北方民族，个别北方民族与生活在西伯利亚地区的古代人群存在一定的古人种学方面的近似关系①。那么，大堡山墓地和南西伯利亚地区古代人群在牙齿形态学上的相似，或许正是对于内蒙古中南部地区与南西伯利亚地区早期人群迁徙与交融的最好证明，而这种人群交流的路径是"从西向东、从北向南"进入我国，抑或是从我国流向南西伯利亚地区，仅靠目前的牙齿非测量性状的比较分析很难确定。

第四，根据 13 项牙齿非测量性状的 MMD 值计算可知，同属于内蒙古中南部地区的庙子沟墓地古代人群与大堡山墓地古代人群之间的 MMD 值（MMD = 1.1862）已超过 1，表明二者之间并不存在相同的牙齿形态学来源。碳十四测年结果表明庙子沟墓地早于大堡山墓地，那么可以确定新石器时代到青铜至早期铁器时期的内蒙古中南部地区至少存在过拥有不同牙齿形态特征的两类人群，二者是"同时存在"还是以交替或取代的方式"更迭存在"，基于目前该地区已发表的古代人群牙齿非测量性状研究尚无法进行科学论证。

诚然，根据目前所采集的牙齿非测量性状数据进行比较分析与研究，很大程度上受到样本数量及保存情况、对比组数据的选择等多方因素的制约。因此，本章仅是针对采集自大堡山墓地的古代居民的牙齿非测量形态特征进行初步的观察统计与分析比较，所得结论仅可视为是为大堡山地区古代人群人种来源与构成以及同其他地区古代人群的生物距离等方面的研究提出见解与参考，仍属于尝试性的讨论阶段。有待未来关于和林格尔地区以及相关内蒙古中南部地区更多古代人类牙齿非测量性状、古人种学研究、古 DNA 分析等工作的共同展开，进而更加科学地阐述和林格尔地区，乃至整个我国内蒙古中南部地区在世界范围内的人群迁徙与基因交流中所扮演的角色和所处的地位。

---

① 朱泓：《内蒙古长城地带的古代种族》，《边疆考古研究》2002 年第 1 辑。

第七章　大堡山墓地古代居民的古病理学研究

　　古病理学（Human Paleopathology）是将现代病理学研究的理论和方法应用于古代人类遗骸（或其他病理学信息载体），提取相关病理学信息，进而对古代人类所患疾病进行研究的一门学科。它不仅可以揭示人类社会疾病的演化过程并提供可靠的患病率数据的积累，而且能够对疾病的发生与人类历史上重要社会变革之间的复杂关系以及人类骨骼对于疾病所产生的生物医学方面的反应加以诠释①。目前学术界所进行的古病理学研究主要集中在考古发掘出土的古代人类的口腔疾病、关节疾病、骨骼创伤、传染性疾病等病理现象的诊断，结合古代自然环境以及相关的人类学背景，对古代人类健康状况、生业模式、社会结构进行间接的分析与科学的还原。

　　对于病理现象细致的鉴别与准确的诊断是开展古病理学研究的重要前提，更是难点所在：第一，在实际考古发掘中，出土的人类遗骸保存情况往往不尽人意，可供提取的大多是人类骨骼遗存，而疾病作为人体正常形态与功能的偏离，是人体组织综合性病变的过程，仅通过对骨组织或某一特定人体组织的观察所得到的诊断结果不过是管窥之见；第二，对于特定种类的疾病或者未发展到特定阶段的某种疾病，不会在可供观察的人体组织上留下痕迹，或者痕迹过于细微甚至不被肉眼所见，常常导致相关古病理学信息大量流失，换言之，没有观察到病理现象的个体不一定比

---

① Donald J. Ortner, Arthur C. Aufderheide, *Human Paleopathology: Current Synthesis and Future Options.* Washington DC: Smithsonian Institute Press, 1991, p. 11.

观察到病理现象的个体健康；第三，古病理学研究所运用的理论与方法源自现代病理学研究，并且伴随着科学技术的不断发展而革新进步，这对古病理学研究者的综合研究能力是极大的考验，导致古病理研究很难跟上医学发展的步伐，致使诊断技术与鉴定标准滞后而造成谬误①。基于以上原因，并且受到大堡山墓地人骨标本的实际保存情况和个人能力所限，本章主要针对肉眼可观察到的口腔疾病、关节疾病等病理现象进行记录、描述和初步的诊断。

第一节　口腔疾病的观察与讨论

针对古代人类口腔疾病的观察与研究在古病理学研究中最为常见。人类口腔在承担着有声语言表达功能的同时，作为人体消化系统的第一道关卡，更担负着咀嚼、消化食物的使命。口腔内部环境潮湿恒温，加之其与外界紧密相连，是微生物滋长繁衍的理想场所，进而形成相对稳定的生态系统。如果该系统的平衡遭到破坏，则会造成细菌泛滥，易引起口腔内部炎症的病发。牙齿是人类口腔的重要组成部分，也是人体中最为坚硬的组织，在埋藏过程中容易保存下来，因此，对于齿科疾病的关注是研究古代人类口腔疾病的重要内容。

在大堡山墓地发掘出土的性别年龄明确的人骨标本中，采集自南北向墓葬的20例个体（男性10例、女性10例）的214颗牙齿得以保存；采集自东西向墓葬的13例个体（男性8例、女性5例）的144颗牙齿得以保存。共计33例个体、358颗牙齿得以保存，且均为恒齿。本节拟通过对上述个体所患的常见口腔疾病进行观察、统计与分析，结合前人相关研究成果，试图针对这些口腔疾病所暗示的大堡山地区古代人类的食物结构、口腔健康状况进行初步的讨论。

一、龋病

龋病是危害人类健康最为普遍的一种齿科疾病②，甚至早在150万年前的南方古

① 侯侃：《山西榆次高校园区先秦墓葬人骨研究》，长春：吉林大学博士学位论文，2017年，第93~95页。
② 岳松龄：《现代龋病学》，北京：北京医科大学、中国协和医科大学联合出版社，1993年，第1页。

猿粗壮种牙齿化石上都曾发现有龋齿的存在①。在我国，距今 10 万年的广西崇左智人洞Ⅱ号颅骨化石上也能观察到龋齿的发生，而针对广西桂林甑皮岩、河南淅川下王岗等史前遗址出土的新石器时代先民的人骨研究中，也不乏关于龋病的报道②。

　　龋病，俗称"虫牙"，是由于口腔中摄入糖类食物，在牙菌斑内的致龋细菌作用下发酵产酸，当这些酸达到一定浓度并附着在牙齿上一段时间后，便从牙面结构薄弱的地方侵入并将牙齿无机物溶解造成牙齿龋坏③，由此可见，口腔中含糖类食物残渣的沉积是诱发龋病的关键因素之一，而这些糖类食物残渣主要来自谷类、根茎蔬菜类（薯类）、水果、乳制品等碳水化合物类食物，它们的获取又与人类生存环境、所持生业模式有着最直接的关系，因此，生业模式的不同所导致的食物结构的迥异是患龋率高低的前提④。早在 20 世纪 80 年代，牙齿人类学家克里斯蒂·特纳二世⑤通过对不同生业模式的人群进行患龋情况的调查与研究后发现，凭借渔猎－采集度日的人群在患龋率方面（患龋率 0% ~ 5.3%）要低于依靠农业耕种为生的居民（患龋率 2.3% ~ 26.9%），而混合经济模式人群的患龋率（0.44% ~ 10.3%）则介于二者之间。随后，相关的古病理学研究运用大量的数据证明了患龋率的升高与人类社会生产力的提高、农业的出现以及人类食物结构中碳水化合物摄取量的增加息息相关⑥，

① F. E. Grine，A. J. Gwinnett，J. H. Oaks，Early hominid dental pathology：Interproximal caries in 1. 5 million-year-old Paranthropus robustus from Swartkrans. *Archives of Oral Biology*，Vol. 35，1990，pp. 381 – 386.

② 吴秀杰等：《广西崇左智人洞早期现代人龋病及牙槽骨异常研究》，《人类学学报》2013 年第 3 期；朱芳武、卢为善：《桂林甑皮岩新石器时代遗址居民的龋病》，《人类学学报》1997 年第 4 期；李瑞玉、黄金芳、韩陆：《下王岗新石器时代人类的牙病》，《人类学学报》1991 年第 3 期。

③ 岳松龄：《现代龋病学》，第 60 ~ 61 页。

④ G. Richard Scott，Christy G. Turner Ⅱ，Dental Anthropology. *Annual Review of Anthropology*，vol. 17，1988，pp. 99 – 126.

⑤ Christy G. Turner Ⅱ，Dental anthropological indications of agriculture among the Jomon people of central Japan. *American Journal of Physical Anthropology*，vol. 51，1979，p. 624.

⑥ Vered Eshed，Avi Gopher A，Israel Hershkovitz，Tooth wear and dental pathology at the advent of agriculture：new evidence from the Levant. *American Journal of Physical Anthropology*，vol. 130，2006，pp. 145 – 159；Clark Spencer Larsen，Biological changes in human populations with agriculture. *Annual Review of Anthropology*，vol. 24，1995，pp. 185 – 213；John R. Lukacs，Dental paleopathology and agricultural intensification in South Asia：new evidence from Bronze Age Harappa. *American Journal of Physical Anthropology*，vol. 87，1992，pp. 133 – 150.

因此，对于大堡山墓地古代人类患龋率的统计与研究，不仅能够提供该人群的食物结构、口腔健康状况等方面信息，更可以间接地为该人群生业模式的探讨提供科学的参考。由于目前还没有国际统一的古病理学诊断标准，笔者主要参照由米特斯（James F. Metress）和康威（Thor Conway）提出的龋病分级标准①，并按照𬌗面（窝沟）、邻面（近中/远中）、颊面（唇面、舌面）进行患龋部位记录。根据现代临床医学观察统计，未成年龋病的好发部位是𬌗面、颊面，而进入到壮年、老年期则以邻面龋居多②。

（一）患龋情况统计

笔者首先对大堡山墓地古代居民的患龋情况进行了卡方检验，样本例数小于40者采用 Fisher 精确概率法检验，p 值选取精确 Sig.（双侧）值（表7.1）。

表7.1 大堡山墓地古代居民患龋情况卡方检验

检验项目	观察人/齿数	患龋人/齿数	检验项目	观察人/齿数	患龋人/齿数	X^2检验 X^2值	X^2检验 p 值
男性	18 例	9 例	女性	15 例	10 例	0.930	0.482
南北向	20 例	13 例	东西向	13 例	6 例	1.146	0.472
壮年期 24~35 岁	14 例	8 例	中年期 36~55 岁	18 例	11 例	0.051	>0.999
	178 枚	30 枚		159 枚	35 枚	1.436	0.231
上颌	171 枚	18 枚	下颌	187 枚	47 枚	12.826	<0.001

根据表7.1所示数据可知，采集大堡山墓地的33例可供观察的人骨标本中，患有龋病的个体共19例（男性9例、女性10例），患龋个体之间并不存在明显的两性差异（p 值 = 0.482 > 0.05）；来自南北向墓葬的个体13例，东西向墓葬的个体6例，患龋个体之间并不存在明显的墓向差异（p 值 = 0.472 > 0.05）；患有龋病的个体中无青年期个体，而壮年期8例，中年期11例，且二者之间无

① 1. *pit or slight fissural start of lesion*; 2. *More than dgree*1 *involvement to involvement of less than 50% of the crown*; 3. *destruction of 50% or more of the crown*; 4. *complete destruction of enamel with only the root socket remaining.* James F. Metress, Thor Conway. Standardized system for recording dental caries in prehistoric skeletons. *Journal of dental research*, vol. 54, 1975, p. 908.

② 杨晓生：《龋病发生部位与年龄的关系》，《基层医学论坛》2009 年第 5 期。

论患龋人数还是齿数均不存在明显差异（p＞0.05）；在358枚牙齿当中，患有龋病的牙齿个数65枚，其中上颌18枚、下颌47枚，下颌明显比上颌易患龋病（p＜0.05）。

　　参照米特斯和康威提出的分级标准，大堡山墓地古代居民患龋情况普遍表现为小于50%牙冠部分的龋损，但是个别个体存在牙冠完全龋损并且暴露牙髓腔的现象，好发部位依次为邻面（近中/远中）、颊/唇面、𬌗面，且存在单枚牙齿兼有多处部位患龋现象（表7.2、图7.1）。

表7.2　大堡山墓地古代居民患龋部位与患龋等级统计表[①]

颌部	远中龋	近中龋	颊面龋	唇面龋	𬌗面龋	龋病分级			
						1级	2级	3级	4级
上颌	7	7	4	0	0	1	11	2	0
下颌	22	18	13	2	1	2	37	4	8
总计	29	25	17	2	1	3	48	6	8

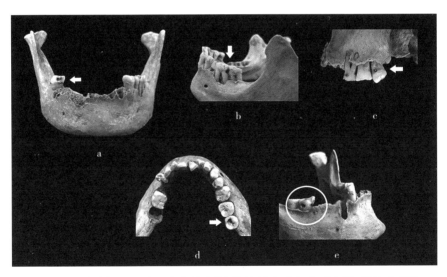

图7.1（彩版三）　大堡山墓地古代居民龋患好发部位示意图（张旭制图）
a. 近中龋：2011HXSM23　b. 远中龋：2011HXSM32　c. 颊面龋：2011HXSM7
d. 𬌗面龋：2011HXSM42　e. 多部位（颊面、近中）患龋：2011HXSM15

① 1级为牙釉质龋损；2级为小于50%牙冠龋损；3级为大于50%牙冠龋损；4级为牙冠完全龋损且牙髓暴露。单枚牙齿多处部位患龋分别计数。

（二）人群对比分析

龋病作为细菌性疾病，它的发生受人类演化等遗传因素的影响甚微，却与食物种类、饮食方式、口腔卫生习惯等因素相关联，是一个较长且复杂的过程。因此，为探讨大堡山墓地古代居民患龋情况所代表的人类学意义，首先将其与内蒙古中南部地区不同生业模式的六组东周时期人群患龋情况进行对比分析（表7.3）。其中三组为与大堡山墓地同样发现于今呼和浩特市和林格尔县境内的土城子、将军沟、新店子墓地的古代人群，由于这三组古代人群的基本情况在前文已做介绍，此处不再赘述。需要说明的是，根据考古学文化初步研究，土城子遗址、将军沟墓地被认定为中原农耕戍民遗存；而新店子墓地则被认为是主要依靠畜牧为生的北方草原民族。此外，还选取了与大堡山墓地临近的三组东周时期古代人群的患龋情况作为对比，并作简单说明：

1. 毛庆沟墓地。位于今内蒙古乌兰察布市凉城县境内的蛮汉山南麓，1979 年内蒙古文物考古研究所发掘清理墓葬 79 座，葬式为仰身直肢，其中南北向墓葬 12 座，随葬品以带钩为主；东西向墓葬 67 座，随葬有北方系青铜器并伴有殉牲。墓葬年代相当于春秋晚期至战国中晚期[①]。经考古学文化考证，该墓地存在有中原农耕文化和北方游牧文化两种文化类型，疑似是游牧民族与中原民族共同使用的公共墓地[②]。笔者所引数据出自井上直彦、潘其风对该墓地不同墓向人群合并患龋情况的研究[③]，故将其数据归为混合经济模式类型对比组。

2. 饮牛沟墓地。该墓地距离毛庆沟墓地约 2 千米，于 1982 年和 1997 年分别由内蒙古自治区文物工作队、中日岱海地区考察队发掘，清理墓葬 38 座，葬式为仰身直肢，同毛庆沟墓地一样，饮牛沟墓地也存在有南北向、随葬带钩的中原式和东西向、有殉牲的北方式两类墓葬，年代约为战国晚期[④]。何嘉宁对该墓地古代居民患龋情况

[①] 王立新：《秦统一前内蒙古中南部地区的文化多元化及其历史背景》，《边疆考古研究》2011 年第 10 辑。

[②] 内蒙古自治区文物工作队：《鄂尔多斯式青铜器（下编）》，北京：文物出版社，1986 年，第 227～315 页。

[③] Naohiko Inoue, Pan Qifeng, Reiko Sakashita, Tetsuya Kamegai, *Tooth and facial morphology of ancient Chinese skulls*. Tokyo：Therapeia Publishing Co. , 1997, pp. 221 –222.

[④] 内蒙古文物考古研究所、日本京都中国考古学研究会：《岱海考古（二）》，第 278～327 页。

进行研究，发现并无显著的墓向差异①，故笔者将其数据归为混合经济模式类型对
比组。

3. 忻州窑子墓地。该墓地位于内蒙古乌兰察布凉城县板城村东北 2 千米处，
2003 年，由内蒙古文物考古研究所抢救性发掘墓葬 67 座，均为单人葬，葬式为仰身
直肢，并殉葬有动物遗存。该墓地的年代属春秋晚期至战国早期，根据考古学文化
研究推测其应为畜牧业较发达的古代人群②。

现代流行病学常用患龋率来对龋齿进行统计，即在一定时间内的特定人群中患
龋人数占总人口基数的百分比；而由于发掘出土人骨标本的颌骨常常破损，特别是
墓葬中散落的牙齿有时很难准确复位到齿槽内，所以根据龋齿数占观察总齿数的百
分比来统计患龋率是古病理学研究者常用的统计方法，因此，本文所使用的龋齿发
病率分为个体患龋率（即患龋率）和牙齿患龋率（即龋齿率）两部分：

$$患龋率 = （患龋人数/观察人数）\times 100\%$$

$$龋齿率 = （患龋齿数/观察齿数）\times 100\%$$

表7.3　内蒙古中南部地区东周时期古代人群患龋情况比较表

墓葬名称	墓葬年代	主要经济类型	观察人数	患龋人数	患龋率(%)	观察齿数	患龋齿数	龋齿率(%)	与大堡山组龋齿率 X² 检验	
									X²值	p 值
大堡山组	战国晚期	？	33	19	57.58	358	65	18.16	X²值	p 值
将军沟组③	战国中晚期	农耕为主	14	—	—	292	52	17.81	0.013	0.908
土城子组④	战国中晚期	农耕为主	256	152	59.38	4352	540	12.41	9.764	0.002
毛庆沟组	春秋晚期—战国中晚期	混合经济	26	12	46.15	457	49	10.72	9.222	0.002

① 何嘉宁：《内蒙古凉城县饮牛沟墓地 1997 年发掘出土人骨研究》，《考古》2001 年第 11 期。

② 曹建恩：《内蒙古中南部商周考古研究的新进展》，《内蒙古文物考古》2006 年第 2 期。

③ 张全超、曹建恩、朱泓：《内蒙古中南部地区青铜—早期铁器时代居民的龋病研究》，《人类学学报》2009 年第 4 期。

④ 高扬、张全超、朱泓：《内蒙古和林格尔县土城子遗址古代居民的龋病分布》，《吉林大学学报》（医学版）2006 年第 3 期。

续表7.3

墓葬 名称	墓葬 年代	主要经 济类型	观察 人数	患龋 人数	患龋 率(%)	观察 齿数	患龋 齿数	龋齿 率(%)	与大堡山组 龋齿率X²检验	
饮牛 沟组	战国 晚期	混合 经济	22	9	40.91	434	24	5.53	31.356	<0.001
忻州 窑子组①	春秋晚期— 战国早期	畜牧 为主	31	—	—	644	35	5.43	41.449	<0.001
新店 子组②	春秋晚期— 战国早期	畜牧 为主	—	—	—	516	17	3.29	54.910	<0.001

　　根据表7.3所示数据可知，在患龋率方面，因缺少将军沟组、忻州窑子组、新店子组三组人群的具体患龋人数，仅通过土城子遗址农业经济组以及毛庆沟、饮牛沟混合经济组人群的患龋率对比分析可知，大堡山墓地古代居民的患龋率（57.58%）略低于农业经济模式下的土城子遗址古代人群（59.38%），高于混合经济组的毛庆沟、饮牛沟墓地古代人群。正如前文所述，患龋情况与人类食物结构中碳水化合物摄取量的多寡息息相关，由于农耕经济模式下碳水化合物类食物被作为主要的食物来源，而畜牧经济模式下的食物结构中肉类食物也占有一定比重，碳水化合物类食物摄入不及农耕人群，因此推断，在饮食结构方面，大堡山墓地古代居民应与农业经济组古代人群碳水化合物的摄入量相当。在龋齿率方面，大堡山组（18.16%）与农业经济模式下的将军沟墓地古代人群（17.81%）较为接近（p=0.908>0.05），与其他对比人群的龋齿率方面的差异显著（p<0.05），甚至与土城子遗址古代人群（12.41%）相比，也差异显著（p=0.002<0.05），表明虽然大堡山墓地古代居民与农业经济组古代人群同将碳水化合物类食物作为主要的食物来源，但在摄入量或类别方面，大堡山墓地古代居民与将军沟墓地古代人群相似，不同于土城子遗址古代人群。

　　为进一步探寻大堡山墓地古代居民患龋情况所蕴含的人类学意义，将其与选自

---

① 张全超、曹建恩、朱泓：《内蒙古中南部地区青铜—早期铁器时代居民的龋病研究》，《人类学学报》2009年第4期。

② 张全超、曹建恩、朱泓：《内蒙古中南部地区青铜—早期铁器时代居民的龋病研究》，《人类学学报》2009年第4期。

我国北方不同时空框架、不同生业模式的 12 组古代人群患龋情况进行比较分析（表7.4）。首先选取了新石器时代的陕西半坡组①、河南沟湾组②、庙底沟组③、山东大汶口组④、山西游邀组⑤、甘肃磨沟（齐家）组⑥六组古代人群，由于我国新石器时代农业耕种刚刚出现，因此，这一时期的古代先民大部分还过着渔猎 - 采集兼营原始农业的生活；进入青铜时代后，本文选取了农业经济⑦的河南殷墟平民组⑧、农业经济⑨的山东周家庄组⑩、混合经济⑪的陕西梁带村组⑫、混合经济⑬的甘肃西山组⑭、畜牧业比重较大⑮的新疆吉林台组⑯以及吉林后套木嘎（第六期）组⑰六组古代人群，其中，考古学研究表明后套木嘎第六期遗存可归入汉书二期文化，年代大致相当于战国至西汉时期，但仍以采集渔猎为主，故笔者认为后套木嘎组也属于采集渔猎经济模式。

① 张璇：《六千年前半坡人口腔流行病学研究》，西安：第四军医大学硕士学位论文，2006 年，第 30 ~ 38 页。

② 王一如：《沟湾遗址新石器时代人骨研究》，长春：吉林大学硕士学位论文，2015 年，第 32 ~ 34 页。

③ Naohiko Inoue，Pan Qifeng，Reiko Sakashita，Tetsuya Kamegai，*Tooth and facial morphology of ancient Chinese skulls.* Tokyo：Therapeia Publishing Co.，1997，pp. 221 – 222.

④ Naohiko Inoue，Pan Qifeng，Reiko Sakashita，Tetsuya Kamegai，*Tooth and facial morphology of ancient Chinese skulls.* Tokyo：Therapeia Publishing Co.，1997，pp. 221 – 222.

⑤ 刘武、张全超、吴秀杰、朱泓：《新疆及内蒙古地区青铜—铁器时代居民牙齿磨耗及健康状况的分析》，《人类学学报》2005 年第 1 期。

⑥ 赵永生：《甘南临潭磨沟墓地人骨研究》，第 76 ~ 77 页。

⑦ 许清海等：《殷墟文化发生的环境背景及人类活动的影响》，《第四纪研究》2010 年第 2 期。

⑧ Naohiko Inoue，Pan Qifeng，Reiko Sakashita，Tetsuya Kamegai，*Tooth and facial morphology of ancient Chinese skulls.* Tokyo：Therapeia Publishing Co.，1997，pp. 221 – 222.

⑨ 山东省文物考古研究所、新泰市博物馆：《新泰周家庄东周墓地》，北京：文物出版社，2014 年，第 566 ~ 576 页。

⑩ 张馨月：《山东地区古代居民牙齿情况的初步分析》，济南：山东大学硕士学位论文，2016 年，第 42 ~ 44 页。

⑪ 凌雪等：《韩城梁带村芮国墓地出土西周晚期人骨的稳定同位素分析》，《西部考古》2017 年第 2 期。

⑫ 郑兰爽：《韩城梁带村芮国墓地出土人骨研究》，西安：西北大学硕士学位论文，2012 年，第 70 ~ 71 页。

⑬ 凌雪：《秦人食谱研究》，西安：西北大学博士学位论文，2010 年，第 57 页。

⑭ 尉苗等：《甘肃西山遗址早期秦人的饮食与口腔健康》，《人类学学报》2009 年第 1 期。

⑮ 张德伟：《伊犁河谷地区伊犁河流域文化研究》，郑州大学硕士学位论文，2015 年；张全超、李溯源：《新疆尼勒克县穷科克一号墓地古代居民的食物结构分析》，《西域研究》2006 年第 4 期。

⑯ 张林虎：《新疆伊犁吉林台库区墓葬人骨研究》，长春：吉林大学博士学位论文，2010 年，第 110 ~ 113 页。

⑰ 肖晓鸣：《吉林大安后套木嘎遗址人骨研究》，长春：吉林大学博士学位论文，2014 年，第 197 ~ 199 页。

表7.4　古代各对比组人群龋患情况比较表

对比组	主要经济类型	观察人数	患龋人数	患龋率（%）	观察齿数	患龋齿数	龋齿率（%）
陕西半坡组	原始农业	73	19	26.03	913	26	2.85
河南沟湾组	原始农业	56	19	33.93	809	54	6.67
河南庙底沟组	原始农业	10	5	50.00	182	10	5.49
山东大汶口组	原始农业	29	5	17.24	510	17	3.33
山西游邀组	原始农业	—		38.50	385	31	8.05
甘肃磨沟齐家组	混合经济	223	102	45.74	4893	298	6.09
河南殷墟组	农业经济	72	21	29.17	1103	45	4.08
山东周家庄组	农业经济	44	25	56.83	574	51	8.89
陕西梁带村组	混合经济	33	14	42.42	273	39	14.29
甘肃西山组	混合经济	22	12	54.55	364	39	10.71
新疆吉林台组	畜牧为主	188	10	5.32	2096	12	0.57
吉林后套木嘎组	采集渔猎经济	77	27	35.06	1411	45	3.19

为了更加直观地展示出不同时间、地区、生业模式与龋患情况之间的关系，根据表7.4统计结果绘制图7.2。

根据图7.2所示，我国北方地区古代人群的患龋率自新石器时代至青铜时代总体趋势呈上升状，这一点符合前人关于"龋病与人类社会生产力发展以及农业出现相关"的推论；其次，由不同生业模式主导下的各古代人群在个体患龋率、龋齿率方面表现各异，总体而言，以原始采集渔猎和畜牧经济为主体的古代先民要比依靠农耕为生的古代居民不易患龋，间接地辅证了"不同生业模式下碳水化合物食物摄取量的多寡决定患龋率高低"的推论；但是，无论是患龋率还是龋齿率，大堡山墓地古代居民均高于其他各组对比人群，这表明大堡山墓地古代居民口腔环境更易致龋齿。根据食性分析结果可知，粟作农业在大堡山先民生活方式中具有非常重要的基础性地位①。那么，大堡山墓地较为严重的患龋情况或许与该

————————

① 张昕煜等：《东周时期内蒙古中南部人群和文化融合进程中的农业经济——以和林格尔大堡山墓地人骨C、N稳定同位素分析为例》，《中国科学：地球科学》2018年第2期。

墓地古代居民所处社会农业经济发展到一定的阶段有着最直接的关系，即大堡山墓地古代人群所从事的日常生产劳动为其提供了大量的碳水化合物类食物，进而造成患龋情况的严重。

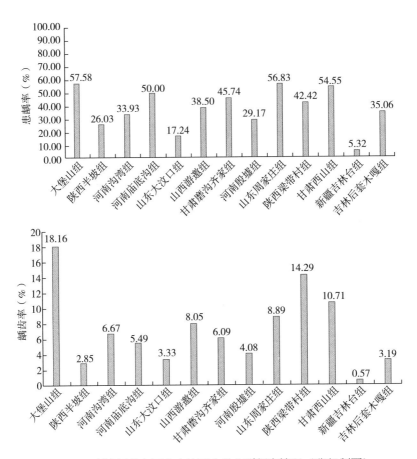

图 7.2　所选用的中国北方地区古代人群龋患情况（张旭制图）

二、牙齿磨耗

牙齿磨耗是由于上下及邻近牙齿之间或者牙齿与食物等外来物质之间相互接触与摩擦所导致的牙釉质、牙本质甚至牙骨质的磨损，按照磨耗部位不同大体可分为邻面磨耗和咬面磨耗，而根据磨耗原因不同又可分为生理性磨耗（Attrition）和病理性磨耗（Abrasion）①。所谓生理性磨耗是指从牙齿萌出直至脱落，随着年龄而进行的持续性、退行性物理变化，根据此类牙齿磨耗程度的判定可作为一定时空范围内人群年龄估算的标准，当然，这样的估算结果还需要结合该人群的食物结构、生存环境、用牙习惯、牙齿疾病等多方面因素。也正是由于受到众多因素的制约，牙齿磨耗还可以作为人类食物结构、行为模式甚至是社会经济类型的表达者。因此，通过牙齿磨耗的研究可以为以上信息的获得提供科学的依据。关于牙齿磨耗研究，针对不同的研究对象与目的，学术界所制定的分级标准也各有不同，20 世纪 80 年代，美国学者史密斯（B. Holly Smith）通过对比采集狩猎先民与农耕人群之间牙齿磨耗程度的差异制定了牙齿磨耗程度的八级标准（Eight-grade scale system of Smith.）②（表7.5、图7.3）。

表7.5 史密斯牙齿磨耗分级标准③

级别	Il – 2/C	P1 – 2	M1 – 3
1 级	未磨耗，或略有磨耗，出现小的磨耗面，但无齿质暴露。	未磨耗，或略有磨耗，出现小的磨耗面，但无齿质暴露。	未磨耗，或略有磨耗，出现小的磨耗面，但无齿质暴露。
2 级	点状或头发丝状齿质暴露	中度齿尖磨耗缺失，齿尖呈圆钝状。	中度齿尖磨耗缺失，齿尖呈圆钝状。磨耗面釉质变薄（似人乳齿或黑猩猩臼齿状），或齿尖部可呈现一个小点状齿质暴露。
3 级	出现明显的线状齿质暴露	整个齿尖磨耗消失，或中度齿质片状暴露。	整个齿尖磨平，或出现若干点状或中度的齿质暴露。
4 级	中度齿质暴露，已不呈线状。	至少一侧齿尖大片状齿质暴露	出现若干大的齿质暴露，但彼此仍各自独立。

---

① G. Richard Scott, Christy G. Turner Ⅱ, Dental Anthropology. *Annual Review of Anthropology*, vol. 17, 1988, pp. 99 – 126.

② B. Holly Smith, Patterns of molar wear in hunter-gatherers and agriculturalists. *American Journal of Physical Anthropology*, vol. 63, 1984, pp. 39 – 56.

③ I：门齿；C：犬齿；P：前臼齿；M：臼齿。

续表7.5

级别	I1－2/C	P1－2	M1－3
5级	齿质大片状暴露,但围绕齿冠的环状釉质仍完整存在。	出现两个大的齿质暴露区,并可能轻度融合。	两个齿质暴露区互相融合
6级	齿质大片暴露,一侧环状釉质缺失,或仅保留有非常细的釉质环。	齿质暴露区完全融合,但环绕四周的釉质环仍完整。	三个齿质暴露区互相融合,或四个齿质暴露区互相融合,出现咬合面中央釉质岛。
7级	釉质环两侧缺失,或仅残存齿冠釉质。	齿质完全暴露,至少一侧釉质环缺失。	整个咬合面齿质暴露,周围的釉质环大致完整。
8级	齿冠全部磨耗缺失,无釉质残存;齿冠表面呈齿根形态。	齿冠重度磨耗,高度明显减低;齿冠表面呈齿根形态。	齿冠严重磨耗,高度减低,釉质环丧失;齿冠表面呈齿根形态。

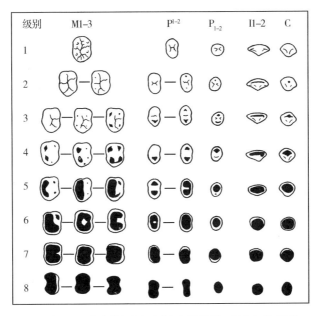

图7.3　史密斯牙齿磨耗八级标准（采自 B. Holly Smith，Patterns of molar wear in hunter-gatherers and agriculturalists）

这一标准自制定以来便深受我国人类骨骼考古研究工作者的青睐并被广泛应用于对比不同生业模式下的人群间牙齿磨耗差异。为遵循对比组分级标准需一致的原则,针对大堡山墓地古代居民生业模式的不确定性,本章将通过史密斯制定的牙齿磨耗八级标准对该墓地古代居民的牙齿磨耗程度进行统计，并与我国境内相关古代人群牙齿磨耗程度进行对比与分析，来探寻人群间所存在的磨耗程度差异，通过与所属经济类型已知的古代人群进行比较，进而对大堡山墓地古代居民的生业模式进行人类骨骼考古学角度的推测。

在大堡山墓地可供观察牙齿的 33 例人骨标本中并不存在年龄大到足以形成磨耗过重的个体，但有 2 例个体呈现出疑似特殊磨耗的形式。其一为女性，年龄范围为 40～45 岁，表现为双侧上下颌对应臼齿𬌗面轻微的倾斜性偏侧磨耗，笔者推测与该个体生长发育过程中的𬌗关系异常有关（图 7.4，a）。另一个体为男性，年龄范围为 35～40 岁，表现为上颌左侧第二臼齿舌侧釉质完全磨损，颊侧釉质残存，下颌对应牙齿的舌侧釉质残存，颊侧釉质完全磨损，笔者推测其左侧舌颊侧咬合面受力不均是由于将牙齿作为辅助工具啃咬坚硬食物或非食物物品所致；同时，该个体上颌右侧第一、第二臼齿磨耗严重仅存牙根，但下颌对应臼齿不及左侧磨耗严重，笔者推测这种臼齿磨耗的侧别差异可能与该个体右侧牙齿的特殊磨耗有关（图 7.4，b）。需要说明的是，为尽可能减小数据统计的偏倚，该个体的磨耗等级数据将不被使用。

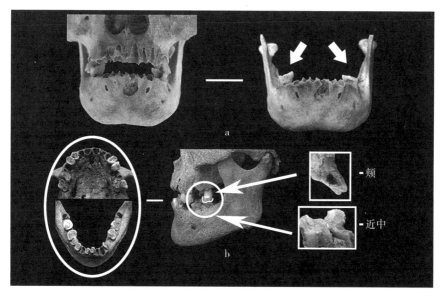

图 7.4（彩版三）　　大堡山墓地古代居民牙齿特殊磨耗示意图（张旭制图）

a. 2011HXSM23　　b. 2011HXSM34

同时，在 33 例可供观察牙齿的个体中，仅 1 例青年期（15～23 岁）个体，为尽可能地减少年龄因素（生理性磨耗）对于牙齿磨耗等级统计的影响，笔者将其剔除并最终选择了壮年期（24～35 岁）、中年期（36～55 岁）共计 31 例个体（男性 16 例、女性 15 例）作为观察对象。其中，壮年期共 14 例，包括男性 6 例（南北向 3 例、东西向 3 例）、女性 8 例（南北向 5 例、东西向 3 例），中年期共 17 例，包括男性 10 例（南北向 6 例、东西向 4 例）、女性 7 例（南北向 5 例、东西向 2 例）。

（一）牙齿平均磨耗等级统计

笔者分别统计了该墓地不同墓向的两性居民各类牙齿的平均磨耗等级①（表7.6）。

表7.6   大堡山墓地古代居民牙齿磨耗等级情况比较

性别	墓向	例数	I1	I2	C	P1	P2	M1	M2	M3	平均磨耗
男性	南北向	9	3.33	2.63	2.75	2.90	3.00	2.90	3.09	3.83	3.05
	东西向	7	1.00	2.67	2.50	2.54	3.92	3.35	3.64	4.43	3.01
女性	南北向	10	2.67	3.00	3.00	4.06	3.69	3.37	2.57	3.14	3.19
	东西向	5	2.33	1.50	1.86	3.25	2.88	3.36	3.75	4.20	2.89

根据表7.6 可知，采集自大堡山南北向墓地的古代居民牙齿磨耗情况略重于采集自东西向墓地的古代居民，样本例数较少或许是造成不同墓向古代居民牙齿平均磨耗等级出现差异的原因之一。

由于牙齿会随着个体年龄增长而发生生理性磨耗，并具有一定的规律性。为检验表7.6 统计结果是否受到年龄因素的影响，笔者还对大堡山墓地古代居民的年龄与牙齿的平均磨耗等级之间的线性相关系数 r 值进行了计算（表7.7），因第三臼齿萌出时间存在一定的个体差异，其磨耗程度与年龄之间的相关性不具有参考价值，故本次计算不包括第三臼齿。

———————————

① 牙齿平均磨耗等级 = $\sum$（各磨耗等级出现率 × 所对应的磨耗级别）

表 7.7 大堡山墓地古代居民年龄与平均磨耗等级的线性分析

颌部	牙齿	男性				女性			
		墓向	例数	r 值	p 值	墓向	例数	r 值	p 值
上颌	I^1	南北向	1	—	—	南北向	1	—	—
		东西向	1	—	—	东西向	1	—	—
	I^2	南北向	3	1.000	—	南北向	1	—	—
		东西向	2	—	—	东西向	1	—	—
	C	南北向	3	0.603	<0.001	南北向	4	0.068	0.402
		东西向	3	0.179	0.087	东西向	2	—	—
	P^1	南北向	3	0.459	<0.001	南北向	8	0.249	<0.001
		东西向	4	0.030	0.730	东西向	4	0.163	0.062
	P^2	南北向	4	0.141	0.091	南北向	5	0.412	<0.001
		东西向	4	0.629	<0.001	东西向	5	0.568	<0.001
	M^1	南北向	5	0.199	0.009	南北向	7	0.121	0.055
		东西向	6	0.298	<0.001	东西向	4	0.867	<0.001
	M^2	南北向	7	0.043	0.498	南北向	5	0.734	<0.001
		东西向	5	0.136	0.073	东西向	3	0.175	0.074
下颌	I_1	南北向	1	—	—	南北向	1	—	—
		东西向	0	—	—	东西向	1	—	—
	I_2	南北向	3	0.686	<0.001	南北向	4	0.028	0.737
		东西向	1	—	—	东西向	1	—	—
	C	南北向	4	0.903	<0.001	南北向	5	0.338	<0.001
		东西向	2	1.000	—	东西向	2	—	—
	P_1	南北向	4	0.113	0.185	南北向	4	0.766	<0.001
		东西向	4	0.964	<0.001	东西向	2	—	—
	P_2	南北向	4	0.278	0.001	南北向	5	0.306	<0.001
		东西向	4	1.000	—	东西向	2	—	—
	M_1	南北向	7	0.512	<0.001	南北向	6	0.141	0.034
		东西向	5	0.046	0.531	东西向	3	0.993	<0.001
	M_2	南北向	7	0.277	<0.001	南北向	8	0.496	<0.001
		东西向	4	0.292	<0.001	东西向	3	0.691	<0.001

　　根据表 7.7 可知，大堡山墓地男性居民中，南北向墓地居民上颌的 I^2、C、P^1、M^1，下颌的 I_2、C、P_2、M_1、M_2，东西向墓地上颌的 P^2、M^1，下颌的 C、P_1、P_2、M_2 的牙齿平均磨耗等级与年龄之间存在着一定的正相关性；女性居民中，南北向墓地上颌的 P^1、P^2、M^2，下颌的 C、P_1、P_2、M_1、M_2，东西向墓地上颌的 P^2、M^1，下颌的 M_1、M_2 的牙齿平均磨耗等级与年龄之间也存在着一定的正相关性（当 p 小于等于 0.05 时存在相关关系，r 值越大越相关）。由此可知，随年龄增长而产生的生理性磨耗对该墓地古代居民的牙齿平均磨耗等级产生了一定的影响。那么，较壮年期个体而言，生理性磨耗偏重的中年期个体将对牙齿平均磨耗等级产生更大的影响，简言之，中年期个体所占比例越大，该人群牙齿平均磨耗等级越高。大堡山墓地 17 例中年期个体中，南北向 11 例（男性 6 例、女性 5 例）、东西向 6 例（男性 4 例、女性 2 例），采集自南北向的个体明显多于东西向，尤其是女性居民。因此，表 7.6 所示结果必然受到了"中年期个体所占比例越大，该人群牙齿平均磨耗等级越高"的影响，不能客观地反映该人群的牙齿磨耗情况。

　　综合考虑大堡山墓地不同墓向古代居民例数不等且样本量有限，同时均受到生理性磨耗的影响，笔者认为可将不同墓向的两性居民牙齿平均磨耗等级间的微弱差异忽略不计，将该墓地古代居民的牙齿磨耗结果进行合并。

（二）前后牙齿磨耗差异计算

　　前后部牙齿各自功能不同，如门齿负责切割，犬齿用于撕扯（但是，随着人类的进化越来越多地表现为同门齿一样的功用），臼齿本身适于研磨咀嚼，因此，前后部牙齿的磨耗差异与人类的食物结构、用牙习惯、摄取食物的方式有着一定的联系，是牙齿磨耗研究的重要方面。相关研究表明，人类口腔对植物性和动物性食物的处理方式各有不同，进食植物性食物时更多需要的是研磨与咀嚼，颌骨间做水平运动；进食动物性食物时在研磨之前则需要切割与撕扯，颌骨间相当于做垂直运动再做水平运动[1]。由于颌骨间的水平运动更容易造成牙齿的磨耗，加之植物性食物所含营养不及动物性食物，为了支持人体所需能量的正常供给，需要摄取更多植物性食物。因此，以植物性食物为主要能量来源的人群对食物的摄取量要明显大于以动物性食

---

[1]　何嘉宁：《陶寺、上马、延庆古代人群臼齿磨耗速率的比较研究》，《人类学学报》2007 年第 2 期。

物为主要能量来源的人群，食物摄取量的增加也导致颌骨间水平运动频率的增加，加之植物中含有较为坚硬的植硅石类物质，故造成了全部牙齿平均磨耗程度的加重。与之相反，经常摄取动物性食物的人群，由于切割撕咬肉类的需要，前部牙齿（门齿、侧门齿、犬齿）咬合的力度与频数增加，加之动物性食物所富含的粗纤维与牙齿不断地接触，进而加剧了前部牙齿的磨损程度①。因此，相对于以植物性食物为主的人群而言，常摄取动物性食物的人群前部牙齿磨耗更为显著。如果以上推论亦适用于古代人群的话，结合生业模式考虑，那么从事渔猎、畜牧的古代人群，动物性食物摄取较多，较后部牙齿而言，其前部牙齿更易形成较重的磨耗；而以摄取植物性食物为主的农耕人群，食物的摄取量较大使得牙齿平均磨耗程度增加，但前部牙齿的磨耗应该不及从事渔猎、畜牧的古代人群。采集渔猎、农牧并举的混合经济古代人群，同时摄取动、植物性食物，因此，其前后牙齿磨耗程度差异便很难界定。

为进一步发掘大堡山墓地古代居民前后部牙齿磨耗程度所代表的人类学意义，笔者选取了以下四项前后部牙齿磨耗差异指数②对大堡山墓地古代居民前后部牙齿磨耗差异度进行计算，需要说明的是，由于第三臼齿萌出情况参差不齐因而参与磨耗的时间不定，故在计算前后部牙齿磨耗差异指数时将其剔除。同时，笔者还将大堡山墓地与我国北方地区不同生业模式影响下的古代居民的前后部牙齿磨耗差异度进行了比较与分析（表7.8）。

（1）上颌中门齿平均磨耗级别/上颌第一臼齿平均磨耗级别（I^1/M^1）

（2）下颌中门齿平均磨耗级别/下颌第一臼齿平均磨耗级别（I_1/M_1）

（3）上颌前部与后部牙齿平均磨耗级别之比（$I^{1-2}C/3$）／（$M^{1-2}/2$）

（4）下颌前部与后部牙齿平均磨耗级别之比（$I_{1-2}C/3$）／（$M_{1-2}/2$）

所选我国北方地区对比组分别来自：属于新石器时代的河南地区下王岗墓地③、

---

① 何惠宇等：《新疆哈萨克族成人牙齿磨耗情况分析》，《实用口腔医学杂志》2007年第5期。

② 张雅军等：《西藏故如甲木墓地人群牙齿磨耗和食物结构的关系》，《人类学学报》2019年第1期。

③ Liu Wu，Zhang Quanchao，Wu Xiujie，Zhu Hong，Tooth wear and dental pathology of the Bronze-Iron age's people in Xinjiang，northwest China：implications on their diet and life style. *HOMO-Journal of Comparative Human Biology*，vol. 61，2010，pp. 102－116.

山西地区游邀墓地①、甘肃地区磨沟墓地（齐家组）②古代居民，这一时期三组对比组人群的农业经济还属于萌芽阶段，拥有着采集渔猎为主或配合少量原始农耕的混合经济模式。虽然根据出土生产工具和动植物遗存可推测下王岗居民已进入初级农业经济阶段，但渔猎依然作为食物的一大补充来源③。进入到青铜时代至铁器时代，选择了农牧兼营④的新疆地区洋海墓地游牧人群⑤，畜牧业经济为主⑥的早期铁器时代的穷科克墓地⑦和农牧并举兼营狩猎⑧的铁器时代的营盘墓地⑨古代先民，同时还选择了被认为是早期秦人遗存的甘肃西山墓地农牧兼营人群⑩，以及前文所选择的内蒙古中南部地区土城子遗址⑪以及饮牛沟墓地⑫古代居民。

①　Liu Wu，Zhang Quanchao，Wu Xiujie，Zhu Hong，Tooth wear and dental pathology of the Bronze-Iron age's people in Xinjiang，northwest China：implications on their diet and life style. *HOMO-Journal of Comparative Human Biology*，vol. 61，2010，pp. 102 – 116.

②　赵永生：《甘南临潭磨沟墓地人骨研究》，第 85 ~ 96 页。

③　河南省文物考古研究所、长江流域规划办公室考古队河南分队：《淅川下王岗》，北京：文物出版社，1989 年，第 332 ~ 339 页。

④　蒋洪恩、吕恩国、张永兵：《吐鲁番洋海先民的生业模式探讨》，《吐鲁番学研究》2021 年第 1 期。

⑤　Liu Wu，Zhang Quanchao，Wu Xiujie，Zhu Hong，Tooth wear and dental pathology of the Bronze-Iron age's people in Xinjiang，northwest China：implications on their diet and life style. *HOMO-Journal of Comparative Human Biology*，vol. 61，2010，pp. 102 – 116.

⑥　张昕煜等：《公元前 1 千纪新疆西部穷科克 1 号墓地的粟黍食用——基于人骨 C、N 稳定同位素与牙结石淀粉粒的证据》，《中国国家博物馆文物保护修复论文集》，2019 年，第 367 ~ 376 页。

⑦　Liu Wu，Zhang Quanchao，Wu Xiujie，Zhu Hong，Tooth wear and dental pathology of the Bronze-Iron age's people in Xinjiang，northwest China：implications on their diet and life style. *HOMO-Journal of Comparative Human Biology*，vol. 61，2010，pp. 102 – 116.

⑧　周金玲：《新疆尉犁县营盘古墓群考古述论》，《西域研究》1999 年第 3 期。

⑨　Liu Wu，Zhang Quanchao，Wu Xiujie，Zhu Hong，Tooth wear and dental pathology of the Bronze-Iron age's people in Xinjiang，northwest China：implications on their diet and life style. *HOMO-Journal of Comparative Human Biology*，vol. 61，2010，pp. 102 – 116.

⑩　尉苗等：《甘肃西山遗址早期秦人的饮食与口腔健康》，《人类学学报》2009 年第 1 期。

⑪　刘玉成：《内蒙古和林格尔县土城子遗址战国时期居民的牙齿研究》，长春：吉林大学硕士学位论文，2011 年，第 3 ~ 7 页。因原文没有计算两性居民左右侧合并后的上下颌牙齿平均磨耗等级，笔者根据原文表 2 不同侧别的牙齿平均磨耗等级计算所得。

⑫　刘武等：《新疆及内蒙古地区青铜—铁器时代居民牙齿磨耗及健康状况的分析》，《人类学学报》2005 年第 1 期。

表7.8　我国北方地区古代人群前后部牙齿平均磨耗等级差异

对比组	主要经济类型	I^1/M^1	I_1/M_1	$(I^{1-2}C/3)/(M^{1-2}/2)$	$(I_{1-2}C/3)/(M_{1-2}/2)$
大堡山组	？	0.72	0.94	0.82	0.83
下王岗组	混合经济	0.76	0.82	0.85	0.86
游邀组	混合经济	0.62	0.80	0.86	0.83
磨沟组	混合经济	0.93	0.94	1.02	1.02
西山组	混合经济	1.11	0.74	1.07	0.82
土城子组	农耕为主	0.86	0.92	0.88	0.91
饮牛沟组	混合经济	0.61	0.64	0.70	0.71
洋海组	混合经济	0.98	0.89	1.04	0.96
穷科克组	畜牧为主	0.85	0.83	0.99	0.94
营盘组	混合经济	0.78	0.76	0.80	0.80

　　根据表7.8的统计结果，大堡山墓地古代居民前部牙齿磨耗不及后部牙齿，表明其牙齿被用于研磨、咀嚼比用于切割、撕扯更为频繁。另外，虽然新石器时代古代先民均以混合经济为主，但前部与后部牙齿磨耗比值中，磨沟组前部与后部牙齿的磨耗程度几乎相同，表现为倾斜于肉食性食物摄取较多的差异指数，这或许是由磨沟组所处环境提供的动物性食物偏多所决定；在青铜时代至铁器时代的古代居民，内蒙古地区的农耕居民土城子组不及新疆地区畜牧人群穷科克组，由此可见，农耕人群的确要比畜牧经济主导下的古代居民前部牙齿磨耗偏轻。由此可知，随着人类社会的不断发展与进步，在从原始的渔猎采集向成熟的农业耕种转变的过程中，食物的结构也在发生着精细化、固定化的转变，而不同地区的古代人群其食物结构也受到自然因素的制约，因此，对于牙齿磨耗的讨论还要综合到时空框架里。为了更加直观地反映出大堡山墓地古代居民与各北方地区对比人群的前后部牙齿磨耗比值与生业模式之间的相互关系，依据表7.8所统计的数据进一步绘制了前后部牙齿磨耗差异指数分布图（图7.5）。

　　根据图7.5所示，第一，在上颌第一门齿与第一臼齿的磨耗比值方面，大堡山墓地古代居民仅较混合经济的山西游邀墓地新石器时代晚期先民、内蒙古饮牛沟青铜

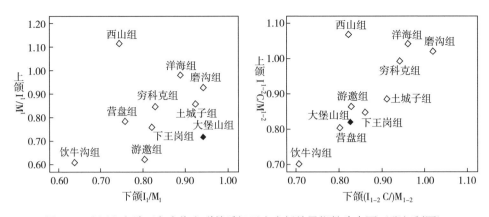

图 7.5　我国北方地区各古代人群前后部牙齿磨耗差异指数分布图（张旭制图）

时代居民而言表现偏高，说明相对于这两组对比人群，大堡山墓地古代居民的上颌门齿更多地被磨损；下颌第一门齿与第一臼齿的磨耗比值与混合经济的甘肃磨沟齐家文化先民相仿，略高于其他对比组人群，说明相对于其他对比组人群，大堡山墓地与磨沟墓地古代居民的下颌门齿更多地被磨损。第二，在上颌前部与后部牙齿磨耗比值方面，大堡山墓地古代居民仅高于混合经济的内蒙古饮牛沟青铜时代居民与新疆营盘铁器时代居民，下颌前部与后部牙齿磨耗比值除高于上述两组对比人群外，还略高于甘肃西山早期秦人，说明相较本文所选北方地区对比人群而言，大堡山墓地古代居民用于切割撕扯的前部牙齿不如用于研磨咀嚼的后部牙齿使用频繁。进一步参考前部与后部牙齿磨耗比值结果，大堡山墓地与下王岗、游邀、营盘墓地古代混合经济人群的前后牙齿磨耗比值最为接近，表明他们在牙齿磨耗程度方面具有一定的相似性。由此可知，大堡山墓地古代居民的食物结构应与混合经济人群一样同时包含了植物性和动物性食物。结合大堡山墓地古代居民前后部牙齿磨耗差异指数值在所选对比人群当中相对偏小，说明前部牙齿比后部牙齿磨耗偏轻，可以推测出大堡山墓地古代居民的食物结构中植物性食物的摄入量要多于动物性食物。上述推论也得到了张昕煜对该墓地出土人骨 C、N 稳定同位素研究的证实①，其推测大堡山墓地古代先民主要生活方式是在进行一定程度粟作农业生产的基础上，充分利用粟作农业的剩余产品（如秸秆等）饲喂牛、羊等动物以获取生活所需的肉、奶等。

---

① 张昕煜等：《东周时期内蒙古中南部人群和文化融合进程中的农业经济——以和林格尔大堡山墓地人骨 C、N 稳定同位素分析为例》，《中国科学：地球科学》2018 年第 2 期。

需要说明的是，根据目前学术界的研究现状，已发表的关于古代农耕居民的牙齿磨耗研究屈指可数，并且由于所用的磨耗鉴定标准各有不同，以及个别研究结果与统计数据未详细刊布，从而导致无法与所选我国北方地区各对比人群的磨耗等级数据进行有效的比较与系统的分析，因此，关于大堡山墓地古代居民食物结构的推论还有待未来更多相关研究的考证。

三、其他口腔疾病

除龋病和牙齿磨耗之外，大堡山墓地古代居民还能够被观察到患有其他口腔疾病，如牙周炎、牙结石等，但关于古代人骨标本上针对这类疾病的诊断，国际学术界并没有统一的鉴定标准与分级，因此笔者选择另外三种能够进行相对准确诊断的口腔疾病加以描述。

（一）根尖周病

根尖周病是指发生在根尖周牙周膜、牙骨质、齿槽骨的一系列疾病[1]。这类疾病往往是由于口腔内部微生物任意滋生进而导致根管内部感染并引起根尖周组织发生炎症，在这一过程中代谢出的坏死细胞和细菌聚集化脓而形成脓肿，人体在排脓过程中会形成病理性瘘管或窦道，这种病理性管道在齿槽骨上所留下的痕迹可作为诊断出土人骨标本是否患有根尖周病最为直观的依据。正因如此，对于出土人骨标本根尖周病的诊断与统计，会由于病变程度未到达排脓阶段或者病理性管道已经完全愈合而产生错误的估算。另外，还需要注意的是，由于齿槽骨骨壁的薄厚有别，较薄的齿槽骨受到埋葬、发掘等人为性破坏，也容易导致研究者对根尖周病误诊，基于以上原因，笔者仅对大堡山墓地古代居民可被肉眼准确辨识的齿槽骨壁上留有病理性管道或病灶的情况进行简单的记录（表7.9），并不能真实地反映该墓地古代居民根尖周病的患病情况。

---

[1] 彭彬：《根尖周病病理学》，载于边专、樊明文：《现代牙髓病学》，北京：人民卫生出版社，2008年，第55~67页。

表 7.9　大堡山墓地古代居民罹患根尖周病牙位统计表

颌部	I1	I2	C	P1	P2	M1	M2	M3	共计
上颌	1	1	1	1	3	6	4	3	20
下颌	2	2	1	1	2	1	4	6	19
总计	3	3	2	2	5	7	8	9	39

根据表 7.9 所示，在采集自大堡山墓地的 33 例保存有上、下颌的人骨标本中，有 17 例人骨标本、共计 39 枚牙齿的齿槽骨存在因排脓而造成的病理性管道或病灶，可被初步诊断为患有根尖周脓肿，占观察总人数的 51.51%，其中男性 7 例、女性 10 例，两性差异并不显著（$X^2 = 2.528$，fisher 精确检验 Sig. 双侧 p 值 = 0.166 > 0.05）。有 4 枚罹患根尖周脓肿的牙齿上能够观察到龋洞（图 7.6）。

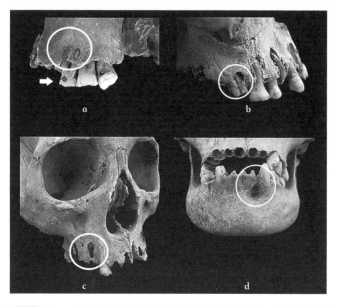

图 7.6（彩版四）　大堡山墓地古代居民根尖周病好发部位示意图（张旭制图）
a. 白齿根尖周脓肿兼患龋齿：2011HXSM7　　b. 白齿根尖周脓肿：2011HXSM7
c. 前白齿根尖周脓肿：2011HXSM21　　d. 门齿根尖周脓肿：2011HXSM22

（二）牙齿生前脱落

牙齿的生前脱落是指因拔牙行为、暴力外伤、齿科疾病等各种诱因导致牙齿的生前脱落。其在骨骼上主要表现为两种基本形式：其一是齿槽骨萎缩吸收直至齿槽窝完全闭合，其二是齿槽骨萎缩但齿槽窝未完全闭合。

在大堡山墓地可供观察的 33 例人骨标本中，有 21 例个体存在由于牙齿生前脱落而导致的齿槽骨开始或完全吸收现象（图 7.7），占总人数的 63.64%。笔者首先对牙齿生前脱落情况进行了卡方检验，因样本例数小于 40，采用 Fisher 精确概率法检验，p 值选取精确 Sig.（双侧）值（表 7.10）。

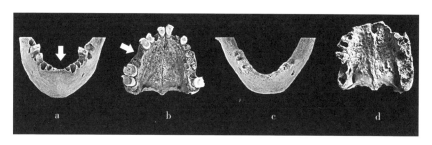

图 7.7　大堡山墓地古代居民牙齿生前脱落典型标本（张旭制图）

a. 下颌中门齿脱落：2011HXSM13　b. 上颌右侧第二前臼齿、第一臼齿脱落：2011HXSM15

c. 下颌牙齿几乎全部生前脱落：2011HXSM28　d. 上颌牙齿病理性脱落：2011HXSM25

表 7.10　大堡山墓地古代居民牙齿生前脱落情况卡方检验

性别	墓向	观察人数	牙齿生前脱落人数	X^2检验		观察总人数	牙齿生前脱落总人数	X^2检验	
				X^2值	p 值			X^2值	p 值
男性	南北向	10	5	0.281	0.664	18	10	1.117	0.469
	东西向	8	5						
女性	南北向	10	7	0.170	>0.999	15	11		
	东西向	5	4						

根据表 7.10 所示，大堡山墓地 21 例牙齿生前脱落个体中共有男性 10 例（不同墓向各 5 例）、女性 11 例（南北向 7 例、东西向 4 例），并不存在明显的性别或墓向差异（p > 0.05）。

（三）牙釉质发育不全

牙釉质发育不全是指在人生长发育过程中，特别是牙齿的牙釉质形成过程中，牙釉质含量减少而导致的牙釉质厚度发育不够，从而造成牙釉质表面出现平行线状、窝状或者带状痕迹，一旦出现在恒齿上便伴其一生直至牙齿脱落。造成恒齿釉质发育不全的原因大体可划分为三种：营养不良、遗传变异和生长发育过程中所患的齿科疾病（如乳齿根尖周感染），而营养不良是引起古代人类牙釉质发育不全的最主要原因，也正因如此，对于恒齿的牙釉质发育状况的观察与记录能够为了解该个体自出生至恒齿完全萌出这一阶段的营养状况提供科学的依据①。

采集自大堡山墓地古代居民的 358 枚牙齿当中，发现牙釉质表面存在明显平行线状痕迹者仅 10 枚（表 7.11），占观察齿数的 2.79%，具体表现为坚硬而光滑的、呈白垩色或黄褐色的平行线状痕迹，且多为前部牙齿（图 7.8），但并未发现存在有明显的带状、窝状痕迹者。这 10 枚牙齿分别来自 3 例人骨标本（男性 1 例、女性 2 例），占大堡山墓地 33 例可供观察人数的 9.09%，且没有明显的两性差异（X^2 = 0.599，fisher 精确检验 Sig. 双侧 p 值 = 0.579 > 0.05）。

表 7.11　大堡山墓地古代居民牙釉质发育不全情况统计表

颌部	I1	I2	C	P1	P2	M1	M2	M3	共计
上颌	2	0	1	0	0	1	0	0	4
下颌	1	2	1	0	1	1	0	0	6
总计	3	2	2	0	1	2	0	0	10

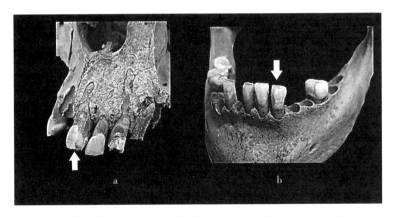

图 7.8　大堡山墓地古代居民牙釉质发育不全典型标本（张旭制图）

a. 上颌门齿牙釉质发育不全：2011HXSM5　　b. 下颌犬齿牙釉质发育不全：2011HXSM26

但需要说明的是，大堡山墓地古代居民牙釉质发育不全的出现率可能受到埋葬过程中牙齿保存状况的影响，由于牙釉质发育不全可发生在单枚牙齿之上，而在发

---

① Jane E. Buikstra，Douglas H. Ubelaker，*Standards for data collection from human skeletal remains.* Fayetteville，AR：Arkansas Archaeological Survey，1994，pp. 56 – 58.

掘过程中并非同一个体的所有牙齿都能得以保存，因此在牙齿保存情况欠佳的情况下，很难准确把握该个体在成长发育时期的营养情况，针对目前的牙釉质发育不全的统计结果而言，大堡山墓地古代居民在生长发育过程中营养状况相对良好，但是或许实际情况要与笔者观察结果所反映出的状况略有不同。

第二节　关节疾病的观察与讨论

关节是骨与骨之间主要的连接结构，正因有关节相连，骨骼之间才具有了可活动性，人体的关节按照运动模式可分为活动关节（如肩关节）、微动关节（如耻骨联合部位）与不动关节（如颅骨骨缝），按照组织学特征又可分为滑膜关节（如肩关节）、纤维关节（如牙齿与齿槽骨联合部位）和软骨关节（如骶髂关节），其中滑膜关节是人体运动系统中最为常见、最主要的活动关节①。

关节疾病是指各类发生在骨关节上的疾病，除了随着年龄增长而发生的退行性关节炎之外，还包括关节骨上的非特异性感染，例如风湿性关节炎、类风湿性关节炎等，以及发生在关节上的营养代谢性的疾病，例如股骨头缺血性坏死等。罹患关节疾病的个体不仅会在日常的生产生活中忍受关节疼痛所带来的煎熬，严重者还将彻底失去该关节的活动能力造成残疾。现代医学研究表明，关节疾病的主要病因并非在于骨骼本身发生病变，而是软骨等关节保护系统丧失了对于关节的保护能力。这种保护能力的丧失与人类的营养状况，日常行为活动中错误的行为方式、运动强度都有着最为直接的联系，因此，对关节疾病进行病理学研究不仅能够了解此类疾病的形成与发展，更能够深度发掘诱发此类疾病的致病因素，若将其运用在人类学，特别是考古学研究当中，能够为探讨古代人类的营养健康状况、生产生活等行为模式等提供科学的依据。

由于发掘过程中人骨搜集情况不算理想，大堡山墓地的人骨标本仅颅骨、骨盆和四肢长骨得以完好保存，本章主要通过对大堡山墓地古代人类骨骼上肉眼可

---

① Tim D. White，Michael T. Black，Pieter A. Folkens，*Human Osteology*（3rd）．MA：Elsevier Academic Press，2011，pp. 28 – 32.

观察到的关节疾病进行观察、统计与分析，结合相关的人类学研究，试图针对这些关节疾病所暗示的大堡山墓地古代人类的行为模式、健康状况进行初步的推测与讨论。

一、骨性关节炎

骨性关节炎，又称退行性关节炎、软骨骨化性关节炎或增生性关节炎，是现代临床医学研究中最常见的一种关节炎症，好发部位常常是活动性强又负重较大的关节，如膝、颈椎、腰椎等关节，此类关节炎主要是由于力学、生物学因素造成关节软骨退化磨损而导致软骨下骨质增生、硬化，致使关节产生疼痛，当该关节运动或需要负重时更会加重痛感①。究其病因十分复杂，或与年龄增长过程中的退行性变化、关节的过度使用与损伤有关，也可能与自身免疫因素、细胞因子、信号通路、激素水平等因素有关。骨性关节炎病变主要累及患病关节的软骨、软骨下骨、滑膜等，主要病理表现为关节软骨破坏，关节表面形成骨赘、滑膜细胞增生、滑膜炎和关节间隙变窄②。

学术界针对古代人骨标本上骨性关节炎的诊断标准主要依据是否同时出现骨赘和关节表面疏松的现象，而进一步诊断则主要是观察关节表面是否有骨质象牙化的出现③，由此可见，针对骨性关节炎的诊断至少要符合"骨赘和关节表面疏松现象同时出现"这一标准。

（一）长骨相关关节的骨性关节炎

笔者根据上述标准首先对大堡山墓地42例年龄范围明确的古代居民的四肢长骨进行观察，按照肩、肘、腕、髋、膝、踝六处人体的主要关节进行记录与统计（表7.12）。

---

① 中华中医药学会：《骨性关节炎》，《风湿病与关节炎》2013 年第 2 期。

② Yuan XL, Meng HY, Wang YC, et al, Bone-cartilage interface crosstalk in osteoarthritis: Potential pathways and future therapeutic strategies. *Osteoarthritis Cartilage*, vol. 22, 2014, pp. 1077 – 1089.

③ Charlotte Roberts、Keith Manchester：《疾病考古学》，张桦译，济南：山东画报出版社，2010 年，第 150~151 页。

表 7.12　大堡山墓地古代居民骨性关节炎统计表①

年龄分组	例数	肩（%）	肘（%）	腕（%）	髋（%）	膝（%）	踝（%）
少年期 （7～14 岁）	2	0	0	0	0	0	0
青年期 （15～23 岁）	2	0	0	0	0	0	0
壮年期 （24～35 岁）	18	0	4 (22.22)	0	2 (11.11)	10 (55.56)	2 (11.11)
中年期 （36～55 岁）	20	0	6 (30.00)	0	0	6 (30.00)	0
总计	42	0	10 (23.81)	0	2 (4.76)	16 (38.10)	2 (4.76)

根据表 7.12 所示，仅从骨骼上来看，大堡山墓地古代居民骨性关节炎的多发部位主要集中在上肢肘关节和下肢膝关节上，且肘、膝关节之间骨性关节炎的罹患情况并无显著性差异（$X^2 = 2.005$，$p = 0.157 > 0.05$），其他部位的骨性关节炎发病率一般，特别是肩关节、腕关节未曾观察到骨性关节炎的出现，这与大堡山墓地古代居民仅被采集了四肢长骨，缺乏相对应的肩胛骨与腕骨的搜集有着直接的关系。正如前文所述，骨性关节炎主要是由于力学、生物学因素造成关节软骨、细胞外基质和软骨下骨的退变与合成二者间失去平衡的结果②，由此可见，负重或频繁屈肘屈膝的人，容易发生肘、膝关节炎症。

同时，笔者就骨性关节炎罹患情况分别进行性别、年龄、墓向差异的卡方检验，因样本例数小于 40，采用 Fisher 精确概率法检验，p 值选取精确 Sig.（双侧）值（表 7.13）。

表 7.13　大堡山墓地古代居民四肢长骨骨性关节炎罹患情况卡方检验

关节炎	例数	男性	女性	X²检验		壮年期	中年期	X²检验		南北向	东西向	X²检验	
	观察人数	23	16	X²值	p 值	18	20	X²值	p 值	28	14	X²值	p 值
肘	罹患人数	2	8	8.443	0.007	4	6	0.296	0.719	6	4	0.263	0.707

---

① 左右侧关节中只要一侧关节出现骨性关节炎病灶便被记录为 1。

② 中华中医药学会：《骨性关节炎》，《风湿病与关节炎》2013 年第 2 期。

关节炎	例数	男性	女性	X² 检验		壮年期	中年期	X² 检验		南北向	东西向	X² 检验	
	观察人数	23	16	X² 值	p 值	18	20	X² 值	p 值	28	14	X² 值	p 值
髋	罹患人数	2	0	1.467	0.503	2	0	2.346	0.218	1	1	0.263	>0.999
膝	罹患人数	6	10	5.171	0.046	10	6	2.538	0.188	11	5	0.050	>0.999
踝	罹患人数	0	2	3.030	0.162	2	0	2.346	0.218	1	1	0.263	>0.999

　　根据表 7.13 所统计的结果可知，采集自大堡山墓地的古代人骨标本中，女性居民更容易罹患肘、膝关节炎症（p < 0.05）；壮、中年期或采集自不同墓向的个体在罹患骨性关节炎症方面并无显著性差异（p < 0.05）。

　　20 世纪 80 年代，人类学家拉思本（Rathbun）就曾针对伊朗和美索不达米亚平原地区铁器时代居民的骨性关节炎的患病频率做过统计与报道[1]。而在我国，关于古代人类骨性关节炎的统计与研究并不常见，多为简单陈述典型病例。赵永生针对甘肃磨沟地区古代居民的骨性关节炎罹患情况进行统计后得出结论，该地区古代居民四肢骨关节骨性关节炎主要集中在肘、膝关节部位[2]，而侯侃对于山西榆次地区出土的明清时代人类骨骼骨性关节炎进行统计研究后同样得出结论，四肢长骨关节骨性关节炎亦多发于肘、膝关节部位[3]。结合笔者统计结果可知，无论地区与时代，骨性关节炎在古代人群四肢长骨关节当中的好发部位当属肘、膝关节，这应与人类社会发展过程中的行为模式息息相关。但遗憾的是，就目前大堡山墓地古代居民罹患骨性关节炎的统计结果而言，很难进一步讨论该墓地古代两性居民行为模式是否存在差异，因此，若要得出相关结论还有待未来更多相关研究的开展与结合。

（二）颅骨相关关节的骨性关节炎

　　笔者还针对大堡山墓地 33 例（男性 18 例、女性 15 例）保存相对完好的颅骨标

---

[1]　Ted A. Rathbun, Patterns of pathology among metal age Iranian and Mesopotamian population. *American Journal of Physical Anthropology*, vol. 52, 1980, p. 269.

[2]　赵永生：《甘南临潭磨沟墓地人骨研究》，第 62~68 页。

[3]　侯侃：《山西榆次高校新校区明清墓葬人骨研究》，长春：吉林大学硕士学位论文，2013 年，第 77~80 页。

本的枕髁、颞下颌关节上的骨性关节炎痕迹进行观察与统计，并就罹患情况分别进行性别、年龄、墓向差异的卡方检验，因样本例数小于 40，采用 Fisher 精确概率法检验，p 值选取精确 Sig.（双侧）值（表 7.14）。

表 7.14　大堡山墓地古代居民颅骨骨性关节炎罹患情况卡方检验

关节炎	例数	男性	女性	X^2 检验		壮年期	中年期	X^2 检验		南北向	东西向	X^2 检验	
	观察人数	18	15	X^2 值	p 值	14	18	X^2 值	p 值	20	13	X^2 值	p 值
枕髁	罹患人数	4	11	8.621	0.005	5	10	1.245	0.308	8	7	0.609	0.493
颞下颌	罹患人数	0	1	1.238	0.455	1	0	1.327	0.438	0	1	1.587	0.394

根据表 7.14 所统计的结果可知，大堡山墓地古代居民患有枕髁关节骨性关节炎者 15 例（占总人数的 45.45%），男性 4 例、女性 11 例，女性比男性患病情况严重（p = 0.005 < 0.05），其中，壮年期个体 5 例、中年期个体 10 例，二者之间差异并不显著（p = 0.308 > 0.05），也不存在显著的墓向差异（p = 0.493 > 0.05）。现代临床医学研究证明，枕髁关节骨性关节炎是由于频繁的过度屈伸、扭转致使颈部肌肉组织失调，造成动力性失衡而引起的枕髁与寰椎之间关节发生退行性病变；根据流行病学调查发现现代人枕颈部关节炎多发病于老年期人群，并且女性患者居多①，这与大堡山墓地古代居民罹患情况相仿。

根据表 7.14 还可知，大堡山墓地古代居民患有颞下颌关节骨性关节炎者仅 1 例（占总人数的 3.03%），为 25～30 岁女性。颞下颌关节常被视为在较大咀嚼压力下而产生的骨性病变，而严重的牙齿磨耗更被认为是导致颞下颌关节炎的诱因之一②，如果颞下颌关节炎与咀嚼压力有着正相关关系的话，那么由此可见，大堡山墓地古代居民极低的颞下颌关节炎患病情况似乎暗示该墓地古代居民并没有面对过重的咀嚼压力。诚然，由于大堡山墓地古代居民例数有限，而且缺乏充足的对比组数据，

① 陈岗、贾连顺、李家顺：《枕颈部骨关节炎研究进展》，《继续医学教育》2005 年第 7 期。

② 张林虎：《新疆伊犁吉林台库区墓葬人骨研究》，第 120～122 页。

此推论还有待未来更多数据的搜集以及相关研究的进一步展开（图7.9）。

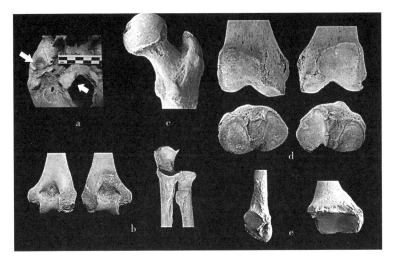

图7.9　大堡山墓地古代居民骨性关节炎典型标本（张旭制图）
a. 颞下颌关节、枕髁关节：2011HXSM22　b. 肘关节：2011HXSM5　c. 髋
关节：2011HXSM10　d. 膝关节：2011HXSM30　e. 踝关节：2011HXSM15

二、代谢性疾病

所谓代谢性疾病是由人体代谢障碍或代谢旺盛所引起，常见有贫血、氟骨症、大骨节病、股骨头坏死等。

股骨头坏死，全称缺血性股骨头坏死，由于疾病或外伤引起的骨组织营养血流减少、骨内血管网受压或者静脉阻塞而造成的髋关节部位供血障碍，严重者便发展为股骨头骨组织缺血性坏死，并伴随出现近似骨性关节炎病变①。在大堡山墓地古代居民当中便发现有一例疑似股骨头坏死中年患者（2011DXSM8），具体表现为其右侧股骨头、股骨颈以及对应髋臼表面已有新骨形成，并出现骨质侵蚀呈溶解性破坏状，股骨头形似蘑菇，表面极其粗糙（图7.10）；而该个体左侧股骨头和髋关节无恙。关于古代人类股骨头坏死的报道并不多见，因此尚无法推断大堡山墓地古代居民所患股骨头坏死的真正病因，但是仅一例个体的出现率至少可以说明应该与其自身原因

① 刘铁钢、陈卫衡：《非创伤性股骨头坏死的流行病学研究进展》，《医学综述》2009年第15期。

有关，而非人群性、地域性、环境性因素所致。同时，该个体牙齿磨耗偏重，罹患龋病、根尖周病并伴有牙齿生前脱落现象，或许也增加了其营养不良导致代谢功能出现障碍的可能。

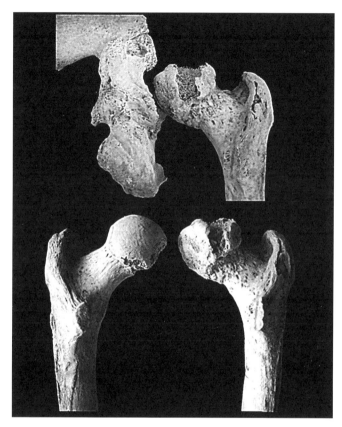

图 7.10　大堡山墓地古代居民股骨头缺血性坏死标本
（2011DXSM8）（张旭制图）

第三节　其他骨骼疾病的观察与记录

除前文所述疾病外，在采集自大堡山墓地的 44 例人骨标本中，一些个体还表现有其他骨骼疾病的病灶，但这些骨骼疾病在该人群中并不具有普遍性，因此，本节仅将大堡山墓地古代居民所患的各类骨骼疾病典型标本刊布于此，以期未来研究工作的进一步展开。

一、创伤与骨折

创伤是指人的身体受外物侵害所造成的生理性损伤，骨骼受到创伤之后主要表现为骨折，古代人类的创伤主要多发于颅骨和四肢长骨，并可被简单划分为两大类，即开放性创伤和闭合性创伤。开放性创伤，也称为复合型骨折，是指皮肤软组织破裂致使骨骼暴露，此类创伤极大地增加了伤口感染的可能；闭合性创伤是指皮肤或软组织无损，但骨骼已发生骨折[①]。

（一）颅骨创伤

根据致伤工具的不同，可将古代人类颅骨创伤划分为摔伤、锐器伤、钝器伤、穿刺伤四类，摔伤主要造成颅骨的压迫性或线性骨折；锐器伤往往伴有清晰的砍切痕迹；钝器伤通常导致压迫性骨折；而穿刺伤则在骨骼上留有明显的损伤途径。

在大堡山墓地古代居民当中，发现有一例中年男性个体（2011HXSM34）左侧顶骨靠近矢状缝部位呈现凹陷性骨折，并已开始形成新骨，但不能确定是否为致命伤害。另有一例中年女性个体（2011HXSM49）左侧顶骨存在有明显的砍砸痕迹，并形成压迫性骨折，属钝器伤，伤口创面已出现新骨形成痕迹，但是由于创面过大，新骨未完全形成该个体的生命便已结束，故推测为致命创伤。因创伤位于左侧顶骨，笔者推测很可能是由习惯使用右手的攻击者与受害者面对面近距离攻击时，右手持械所造成的左侧颅骨创伤（图7.11）。

（二）四肢长骨骨折

在大堡山墓地古代人骨材料中还发现有一例壮年男性个体右侧胫骨骨折，具体表现为右侧胫骨远端骨折愈合（2011HXSM31），且愈合情况相对较好，与周围骨质相差不明显，仅在骨折处略有隆起（图7.12）。

综上所述，采集自大堡山墓地的44例人骨标本中，观察到骨骼创伤的个体仅三例，占观察总人数的6.82%。其中，两例颅骨创伤疑似是近距离右手持械攻击所致的钝器伤；另一例胫骨骨折愈合个体无明显创伤痕迹，故无法推测骨折类型以及致伤原因。

---

① 　Charlotte Roberts、Keith Manchester：《疾病考古学》，张桦译，第93～144页。

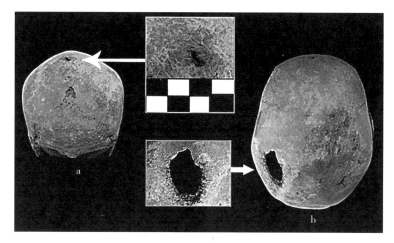

图 7.11　大堡山墓地古代居民颅骨创伤标本（a. 2011HXSM34；
b. 2011HXSM49）（张旭制图）

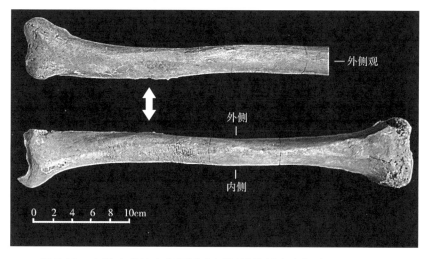

图 7.12　大堡山墓地古代居民右侧胫骨骨折愈合标本（2011HXSM31）
（张旭制图）

二、肿瘤性疾病

在大堡山墓地古代居民中发现有一例中年女性个体（2011HXSM6）左侧顶骨外部出现有坚硬的、边缘相对光滑的、近似椭圆状隆起，疑似为象牙样骨瘤；同时，也不能排除是骨膜下血肿骨化的病灶表现（图 7.13）。

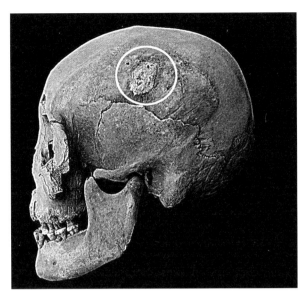

图 7.13（彩版四）　大堡山墓地古代居民左侧顶骨疑似骨
肿瘤标本（2011HXSM6）（张旭制图）

第四节　小结

对于大堡山墓地古代居民所患疾病的诊断与统计，不仅能够了解该墓地古代居民的生前健康状况，甚至死亡原因，还可以为该人群的食物结构、生业模式、所处社会环境等诸多问题的讨论提供重要线索。基于以上目的，本章的研究成果可概括为以下两点：

第一，大堡山墓地古代居民依靠农业生产为其提供大量植物性食物的同时，还摄取了一定量的动物性食物。首先，相对于我国北方地区不同时期、不同生业模式的古代人群而言，大堡山墓地古代居民患龋率和龋齿率方面皆居高，表明该墓地古代居民的口腔条件更利于致龋细菌的滋长，若遵循"不同生业模式影响人类碳水化合物类食物摄取进而决定患龋率高低"的推论，结合大堡山墓地所处的和林格尔地区的生态环境，该墓地古代人群可能具有相对成熟的农耕经济，为其提供了大量的碳水化合物类食物，进而导致较高的龋病发生率。其次，大堡山墓地古代居民后部牙齿（臼齿）较前部牙齿（门齿、侧门齿、犬齿）磨耗严重，相对于我国北方地区不同时期、不同生业模式的古代人群而言，该墓地与古代混合经济人群的前后牙齿磨耗比值最为接近，表明他们在牙齿磨耗程度方面具有一定的相似性。由此可知，大堡山墓地古代居民的食物结构应与混合经济人群一样同时包含了植物性和动物性食物。再次，针对大堡山墓地古代居民骨性关节炎罹患情况的统计结果表明，该墓地古代居民在日常生产生活中对于肘、膝关节存在着明显的过度使用现象，这种负重或频繁的屈肘屈膝行为或许与承担较多的农业耕种所带来的关节负担有关；另外，根据该墓地古代居民颞下颌关节炎发病较少的情况来看，该墓地古代居民并没有面临较重的口腔咀嚼压力，或许与该人群的食物结构以植物性为主，辅以动物性食物有关。结合该墓地出土人骨 C、N 稳定同位素研究结果来看，大堡山墓地古代先民主要生活方式是在进行一定程度粟作农业生产的基础上，充分利用粟作农业的剩余产品（如秸秆等）饲喂牛、羊等动物以获取生活所需的肉、奶等。

第二，大堡山墓地古代居民营养状况较为良好，所处社会环境也相对稳定。首先，大堡山墓地古代居民牙釉质发育不全出现率极低，表明该墓地古代居民的营养健康状况相对良好，不存在成长发育阶段营养严重缺乏的现象，这应与该墓地古代居民在以摄取植物性食物为主的同时，还补充一定量的动物性食物来维持其日常生产生活有关。其次，大堡山墓地古代居民仅三例个体存在明显的可供观察的颅骨创伤和肢骨骨折痕迹，由此推测，该墓地古代居民所处社会相对稳定，不存在大规模的人群间的暴力活动，但不能排除人群内部暴力发生的可能；另有一例个体胫骨骨折后愈合情况较好，在医疗卫生条件较差的古代社会，伤者只有在受到良好照顾以及摄入足够营养的情况下才能有利于骨骼的完好愈合，因此，推测大堡山墓地古代居民不仅所处社会相对稳定，而且还具有较高的人文关怀。

诚然，本章基于大堡山墓地古代居民古病理学研究所进行的相关讨论还存在一定的不足之处。

第一，经历数千年的轮回与沧桑，大堡山墓地古代居民的骨骼保存情况受到了严峻的考验，所进行的古病理学研究也受限于保存与采集状况，观察与统计结果难免偏离实际情况。

第二，大堡山墓地古代居民疾病的诊断与记录，仅局限于肉眼所能观察到、发生在牙齿与骨骼上的典型病例，正如前文所述，疾病作为人体正常形态与功能的偏离，是人体组织综合性病变的过程，仅通过对牙齿与骨骼的观察所得到的诊断结果是不全面的。

第三，由于本人能力所限，对于古病理现象的诊断以及所选对比组人群的生业模式定义都存在有一定程度的主观性，而生业模式与古代人群所患疾病出现情况之间的关联程度也缺乏全面科学的研究论证，因此，在相关问题的讨论方面也难免带有一定的主观性。

基于以上原因，本章对于大堡山墓地古代居民古病理学研究还属于从"单纯的典型病例报道"向"结合生业模式进行讨论"的过渡阶段，也是将古病理学研究与人类骨骼考古学研究相互结合的一次尝试，从产生疾病的病因入手来分析不同生业模式下疾病罹患规律所作出的关于大堡山墓地古代居民的食物结构、生业模式、所处社会环境等方面的推论，都有待未来更多数据的搜集以及针对该墓地古代居民所进行的稳定同位素分析、CT 扫描、环境考古学分析等相关学科研究的进一步展开，以期弥补本研究的不足，取得更加科学、令人满意的研究成果。

第八章　大堡山墓地古代居民的种系源流问题初探

"人种"是对人群自然生物属性的认识，而非社会文化属性的考察，因此与"民族"一词有着本质的差别，相当于生物学里"亚种"的概念。人种学研究，亦作种系成分研究，是针对某一地域内的特定人群区别于其他人群的共同遗传体质特征的分析与讨论[①]；而古代人群的种系成分研究，其目的在于利用考古发掘出土的古代人骨标本来描绘各个不同历史时期的古代人群间的颅骨形态学关系，以及古往今来各民族间的种系源流，为形成中华民族多元一体化格局的原因、动力及过程等重大理论性问题加以辅证[②]。

本章拟通过对大堡山墓地出土的古代人类骨骼标本同我国境内乃至世界范围内相关对比人群的颅骨测量性状数据进行比较分析，对该墓地古代居民的渊源流向问题提出人类骨骼考古学方面的建议。

第一节　种系成分分析

采集自大堡山墓地的44例人骨标本中，性别明确者共39例，其中，可提供颅骨测量性状数据的成年个体共31例（男性17例、女性14例），参考发掘简报[③]，根据其墓向的不同和性别的差异，大堡山墓地古代人群的随葬品出土情况如下（表8.1）。

---

① 朱泓：《体质人类学》，第317～359页。
② 朱泓：《建立具有自身特点的中国古人种学研究体系》，载于吉林大学社会科学研究处：《我的学术思想》，长春：吉林大学出版社，1996年，第471～478页。
③ 齐溶青等：《和林格尔县大堡山墓地发掘报告》，《草原文物》2013年第2期。

表8.1　大堡山墓地不同墓向的两性居民随葬品汇总表

男性	南北向9座	铜带钩7件、铜镜1件、铜盘1件、铜镦1件、铜铫1件、铜镟1件、铜古玺1件、铁带钩1件、铁锛1件、陶饼1件、陶罐3件、陶豆2件、陶钵1件（残）、陶壶1件、玛瑙环1件（残）、青玉环3件、蛤壳2件、兽骨2件等。
	东西向8座	铜带钩3件、铜环1件、铁锛1件、陶饼1件、陶壶1件等。
女性	南北向10座	铜带钩12件、铜古玺1件、铜璜2件、铜铃2件、玉璧1件、铁锛1件、玛瑙环3件（残）、琉璃料珠1件、水晶珠1件等。
	东西向4座	铜带钩1件、铁带钩2件。

　　根据表8.1统计，大堡山墓地不同墓向的两性居民中，均以带钩作为主要随葬品，且南北向墓葬随葬的器物种类明显多于东西向墓葬。王仁湘先生曾专门对带钩做过梳理，并初步划分为八式，即Ⅰ式水禽形、Ⅱ式兽面形、Ⅲ式耜形、Ⅳ式曲棒形、Ⅴ式琵琶形、Ⅵ式长牌形、Ⅶ式全兽形、Ⅷ式异形[①]。根据大堡山墓地的发掘简报[②]，从器物造型来看，大堡山南北向墓葬伴出的带钩Ⅴ式居多，另有Ⅲ式2件、Ⅶ式1件；东西向墓葬同样以Ⅴ式为主，另有Ⅲ式1件（图8.1）。

　　王仁湘研究认为，Ⅴ式带钩以战国晚期为界可分为前后两段，前段以长形琵琶为主，钩体饰有纹饰，钩纽近尾端；而后段则多见短小素面的琵琶形，钩纽离钩尾较远，靠近钩体中部，它们在大堡山墓地中皆存在。Ⅴ式带钩可细分为四式：（1）Ⅴa式：宽体粗颈，钩纽近尾端，如大堡山南北向墓地M30∶5、东西向墓地M22∶1，流行于整个战国时期，主要发现于三晋地区；（2）Ⅴb式：窄体长颈，钩纽近尾端，如大堡山南北向墓地M8∶2、东西向墓地M25∶1，在整个战国时期的三晋地区最为流行，边远地区可晚到西汉；（3）Ⅴc式：同Ⅴb式，钩纽距钩尾较远，如大堡山南北向墓地M20∶1、M1∶2，流行于战国中期至东汉晚期的中原、南方和华东地区；（4）Ⅴd式：钩体短小，比较粗壮，以素面为主，如大堡山东西向墓地M7∶1，流行于春秋晚

---

① 王仁湘：《带钩概论》，《考古学报》1985年第3期。
② 齐溶青等：《和林格尔县大堡山墓地发掘报告》，《草原文物》2013年第2期。

期至东汉晚期。Ⅲ式带钩主要流行于战国晚期，多见于三晋和关中地区，如大堡山南北向墓地 M19∶1、东西向墓地 M47∶1；Ⅶ式出现于战国早期，大量流行于战国晚期，如大堡山南北向墓地 M21∶1。由此可知，大堡山墓地不同墓向出土的带钩形制主要流行于战国晚期的三晋或中原地区，且在具体样式方面不存在太过明显的墓向差异。

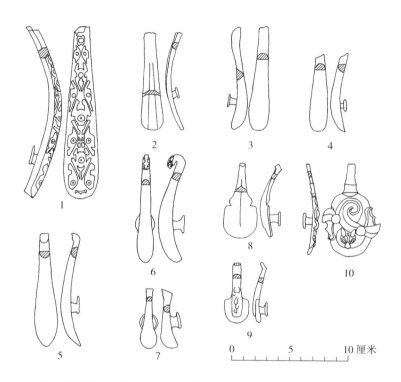

图 8.1　大堡山墓地出土铜带钩（采自《和林格尔县大堡山墓地发掘报告》，《草原文物》2013 年第 2 期）

Ⅴ式琵琶形：1. M30∶5，2. M22∶1，3. M8∶2，4. M25∶1，5. M20∶1，6. M1∶2，7. M7∶1；
Ⅲ式粗形：8. M19∶1，9. M47∶1；Ⅶ式全兽形：10. M21∶1

　　根据发掘者的报道，该墓地还盛行仅随葬单件带钩，以及将带钩折断后填埋的"毁器"习俗①，而这种现象在位于蛮汉山南麓的内蒙古乌兰察布市凉城县春秋晚期至战国中晚期的毛庆沟和战国晚期的饮牛沟墓地中也较为多见，同大堡山墓地一样，

---

① 齐溶青等：《和林格尔县大堡山墓地发掘报告》，《草原文物》2013 年第 2 期。

这两处墓地也分别存在南北向、东西向墓葬，其中被认为是近似"古中原类型"的南北墓向的古代居民大多只随葬带钩，且将带钩打断后置于头、足两端，这种仅随葬带钩又将其打断的现象在战国中晚期的我国三晋地区较为盛行①，若考虑到战国中晚期的内蒙古中南部已为赵国势力所辖②，那么，笔者推测大堡山墓地古代居民同毛庆沟、饮牛沟墓地随葬有带钩的古代居民一样，很有可能是同为受赵文化影响而使用相同形制带钩的人群，但这种文化上的影响在大堡山墓地中并不存在墓向方面的差异。

根据前文研究结果可知，大堡山墓地不同墓向的古代居民仅在个别颅骨测量项目上存在个体差异，整体而言，其颅骨形态特征较为一致，同以中颅型的颅长宽指数、高颅型的颅长高指数以及狭颅型的颅宽高指数为主要颅型特点；以中眶型、狭额型、平颌型的中面角、中等的面宽和面部扁平度为主要特征的面型特征；男性居民以偏狭的中鼻型为主，而女性居民表现为明显的阔鼻倾向；四肢长骨发育情况和身高方面也并无明显的墓向差异。结合大堡山墓地不同墓向出土遗物情况，笔者认为可将该墓地不同墓向的古代居民视为同一人群来进行种系成分分析。

一、与现代人种类型的比较

为了确定大堡山墓地古代居民的种系成分类型，根据大堡山墓地古代居民颅骨样本的具体保存情况，首先选择了传统人类学研究用来鉴定现代三大人种类型的颅骨测量值、指数标准③来对大堡山墓地古代居民基本人群种属进行初步的鉴别，由于三大人种类型的甄别标准仅适用于男性居民，故仅对大堡山墓地男性居民进行人种学比较（表8.2）。

---

① 苏军强：《三晋两周地区东周带钩研究》，长春：吉林大学硕士学位论文，2012年。
② 王立新：《秦统一前内蒙古中南部地区的文化多元化及其历史背景》，《边疆考古研究》2011年第10辑。
③ 〔苏〕雅·雅·罗金斯基、马·格·列文：《人类学》，北京：警官教育出版社，1993年，第525页。

表 8.2 大堡山墓地古代男性居民与现代三大人种测量性状比较①

测量性状	大堡山组	亚美人种	欧亚人种	赤道人种
面宽	134.00	131～145（中等和大）	124～139（小和中等）	121～138（小和中等）
上面高（sd）	72.40	70～80（中等和大）	66～74（小和中等）	62～71（小和中等）
眶高	L：32.82 R：32.66	34～37（大）	33～34（中等）	30～34（低和中等）
齿槽面角	78.60	73～81（中等）	82～86（大）	61～72（小）
鼻颧角	142.43	145～149（大）（印第安人 138～143）	136～137（小）	140～142（中等）
颧上颌角	125.02	130～141	125～127	123～135
鼻指数	48.56	45～53（小或中等）	43～49（小）	51～60（中等或大）
垂直颅面指数（sd）	52.21	50～60（中等和高）	50～54（中等）	47～53（低和中等）

　　根据表 8.2 所示数据，大堡山墓地古代男性居民八项测量性状同三大人种相比而言，面宽、上面高、齿槽面角、鼻指数、垂直颅面指数等五项符合亚美人种类型的分布范围，鼻颧角符合亚美人种类型印第安人的变异范围；面宽、上面高、颧上颌角、鼻指数、垂直颅面指数五项符合欧亚人种类型的分布范围；面宽、眶高、颧上颌角、垂直颅面指数等四项符合赤道人种类型的分布范围。由此可知，在现代人群三大人种类型当中，亚美人种类型的居民颅面部形态特征与大堡山墓地古代男性居民之间具有更多的相似性。

　　基于以上统计结果，为进一步确定现代亚美人种类型居民与大堡山墓地古代男性居民之间存在的区域性形态学关系，结合大堡山墓地所处的地理位置因素，将大堡山墓地古代男性居民同由苏联人类学家尼·尼·切博克萨罗夫（Н. Н. Чебоксаров）② 提出的现代亚洲蒙古人种各区域性类型进行比较与分析（表 8.3）。

---

① 长度单位为毫米（mm），角度单位为度（°）。

② 转引自潘其风、韩康信：《柳湾墓地的人骨研究》，载于青海省文物管理处考古队、中国社会科学院考古研究所：《青海柳湾——乐都柳湾原始社会墓地》，北京：文物出版社，1984 年，第 272 页。

表 8.3   大堡山墓地古代男性居民与现代亚洲蒙古人种
四大区域类型测量性状比较①

测量性状	大堡山组	北亚类型	东北亚类型	东亚类型	南亚类型	变异范围
颅长	176.54	174.9～192.7	180.7～192.4	175.0～182.2	169.9～181.3	169.9～192.7
颅宽	138.97	144.4～151.5	134.3～142.6	137.6～143.9	137.9～143.9	134.3～151.5
颅高	138.57	127.1～132.4	132.9～141.1	135.3～140.2	134.4～137.8	127.1～141.1
最小额宽	92.16	90.6～95.8	94.2～96.6	89.0～93.7	89.7～95.4	89.0～96.6
额角	79.58	77.3～85.1	77.0～79.0	83.3～86.9	84.2～87.0	77.0～87.0
面宽	134.00	138.2～144.0	137.9～144.8	131.3～136.0	131.5～136.3	131.3～144.8
上面高（sd）	72.40	72.1～77.6	74.0～79.4	70.2～76.6	66.1～71.5	66.1～79.4
总面角	83.80	85.3～88.1	80.5～86.3	80.6～86.5	81.1～84.2	80.5～88.1
鼻颧角	142.43	147.0～151.4	149.0～152.0	145.0～146.6	142.1～146.0	142.1～152.0
颅长宽指数	78.60	75.4～85.9	69.8～79.0	76.9～81.5	76.9～83.3	69.8～85.9
颅长高指数	78.04	67.4～73.5	72.6～75.2	74.3～80.1	76.5～79.5	67.4～80.1
颅宽高指数	99.81	85.2～91.7	93.3～102.8	94.4～100.3	95.0～101.3	85.2～102.8
垂直颅面指数（sd）	52.21	55.8～59.2	53.0～58.4	52.0～54.9	48.0～52.2	48.0～59.2
上面指数（sd）	52.89	51.4～55.0	51.3～56.6	51.7～56.8	49.9～53.3	49.9～56.8
眶指数（R）	77.14	79.3～85.7	81.4～84.9	80.7～85.0	78.2～81.0	78.2～85.7
鼻指数	48.56	45.0～50.7	42.6～47.6	45.2～50.2	50.3～55.5	42.6～55.5

根据表 8.3 所示，在 16 项颅骨测量性状中，大堡山墓地古代男性居民有 13 项符合东亚蒙古人种类型的变异范围，分别是颅长、颅宽、颅高、最小额宽、面宽、上面高、总面角、颅长宽指数、颅长高指数、颅宽高指数、垂直颅面指数、上面指数和鼻指数；同时，还有 10 项符合南亚蒙古人种类型的变异范围，7 项符合北亚蒙古人种类型的变异范围，6 项符合东北亚蒙古人种类型的变异范围。但需要说明的是，除额角与鼻颧角之外，符合其他三支蒙古人种类型变异范围的各值也属于东亚蒙古

---

① 长度单位为毫米（mm），角度单位为度（°）。

人种类型的变异范围内，而额角属于北亚蒙古人种，鼻颧角属于南亚蒙古人种的变异范围。另外，大堡山墓地的眶指数值不在现代亚洲蒙古人种类型的变异范围内。综上所述，笔者认为大堡山墓地古代男性居民与现代亚洲蒙古人种中的东亚类型有着较为近似的形态学关系，而与其他亚洲蒙古人种类型居民之间也有着一定的近似程度，但仅限于个别测量性状。

综合以上结果，大堡山墓地古代男性居民颅骨测量性状与现代亚美人种，特别是现代亚洲蒙古人种东亚类型人群之间存在一定的相似性。由于现代人群种系类型是由不同时空框架内的人类通过长时间、大规模的人群交流与融合、基因迁移与变异所形成，因此，利用现代人颅骨形态特征来还原古代人群的颅骨形态，甚至是种系类型特点，似乎是本末倒置，需将其置于历史时期与相关人群进行比较分析。

二、与先秦时期人种类型比较

自阿善一期文化（距今 6800—6200 年）、白泥窑文化白泥窑类型（距今 6200—5700 年）、海生不浪文化（距今 5700—5000 年）和阿善三期文化（距今 5000—4500 年）、老虎山文化（距今 4500—4000 年）①，经朱开沟文化（距今 4000—3500 年）、西岔文化，直至西周末年与春秋早期的西麻青遗存，内蒙古中南部地区一直都呈现的是相对单一的文化稳定更替，而春秋晚期开始出现的毛庆沟类型、西园类型等若干文化类型打破了这一区域考古学文化划分的单一性，多种文化类型并存于同一墓地的现象开始出现②。

先秦时期生活在内蒙古中南部地区的古代居民可概括为三大类型，即高颅狭面结合扁平面部的"古华北类型"，高颅狭面结合中等面部扁平度但明显低面阔鼻倾向的"古中原类型"，以及低颅阔面结合扁平面部的"古蒙古高原类型"③。东距大堡山墓地 150 千米处的内蒙古乌兰察布市境内的黄旗海南畔曾发掘有内蒙古中南部地

① 魏坚、冯宝：《试论白泥窑文化》，《考古学报》2019 年第 1 期；魏峻：《内蒙古中南部考古学文化演变的环境学透视》，《华夏考古》2005 年第 1 期。
② 王立新：《秦统一前内蒙古中南部地区的文化多元化及其历史背景》，《边疆考古研究》2011 年第 10 辑。
③ 张全超、朱泓：《先秦时期内蒙古中南部地区居民的迁徙与融合》，《中央民族大学学报》（哲学社会科学版）2010 年第 3 期。

区保存最为完整的新石器时代遗存——庙子沟遗址，在该遗址的房屋及周围共采集了 70 例古代人骨标本，朱泓对其中 17 例保存较为完整的成年个体研究后发现，该遗址古代居民普遍具有中颅、高颅、狭颅相结合的颅型，以及偏低的中眶、偏阔的中鼻、中等偏狭又偏平的面型，结合考古学研究推测其为北上的仰韶农人与该地区早期居民的后裔，代表了内蒙古中南部地区新石器时代主体原住民的颅面型特点[1]，被定义是我国先秦时期主要人种类型之一的"古华北类型"；商代晚期，与大堡山墓地同样位于今内蒙古呼和浩特市的西岔遗址共发掘石板墓 50 余座，张全超对其出土人骨标本进行研究后甄别出"古华北类型"与"古中原类型"人群并存，一定程度上代表了文化交流所带来的人群迁徙与融合[2]；春秋至战国时期，与大堡山墓地同处于和林格尔县的新店子墓地"古蒙古高原类型"居民的出现[3]，以及距离大堡山墓地不远处的蛮汉山南麓毛庆沟、饮牛沟墓地东西向墓葬埋葬的疑似"古华北类型"[4] 人群与南北向墓葬埋葬的"古中原类型"居民的共存现象，为该地区先秦时期人群种系成分增添了多源且复杂的因素。

　　为进一步探寻大堡山墓地古代居民颅面部形态特征所蕴含的人种学意义，笔者将大堡山墓地男性居民同朱泓划分的我国先秦时期主要人种类型的相关对比人群（表 8.4）的颅骨测量性状进行平均数组间差异均方根（以下简称组差均方根）和欧氏距离系数的计算。

组差均方根计算公式：$\alpha = \sqrt{\sum \dfrac{d^2}{\delta^2} / m}$

欧氏距离系数计算公式：$D_{ij} = \sqrt{\sum_{k=1}^{m} (x_{ik} - x_{jk})^2}$

其中，d 代表两对比组间每项测量性状平均值之差；

δ 代表同种系标准差；

① 朱泓：《内蒙古察右前旗庙子沟新石器时代颅骨的人类学特征》，《人类学学报》1994 年第 2 期。

② 张全超、朱泓：《先秦时期内蒙古中南部地区居民的迁徙与融合》，《中央民族大学学报》（哲学社会科学版）2010 年第 3 期。

③ 张全超、朱泓：《先秦时期内蒙古中南部地区居民的迁徙与融合》，《中央民族大学学报》（哲学社会科学版）2010 年第 3 期。

④ 朱泓：《内蒙古凉城东周时期墓葬人骨研究》，《考古学集刊（七）》，北京：科学出版社，1991 年，第 169～191 页。

m 代表对比项目总数；

i 和 j 分别代表两组需要进行对比的古代人群；

k 代表具体的测量性状。

各对比人群介绍如下：

1. 古中原类型

（1）仰韶合并组：该组数据系由同属于仰韶文化的半坡、宝鸡、华县和横阵等四个颅骨组合并而得的平均值①。仰韶文化居民在种属特征上与现代南亚和东亚蒙古人种比较接近，尤其与南亚类型之间的关系更为密切一些②。

（2）庙底沟组：该组数据采集自河南陕县庙底沟新石器时代遗址，属于庙底沟二期文化墓葬，而这一文化可能是"龙山早期或由仰韶到龙山的一种过渡性质的文化"。该组的体质特征与现代东亚蒙古人种比较接近。它和仰韶文化、大汶口文化各组人骨之间，在体质上显然存在更为密切的关系③。

2. 古华北类型

（1）庙子沟组：该组数据出自内蒙古自治区乌兰察布市察右前旗境内黄旗海南岸的庙子沟新石器时代遗址。与现代亚洲蒙古人种各区域性类型的比较中，他们的多数特征接近于现代东亚蒙古人种，但在面部扁平度上却明显区别于后者，而与现代北亚蒙古人种比较相似④。

（2）姜家梁组：该组数据取自河北省阳原县姜家梁新石器时代遗址。在与古代组的对比中，其与庙子沟新石器时代居民、夏家店上层文化居民等在体质特征上表现出较强的一致性⑤。

---

① 颜訚等：《西安半坡人骨的研究》，《考古》1960 年第 9 期；颜訚、刘昌芝、顾玉珉：《宝鸡新石器时代人骨的研究报告》，《古脊椎动物与古人类》1960 年第 1 期；考古研究所体质人类学组：《陕西华阴横阵的仰韶文化人骨》，《考古》1977 年第 4 期；颜訚：《华县新石器时代人骨的研究》，《考古学报》1962 年第 2 期；韩康信、潘其风：《安阳殷墟中小墓人骨的研究》，载于中国社会科学院历史研究所、中国社会科学院考古研究所：《安阳殷墟头骨研究》，北京：文物出版社，1985 年，第 50 ~ 81 页。

② 韩康信、潘其风：《古代中国人种成分研究》，《考古学报》1984 年第 2 期。

③ 潘其风、韩康信：《陕县庙底沟二期文化墓葬人骨的研究》，《考古学报》1979 年第 2 期。

④ 朱泓：《内蒙古察右前旗庙子沟新石器时代颅骨的人类学特征》，《人类学学报》1994 年第 2 期。

⑤ 李法军：《河北阳原姜家梁新石器时代人骨研究》，长春：吉林大学博士学位论文，2004 年，第 94 ~ 152 页。

3. 古西北类型

（1）菜园组：该组数据出自宁夏回族自治区海原县菜园村出土人骨标本。根据研究者的意见，该遗址原始居民在体质特征上与现代亚洲蒙古人种的东亚类型接近。在近代对比组中则接近于华北组。与邻近地区古代人类学材料比较中，它与甘青地区青铜时代乃至新石器时代居民之间表现出一般的接近关系，尤其与甘肃的古代居民之间存在更密切的形态学联系①。

（2）柳湾合并组：该组数据采集自青海省乐都县境内的柳湾墓地。该墓地收集到的古代颅骨资料包含有三种不同文化类型的材料：半山文化、马厂文化和齐家文化，时代跨度从新石器时代到早期青铜时代。据研究者意见，柳湾墓地三组颅骨在形态学上没有本质的差别，属于相同的体质类型，故将其合并为一组。柳湾合并组的体质特征与现代东亚蒙古人种最为接近，尤其是与近代华北组的相似性最为明显。在古代对比组中，其与步达生的甘肃史前组和新石器组的关系最为密切，此外，与殷墟中小墓①组也呈现比较接近的趋势②。

4. 古东北类型

（1）庙后山组：该组数据出自辽宁省本溪市庙后山墓地，碳十四测年结果为距今 3600—3300 年左右。庙后山墓地古代居民与现代亚洲蒙古人种中的东亚类型最为接近，同时也含有某些接近北亚人种的因素③。

（2）代海组：该组数据采集自辽宁省阜新市代海墓地。从颅骨测量数据分析结果可知，该人群的颅骨形态特征与时代相近的周边地区古代人群既有相似，也有不同，具有自身特点。与已发表人类学数据的东北地区古代人群相比，代海墓地古代居民高颅特征与"古东北类型"人群近似，但面型却与该类型古代居民阔面的典型特征不符④。

---

① 韩康信：《宁夏海原菜园村新石器时代墓地人骨的性别年龄鉴定与体质类型》，载于中国社会科学院考古研究所：《中国考古学论丛》，北京：科学出版社，1993 年，第 170～181 页。

② 潘其风、韩康信：《柳湾墓地的人骨研究》，载于青海省文物管理处考古队、中国社会科学院考古研究所：《青海柳湾——乐都柳湾原始社会墓地》，北京：文物出版社，1984 年，第 261～303 页。

③ 魏海波、张振标：《辽宁本溪青铜时代人骨》，《人类学学报》1989 年第 4 期。

④ 魏东、赵永生、徐韶钢：《阜新代海墓地出土颅骨测量性状研究》，《边疆考古研究》2013 年第 13 辑。

5. 古华南类型

（1）昙石山组：该组数据出自福建闽侯县昙石山新石器时代遗址。该组居民与现代亚洲蒙古人种中的东亚类型及南亚类型都有一定程度的接近，在面部特征上更接近于南亚类型[①]。

（2）甑皮岩组：该组数据出自广西桂林甑皮岩新石器时代遗址。该组居民在体质特征上与现代亚洲蒙古人种中的南亚类型最为接近，但与现代南亚种族还有一定程度的差别，较现代南亚种族有更长的颅型、较大的面宽和更大的鼻宽[②]。

6. 古蒙古高原类型

（1）新店子组：该组数据出自内蒙古和林格尔县新店子乡东周时期墓地。该组居民在体质特征上与现代亚洲蒙古人种的北亚类型具有较多的一致性，与代表北亚蒙古人种类型的布里雅特组关系最为接近，张全超将这种先秦时期接近北亚蒙古人种的群体命名为"古蒙古高原类型"[③]。

（2）井沟子组：该组数据出自内蒙古自治区林西县双井店乡敖包吐村井沟子自然村北约 400 米处的井沟子遗址，其年代初步判断为春秋晚期至战国早期前后。井沟子组颅骨的基本体质特征与北亚蒙古人种最为接近[④]。

表8.4　所选用的先秦时期男性对比组

人种类型	颅面特征	对比组	数据来源
古中原类型	偏长的中颅型、高颅型、狭颅型；中等偏狭的面宽，中等的面部扁平度；较低的眶型、明显的低面阔鼻倾向。[⑤]	仰韶合并组	陕西省半坡、宝鸡、横阵和华县
		庙底沟组	河南省陕县

① 韩康信、张振标、曾凡：《闽侯昙石山遗址的人骨》，《考古学报》1976 年第 1 期。

② 张银运、王令红、董兴仁：《广西桂林甑皮岩新石器时代遗址的人类头骨》，《古脊椎动物与古人类》1977 年第 1 期。

③ 张全超：《内蒙古和林格尔县新店子墓地人骨研究》，第 58～99 页。

④ 朱泓：《内蒙古林西县井沟子遗址西区墓葬出土人骨的人类学研究》，载于内蒙古自治区文物考古研究所、吉林大学边疆考古研究中心：《林西井沟子——晚期青铜时代墓地的发掘与综合研究》，北京：科学出版社，2010 年，第 297～298 页。

⑤ 朱泓：《中原地区的古代种族》，载于吉林大学边疆考古研究中心：《庆祝张忠培先生七十岁论文集》，北京：科学出版社，2004 年，第 549～557 页。

续表 8.4

人种类型	颅面特征	对比组	数据来源
古华北类型	偏长的中颅型、高颅型、狭颅型；偏狭的面宽，较大的面部扁平度，偏低的中眶型、中鼻型。①	庙子沟组	内蒙古自治区乌兰察布新凤乡
		姜家梁组	河北省阳原县
古西北类型	长颅型、高颅型、狭颅型；中等偏狭的面宽，中等的面部扁平度，高而狭的面型；中眶型、狭鼻型。②	菜园组	宁夏回族自治区海原县
		柳湾合并组	青海省乐都县
古东北类型	长颅型、高颅型；面型较宽阔且颇为扁平的颅面型特征。③	庙后山组	辽宁省本溪市
		代海组	辽宁省阜新市
古华南类型	长颅型、中等偏高的正颅型；中等面宽，低面；较低的中眶型。④	昙石山组	福建省闽侯县
		甑皮岩组	广西壮族自治区桂林市
古蒙古高原类型	圆颅型、偏低的正颅型、阔颅型；阔面、较大的面部扁平度。⑤	新店子组	内蒙古自治区和林格尔县
		井沟子组	内蒙古自治区林西县

参考各古代对比组原始数据报道情况，笔者选用了颅长、颅宽、颅高、额骨最小宽、颧宽、上面高（sd）、右侧眶宽、右侧眶高、鼻宽、鼻高、总面角等 11 项测量项目，颅长宽指数、颅长高指数、颅宽高指数、额顶宽指数、上面指数（sd）、右侧眶指数、鼻指数等 7 项指数项目进行组差均方根⑥的计算（表 8.5）。根据表 8.5 可知，大堡山墓地古代男性居民与近似 "古华北类型" 的新石器时代庙子沟组古代居民之间的组差均方根值最小（0.47），同时，与属于 "古中原类型" 的仰韶合并组对比人群也存在较小的组间差异均方根值（0.58），而与属于 "古蒙古高原类型" 的新店子组（1.71）之间的组差均方根距离最大。通常意义上，组差均方根计算所得数值越小，则有可能表明两组对比人群之间的形态学关系越接近。那么，由此推测大堡山墓地

---

① 朱泓：《内蒙古长城地带的古代种族》，《边疆考古研究》2002 年第 1 辑。

② 朱泓：《中国西北地区的古代种族》，《考古与文物》2006 年第 5 期。

③ 朱泓：《东北古代居民的种族成分研究》，《博物馆研究》1989 年第 3 期。

④ 朱泓：《中国南方地区的古代种族》，《吉林大学社会科学学报》2002 年第 3 期。

⑤ 张全超：《内蒙古和林格尔县新店子墓地人骨研究》，第 58～99 页。

⑥ 男性同种系标准差参考自李法军：《河北阳原姜家梁新石器时代人骨研究》，第 121 页。

表 8.5　大堡山墓地古代男性居民与各古代对比人群各项颅骨测量性状统计表①

测量性状	大堡山组	仰韶合并组	庙底沟	庙子沟组	姜家梁组	菜园组	柳湾合并组	庙后山组	代海组	景石山组	瓿皮岩组	新店子组	井沟子组
颅长	176.54	180.70	179.43	177.63	178.27	179.60	185.93	192.80	181.07	189.70	193.30	173.80	184.43
颅宽	138.97	142.56	143.75	137.03	134.20	135.60	136.41	144.00	131.89	139.20	143.20	153.27	147.88
颅高	138.57	142.53	143.17	140.93	138.10	140.10	139.38	143.50	140.57	141.30	140.90	129.18	131.50
额骨最小宽	92.16	93.64	93.69	90.36	88.60	93.70	90.30	99.00	89.80	91.00	93.50	94.33	93.83
颧宽	134.00	136.37	140.83	136.64	135.63	131.20	137.24	145.30	129.00	135.60	138.00	142.08	143.67
上面高（sd）	72.40	73.38	73.48	73.50	75.53	71.90	78.19	75.50	77.52	71.10	69.70	73.91	76.00
眶宽 R	42.11	43.41	41.75	43.93	44.41	40.50	43.87	44.60	43.65	42.20	42.60	44.38	43.34
眶高 R	32.66	33.48	32.42	32.93	33.39	33.30	34.27	32.60	35.53	33.80	34.40	33.12	32.84
鼻宽	25.46	27.56	27.31	26.23	27.04	25.80	27.26	25.90	27.44	29.50	28.30	27.12	27.66
鼻高	52.62	53.36	53.99	52.63	55.58	51.00	55.77	54.10	55.70	51.90	53.10	56.52	57.72
总面角	83.80	81.39	85.75	82.33	82.59	93.30	89.21	85.00	82.75	81.00	84.00	88.00	89.80
鼻颧角	142.43	146.40 *	147.56	149.81	146.76	145.80	146.49	151.00	140.71	143.80	144.80	148.77	153.57
颅长宽指数	78.60	79.10	80.31	77.22	75.76	75.20	73.92	74.80	72.87	73.40	73.20	88.13	80.39
颅长高指数	78.04	78.62	77.64	79.57	78.74	78.40	74.74	74.50	76.83	73.80	70.50	72.80	71.76
颅宽高指数	99.81	99.41	99.47	102.95	102.33	103.80	100.96	99.65	107.38	99.50	97.90	84.57	89.51
额顶宽指数	66.33	65.59	65.18 *	66.03	66.02	69.10	65.94	68.75 *	67.60	65.37 *	65.29 *	61.60	61.77
垂直颅面指数（sd）	52.21	51.60	54.06	52.05	52.22	52.30	56.57	51.10	54.38	50.32	49.47	57.29	56.89
上面指数（sd）	52.89	54.58	51.86	53.68	55.71	54.90	57.60	51.96 *	62.46	52.50	50.40	51.93	51.93
眶指数 R	77.14	77.18	77.71	74.94	77.39	82.20	78.46	74.94	81.46	80.00	80.40	74.71	75.88
鼻指数	48.56	52.08	50.15	49.90	49.00	50.70	49.09	48.02	49.54	57.00	53.30	48.06	47.99
与大堡山组的 α 值		0.58	0.62	0.47	0.70	0.95	1.03	1.21	1.27	1.14	1.24	1.71	1.37
与大堡山组的 Dij 值		10.02	12.25	10.20	10.56	14.50	16.88	24.93	19.20	18.53	22.00	29.32	26.22

① 长度单位为毫米（mm），角度单位为度（°），* 由笔者根据原文中数据计算所得。

古代男性居民应该与"古华北类型""古中原类型"的古代男性居民颅面型特征相仿，而与"古蒙古高原类型"的男性居民不同。在欧氏距离系数方面，笔者选用了颅长、颅宽、颅高、额骨最小宽、颧宽、上面高（sd）、右侧眶宽、右侧眶高、鼻宽、鼻高、总面角、鼻颧角等 12 项测量项目，颅长宽指数、颅长高指数、颅宽高指数、额顶宽指数、垂直颅面指数（sd）、上面指数（sd）、右侧眶指数、鼻指数等 8 项指数项目进行计算。根据表 8.5 可知，大堡山墓地古代居民与属于"古中原类型"的仰韶合并组古代居民有着最小的欧氏距离值（10.02），其次是与属于"古华北类型"的庙子沟组古代人群（10.20），而与属于"古蒙古高原类型"的新店子墓地古代居民之间的欧氏距离值最大（29.32）。各对比组人群之间在体质类型上的接近程度取决于距离系数的大小，即 D_{ij} 值越小，说明二组人群之间在体质特征上的相似性越大。那么，由此推测大堡山墓地古代男性居民应该与"古中原类型""古华北类型"的古代男性居民颅面型特征相近，而与"古蒙古高原类型"的男性居民不同。为更加直观地展示各对比组人群之间的颅骨形态学关系，笔者依据欧氏距离系数计算结果进一步绘制了各对比组人群聚类树状图（图 8.2），使用 ward 联接法进行聚类。

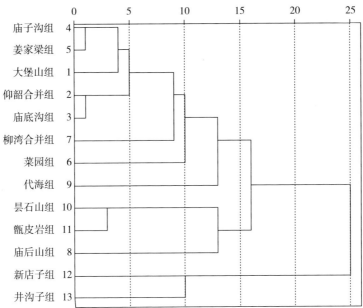

图 8.2　大堡山墓地古代居民与先秦时期各对比人群欧氏距离系数聚类图（男性）（张旭制图）

据图8.2所示，可大致将各对比组男性居民的聚类群划分为三部分，第一部分由"古华北类型"与"古中原类型"古代居民组成，其中，庙子沟、姜家梁和大堡山墓地古代居民在小于5的位置组成属于"古华北类型"的聚类群；属于"古中原类型"的仰韶合并组、庙底沟组古代居民在小于5的位置进行聚合后，再与"古华北类型"古代居民聚类群聚合；而属于"古西北类型"的菜园组、柳湾合并组以及属于"古东北类型"的代海组在5~10之间依次与"古华北类型"和"古中原类型"的聚类群进行聚合形成第一聚类集团；而属于"古华南类型"的昙石山组、甑皮岩组，"古东北类型"的庙后山组形成第二聚类集团；属于"古蒙古高原类型"的新店子组、井沟子组组成第三聚类集团，三组聚类集团在25的位置完成此次聚类。由此可知，大堡山墓地古代男性居民与先秦时期的"古中原类型"和"古华北类型"居民之间都有着较近的形态学距离。

综合参照以上统计结果可知，大堡山墓地男性居民的颅面型特征与先秦时期的"古中原类型"和"古华北类型"居民相仿。这两类古代人群在颅面形态方面具有极大的相似性：同为偏长的中颅型、高颅型结合狭颅型的颅型特征；不同的是，"古华北类型"居民拥有偏狭的面宽和较大的面部扁平度，"古中原类型"居民拥有中等偏狭的面宽及面部扁平度，较低的眶型，明显的低面阔鼻倾向。参照第三章统计结果可知，大堡山墓地古代男性居民拥有中颅型、高颅型结合狭颅型的颅型特征，但其偏狭的面宽、中等的面部扁平度与"古中原类型"居民相似，而中眶中鼻的面型特征又不同于"古中原类型"，却与"古华北类型"居民相近，综上所述，大堡山墓地男性居民的颅面形态特征是"古中原类型"和"古华北类型"混合类型。

本文第三章研究表明，大堡山墓地颅骨测量性状方面不存在明显的性别差异，仅在鼻指数、枕骨大孔指数方面存在两性差异，笔者认为这种差异与颅骨的性别特征差异有关，那么，笔者推测大堡山墓地古代女性居民应该同样与"古中原类型"和"古华北类型"居民的颅面形态特征相仿。

第二节 种系来源讨论

大堡山墓地所处的和林格尔地区战国时期属于云中郡的管辖范围。经考证，今和林格尔县西侧的托克托县古城村古城即是云中郡的郡治云中城[①]。史料记载，赵武灵王变俗胡服、习骑射，北破林胡、楼烦，筑长城，并置"云中郡"来巩固疆土，与雁门郡、代郡共同防御北方民族的侵扰[②]。为探寻大堡山墓地古代居民人群种系来源，笔者将该墓地古代居民的颅骨测量数据与已发表的、地望相近的各对比人群（表8.6）的颅骨测量性状进行组差均方根和欧氏距离系数的计算。

首先选择了与大堡山墓地同发现自内蒙古呼和浩特市和林格尔县的土城子遗址及将军沟、新店子、东头号、店里墓地古代人群，这五组对比人群的颅面形态特征在第一章已做介绍，此处不再赘述。除此之外，笔者还选择了六组来自内蒙古中南部地区先秦时期人群，分别是：

（1）庙子沟组，数据采集自内蒙古乌兰察布市察右前旗的庙子沟新石器时代遗址。该人群颅面形态特征前文已做详细介绍，与先秦时期人种类型中的"古华北类型"最为近似[③]。

（2）阳畔组，数据采集自内蒙古呼和浩特市清水河县阳畔遗址。2006年，由内蒙古文物考古研究所清理发掘墓葬6座，皆为竖穴土洞墓，随葬有青铜器、贝饰和骨器等，并伴有殉牲；葬式为仰身直肢，年代被推定为春秋中期至战国早期[④]。经体质人类学研究表明，该墓地古代居民的颅骨形态特征以圆颅型、正颅型结合阔颅型为主，低面、阔面以及扁平的面部形态，中眶狭鼻，属于先秦时期人种类型中的"古蒙古高原类型"，在现代人群中，北亚蒙古人种居民的颅面型特征与其最为接近[⑤]。

（3）崞县窑子组，数据采集自内蒙古乌兰察布凉城县蛮汗山北麓、石人湾沟北侧的台地上崞县窑子墓地。1983年，由内蒙古自治区文物工作队等发掘墓葬31座，该墓地的年代约为春秋晚期至战国早期[⑥]。经体质人类学研究表明，该墓地男性居民

①　张红星、陈永志：《托克托县古城村古城遗址发掘报告》，内蒙古文物考古研究所：《内蒙古文物考古文集（第三辑）》，北京：科学出版社，2004年，第218~261页。

②　"而赵武灵王亦变俗胡服，习骑射，北破林胡、楼烦。筑长城，自代并阴山下，至高阙为塞。而置云中、雁门、代。"司马迁：《史记》卷一百一十《匈奴列传第五十》，第2885页。

③　朱泓：《内蒙古察右前旗庙子沟新石器时代颅骨的人类学特征》，《人类学学报》1994年第2期。

④　曹建恩：《内蒙古中南部商周考古研究的新进展》，《内蒙古文物考古》2006年第2期。

⑤　张全超：《内蒙古和林格尔县新店子墓地人骨研究》，第58~99页。

⑥　内蒙古自治区文物考古研究所：《凉城崞县窑子墓地》，《考古学报》1989年第1期。

表现为偏短的中颅型或圆颅型、正颅型结合阔颅型的颅型特征，个别个体还表现出一定的低颅性质，面型特征为窄额、中等偏狭，中眶狭鼻，面部垂直方向和水平方向上的突度均较小；该墓地女性居民具有比男性组较高而狭的颅型，且鼻形较阔，齿槽突颌比较明显。崞县窑子组古代居民的人群构成具有一定的多源性，既有与先秦时期古代人种类型的"古华北类型"相近的居民，又有与"古蒙古高原类型"体质特征相仿的居民①。

（4）忻州窑子组，数据采集自内蒙古乌兰察布凉城县板城村忻州窑子墓地。2003年，由内蒙古文物考古研究所抢救性发掘墓葬67座，均为单人葬，并殉葬有动物遗存。根据考古学文化研究推测其应为畜牧业较发达的古代人群，葬式为仰身直肢，该墓地的年代属春秋晚期至战国早期，经体质人类学研究表明，该墓地古代居民在种族特征上也可分为A、B两组，A组居民表现为圆颅型、正颅型结合阔颅型的颅型特征，中等偏大的面宽、扁平度较大的面部，低眶以及较狭的中鼻型，极其近似先秦时期人种类型中的"古蒙古高原类型"；B组居民以中颅型、高颅型结合狭颅型为主要颅型特征，中等面宽、中等的面部扁平度，偏低的中眶型，中鼻型，属于先秦时期古代人种类型的"古中原类型"②。

（5）毛饮合并组，数据采集自内蒙古乌兰察布市凉城县境内的毛庆沟、饮牛沟墓地。两处墓地均存在有中原农耕文化和北方游牧文化两种文化类型，疑似是游牧民族与中原民族共同使用的公共墓地③，毛庆沟墓地的年代相当于春秋晚期至战国中晚期④，饮牛沟墓地的年代约为战国晚期⑤。笔者选用的颅骨测量数据为二者合并组，分别代表了疑似北方草原游牧民族的A组和中原农耕居民的B组，其中，毛饮合并A组居民以较圆的中颅型、高颅型、狭颅型为主要颅型特点，以及窄而扁平的面型特点，属于先

①　朱泓：《内蒙古凉城东周时期墓葬人骨研究》，《考古学集刊（七）》，第169～191页。

②　张全超等：《内蒙古凉城县忻州窑子墓地东周时期的人骨》，《人类学学报》2016年第2期。

③　陈畅：《毛庆沟墓地年代学研究》，《考古与文物》2010年第1期。

④　内蒙古文物工作队：《毛庆沟墓地》，载于内蒙古自治区文物工作队：《鄂尔多斯式青铜器（下编）》，北京：文物出版社，1986年，第227～315页。

⑤　内蒙古文物考古研究所、日本京都中国考古学研究会：《饮牛沟墓地1997年发掘报告》，载于内蒙古文物考古研究所、日本京都中国考古学研究会：《岱海考古（二）——中日岱海地区考察研究报告集》，北京：科学出版社，2001年，第278～327页。

秦时期古代人种中的"古华北类型"；而毛饮合并 B 组居民则以偏长的中颅型、高颅型和狭颅型为主要颅型特点，偏狭而中等扁平的面部，属于先秦时期古代人种中的"古中原类型"①。

（6）小双古城组，数据采集自内蒙古乌兰察布市凉城县小双古城村墓地。2003年，由内蒙古考古研究所抢救性清理发掘墓葬 14 座，以偏洞室墓为大宗，另有 2 座竖穴土坑墓，随葬品以牌饰、扣饰等青铜器为主，陶器次之，还有少量金器、骨器，葬式为仰身直肢，年代为战国早期②。通过相关体质人类学研究表明，该墓地古代男性居民的颅骨形态特征以圆颅型、正颅型结合阔颅型为主，高面、阔面以及扁平的面部形态，中眶阔鼻，属于先秦时期人种类型中的"古蒙古高原类型"，在现代人群中，北亚蒙古人种居民的颅面型特征与其最为接近；女性居民颅骨形态特征以长颅型、正颅型结合狭颅型为主，低面、窄面、中等的面部扁平度，低眶阔鼻，属于先秦时期人种类型中的"古中原类型"，现代东亚和南亚蒙古人种类型居民的颅面型特征与其较为接近③。

表8.6　所选用的内蒙古中南部地区先秦时期古代人群基本情况

墓葬名称	墓葬年代	人种类型
大堡山组	战国晚期	？
庙子沟组	新石器时代	古华北类型
阳畔组	春秋中期—战国早期	古蒙古高原类型
新店子组	春秋晚期—战国早期	古蒙古高原类型
崞县窑子组	春秋晚期—战国早期	古蒙古高原类型、古华北类型
忻州窑子组	春秋晚期—战国早期	A 组：古蒙古高原类型 B 组：古中原类型
毛饮合并组	春秋晚期—战国中晚期	A 组：古华北类型 B 组：古中原类型

① 张全超等：《内蒙古凉城县忻州窑子墓地东周时期的人骨》，《人类学学报》2016 年第 2 期。
② 曹建恩、孙金松、党郁：《内蒙古凉城县小双古城墓地发掘简报》，《考古》2009 年第 3 期。
③ 张全超：《内蒙古和林格尔县新店子墓地人骨研究》，第 58～99 页。

续表 8.6

墓葬名称	墓葬年代	人种类型
小双古城组	战国早期	男性：古蒙古高原类型 女性：古中原类型
将军沟组	战国中晚期	古中原类型
土城子组	战国中晚期	古中原类型
东头号组	战国中晚期	古中原类型
店里组	战国中晚期	古中原类型

　　参考各古代对比组原始数据报道情况，笔者选用了颅长、颅宽、颅高、额骨最小宽、颧宽、上面高（sd）、右侧眶高、右侧眶宽、鼻宽、鼻高、总面角等 11 项测量项目，颅长宽指数、颅长高指数、颅宽高指数、额顶宽指数、上面指数（sd）、右侧眶指数、鼻指数等 7 项指数项目进行组差均方根的计算（表 8.7）。根据表 8.7 可知，大堡山墓地古代男性居民与近似"古中原类型"的店里墓地古代居民之间组间差异均方根值最小（0.42），其次是东头号组古代居民（0.45），而属于"古华北类型"的新石器时代庙子沟组古代居民与大堡山墓地古代居民之间的组间差异均方根值也偏小（0.47）；但是，大堡山墓地古代居民与阳畔组、新店子组、崞县窑子组、忻州窑子 A 组、小双古城组等五组"古蒙古高原类型"古代人群之间的组差均方根距离相对较大。由此可知，大堡山墓地古代男性居民在颅骨形态特征方面与战国中晚期的店里墓地古代居民之间存在一定的相似关系。在欧氏距离系数方面，笔者选用了颅长、颅宽、颅高、额骨最小宽、颧宽、上面高（sd）、右侧眶高、右侧眶宽、鼻宽、鼻高、总面角、鼻颧角等 12 项测量项目，颅长宽指数、颅长高指数、颅宽高指数、额顶宽指数、垂直颅面指数（sd）、上面指数（sd）、右侧眶指数、鼻指数等 8 项指数项目进行计算（表 8.7）。根据表 8.7 可知，大堡山墓地古代居民与属于"古中原类型"的店里组古代居民有着最小的欧氏距离系数（6.24），其次是将军沟组古代人群（7.60），而与属于"古蒙古高原类型"的新店子墓地古代居民之间的欧氏距离值最大（29.32）。由此推测，大堡山墓地古代男性居民应该与店里组古代居民颅面型特征相近，而与"古蒙古高原类型"的男性居民不同。为更加直观地展示各对比组人群之间的颅骨形态学关系，笔者依据欧氏距离系数计算结果进一步绘制了各对比组人群聚类树状图，使用 ward 联接法进行聚类（图 8.3）。

表 8.7　大堡山墓地古代居民与各古代对比人群各项颅骨测量性状统计表（男性）①

测量性状	大堡山组	庙子沟组	阳畔组	新店子组	崞县窑子组	忻州窑子A组	忻州窑子B组	毛饮合井A组	毛饮合井B组	小双古城组	将军沟组	土城子组	东头号组	店里组
颅长	176.54	177.63	176.00	173.80	186.40	178.46	182.44	182.04	182.20	178.83	181.00	180.33	182.00	175.80
颅宽	138.97	137.03	152.50	153.27	149.00	146.85	139.75	142.02	139.76	146.67	138.10	140.27	141.10	138.60
颅高	138.57	140.93	129.50	129.18	133.60	127.88	138.00	136.88	142.72	132.33	140.00	140.97	139.50	135.80
额骨最小宽	92.16	90.36	89.50	94.33	90.06	91.00	89.13	90.50	90.64	93.83	90.55	92.06	92.39	91.20
颧宽	134.00	136.64	139.00	142.08	138.74	136.88	135.43	134.64	135.47	140.50	133.70	136.22	136.37	134.30
上面高（sd）	72.40	73.50	72.00	73.91	75.80	78.06	74.44	74.50	74.26	80.50	73.58	75.56	74.16	73.10
眶高 R	32.66	32.93	33.00	33.12	33.90	32.39	32.71	33.88	33.70	33.00	33.42	34.18	33.98	34.00
眶宽 R	42.11	43.93	42.10	44.38	43.98	42.75	42.86	43.85	42.91	44.00	43.56	43.62	42.70	42.80
鼻高	25.46	26.23	25.10	27.12	25.62	26.81	25.91	25.97	26.84	25.00	26.31	26.51	25.02	26.80
鼻宽	52.62	52.63	55.20	56.52	55.28	56.60	53.80	55.10	54.70	50.50	55.10	54.69	54.28	53.70
总面角	83.80	82.33	84.00	88.00	89.83	89.50	82.67	86.00	83.55	87.00	84.25	82.47	83.17	86.50
颅长宽指数	78.60	77.22	87.50	88.13	79.93	82.33	76.63	78.10	76.79	82.21	76.30	77.56	77.59	78.80
颅长高指数	78.04	79.57	73.30	72.80	72.63	71.76	75.66	75.54	78.38	74.02	77.26	77.75	76.70	77.30
颅宽高指数	99.81	102.95	84.93	84.57	91.73	87.13	98.75	96.63	101.57	90.22	101.48	100.36	98.95	98.10
额顶宽指数	66.33	66.03	58.71	61.60	60.46	62.13	63.77	64.10	64.91	63.94	65.85	66.53	65.65	65.80
垂直颅面指数（sd）	52.21	52.05*	55.60*	54.80	56.74*	61.40*	54.00	54.43*	52.03*	60.83*	52.56*	53.95	53.25	53.83*
上面指数（sd）	52.89	53.68	51.76	51.93	54.78	57.22	55.59	54.48	54.66	54.76	54.89	56.69	53.71	54.43*
眶指数 R	77.14	74.94	78.46	74.71	77.07	75.86	76.42	77.41	78.73	75.00	77.72	78.41	79.50	79.50
鼻指数	48.56	49.90	45.46	48.06	46.30	47.36	48.41	47.21	49.09	49.50	47.41	48.63	46.26	50.00
鼻颧角	142.43	149.81	149.00	148.77	149.36	150.50	145.14	150.23	145.55	153.33	145.00	144.06	144.84	142.70
与大堡山组的 α 值		0.47	1.58	1.71	1.23	1.36	0.53	0.61	0.52	1.12	0.49	0.56	0.45	0.42
与大堡山组的 Dij 值		10.20	27.45	29.32	22.75	25.87	9.48	12.55	9.49	23.70	7.60	8.47	8.48	6.24

① 长度单位为毫米（mm），角度单位为度（°），* 表示由笔者根据原文中数据计算所得。

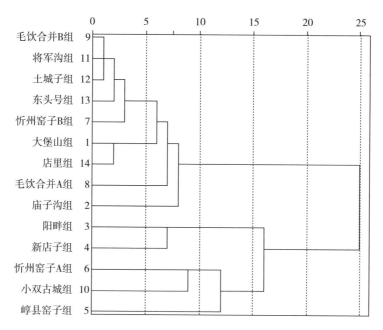

图8.3　大堡山墓地古代居民与内蒙古中南部地区先秦时期各
对比人群欧氏距离系数聚类图（男性）（张旭制图）

　　根据图8.3所示，可大致将各对比组男性居民的聚类群划分为两部分，第一部分由"古中原类型"与"古华北类型"古代居民组成，其中，毛饮合并 B 组、将军沟组、土城子组、东头号组、忻州窑子 B 组古代居民在小于5 的位置组成属于"古中原类型"的聚类群，大堡山组与店里组在小于5 的位置聚合后又与"古中原类型"聚类群在5～10 之间进行聚类，再依次与毛饮合并 A 组、庙子沟组等"古华北类型"居民进行聚合形成第一聚类集团。属于"古蒙古高原类型"的阳畔组、新店子组、忻州窑子 A 组、小双古城组、崞县窑子组等五组古代人群组成了第二聚类集团，两组聚类集团在25 的位置完成此次聚类。由此可知，大堡山墓地古代男性居民与店里墓地古代居民之间有着较近的形态学距离。

　　参考组差均方根和欧氏距离系数计算结果，为更进一步探寻大堡山墓地古代男性居民与各对比组人群间的颅骨形态学关系，笔者将其与店里组、东头号组、将军沟组、土城子组、忻州窑子 B 组等五组"古中原类型"男性人群以及庙子沟组"古华北类型"男性居民进行了种系相似系数（C. L.）的计算（表8.8），计算公式已在第三章介绍，此处不再赘述。

表 8.8　大堡山墓地与对比组人群颅骨测量性状 C. L. 值统计（男性）

测量性状	δ	α 值					
		庙子沟组	忻州窑子 B 组	将军沟组	土城子组	东头号组	店里组
颅长	5.73	0.1842	5.3975	3.7320	4.7418	5.2965	0.0700
颅宽	4.76	0.8666	0.1401	0.2004	0.8720	1.2014	0.0259
颅高	5.69	0.8028	0.0511	0.3684	1.9191	0.1558	0.9954
额骨最小宽	4.05	1.0306	2.9203	1.0029	0.0070	0.0181	0.2408
颧宽	4.57	0.9733	0.2856	0.0108	0.9692	0.5977	0.0118
上面高（sd）	4.15	0.3123	1.0739	0.2695	4.6830	0.8520	0.1067
眶宽 R	1.67	5.0808	0.8628	2.9268	7.0147	0.6538	0.6628
眶高 R	1.91	0.0699	0.0024	0.5115	3.7586	1.9667	1.5902
鼻宽	1.77	0.9084	0.2858	1.0196	3.3640	0.3371	2.2926
鼻高	2.92	0.0001	0.7220	3.1891	4.8244	1.7628	0.5472
总面角	3.24	0.5614	0.3317	0.0429	0.7222	0.1031	1.8939
颅长宽指数	2.67	1.3600	2.7714	4.5710	1.6366	0.8347	0.0236
颅长高指数	2.94	1.2323	3.2454	0.3486	0.0955	1.1742	0.2601
颅宽高指数	4.30	2.4885	0.3094	0.7679	0.1738	0.2333	0.6642
额顶宽指数	3.29	0.0434	3.1589	0.1277	0.0411	0.2403	0.1112
上面指数（sd）	3.30	0.1459	1.7040	0.4897	4.5182	0.1058	0.5229
眶指数 R	5.05	0.7815	0.0837	0.0495	0.5034	1.0920	0.8190
鼻指数	3.82	0.5906	0.0068	0.4007	0.0032	1.9774	0.5684
18 项测量性状 C. L. 值		− 0.032	0.297	0.113	1.214	0.033	− 0.366

　　C. L. 值由 0 开始，若有负值出现则记为 0；若 C. L. 小于 1，表示两个对比组可能有非常密切联系；C. L. 介于 1~4 之间，表示两个对比组可能有密切联系。根据表 8.8 统计结果可知，大堡山墓地古代男性居民与庙子沟组（−0.032）、店里组（−0.366）古代居民之间存在着极其紧密的颅骨形态学关系，与忻州窑子 B 组（0.297）、将军沟组（0.113）、东头号组（0.033）古代居民之间的 C. L. 值也都小于 1，表明他们

之间也有着非常密切联系，而与土城子组（1.214）古代人群的 C. L. 值介于 1～4 之间，表示两组人群可能有密切联系。参考 C. L. 值计算公式中 α 值来看，若 α 值介于 0～2.7 之间，表明该项目可能源自同种系；若 α 值介于 2.7～6.1 之间，表明对比人群的种族关系可能稍远或者差异性质不能肯定；若 α 值大于 6.1，则表明对比人群的种族关系可能很远或者完全不能确定。大堡山组与店里组之间所有 α 值均小于 2.7，而庙子沟组的右侧眶宽 α 值（5.0808）、东头号组的颅长 α 值（5.2965）介于 2.7～6.1 之间，将军沟组有 4 项、忻州窑子 B 组有 5 项、土城子组有 6 项 α 值介于 2.7～6.1 之间，而土城子组的右侧眶宽值甚至大于 6.1。由此可知，大堡山墓地古代男性居民与店里组、庙子沟组男性居民的种系相似度最大，与"古中原类型"的其他对比人群也存在一定的相似性。

综合参照以上统计结果可知，大堡山墓地男性居民的颅面型特征与战国中晚期店里墓地居民在颅面形态方面具有极大的相似性，笔者推测二者应有着相似的种系来源。二者均位于内蒙古呼和浩特市和林格尔县，直线距离约为 26 千米。与大堡山墓地相同的是，店里墓地根据墓向不同也可分为南北向与东西向墓葬。但遗憾的是，截至本研究完成之时，该墓地的考古发掘简报仍未刊布，没有办法对二者考古学文化方面进行相关比较分析，仅依据颅骨测量数据统计结果可知，店里墓地古代男性居民普遍具有中颅型、高颅型、狭颅型相结合的颅型特征，以及中眶中鼻、中等颧宽和上面部扁平程度等面部形态特点[1]，正如前文所述，此类颅面部形态特征介于先秦时期"古华北类型"与"古中原类型"之间。结合大堡山墓地古代居民 DNA 研究结果可知[2]，该墓地古代居民母系来源较为复杂，在内蒙古中南部地区的各对比人群中，其与将军沟墓地古代人群有着相对较近的母系遗传关系；该墓地古代居民 Y 染色体 DNA 也较为多源，在受中原文化影响较深的同时，内蒙古中南部地区原住民和北方草原人群也做出了一定的基因贡献。

综上所述，大堡山墓地与店里墓地男性居民或许都是由不同类型的先秦时期人

---

[1] 张全超等：《内蒙古凉城县忻州窑子墓地东周时期的人骨》，《人类学学报》2016 年第 2 期。

[2] 刘铭：《内蒙古和林格尔大堡山墓地古代居民的 DNA 研究》，长春：吉林大学硕士论文，2013 年，第 20～23 页。

群的基因融合后所形成的古代人群，拥有着"古华北类型"与"古中原类型"混合的颅面形态特征，而该人群也是战国中晚期的内蒙古中南部地区古代居民的主要构成之一，笔者推测这与进入到青铜时代，随着周王室势力日渐衰微，中原诸国纷纷扩土开疆，特别是中原赵国迁民于阴山南麓，加速了与内蒙古中南部地区原住民之间交流融合的历史背景有关。

　　进一步探寻大堡山墓地女性居民的种系来源，笔者仍然将其与内蒙古中南部地区相关对比人群进行了颅骨形态学方面的对比分析，因各古代对比组原始数据报道情况不一，笔者仅选择了庙子沟组、新店子组、崞县窑子组、忻州窑子组、毛饮合并组、土城子组以及东头号组等七组对比人群进行组差均方根和欧氏距离系数的计算。

　　笔者选用了颅长、颅宽、颅高、额骨最小宽、颧宽、上面高（sd）、右侧眶宽、右侧眶高、鼻宽、鼻高、总面角、鼻颧角等 12 项测量项目，颅长宽指数、颅长高指数、颅宽高指数、额顶宽指数、垂直颅面指数（sd）、上面指数（sd）、右侧眶指数、鼻指数等 8 项指数项目进行女性居民的颅骨测量性状组差均方根[①]和欧氏距离系数的计算（表 8.9）。根据表 8.9 可知，在组差均方根方面，大堡山墓地古代女性居民与近似"古中原类型"的土城子墓地古代居民之间组间差异均方根值最小（0.41），其次是属于"古华北类型"的新石器时代庙子沟组古代居民（0.60），与新店子组、崞县窑子组、忻州窑子 A 组等"古蒙古高原类型"古代人群之间的组差均方根相对较大。在欧氏距离系数方面，大堡山墓地古代居民与土城子组古代居民有着最小值（6.18），其次是庙子沟组古代人群（9.04），与属于"古蒙古高原类型"的新店子墓地古代居民之间的值最大（31.17）。由此推测，大堡山墓地古代女性居民应该与土城子组古代女性居民颅面型特征最为相近，与庙子沟组女性人群也有着较为相似的颅面形态特征，而与"古蒙古高原类型"的女性居民不同。为更加直观地展示各对比组人群之间的颅骨形态学关系，进一步绘制了各对比组人群聚类树状图，使用 ward 联接法进行聚类（图 8.4）。

---

① 女性同种系标准差参考自顾玉才：《内蒙古和林格尔县土城子遗址战国时期人骨研究》，第 52～74 页。

表 8.9　大堡山墓地古代居民与各组古代对比人群各项颅骨测量性状统计表（女性）①

测量性状	大堡山组	庙子沟组	新店子组	崞县窑子组	忻州窑子A组	忻州窑子B组	毛饮合并A组	毛饮合并B组	土城子组	东头号组
颅长	173.40	171.00	176.57	172.00	174.71	168.70	172.51	173.90	172.93	169.88
颅宽	132.85	134.18	145.55	138.67	141.70	132.30	137.60	134.70	135.81	137.00
颅高	133.23	134.00	124.44	134.25	122.28	126.00	132.00	137.96	134.52	133.25
额骨最小宽	88.18	91.56	93.27	87.37	87.71	82.70	89.23	88.62	87.14	86.85
颧宽	126.83	128.13	130.44	129.25	129.00	126.50	127.10	128.10	126.13	129.50
上面高（sd）	67.56	69.62	56.39	72.17	71.38	68.50	69.51	69.24	67.91	67.89
眶宽 R	40.69	42.56	42.95	43.40	42.10	41.50	41.83	41.82	41.04	41.18
眶高 R	32.34	33.86	33.75	34.63	32.20	31.30	33.80	33.97	32.46	32.44
鼻宽	26.21	26.97	25.95	28.00	26.40	28.50	25.89	26.91	25.90	24.89
鼻高	48.24	49.36	54.56	52.80	52.00	50.25	50.86	51.99	50.15	47.86
总面角	81.40	81.10	89.38	85.00	95.50	85.00	84.67	87.19	81.71	79.00
颅长宽指数	76.66	78.55	81.93	80.97	81.16	78.50	80.01	77.48	78.37	80.62
颅长高指数	76.83	78.31	70.56	75.43	70.03	74.70	76.52	79.32	77.46	78.45
颅宽高指数	100.23	100.29	85.67	99.27	86.28	94.70	96.00	102.50	98.41	97.38
额顶宽指数	66.67	68.27	64.18	64.93	61.87	62.50	64.83	65.76	64.22	63.45
垂直颅面指数（sd）	51.50	51.06	58.96	53.63	57.80	56.20	52.66*	50.19*	50.89	50.96
上面指数（sd）	53.99	54.43	56.39	55.75	55.65	53.10	54.75	54.19	53.77	53.89
眶指数 R	79.49	79.58	78.66	79.83	78.25	75.30	80.41	81.33	78.92	78.94
鼻指数	54.47	54.77	47.55	53.05	50.94	56.70	50.97	51.93	51.56	52.05
鼻颧角	142.20	148.50	149.50	153.17	150.90	144.00	147.17	144.07	142.33	149.41*
与大堡山组的 α 值		0.60	2.24	1.16	2.04	1.11	0.73	0.85	0.41	0.67
与大堡山组的 D_{ij} 值		9.04	31.17	16.39	29.17	15.30	11.10	10.52	6.18	11.91

① 长度单位为毫米（mm），角度单位为度（°）。* 表示由笔者根据原文中数据计算所得。

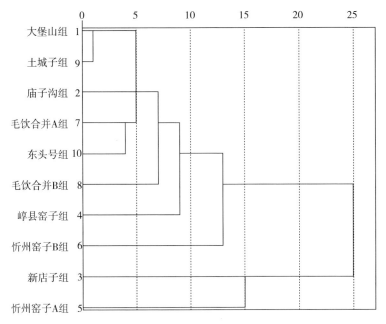

图8.4　大堡山墓地古代居民与内蒙古中南部地区先秦时期各对比
人群欧氏距离系数聚类图（女性）（张旭制图）

根据图8.4所示，同男性居民相仿，亦可大致将各对比组女性居民的聚类划分为两部分，其中，第一部分也主要由"古华北类型"与"古中原类型"古代居民组成，大堡山墓地古代女性居民首先与属于"古中原类型"的土城子组古代居民在小于5的位置聚合，又与属于"古华北类型"的庙子沟组古代居民在5的位置聚合，东头号组与属于"古华北类型"的毛饮合并A组在小于5的位置聚合后与上述聚类群也在5的位置完成聚合，而属于"古中原类型"的毛饮合并B组在5～10的位置与上述聚类群聚合，人群构成较为复杂的崞县窑子组、"古中原类型"的忻州窑子B组古代居民依次与以上聚类群在5～15的位置聚合形成第一聚类集团；属于"古蒙古高原类型"的新店子和忻州窑子A组古代居民在15的位置完成聚合形成第二聚类集团，然后再与第一聚类集团在25的位置完成此次聚类。由此可知，大堡山墓地女性居民与属于"古中原类型"的土城子组古代居民在颅面形态学关系中最为接近，其次是"古华北类型"的庙子沟组古代居民，而与"古蒙古高原类型"居民之间的欧氏距离值较为疏远。

参考组差均方根和欧氏距离系数计算结果，笔者将其与东头号组、土城子组、忻州窑子 B 组等三组"古中原类型"女性人群以及庙子沟组"古华北类型"女性居民进行了种系相似系数（C. L.）的计算（表8.10）。

表8.10　大堡山墓地与对比组人群颅骨测量性状 C. L. 值统计（女性）

测量性状	δ	α 值			
		庙子沟组	忻州窑子 B 组	土城子组	东头号组
颅长	5. 20	1.0090	1.8852	0.0602	1.3092
颅宽	4. 64	0.3892	0.0324	2.9697	2.2856
颅高	3. 42	0.1742	10.5344	1.0587	0.0001
额骨最小宽	4. 50	2.6724	3.4223	0.3972	0.2496
颧宽	3. 55	0.4598	0.0130	0.1697	0.8485
上面高（sd）	2. 64	2.3974	0.1109	0.0923	0.0398
眶宽 R	1. 74	4.5478	0.3546	0.2617	0.2196
眶高 R	1. 48	4.1532	0.8080	0.0425	0.0126
鼻宽	1. 65	1.0050	3.2103	0.2460	1.8286
鼻高	1. 97	1.5311	1.7350	6.7144	0.1063
总面角	3. 12	0.0231	1.1095	0.0364	1.3149
颅长宽指数	3. 35	1.5077	0.6962	1.8818	3.9924
颅长高指数	2. 30	1.3802	1.9792	0.5158	1.4174
颅宽高指数	3. 74	0.0009	5.0453	1.6281	1.6591
额顶宽指数	3. 01	1.2715	4.3184	4.3843	3.1691
上面指数（sd）	2. 37	0.1061	0.1175	0.0317	0.0025
眶指数 R	4. 19	0.0021	1.6364	0.1182	0.0477
鼻指数	4. 15	0.0248	0.4812	3.4269	0.9716
鼻颧角	4. 73	7.5135	0.2317	0.0042	6.1961
垂直颅面指数（sd）	1. 90	0.1564	5.3542	0.5111	0.2056
20 项测量性状 C. L. 值		0.516	1.154	0.228	0.294

根据表8.10统计结果可知，大堡山墓地古代女性居民与土城子组（0.228）、东头号组（0.294）、庙子沟组（0.516）古代居民之间的 C. L. 值小于1，表明他们之间有着非常密切联系，而与忻州窑子 B 组（1.154）古代人群的 C. L. 值介于 1～4 之

间，表示两组人群可能有密切联系。参考 C. L. 值计算公式中 α 值来看，庙子沟组有 2 项、东头号组有 2 项、土城子组有 3 项、忻州窑子 B 组有 5 项 α 值介于 2.7～6.1 之间，而庙子沟组的鼻颧角（7.5135）、忻州窑子 B 组的颅高（10.5344）、土城子组的鼻高（6.7144）、东头号组的鼻颧角（6.1961）的 α 值大于 6.1。由此可知，大堡山墓地古代女性居民与土城子组"古中原类型"女性居民的种系相似度最大，与庙子沟组"古华北类型"人群也存在一定的相似性。

综上所述，大堡山墓地女性居民应与属于"古中原类型"的土城子组古代女性居民拥有着相同的种系来源，同时也受到了来自"古华北类型"古代居民的影响，使得她们之间形成了较为相似的颅面形态。但遗憾的是，截至目前店里墓地女性测量性状数据仍未刊布，尚无法确定她们之间的颅骨形态学关系。

第三节　种系流向管窥

在传统的人类骨骼考古学研究中，除关注古代人群的种系归属问题之外，还会尽可能地探索不同考古学文化类型或不同时空框架下的古代居民之间的潜在亲疏关系。因此，笔者选择了 10 组已知古代人种类型、地域相近、时代略晚于大堡山墓地的对比人群（表 8.11），与大堡山墓地古代男性居民进行组差均方根与欧氏距离系数的计算（表 8.12），试图针对大堡山墓地古代居民的种系流向问题进行初步的讨论。10 组对比组人群分别是：

（1）川掌组：该数据采集自内蒙古自治区鄂尔多斯市准格尔旗纳日松镇川掌墓地。2009—2011 年，内蒙古文物考古研究所委托鄂尔多斯青铜器博物馆发掘战国—汉代墓葬378 座，均为长方形土坑竖穴墓。经研究表明，该人群具有中颅型、高颅型结合狭颅型的颅型特征，中眶中鼻、中等偏大的面部扁平度，与"古华北类型"最为接近[①]。

（2）西黑岱 I 组：该数据采集自内蒙古自治区鄂尔多斯市准格尔旗薛家湾镇巴

---

① 阿娜尔：《内蒙古准格尔旗川掌遗址人骨研究》，长春：吉林大学博士学位论文，2018 年。

润哈岱乡西黑岱墓地。2014 年，内蒙古自治区文物考古研究所与内蒙古师范大学考古文博系对其进行考古发掘。墓地分为两区：Ⅰ区西汉中晚期①墓葬 9 座，Ⅱ区金元时期墓葬 9 座。经研究表明，Ⅰ区汉代人群具有圆/中颅型、高颅型、狭颅型相结合的颅型特征，高/中眶型、狭/中鼻型、较大的面部扁平度的面型特征，表现出由先秦时期"古蒙古高原类型、古中原类型、古华北类型"居民混合的颅面形态②。

（3）查干陶勒盖组：该数据采集自内蒙古自治区鄂尔多斯市杭锦旗查干陶勒盖墓地。2015 年，鄂尔多斯市文物考古研究院与杭锦旗文物管理所组织考古队对其进行抢救性考古发掘，据发掘者推断其年代为西汉晚期—东汉初期③。经研究表明，该人群普遍具有圆颅型、高颅型、中颅型结合的颅型特征，中眶阔鼻、面部扁平度普遍较大的面型特征，近似于先秦时期"古华北类型"居民的颅面型特征④。

（4）纳林套海组：该数据采集自内蒙古自治区巴彦淖尔市磴口县纳林套海墓群。1992—1993 年，内蒙古文物考古研究所与巴彦淖尔市文物工作站对该墓群进行抢救性发掘，共发掘墓葬 45 座，其时代应从西汉晚期至东汉初年⑤。经研究表明，该人群具有偏圆的中颅型的颅长宽指数、正颅型的颅长高指数和中颅型的颅宽高指数相结合的颅型特征，中眶型和偏狭的中鼻型、较大的面宽和中等程度扁平度的面型特征，呈现出由先秦时期"古蒙古高原类型、古中原类型、古华北类型"居民混合的颅面形态，推测是汉匈民族融合的结果⑥。

（5）沙金套海Ⅰ组：该数据采集自内蒙古自治区巴彦淖尔市磴口县沙金套海墓地。1993 年、2016 年，内蒙古文物考古研究所等分别对该墓群进行发掘⑦，共采集

① 齐溶青等：《内蒙古准格尔旗薛家湾镇巴润哈岱乡西黑岱墓地发掘简报》，《北方文物》2017 年第 2 期。

② 朱泓等：《内蒙古准格尔旗西黑岱墓地人骨研究》，《华夏考古》2017 年第 2 期。

③ 李双等：《杭锦旗查干陶勒盖墓群发掘简报》，《文物春秋》2018 年第 6 期。

④ 阿娜尔、朱泓：《鄂尔多斯查干陶勒盖墓地人骨研究》，《内蒙古社会科学（汉文版）》2017 年第 5 期。

⑤ 魏坚等：《纳林套海墓葬》，载于内蒙古文物考古研究所：《内蒙古中南部汉代墓葬》，北京：中国大百科全书出版社，1998 年，第 21 ~61 页。

⑥ 张全超、胡延春、朱泓：《磴口县纳林套海汉墓人骨研究》，《内蒙古文物考古》2010 年第 2 期。

⑦ 魏坚等：《沙金套海墓葬》，载于内蒙古文物考古研究所：《内蒙古中南部汉代墓葬》，第 81 ~124 页；张文平等：《内蒙古磴口县沙金套海汉代墓地 2016 年度发掘简报》，《考古与文物》2019 年第 1 期。

汉代人骨标本 30 例。经研究表明，该人群具有中颅型的颅长宽指数、正颅型的颅长高指数和中颅型的颅宽高指数相结合的颅型特征，中眶中鼻型、较大的面宽和中等程度扁平度的面型特征，推测其男性居民主体为先秦时期"古中原类型"后裔，并呈现出混有"古蒙古高原类型、古华北类型"居民的颅面形态①。

（6）三道湾组：该数据采集自内蒙古自治区乌兰察布市察右后旗红格尔图乡三道湾墓地。1983—1984 年，由乌兰察布盟文物工作站对该墓地进行正式发掘，年代大体相当于东汉晚期②，推测属于拓跋鲜卑遗存。经研究表明，三道湾汉代居民具有短而阔的颅型特征，以及宽且扁平的面型特征，与现代蒙古人种北亚类型最为接近，个别个体还可能受到东亚蒙古人种的影响③。

（7）东大井组：该数据采集自内蒙古自治区乌兰察布市商都县东大井墓地。1998 年，内蒙古文物考古研究所对该墓地进行了调查和发掘。根据发掘者意见，其年代属于东汉晚期④，推测属于拓跋鲜卑遗存。该人群具有中颅型、低颅型、阔颅型相结合的颅型特征，低眶中鼻的面型特征，与现代亚洲蒙古人种北亚类型最为接近，但在个别体质特征上也与东亚类型存在一定的联系⑤。

（8）姑姑庵组：该数据采集自内蒙古自治区呼和浩特市清水河县姑姑庵墓地。2005—2006 年，由内蒙古自治区文物考古研究所对该墓地进行发掘，墓葬均为土坑竖穴墓，葬式为仰身直肢，推测为一处汉代中原文化系统墓地。经研究表明，该人群具有中颅型、高颅型和狭颅型相结合的颅型特征，中眶中鼻、偏狭的面宽和中等程度扁平的面型特点，与先秦时期"古中原类型"居民较为相似⑥。

（9）大保当组：该数据采集自陕西省神木市大保当墓地。1996—1998 年，由陕西省文物考古研究所（今陕西省考古研究院）与榆林文物管理委员会联合进行考古

① 胡春佰等：《内蒙古磴口县沙金套海墓地汉代居民的颅骨研究》，《边疆考古研究》2020 年第 27 辑。

② 杜承武等：《察右后旗三道湾墓地》，载于内蒙古文物考古研究所：《内蒙古地区鲜卑墓葬的发现与研究》，北京：文物出版社，2004 年，第 36 ~ 74 页。

③ 朱泓：《察右后旗三道湾汉代鲜卑族颅骨的人种学研究》，载于内蒙古文物考古研究所：《内蒙古文物考古文集（第二辑）》，北京：科学出版社，1992 年，第 421 ~ 430 页。

④ 李兴盛等：《商都县东大井墓地》，载于内蒙古文物考古研究所：《内蒙古地区鲜卑墓葬的发现与研究》，北京：文物出版社，2004 年，第 75 ~ 123 页。

⑤ 陈靓、朱泓、郑丽慧：《内蒙古东大井东汉时期鲜卑墓葬人骨研究》，《内蒙古文物考古》2003 年第 1 期。

⑥ 张全超、曹建恩、朱泓：《内蒙古清水河县姑姑庵汉代墓地人骨研究》，《人类学学报》2011 年第 1 期。

发掘，墓葬年代相当于汉代，出土人骨多来自东汉时期墓葬[1]，推测该遗存与活动在陕北地区的南匈奴有关。经研究表明，该人群具有中颅型、高颅型、阔颅型相结合的颅型特征，以及中眶中鼻、中等的面宽和面部扁平度的面型特征，与先秦时期的"古中原类型"存在一定的相似性[2]。

（10）大同北魏组：该数据采集自山西省大同市南郊 4 公里的电焊器材厂工地一处北魏时期古墓群。1988 年，山西省考古研究所和大同市博物馆联合组成考古队对其进行发掘清理，共发掘257 座墓葬，推测为公元 5 世纪北魏王朝建都平城（今大同市）期间的文化遗存[3]。经研究表明，该人群普遍具有中等偏短的颅长配合着偏宽的颅宽和较高的颅高，中眶中鼻以及较窄的面部等面型特征，近似于先秦时期"古中原类型"居民的颅面型特征[4]。

表 8.11　所选用的历史时期古代人群基本情况[5]

对比组	时代	地理位置	主要人种类型
川掌组	战国—汉代	内蒙古鄂尔多斯市	近似古华北类型
西黑岱Ⅰ组	西汉中晚期	内蒙古鄂尔多斯市	混合类型
查干陶勒盖组	西汉晚期—东汉初期	内蒙古鄂尔多斯市	近似古华北类型
纳林套海组	西汉晚期—东汉初期	内蒙古巴彦淖尔市	混合类型
沙金套海Ⅰ组	西汉晚期—东汉初期	内蒙古巴彦淖尔市	近似古中原类型
三道湾组	东汉晚期	内蒙古乌兰察布市	近似现代亚洲蒙古人种北亚类型
东大井组	东汉晚期	内蒙古乌兰察布市	近似现代亚洲蒙古人种北亚类型
姑姑庵组	汉代	内蒙古呼和浩特市	近似古中原类型
大保当组	东汉	陕西省神木县	近似古中原类型
大同北魏组	北魏时期	山西省大同市	近似古中原类型

[1]　陕西省文物考古研究所、榆林文物管理委员会：《神木大保当：汉代城址与墓葬考古报道》，北京：科学出版社，2001 年，第 112 页。因颅骨测量性状数据多出自 C、D 型墓出土人骨标本，其中，C 型墓多以东汉中期盛行，D 型墓为东汉中期或更晚，故笔者将其时代定为东汉时期。

[2]　王昉：《陕西神木大保当汉代墓葬人骨再分析》，长春：吉林大学硕士学位论文，2014 年，第 38~39 页。

[3]　山西省考古研究所、大同市博物馆：《大同南郊北魏墓群发掘简报》，《文物》1992 年第 8 期。

[4]　韩巍：《山西大同北魏时期居民的种系类型分析》，《边疆考古研究》2005 年第 4 辑。

[5]　所用人种类型皆参考自原始报告，故存在现代蒙古人种类型与古人种类型两种表述。

表8.12　大堡山墓地古代居民与各古代对比人群各项颅骨测量性状统计表（男性）②

测量性状	大堡山组	川掌组	西黑岱I组	纳林套海组	沙金套海I组	姑姑庵组	三道湾组	东大井组	查干陶勒盖组	大堡当组	大同北魏组
颅长	176.54	177.91	174.80	181.67	182.20	177.10	181.69	185.50	179.65	183.10	182.50
颅宽	138.97	139.28	142.20	142.00	144.62	138.40	148.51	147.50	139.90	148.10	144.40
颅高	138.57	139.73	139.99	134.17	137.60	139.60	130.65	129.30	140.80	137.50	137.90
额骨最小宽	92.16	89.97	100.35	97.80	88.98	91.80	93.36	90.90	93.83	93.60	94.90
颧宽	134.00	133.47	—	142.00	140.29	132.80	141.08	142.30	139.98	138.30	137.10
上面高（sd）	72.40	73.36	79.14	74.60	77.08	72.30	78.91	74.60	73.22	75.40	72.60
眶宽 R	42.11	43.41	40.68	44.92	42.11	42.10	43.24	44.80	—	43.20	41.60
眶高 R	32.66	33.43	35.89	36.17	36.01	33.30	34.20	33.60	—	34.90	34.10
鼻宽	25.46	26.32	26.67	27.17	28.13	25.70	27.43	27.00	—	26.70	27.20
鼻高	52.62	52.51	57.02	55.75	56.10	54.20	56.38	56.40	—	55.90	54.80
总面角	83.80	88.97	—	—	86.90	86.50	87.50	88.70	87.00	85.90	85.40
颅长宽指数	78.60	78.11	81.35	78.17	78.54	78.20	81.88	79.60	77.87	80.90	79.12
颅长高指数	78.04	78.44	80.09	73.85	75.24	78.80	72.00	69.50	78.37	75.20	75.56
颅宽高指数	99.81	100.32	98.45	94.57	95.55	100.90	88.02	88.20	100.64	92.80	95.49
额顶宽指数	66.33	64.81	70.57*	68.75	61.77	66.40	62.94	61.63*	67.07*	63.20*	65.72
上面指数（sd）	52.89	54.05	—	52.53	54.81	54.40	56.21	52.40	52.31	54.50	55.50
眶指数 R	77.14	76.83	88.23	80.58	85.46	79.10	78.22	74.20	76.83	80.20	81.30
鼻指数	48.56	50.29	46.77	48.97	49.38	47.50	48.86	47.90	48.37	47.80	49.63
鼻颧角	142.43	144.42	145.41	145.60	149.50	141.00	152.19	147.70	147.39	148.90	144.50
垂直颅面指数（sd）	52.21	52.48	56.53	55.60*	56.28	51.80	60.60	60.30*	52.00	54.80	54.90
与大堡山组的 α 值		0.51	1.21	1.08	1.07	0.32	1.34	1.45	0.51	0.95	0.70
与大堡山组的 Dij 值		7.11	18.62	16.53	19.06	4.99	26.18	26.39	9.59	17.70	12.55

② 长度单位为毫米（mm），角度单位为度（°），＊表示由笔者根据原文中数据计算所得。

　　根据表 8.12 可知，在组差均方根方面，大堡山墓地古代男性居民与姑姑庵组之间的组差均方根最小（0.32），其次是川掌组（0.51）、查干陶勒盖组（0.51），而与东大井组（1.45）、三道湾组（1.34）之间的组差均方根相对偏大。欧氏距离系数的计算结果与组差均方根结果相仿，大堡山墓地古代居民与姑姑庵组汉代居民有着最小的欧氏距离系数（4.99），其次是川掌组（7.11）和查干陶勒盖组（9.59），而与东大井组（26.39）、三道湾组（26.18）之间的欧氏距离系数较大。由此可知，大堡山墓地古代居民在颅骨形态特征方面与近似"古中原类型"的姑姑庵组汉代居民之间存在一定的相似关系，且与近似"古华北类型"的川掌组战国—汉代居民、查干陶勒盖组东汉居民之间也存在着相近的形态学关系。而拥有着近似现代亚洲蒙古人种北亚类型颜面形态特征的东大井组、三道湾组汉代人群与大堡山墓地古代男性居民之间的亲缘关系相对疏远。根据表 8.12 的计算结果，进一步绘制了各对比人群之间的欧氏距离聚类树状图，使用 ward 联接法进行聚类（图 8.5）。

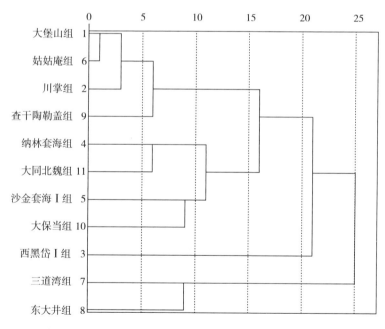

图 8.5　大堡山墓地古代居民与战国—秦汉时期各对比人群欧氏
距离系数聚类图（男性）（张旭制图）

　　据图 8.5 所示，大堡山墓地古代居民依次与近似"古中原类型"姑姑庵组、近似"古华北类型"的川掌组古代居民在小于 5 的位置聚合，并与查干陶勒盖组在 5 ～

10 的位置进行聚类，混合人群的纳林套海组与近似"古中原类型"的大同北魏组、近似"古中原类型"的沙金套海Ⅰ组与大保当组分别在 5～10 的位置聚合成组后，又在 10～15 的位置聚在一起，并在 15～20 的位置与大堡山组所在聚类群聚合，在 20～25 的位置又与西黑岱Ⅰ组聚合遂形成第一聚类集团；而三道湾组和东大井组在 5～10 的位置聚合成第二聚类集团，并与第一聚类集团在 25 的位置完成聚类。由此可知，大堡山墓地男性居民与近似"古中原类型"的姑姑庵组汉代居民、近似"古华北类型"的川掌组战国—汉代居民都有着相对较近的颅骨形态学关系，即战国以后，与大堡山墓地古代男性居民颅面形态特征相似的古代人群在其所处的内蒙古中南部地区依然存在。

　　秦汉更迭，匈奴单于庭"直代、云中"[①]。汉王朝采用"兵民合一"的方式巩固边郡。张全超研究认为姑姑庵组古代居民受到了先秦时期"古中原类型"颅面形态特征的影响较大，推测是汉代中央政府"戍边郡"移民政策下外迁到内蒙古中南部地区的"古中原类型"居民的后裔，或是先秦时期生活在该地区的"古中原类型"居民的后代。如前文所述，"古中原类型"居民的主要颅面形态特征是偏长的中颅型以及高而偏狭的颅型，中等偏狭的面宽和中等的上面部扁平度，较低的眶型和明显的低面、阔鼻倾向。"古华北类型"居民的主要颅骨形态特征与"古中原类型"相仿，不同的是其具有较大的面部扁平度，偏低的中眶型、中鼻型等面型特征。姑姑庵汉代居民的颅型特征以及偏狭的面宽和中等程度扁平的面型的确与"古中原类型"居民相同，但是该人群与大堡山墓地古代居民同样具有中眶中鼻的面型特点，与先秦时期"古华北类型"居民颇为相似，不见"古中原类型"明显的低眶阔鼻倾向。在组差均方根与欧氏距离系数计算结果中，大堡山组、姑姑庵组与近似"古华北类型"的川掌组、查干陶勒盖组相对较近，似乎也暗示他们在颅面形态特征方面具有一定的共性，笔者推测这些人群之间的近似关系是由他们表现出的"古华北类型"与"古中原类型"混合颅面形态特征所主导的。由此推测，姑姑庵组的颅面形态应与大堡山组同为以"古中原类型"为主体，兼具"古华北类型"眶鼻型特点的混合形态，他们之间较近的形态学关系或许暗示了这种混合的颅面形态特征在内蒙古中

---

① "单于之庭直代、云中。"司马迁：《史记》卷一百一十《匈奴列传第五十》，第 2891 页。

南部地区青铜至早期铁器时代的"传承"，而这种所谓的"传承"是得益于同一人群的繁衍，还是该地区"古中原类型"与"古华北类型"居民不断融合造成两组颅骨形态的近似，由于目前缺乏姑姑庵汉代墓葬考古发掘简报的刊布以及出土人骨的古DNA分析结果，尚无法确定。

第四节　小结

大堡山墓地位于今内蒙古中部偏南的呼和浩特市和林格尔县，是"中国北方长城地带"的辐射区域，古往今来，因这一区域恰为季风作用的边缘地带，降雨量的不均形塑了该地区宜农宜牧的自然条件。传统的考古学研究将该区域定义为我国北方地区农牧交错的典范，而在巍巍中华数千年的浩瀚历史长河中，这一地区备受中原王朝与林胡、楼烦、匈奴、鲜卑、蒙古等北方民族青睐，是蒙古高原与中原地区南北交融、中国北方地区东西互通的重要平台。针对内蒙古中南部地区先秦时期考古学文化的研究成果颇丰，其中既有对于该区域内考古学文化谱系的梳理，也有对于具体文化类型的探讨；而随着考古工作的不断展开，针对这一地区人骨材料的报道与研究也陆续发表，集中表现为北方游牧民族、中原农业人群体质特征的鉴别与生业模式的讨论，值得注意的是，针对这一地区原住民的相关研究却因材料有限，在时空框架里尚存有诸多盲点。

根据本文研究可知，大堡山墓地不同墓向、不同性别的古代居民的颅骨形态特征较为一致，与现代亚洲蒙古人种中的东亚类型有着最多的相似之处，而鼻颧角所代表的面部扁平度与南亚类型之间也存在一定程度上的近似关系。现代亚洲蒙古人种的东亚类型与先秦时期的"古华北类型"古代居民颅面形态特征较为接近，南亚类型又与"古中原类型"古代居民的颅面形态特征相仿。"古中原类型"与"古华北类型"的古代居民在颅面形态上都表现为偏长的中颅型、高颅型、狭颅型以及偏狭的面宽，但是不同的是，"古中原类型"古代居民有着明显的低面阔鼻倾向和中等的面部扁平度，而"古华北类型"则具有较大的面部扁平度。经研究发现，大堡山墓地古代两性居民的颅骨形态特征表现为中颅型的颅长宽指数、高颅型的颅长高指数以及狭颅型的颅宽高指数,这与"古中原类型"和"古华北类型"的颅型特点一样;而大堡山墓地古代两性居民鼻颧角普遍适中,代表了该墓地古代居民普遍具有中等的面部扁平度,与"古中原类型"居民的面部扁平程度相似。所不同的是,大堡山墓地古代男性居民并没有表现出"古中原类型"居民应该具有的明显低眶阔鼻倾向,反而更多地表现出中眶以及偏狭的中鼻型,与"古华北类型"古代居民相仿;而该墓地女性居民则体现出与"古中原类型"居民相似的阔鼻型特点。结合大堡山墓地古代居民古 DNA 分析结果可知,该墓地古代居民线粒体 DNA 和 Y 染色体 DNA 较为多源,表明其在受中原文化影响较深的同时,也受到了来自内蒙古中南部地区原住民和北方草原人群的基因参与。综上所述,大堡山墓地古代两性居民颅面型特征并不单纯,很有可能是由于不同类型的古代居民进行基因交流所造成。

将大堡山墓地古代居民与先秦时期人群进行比较分析发现,该墓地男性居民与同处于内蒙古和林格尔县的店里墓地男性居民颅面形态最为相近,女性居民与同处于和林格尔县的土城子遗址女性居民拥有着相同的种系来源,同时,两性居民均与"古华北类型"庙子沟墓地古代先民具有一定的相似性,笔者推测这种以"古中原类型"为主、混有"古华北类型"眶鼻形态的颅面特征与中原赵国置"云中郡"并迁民于阴山南麓的历史背景有关,这样的历史环境为内蒙古中南部地区不同类型的人群交流与融合提供了"摇篮"。

将大堡山墓地古代居民与已知人种类型的战国—秦汉时期古代男性居民进行比较分析发现,该墓地古代居民与同处于内蒙古呼和浩特市的姑姑庵汉代居民颅面形态最为相近,都体现出介于"古中原类型"与"古华北类型"之间的颅面型特征,且以"古中原类型"颅面形态特征为主,仅在眶型和鼻型上有所区别,表明大堡山墓地与姑姑庵墓地古代居民具有相似的人种学成分,这对于大堡山墓地古代居民人种流向问题的探讨具有一定的参考价值。

第九章　结语

第一节　本研究的概括与总结

本研究通过古人口学、人体测量学、古病理学等多种学科方法与手段，对采集自大堡山墓地的44例人骨标本进行了全面、系统的研究，可具体概括为以下三点。

一、对大堡山墓地古代居民的人类学信息的提取

1. 结合加速器质谱碳十四（AMS^{14}C）测年结果可知，大堡山墓地为一处战国晚期墓葬，虽然墓向不一，但采集自该墓地的44例古代人骨标本的死亡年龄、骨骼形态、病理现象等方面不存在显著的墓向差异。

2. 大堡山墓地44例古代人骨标本中性别明确者39例（男性23例、女性16例），两性比例为1.44∶1，相对均衡。男性居民的死亡高峰期为中年期（36～55岁），女性居民的死亡高峰期为壮年期（24～35岁）。利用简略寿命表的编制推算出该墓地古代居民的平均预期寿命为34.35岁，且两性平均预期寿命相似。

3. 大堡山墓地44例古代人骨标本中能够进行颅骨测量性状研究者31例（男性17例、女性14例）。经研究发现，该墓地两性居民的颅骨形态特征较为一致，以中颅型的颅长宽指数、高颅型的颅长高指数以及狭颅型的颅宽高指数为主要颅型特点；以中眶型、狭额型、平颌型的中面角、中等的面宽和面部扁平度为主要面型特征；但是在鼻指数、枕骨大孔指数方面存在着明显的两性差异，笔者认为这种现象可能与颅骨形态特征的性别差异有关，男性梨状孔多是高而窄，枕骨大孔往往较大，而

女性梨状孔常见低而宽，枕骨大孔较小。

4. 大堡山墓地44例古代人骨标本中能够进行四肢长骨测量研究者38例（男性22例、女性16例）。从四肢发育情况来看，该墓地两性居民的肱骨粗壮程度较弱，股骨粗壮程度适中，男性居民股骨嵴相对发达，女性居民则偏弱，推测该墓地古代居民在生产劳动过程中似乎存在一定的两性分工。从身高推算结果来看，大堡山墓地古代两性居民身高相对偏高，根据平均身高计算出该墓地古代居民两性身高差异指数（7.45%），暗示该墓地女性居民在发育过程中的营养摄入不及男性。

5. 大堡山墓地44例古代人骨标本中能够进行颅骨非测量性状研究者32例（男性18例、女性14例）。经研究发现，该墓地古代居民众多颅骨连续性形态特征与以现代中国人为代表的亚洲蒙古人种发育程度相似；而非连续性形态研究发现大堡山墓地古代居民与贝加尔湖地区新石器时代人群的史密斯生物学距离最小。

6. 大堡山墓地44例古代人骨标本中能够进行牙齿非测量性状研究者27例（男性15例、女性12例）。经研究发现，该墓地古代人群基本符合中国－美洲人群的主要牙齿非测量形态特征，且与南西伯利亚地区人群，特别是石板墓文化、昌德曼文化的古代人群牙齿非测量性状特征非常相似，而与内蒙古中南部地区的庙子沟墓地古代人群的牙齿形态学来源有所不同。

7. 大堡山墓地44例古代人骨标本中，33例个体（男性18例、女性15例）的358枚牙齿得以保存，经研究发现，该人群具有较高的患龋率（占观察人数的57.58%）和龋齿率（占观察齿数的18.16%），后部牙齿（臼齿）较前部牙齿（门齿、侧门齿、犬齿）磨耗严重，根尖周病患者（占观察人数的51.51%）、牙齿生前脱落者（占观察人数的63.64%）均占半数以上，但牙釉质发育不全出现率极低（占观察人数的9.09%）。该人群肘、膝关节存在着明显的过度使用现象，近一半居民患有枕髁关节疾病（占观察人数的45.45%），但仅1例患者患有颞下颌关节骨性关节炎。另有1例疑似股骨头坏死中年患者，2例颅骨创伤和1例胫骨骨折病例。

二、对大堡山墓地古代居民生业模式的讨论

本研究发现，大堡山墓地古代居民依靠农业生产为其提供大量植物性食物的同

时，还摄取了一定量的动物性食物。

第一，相对于我国北方地区不同时期、不同生业模式的古代人群而言，大堡山墓地古代居民患龋率和龋齿率方面皆居高，表明该墓地古代居民的口腔条件更利于致龋细菌的滋长。结合大堡山墓地所处的和林格尔地区的生态环境，该墓地古代人群可能具有相对成熟的农耕经济，为其提供了大量的碳水化合物类食物，进而导致较高的龋病发生率。同时，大堡山墓地古代居民后部牙齿磨耗严重，与古代混合经济人群的前后牙齿磨耗比值最为接近，表明他们在牙齿磨耗程度方面具有一定的相似性，推测二者食物结构相仿，应同时包含了植物性和动物性食物。另外，根据该墓地古代居民颞下颌关节炎发病较少的情况来看，该墓地古代居民并没有面临较重的口腔咀嚼压力，或许与该人群的食物结构以植物性为主，辅以动物性食物有关。

第二，针对大堡山墓地古代居民骨性关节炎罹患情况的统计结果表明，该墓地古代居民在日常生产生活中对于肘、膝关节存在着明显的过度使用现象，将其四肢发育情况与不同生业模式、不同人群来源的古代人群比较后发现，该墓地古代男性居民发育较弱的上肢骨骼粗壮度暗示其所从事的日常生产劳作对上肢力量的需求应不及戍边农耕人群和混合经济人群，甚至是畜牧人群；而中等发育的下肢骨骼粗壮度暗示此类生产劳动对于下肢骨骼力量的要求略高于畜牧人群，与农耕人群接近；该人群股骨嵴异常发达，与农耕人群、混合经济人群相对较近，远高于畜牧人群，推测与该人群需要经常弯曲下肢有关。剔除大堡山墓地所处丘陵地带的地理环境因素影响，笔者认为其股骨嵴发达程度应与农耕人群相似。综合以上分析，笔者推测大堡山墓地男性居民应以农耕劳作为主。而该墓地女性居民四肢骨骼发育情况与畜牧经济古代女性居民表现出一定的相似性，暗示二者可能从事相近或相同的生产劳作。

第三，结合该墓地出土人骨 C、N 稳定同位素研究结果来看①，大堡山墓地古代居民的食物中以 C_4 类食物为主，并辅以少许 C_3 类食物，推测其食物的主要来源应为 C_4 类的植物或是以 C_4 类植物为食的动物。另外，$\delta^{15}N$ 值分析结果显示其食物中还包含了大量的动物蛋白，进而推测 C_4 类动物性食物在大堡山先民的饮食结构中占据重

① 张昕煜等：《东周时期内蒙古中南部人群和文化融合进程中的农业经济——以和林格尔大堡山墓地人骨 C、N 稳定同位素分析为例》，《中国科学：地球科学》2018 年第 2 期。

要地位。研究者认为大堡山墓地古代居民主要生活方式是在进行一定程度粟作农业生产的基础上，充分利用粟作农业的剩余产品（如秸秆等）饲喂牛、羊等动物以获取生活所需的肉、奶等。

综上所述，大堡山墓地古代居民应具有相对成熟的农业经济，同时还从事一定的畜牧经济活动，应为混合经济人群。

三、对大堡山墓地古代居民种系源流的追溯

大堡山墓地古代居民所处的今内蒙古和林格尔地区，在古时恰为北方长城地带人群迁徙频繁的动荡区域。春秋时期，这里曾是"狄人"故地，而战国时赵武灵王胡服骑射"攘地北至燕、代，西至云中、九原"后，这一地区又成为中原王国对抗北方民族的缓冲地带。顾玉才研究认为，战国中晚期的和林格尔地区曾掀起过大规模的移民浪潮，其移民的主体多为迁自中原赵国的士兵与后勤人员。秦统一六国之后，为巩固北疆，更是大兴郡县迁民至此[①]。《史记·匈奴列传》曾载："（秦）因河为塞，筑四十四县，城临河，徙谪戍以充之。"而后，汉因秦制，为抵御匈奴侵扰，更是加强了对于北疆的控制，与中原王国的振兴相对应的是北方民族势力的衰退，正如《汉书·地理志》所载："定襄、云中、五原本戎狄地，颇有赵、齐、卫、楚之徒。"换言之，自战国伊始，生活在今内蒙古和林格尔地区的原住民已暗淡于历史舞台，取而代之的是来自中原地区的戍边移民以及虎视中原而不断南下的北方民族。而近年来该地区相关的人类骨骼考古学研究也证实了这一段历史的真实性，但对原本生活在这方土地上的原住先民的种系源流问题却因出土骨骼材料的局限而鲜有关注。

朱泓曾指出，先秦时期分布在内蒙古长城地带，即今内蒙古中南部到晋北、冀北等长城沿线的"高颅窄面，面部扁平"的"古华北类型"先民，应是该区域内最主要的原住民[②]。距离大堡山墓地不远的内蒙古乌兰察布市庙子沟遗址采集的人骨标本代表了这一人群早期的颅面形态特征。笔者对大堡山墓地古代居民牙齿非测量性

---

① 顾玉才：《内蒙古和林格尔县土城子遗址战国时期人骨研究》。
② 朱泓：《内蒙古长城地带的古代种族》，《边疆考古研究》2002 年第 1 辑。

状研究发现，大堡山墓地古代居民与庙子沟墓地古代人群之间具有偏大的史密斯生物学距离，推测大堡山墓地古代人群应不属于以庙子沟墓地古代人群为代表的该地区原住民的直接后裔。而对大堡山墓地古代两性居民颅骨测量性状研究表明，该墓地古代两性居民颅面型特征并不单纯，特别是与庙子沟先民之间表现出既相似又相异的颅面形态。其中眶中鼻的面型特征与庙子沟墓地古代居民为代表的先秦时期"古华北类型"先民相近，但其偏狭的面宽、中等的面部扁平度又与先秦时期"古中原类型"居民相似，整体呈现出先秦时期"古中原类型"和"古华北类型"居民混合的颅面形态特征。参考古 DNA 分析结果并结合大堡山墓地伴随出土的各式带钩，以及受到中原文化因素影响的"毁器"习俗，笔者推测先秦时期大规模中原移民涌入，与当地原住民多代融合形成了以大堡山古代居民为代表的混合人群。其与庙子沟先民为代表的种系相对纯粹的原住民之间，在颅面形态上能够表现出一定的相似性，但基因表型终归有所不同，才导致二者在牙齿形态学关系上相对疏远。

同时，颅骨非连续性形态研究发现大堡山墓地古代居民与贝加尔湖地区新石器时代人群的史密斯生物学距离最小，牙齿非测量性状研究发现其与南西伯利亚地区人群，特别是石板墓文化、昌德曼文化的古代人群牙齿非测量性状特征非常相似。根据古 DNA 分析结果表明，大堡山墓地古代居民 Y 染色体 DNA 较为多源，在受中原文化影响较深的同时，内蒙古中南部地区原住民和北方草原人群也做出了一定的基因贡献，上述颅骨、牙齿非测量性状的相似性或许与不同人群基因融合有关。

综上所述，大堡山墓地古代居民应该是中原移民与不同人群进行多代基因交流与融合的后裔，并不是"古中原类型"抑或"古华北类型"古代居民的典型代表。而大堡山墓地居民这种颅面形态特征在内蒙古中南部地区并非孤例，经第八章研究表明，内蒙古呼和浩特市的店里墓地战国人群、姑姑庵墓地汉代居民等都与大堡山墓地古代居民颅面形态特征相似，由此可见，在青铜时代至早期铁器时期，内蒙古中南部地区不仅生活着"古华北类型"的本地原住民先民、北上的"古中原类型"赵国移民以及南下的"古蒙古高原类型"草原民族，还广泛生活着上述人群融合的后裔。这里所谓的"融合"不仅仅是如同毛庆沟、饮牛沟、忻州窑子先民一样，不同人种类型的居民使用共同的墓地，更多的是体现在基因融合后带来的颅面形态特征的复杂化，如西黑岱、纳林套海汉代居民表现出的近似"古蒙古高原类型、古中原类型、古华北类型"混合的颅面形态，或是像沙金套海汉代居民一样，虽然主体为先秦时期"古中原类型"后代，但也呈现出混有"古蒙古高原类型、古华北类型"居民的颅面形态。值得注意的是，这些混合人群的时代上限均为汉代。通过本文研究发现，在战国时期的内蒙古中南部和林格尔地区已经出现了不同人种类型的混合，只是这种人群的混合不像崞县窑子东周墓地古代居民一样，是北方民族与当地原住民的融合，更多的是呈现出北上"古中原类型"居民与不同人群，特别是当地"古华北类型"人群之间的相互影响。由于这种融合缺少低颅阔面结合扁平面部的"古蒙古高原类型"颅面形态特征的显著贡献，且"古中原类型"与"古华北类型"的颅型特征几乎相同，仅在面部扁平度、眶型与鼻型方面存在一定的差异，因此常常被研究者忽略。

同时，本研究所证实的战国时期内蒙古中南部地区已经出现了原住民与中原移民多代的基因交流，或许能够为探讨该区域内"古华北类型"先民的流向问题提供线索。

第二节　本研究的不足与未来工作的展望

生态系统、自然资源分布的差异是影响人群生业模式的关键，也是文化形成的重要诱因。人群之间会因生态系统的变化、自然资源的多寡而选择竞争或合作，相关研究表明，历代王朝的兴衰更迭、疆域变化与气候冷暖有着一定的关联。近两千年以来，气候温暖是北方民族与中原民族和平共处的重要前提，而气候寒冷迫使北方游牧民族南下进而导致中原王朝动荡[①]。若遵循此推论，大堡山墓地所处的内蒙古中南部地区恰为我国北方地区自然环境演变的敏感区域，其位于季风作用的边缘地带，从而导致降雨量十分不均，自古以来便为草原与荒漠草原相互交错的区域。该地区自然资源分配不均所导致的人群间的竞争与合作，不仅对我国古代北方地区各人群的政治、经济、军事力量有所挑战，也为该区域内考古学文化的发展与融合奠

---

① 王会昌：《2000 年来中国北方游牧民族南迁与气候变化》，《地理科学》1996 年第 3 期。

定了基础；人群之间会因生态系统的变化、自然资源的多寡而选择竞争或合作，同时亦会因邻近地区生产力的革新、社会结构的变化、政治因素的介入而产生人群间经济与文化方面的互动①。本研究通过对内蒙古中南部地区大堡山墓地古代人骨标本所蕴含的人类学信息的提炼与认识，还原了大堡山墓地古代居民与邻近地区人群间的相互关系，以及同所持生业模式、考古学文化、自然环境之间的内在联系，为重塑以大堡山墓地古代居民为代表的内蒙古中南部地区东周时期古代居民，在生态与资源构筑的空间里参与生存角逐的历史，以及该地区不同民族间势力强弱的重新定位埋下了伏笔。

诚然，经历数千年的轮回与沧桑，大堡山墓地古代居民的骨骼标本保存情况受到了严峻的考验。因此，本研究基于大堡山墓地古代居民骨骼标本的研究所反映出的人类学意义的讨论还存在有许多不足之处，尚属从"单纯的形态学研究"向"结合生业模式进行讨论"的过渡阶段，也是将古人口学、人体测量学、古病理学研究与考古学研究相结合的一次尝试，以骨骼研究为切入点来分析不同生业模式下人口结构、疾病出现规律，甚至是人群的交流与融合，所得出关于大堡山墓地古代居民的食物结构、生业模式、社会环境、种系源流等方面的推论还有待未来更多数据的搜集以及针对大堡山墓地古代居民所进行更加全面的生物考古学、历史学等相关学科研究的进一步展开，以期弥补本研究的不足，取得更加科学、令人满意的研究成果。

---

① 李健菁：《族群、生态、资源的对话——以夏家店上层文化与"山戎"文化为例》，《边疆考古研究》2002 年第 1 辑。

参考文献

一 中文部分

阿娜尔、朱泓：《鄂尔多斯查干陶勒盖墓地人骨研究》，《内蒙古社会科学（汉文版）》2017 年第 5 期。

阿娜尔：《内蒙古准格尔旗川掌遗址人骨研究》，长春：吉林大学博士学位论文，2018 年。

边专、樊明文：《现代牙髓病学》，北京：人民卫生出版社，2008 年。

布赫：《内蒙古大辞典》，呼和浩特：内蒙古人民出版社，1991 年。

曹凤：《西汉云中郡与定襄郡》，呼和浩特：内蒙古大学硕士学位论文，2010 年。

曹建恩：《内蒙古中南部商周考古研究的新进展》，《内蒙古文物考古》2006 年第 2 期。

曹建恩、孙金松、党郁：《内蒙古凉城县小双古城墓地发掘简报》，《考古》2009 年第 3 期。

曹建恩、孙金松、胡晓农：《内蒙古和林格尔县新店子墓地发掘简报》，《考古》2009 年第 3 期。

Charlotte Roberts、Keith Manchester：《疾病考古学》，张桦译，济南：山东画报出版社，2010 年。

陈畅：《毛庆沟墓地年代学研究》，《考古与文物》2010 年第 1 期。

陈岗、贾连顺、李家顺：《枕颈部骨关节炎研究进展》，《继续医学教育》2005 年第 7 期。

陈靓、朱泓、郑丽慧：《内蒙古东大井东汉时期鲜卑墓葬人骨研究》，《内蒙古文物考古》2003 年第 1 期。

陈世贤：《法医骨学》，北京：群众出版社，1980 年。

陈彦牟、郭少阳：《标准误在统计与测量中的使用比较》，《统计与决策》2014 年第 20 期。

陈永志、李强、刘刚：《和林格尔县土城子古城考古发掘主要收获》，《内蒙古文物考古》2006 年第 1 期。

范祥雍：《古本竹书纪年辑校订补》，上海人民出版社，1962 年。

范晔：《后汉书》，北京：中华书局，1999 年。

付玉芹等：《内蒙古和林格尔东周时期古代人群的分子遗传学分析》，《吉林大学学报》（理学版）

2006 年第 5 期。

高扬、张全超、朱泓：《内蒙古和林格尔县土城子遗址古代居民的龋病分布》，《吉林大学学报》（医学版）2006 年第 3 期。

顾玉才：《内蒙古和林格尔县土城子遗址战国时期人骨研究》，北京：科学出版社，2010 年。

顾祖禹：《读史方舆纪要》，北京：中华书局，2005 年。

国家文物局：《中国文物地图集·内蒙古自治区分册（下）》，西安地图出版社，2003 年。

韩康信、潘其风：《古代中国人种成分研究》，《考古学报》1984 年第 2 期。

韩康信、谭婧泽、张帆：《中国西北地区古代居民种族研究》，上海：复旦大学出版社，2005 年。

韩康信、张振标、曾凡：《闽侯县石山遗址的人骨》，《考古学报》1976 年第 1 期。

韩涛、李强、张全超：《内蒙古和林格尔县店里墓地战国时期人骨研究》，《北方民族考古》2015 年第 2 辑。

韩巍：《山西大同北魏时期居民的种系类型分析》，《边疆考古研究》2005 年第 4 辑。

何惠宇等：《新疆哈萨克族成人牙齿磨耗情况分析》，《实用口腔医学杂志》2007 年第 5 期。

何嘉宁：《内蒙古凉城县饮牛沟墓地 1997 年发掘出土人骨研究》，《考古》2001 年第 11 期。

何嘉宁：《陶寺、上马、延庆古代人群臼齿磨耗速率的比较研究》，《人类学学报》2007 年第 2 期。

何嘉宁等：《"高资人"化石与股骨形态变异的生物力学分析》，《科学通报》2012 年第 10 期。

何天明：《唐代单于大都护府探讨》，《北方文物》2001 年第 2 期。

和林格尔县人民政府：《和林格尔市级河湖管理范围划定公告》，2019 年 12 月 20 日。

河南省文物考古研究所、长江流域规划办公室考古队河南分队：《淅川下王岗》，北京：文物出版社，1989 年。

侯侃：《山西榆次高校新校区明清墓葬人骨研究》，长春：吉林大学硕士论文，2013 年。

侯侃：《山西榆次高校园区先秦墓葬人骨研究》，长春：吉林大学博士论文，2017 年。

胡春佰等：《内蒙古磴口县沙金套海墓地汉代居民的颅骨研究》，《边疆考古研究》2020 年第 27 辑。

黄荣清、庄亚儿：《人口死亡水平的国际比较》，《人口学刊》2004 年第 6 期。

吉林大学边疆考古研究中心：《庆祝张忠培先生七十岁论文集》，北京：科学出版社，2004 年。

吉林大学社会科学研究处：《我的学术思想》，长春：吉林大学出版社，1996 年。

贾莹：《山西浮山桥北及乡宁内阳垣先秦时期人骨研究》，北京：文物出版社，2010 年。

江斌等：《扩增 X－Y 同源 Amelogenin 基因内含子在性别鉴定中的应用研究》，《法医学杂志》1997 年第 2 期。

蒋洪恩、吕恩国、张永兵：《吐鲁番洋海先民的生业模式探讨》，《吐鲁番学研究》2021 年第 1 期。

金峰：《清代内蒙古五路驿站》，《内蒙古师范学院学报》（哲学社会科学版）1979 年第 1 期。

考古研究所体质人类学组：《陕西华阴横阵的仰韶文化人骨》，《考古》1977 年第 4 期。

李法军：《河北阳原姜家梁新石器时代人骨研究》，长春：吉林大学博士学位论文，2004 年。

李法军、朱泓：《河北阳原姜家梁新石器时代人类牙齿形态特征的观察与研究》，《人类学学报》2006 年第 2 期。

李法军等：《鲤鱼墩新石器时代居民头骨的形态学分析》，《人类学学报》2013 年第 3 期。

李吉甫：《元和郡县图志》，北京：中华书局，1983 年。

李健菁：《族群、生态、资源的对话——以夏家店上层文化与"山戎"文化为例》，《边疆考古研究》2002 年第 1 辑。

李珺、谢飞、周云：《河北阳原县姜家梁新石器时代遗址的发掘》，《考古》2001 年第 2 期。

李瑞玉、黄金芳、韩陆：《下王岗新石器时代人类的牙病》，《人类学学报》1991 年第 3 期。

李世顺、张崇山：《和林格尔县耕地资源现状及其合理利用》，《自然资源》1990 年第 2 期。

李双等：《杭锦旗查干陶勒盖墓群发掘简报》，《文物春秋》2018 年第 6 期。

李兴盛：《内蒙古和林格尔县浑河沿岸新石器时代遗址调查》，《北方文物》1993 年第 3 期。

李逸友：《内蒙古元代城址概说》，《内蒙古文物考古》1986 年第 4 期。

凌雪：《秦人食谱研究》，西安：西北大学博士学位论文，2010 年。

凌雪等：《韩城梁带村芮国墓地出土西周晚期人骨的稳定同位素分析》，《西部考古》2017 年第 2 期。

刘铭：《内蒙古和林格尔大堡山墓地古代居民的 DNA 研究》，长春：吉林大学硕士论文，2013 年。

刘铁钢、陈卫衡：《非创伤性股骨头坏死的流行病学研究进展》，《医学综述》2009 年第 15 期。

刘文玉、吴志强：《大力推进生态文明建设努力打造宜居和林格尔》，《中国林业》2011 年第 17 期。

刘武：《华北新石器时代人类牙齿形态特征及其在现代中国人起源与演化上的意义》，《人类学学报》1995 年第 4 期。

刘武、朱泓：《庙子沟新石器时代人类牙齿非测量特征》，《人类学学报》1995 年第 1 期。

刘武等：《新疆及内蒙古地区青铜—铁器时代居民牙齿磨耗及健康状况的分析》，《人类学学报》2005 年第 1 期。

刘武等：《现代中国人群形成与分化的形态证据——中国与非洲和欧洲人群头骨非测量特征分析》，《人类学学报》2011 年第 3 期。

刘昫：《旧唐书》，北京：中华书局，2000 年。

刘玉成：《内蒙古和林格尔县土城子遗址战国时期居民的牙齿研究》，长春：吉林大学硕士学位论文，2011 年。

内蒙古文物考古研究所：《内蒙古地区鲜卑墓葬的发现与研究》，北京：科学出版社，2004 年。

内蒙古文物考古研究所：《内蒙古文物考古文集（第二辑)》，北京：科学出版社，1992 年。

内蒙古文物考古研究所：《内蒙古文物考古文集（第三辑)》，北京：科学出版社，2004 年。

内蒙古文物考古研究所：《内蒙古中南部汉代墓葬》，北京：中国大百科全书出版社，1998 年。

内蒙古文物考古研究所、日本京都中国考古学研究会：《岱海考古（二)》，北京：科学出版社，2001 年。

内蒙古自治区文物工作队：《鄂尔多斯式青铜器（下编)》，北京：文物出版社，1986 年。

内蒙古自治区文物考古研究所：《凉城崞县窑子墓地》，《考古学报》1989 年第 1 期。

内蒙古自治区文物考古研究所：《2011 年内蒙古自治区文物考古研究所考古发现综述》，《草原文物》2012 年第 1 期。

内蒙古自治区文物考古研究所、吉林大学边疆考古研究中心：《林西井沟子——晚期青铜时代墓地的发掘与综合研究》，北京：科学出版社，2010 年。

潘其风、韩康信：《陕县庙底沟二期文化墓葬人骨的研究》，《考古学报》1979 年第 2 期。

齐溶青等：《和林格尔县大堡山墓地发掘报告》，《草原文物》2013 年第 2 期。

齐溶青等：《内蒙古准格尔旗薛家湾镇巴润哈岱乡西黑岱墓地发掘简报》，《北方文物》2017 年第 2 期。

青海省文物管理处考古队、中国社会科学院考古研究所：《青海柳湾——乐都柳湾原始社会墓地》，北京：文物出版社，1984 年。

山东省文物考古研究所、新泰市博物馆：《新泰周家庄东周墓地》，北京：文物出版社，2014 年。

山西省考古研究所、大同市博物馆：《大同南郊北魏墓群发掘简报》，《文物》1992 年第 8 期。

陕西省文物考古研究所、榆林文物管理委员会：《神木大保当：汉代城址与墓葬考古报道》，北京：科学出版社，2001 年。

邵象清：《人体测量手册》，上海辞书出版社，1985 年。

舒星宇等：《对我国人口平均预期寿命间接估算及评价》，《人口学刊》2014 年第 5 期。

司马迁：《史记》，北京：中华书局，1959 年。

苏军强：《三晋两周地区东周带钩研究》，长春：吉林大学硕士学位论文，2012 年。

索秀芬、李少兵：《中国北方地区新石器时代考古学文化与周边的关系》，《内蒙古社会科学》（汉文版）2014 年第 2 期。

忒莫勒：《土默特地方蒙古语地名初探》，《蒙古史研究》1997 年第 5 辑。

滕晓华：《和林格尔县林地保护利用功能分区及利用方向》，《内蒙古林业调查设计》2015 年第 4 期。

脱脱：《辽史》，北京：中华书局，2000 年。

汪英华：《大窑遗址四道沟地点年代测定及文化分期》，《内蒙古文物考古》2002 年第 1 期。

王昉：《陕西神木大保当汉代墓葬人骨再分析》，长春：吉林大学硕士学位论文，2014 年。

王海晶等：《内蒙古和林格尔县将军沟墓地古人骨分子生物学研究》，《自然科学进展》2006 年第 7 期。

王会昌：《2000 年来中国北方游牧民族南迁与气候变化》，《地理科学》1996 年第 3 期。

王建华：《黄河流域史前人口健康状况的初步考察》，《考古》2009 年第 5 期。

王立新：《秦统一前内蒙古中南部地区的文化多元化及其历史背景》，《边疆考古研究》2011 年第 10 辑。

王令红：《华北人头骨非测量性状的观察》，《人类学学报》1988 年第 1 期。

王令红、孙凤喈：《太原地区现代人头骨的研究》，《人类学学报》1988 年第 3 期。

王仁湘：《带钩概论》，《考古学报》1985 年第 3 期。

王一如：《沟湾遗址新石器时代人骨研究》，长春：吉林大学硕士学位论文，2015 年。

尉苗等：《甘肃西山遗址早期秦人的饮食与口腔健康》，《人类学学报》2009 年第 1 期。

魏东、赵永生、徐韶钢：《阜新代海墓地出土颅骨测量性状研究》，《边疆考古研究》2013 年第 13 辑。

魏海波、张振标：《辽宁本溪青铜时代人骨》，《人类学学报》1989 年第 4 期。

魏坚、冯宝：《试论白泥窑文化》，《考古学报》2019 年第 1 期。

魏峻：《内蒙古中南部考古学文化演变的环境学透视》，《华夏考古》2005 年第 1 期。

魏收：《魏书》，北京：中华书局，2000 年。

魏征、令狐德棻：《隋书》，北京：中华书局，1973 年。

吴汝康、吴新智、张振标：《人体测量方法》，北京：科学出版社，1984 年。

吴秀杰等：《广西崇左智人洞早期现代人龋病及牙槽骨异常研究》，《人类学学报》2013 年第 3 期。

肖晓鸣：《吉林大安后套木嘎遗址人骨研究》，长春：吉林大学博士学位论文，2014 年。

徐勇勇、陈峰：《卫生统计学（第七版）》，北京：人民卫生出版社，2012 年。

许清海等：《殷墟文化发生的环境背景及人类活动的影响》，《第四纪研究》2010 年第 2 期。

〔苏〕雅·雅·罗金斯基、马·格·列文：《人类学》，北京：警官教育出版社，1993 年。

颜訚、刘昌芝、顾玉珉：《宝鸡新石器时代人骨的研究报告》，《古脊椎动物与古人类》1960 年第 1 期。

颜訚等：《西安半坡人骨的研究》，《考古》1960 年第 9 期。

颜訚：《华县新石器时代人骨的研究》，《考古学报》1962 年第 2 期。

杨建华：《春秋战国时期中国北方文化带的形成》，北京：文物出版社，2004 年。

杨晓生：《龋病发生部位与年龄的关系》，《基层医学论坛》2009 年第 5 期。

原海兵：《殷墟中小墓人骨的综合研究》，长春：吉林大学博士学位论文，2010 年。

岳松龄：《现代龋病学》，北京：北京医科大学、中国协和医科大学联合出版社，1993 年。

张德伟：《伊犁河谷地区伊犁河流域文化研究》，郑州：郑州大学硕士学位论文，2015 年。

张继宗：《中国汉族女性长骨推断身长的研究》，《人类学学报》2001 年第 4 期。

张建波等：《新疆于田流水墓地青铜时代人类颅骨的非连续性特征研究》，《人类学学报》2011 年第 4 期。

张君：《从头骨非测量特征看青海李家山卡约文化居民的种族类型》，《考古》2001 年第 5 期。

张林虎：《新疆伊犁吉林台库区墓葬人骨研究》，长春：吉林大学博士学位论文，2010 年。

张全超：《内蒙古和林格尔县新店子墓地人骨研究》，北京：科学出版社，2010 年。

张全超等：《内蒙古凉城县忻州窑子墓地东周时期的人骨》，《人类学学报》2016 年第 2 期。

张全超、曹建恩、朱泓：《内蒙古和林格尔县将军沟墓地人骨研究》，《人类学学报》2006 年第 4 期。

张全超、曹建恩、朱泓：《内蒙古中南部地区青铜—早期铁器时代居民的龋病研究》，《人类学学报》2009 年第 4 期。

张全超、曹建恩、朱泓：《内蒙古清水河县姑姑庵汉代墓地人骨研究》，《人类学学报》2011 年第 1 期。

张全超、胡延春、朱泓：《磴口县纳林套海汉墓人骨研究》，《内蒙古文物考古》2010 年第 2 期。

张全超、李溯源：《新疆尼勒克县穷科克一号墓地古代居民的食物结构分析》，《西域研究》2006 年第 4 期。

张全超、朱泓：《先秦时期内蒙古中南部地区居民的迁徙与融合》，《中央民族大学学报》（哲学社会科学版）2010 年第 3 期。

张廷玉：《明史》，北京：中华书局，2000 年。

张文平等：《内蒙古磴口县沙金套海汉代墓地 2016 年度发掘简报》，《考古与文物》2019 年第 1 期。

张昕煜等：《东周时期内蒙古中南部人群和文化融合进程中的农业经济——以和林格尔大堡山墓地人骨 C、N 稳定同位素分析为例》，《中国科学：地球科学》2018 年第 2 期。

张昕煜等：《公元前 1 千纪新疆西部穷科克 1 号墓地的粟黍食用——基于人骨 C、N 稳定同位素与牙结石淀粉粒的证据》，《中国国家博物馆文物保护修复论文集》，2019 年。

张馨月：《山东地区古代居民牙齿情况的初步分析》，济南：山东大学硕士学位论文，2016 年。

张璇：《六千年前半坡人口腔流行病学研究》，西安：第四军医大学硕士学位论文，2006 年。

张雅军：《人类头骨上的不连续形态特征》，《人类学学报》2004 年第 23 卷增刊。

张雅军等：《西藏故如甲木墓地人群牙齿磨耗和食物结构的关系》，《人类学学报》2019 年第 1 期。

张银运、王令红、董兴仁：《广西桂林甑皮岩新石器时代遗址的人类头骨》，《古脊椎动物与古人类》1977 年第 1 期。

张银运：《人类头骨非测量性状述评》，《人类学学报》1993 年第 4 期。

张郁：《和林格尔县土城子试掘记要》，《文物》1961 年第 9 期。

赵永生：《甘南临潭磨沟墓地人骨研究》，长春：吉林大学博士学位论文，2013 年。

赵永生、毛瑞林、朱泓：《磨沟墓地古代居民非连续性特征的观察与研究》，《江汉考古》2017 年第 1 期。

郑靖中等：《西安地区现代人颅骨非测量性研究》，《人类学学报》1988 年第 3 期。

郑兰爽：《韩城梁带村芮国墓地出土人骨研究》，西安：西北大学硕士学位论文，2012 年。

中国社会科学院考古研究所：《中国考古学论丛》，北京：科学出版社，1993 年。

中国社会科学院历史研究所、中国社会科学院考古研究所：《安阳殷墟头骨研究》，北京：文物出版社，1985 年。

中华中医药学会：《骨性关节炎》，《风湿病与关节炎》2013 年第 2 期。

周金玲：《新疆尉犁县营盘古墓群考古述论》，《西域研究》1999 年第 3 期。

周蜜：《日本人种论》，长春：吉林大学博士学位论文，2007 年。

周群：《秦代置郡考述》，《中国史研究》2016 年第 4 期。

周亚威：《北京延庆西屯墓地人骨研究》，长春：吉林大学博士论文，2013 年。

朱芳武、卢为善：《桂林甑皮岩新石器时代遗址居民的龋病》，《人类学学报》1997 年第 4 期。

朱泓：《东北古代居民的种族成分研究》，《博物馆研究》1989 年第 3 期。

朱泓：《内蒙古凉城东周时期墓葬人骨研究》，《考古学集刊（七）》，北京：科学出版社，1991 年。

朱泓：《内蒙古察右前旗庙子沟新石器时代颅骨的人类学特征》，《人类学学报》1994 年第 2 期。

朱泓：《内蒙古长城地带的古代种族》，《边疆考古研究》2002 年第 1 辑。

朱泓：《中国南方地区的古代种族》，《吉林大学社会科学学报》2002 年第 3 期。

朱泓：《体质人类学》，北京：高等教育出版社，2004 年。

朱泓：《中国西北地区的古代种族》，《考古与文物》2006 年第 5 期。

朱泓等：《内蒙古准格尔旗西黑岱墓地人骨研究》，《华夏考古》2017 年第 2 期。

朱思媚：《内蒙古和林格尔县东头号墓地人骨研究》，长春：吉林大学硕士学位论文，2016 年。

纵横：《〈敕勒歌〉辨误》，《内蒙古大学学报》（哲学社会科学版）1994 年第 3 期。

二　英文部分

A. Caroline Berry, R. J. Berry, Epigenetic variation in the human cranium. *Journal of Anatomy*, vol. 101. 1967, pp. 361 – 379.

Christine Lee, *The biological affinities of Neolithic through Modern period populations from China and Mongolia: The cranial and dental nonmetric trait evidence.* Doctoral dissertation, Arizona State University. 2007.

Christy G. Turner II, Dental anthropological indications of agriculture among the Jomon people of central Japan. *American Journal of Physical Anthropology*, vol. 51, 1979, p. 624.

Christy G. Turner II, Expression count: a method for calculating morphological dental trait frequencies by using adjustable weighting coefficients with standard ranked scales. *American Journal of Physical Anthropology*, vol. 68, 1985, pp. 263 – 267.

Christy G. Turner II, Late Pleistocene and Holocene population history of East Asia based on dental variation. *American Journal of Physical Anthropology*, vol. 73, 1987, pp. 305 – 321.

Clare Holden, Ruth Mace, Sexual dimorphism in stature and women's work: A phylogenetic cross-cultural analysis. *American Journal of Physical Anthropology*, vol. 110, 1999, pp. 27 – 45.

Clark Spencer Larsen, Biological changes in human populations with agriculture. *Annual Review of Anthropology*, vol. 24, 1995, pp. 185 – 213.

Don R. Brothwell, *Digging up Bones* (3rd). New York, NY: Cornell University Press, 1981.

Donald J. Ortner, Arthur C. Aufderheide, *Human Paleopathology: Current Synthesis and Future Options.* Washington DC: Smithsonian Institute Press, 1991.

Edward F. Harris, Torstein Sjøvold, Calculation of Smith's mean measure of divergence for intergroup comparisons using nonmetric data. *Dental Anthropology*, vol. 17, 2004, p. 92.

F. E. Grine, A. J. Gwinnett, J. H. Oaks, Early hominid dental pathology: Interproximal caries in 1. 5 million-year-old Paranthropus robustus from Swartkrans. *Archives of Oral Biology*, Vol. 35, 1990, pp. 381 – 386.

Frederic Wood-Jones, The non-metrical morphological characters of the skull as criteria for racial diagnosis. Part I. General discussion of the morphological characters employed in racial diagnosis. *Journal of Anatomy*, vol. 67. 1931, pp. 179 – 195.

G. M. Morant, A First Study of the Tibetan Skull. *Biometrika*, vol. 14, 1923, pp. 193 – 260.

G. Richard Scott, Christy G. Turner II, Dental Anthropology. *Annual Review of Anthropology*, vol. 17, 1988.

G. Richard Scott, Christy G. Turner II, *The anthropology of modern human teeth: dental morphology and its variation in recent human populations.* New York, NY: Cambridge University Press, 1997.

Holly Smith, Patterns of molar wear in hunter – gatherers and agriculturalists. *American Journal of Physical Anthropology*, vol. 63, 1984, pp. 39 – 56.

Jane E. Buikstra, Douglas H. Ubelaker, *Standards for data collection from human skeletal remains.* Fayetteville, AR: Arkansas Archaeological Survey, 1994.

Jeffrey H Schwartz, *Skeleton keys: an introduction to human skeletal morphology, development, and analysis.* Oxford, NY: Oxford University Press, 1995, p. 257.

Joel D. Irish, The Mean Measure of Divergence: Its Utility in Model-Free and Model-Bound Analyses Relative to the Mahalanobis D2 Distance for Nonmetric Traits. *American Journal Of Human Biology.* vol. 22. 2010, pp. 378 – 395.

John R. Lukacs, Dental paleopathology and agricultural intensification in South Asia: new evidence from Bronze Age Harappa. *American Journal of Physical Anthropology*, vol. 87, 1992, pp. 133 – 150.

Karl Pearson, Craniological Notes: Homogeneity and Heterogeneity in Collections of Crania. *Biometrika*, Vol. 2, 1903, pp. 345 – 347.

Karl Pearson, Mathematical Contributions to the Theory of Evolution. V. On the Reconstruction of the Stature of Prehistoric Races. *Philosophical Transactions of the Royal Society of London. Series A, Containing Papers of a Mathematical or Physical Character*, vol. 192, 1899, p. 196.

Liu Wu, Zhang Quanchao, Wu Xiujie, Zhu Hong, Tooth wear and dental pathology of the Bronze-Iron age's people in Xinjiang, northwest China: implications on their diet and life style. *HOMO-Journal of Comparative Human Biology*, vol. 61, 2010, pp. 102 – 116.

M. C. Peel, B. L. Finlayson, T. A. McMahon, Updated world map of the Köppen-Geiger climate classification. *Hydrology and Earth System Sciences*, vol. 11, 2007, pp. 1633 – 1644.

Marc A. Kelley, Clark Spencer Larsen (eds), *Advances in Dental Anthropology.* New York, NY: Wiley-Liss, 1991.

Matthew W. Tocheri, The effects of sexual dimorphism, asymmetry, and inter-trait association on the distribution of thirteen deciduous dental nonmetric traits in a sample of Pima Indians. *Dental Anthropology Journal*, vol. 15, 2002, pp. 1 – 8.

Mildred Trotter, Goldine C. Gleser, A re-evaluation of estimation of stature based on measurements of stature taken during life and of long bones after death. *American Journal of Physical Anthropology*, vol. 16, 1958, pp. 79 – 123.

Naohiko Inoue，Pan Qifeng，Reiko Sakashita，Tetsuya Kamegai，*Tooth and facial morphology of ancient Chinese skulls.* Tokyo：Therapeia Publishing Co. ，1997，pp. 221 – 222.

Robert D. Hoppa，James W. Vaupel，*Paleodemography*：*Age Distributions from Skeletal Samples.* Cambridge，NY：Cambridge University Press，2008.

Stephen Molnar，*Human Variation*：*Races*，*types*，*and ethnic groups.* Englewood Cliffs，NJ：Prentice Hall，2005.

Ted A. Rathbun，Patterns of pathology among metal age Iranian and Mesopotamian population. *American Journal of Physical Anthropology*，vol. 52，1980，p. 269.

Tim D. White，Michael T. Black，Pieter A. Folkens，*Human Osteology*（3rd）. MA：Elsevier Academic Press. 2011.

Tim D. White，Pieter A. Folkens，*The Human Bone Manual.* Burlington，MA：Elsevier Academic Press，2005.

Tsunehiko Hanihara，Hajime Ishida，Os incae：variation in frequency in major human population groups. *Journal of Anatomy*，vol. 198，2001，pp. 137 – 152.

Vered Eshed，Avi Gopher A，Israel Hershkovitz，Tooth wear and dental pathology at the advent of agriculture：new evidence from the Levant. *American Journal of Physical Anthropology*，vol. 130，2006，pp. 145 – 159.

W. W. Howells，Some Uses of the Standard Deviation in Anthropology. *Human Biology*，vol. 8，1936，pp. 592 – 600.

W. W. Howells，The Early Christian Irish：The Skeletons at Gallen Priory. *Proceedings of the Royal Irish Academy. section C*：*Archaeology*，*Celtic Studies*，*History*，*Linguistics*，*Literature* ，vol. 46，1941，pp. 103 – 129.

Yuan XL，Meng HY，Wang YC，et al，Bone-cartilage interface crosstalk in osteoarthritis：Potential pathways and future therapeutic strategies. *Osteoarthritis Cartilage*，vol. 22，2014，pp. 1077 – 1089.

附　表

附表1　加速器质谱（AMS）碳十四测试报告[1]

Lab编号	样品	样品原编号	出土地点	碳十四年代（BP）	树轮校正后年代	
					1σ (68.2%)	2σ (95.4%)
BA140913	左侧股骨近端	2011HSDM4	内蒙古呼和浩特市和林格尔县十一号村大堡山墓地	2190±25	360BC（47.5%）290BC 240BC（20.7%）200BC	370BC（95.4%）180BC
BA140914	右侧股骨中段	2011HSDM16		2260±30	390BC（31.3%）350BC 290BC（36.9%）230BC	400BC（38.5%）340BC 320BC（56.9%）200BC
BA140915	右侧股骨中段	2011HSDM29		2235±30	380BC（17.3%）350BC 300BC（50.9%）210BC	390BC（24.8%）340BC 330BC（70.6%）200BC
BA140916	左侧股骨中段	2011HSDM31		2305±25	400BC（68.2%）375BC	410BC（87.8%）350BC 290BC（7.6%）230BC
BA140917	左侧股骨近端	2011HSDM41		2250±25	390BC（26.9%）350BC 290BC（41.3%）230BC	400BC（33.8%）340BC 310BC（61.6%）200BC

① 所用碳十四半衰期为5568年，BP为距1950年的年代。

样品无法满足实验需要，有如下原因：送测样品无测量物质；样品成分无法满足制样需要；样品中碳含量不能满足测量需要。

树轮校正所用曲线为IntCal04（1），所用程序为OxCal v3.10（2）。

1. Reimer P. J., M. G. L. Baillie, E. Bard, A. Bayliss, J. W. Beck, C. Bertrand, P. G. Blackwell, C. E. Buck, G. Burr, K. B. Cutler, P. E. Damon, R. L. Edwards, R. G. Fairbanks, M. Friedrich, T. P. Guilderson, K. A. Hughen, B. Kromer, F. G. McCormac, S. Manning, C. Bronk Ramsey, R. W. Reimer, S. Remmele, J. R. Southon, M. Stuiver, S. Talamo, F. W. Taylor, J. van der Plicht, and C. E. Weyhenmeyer. 2004 *Radiocarbon* 46: 1029 – 1058.

2. Christopher Bronk Ramsey 2005, www.rlaha. ox. ac. uk/orau/oxcal. html.

附表 2　个体测量项目代号说明

马丁号	测量项目	英文说明	马丁号	测量项目	英文说明
1	颅骨最大长	Maximum cranial length（g – op）	DC	眶间宽	Interorbital breadth（d – d）
8	颅骨最大宽	Maximum cranial Breadth（eu – eu）	32 I	额侧角 I	Profile angle of the frontal bone from nasion（∠n – m and FH）
17	颅高	Basion-bregma height（b – ba）	32 II	额侧角 II	Profile angle of the frontal bone from glabella（∠g – m and FH）
21	耳上颅高	Auricular height		前囟角 I	Bregmatic angle from glabella（∠g – b and FH）
9	最小额宽	Minimum frontal breadth（ft – ft）	72	总面角	Total prognathism（∠n – pr and FH）
7	枕骨大孔长	Foramen magnum length（enba – o）	73	中面角	Middle prognathism（∠n – ns and FH）
16	枕骨大孔宽	Foramen magnum breadth	74	齿槽面角	Alveolar prognathism（∠ns – pr and FH）
23	颅周长	Cranial horizontal circumference（g – op – g）	75	鼻梁侧角	Profile angle of nasal roof（∠n – rhi and FH）
24	颅横弧	Cranial transverse arc（po – b – po）		鼻梁角	∠72 – 75
25	颅矢状弧	Cranial sagittal arc（n – o）	77	鼻颧角	Naso – malar angle（∠fmo – n – fmo）
26	额骨矢状弧	Frontal arc（n – b）	SSA	颧上颌角	Zygo – maxillary angle（∠zm – ss – zm）
27	顶骨矢状弧	Parietal arc（b – l）	A∠	面三角 I	Winkel des Gesichtsdreiecks I（∠n – pr – ba）
28	枕骨矢状弧	Occipital arc（l – o）	N∠	面三角 II	Winkel des Gesichtsdreiecks II（∠pr – n – ba）
29	额骨矢状弦	Frontal chord（n – b）	B∠	面三角 III	Winkel des Gesichtsdreiecks III（∠n – ba – pr）
30	顶骨矢状弦	Parietal chord（b – l）	8 : 1	颅长宽指数	Cranial length – breadth index
31	枕骨矢状弦	Occipital chord（l – o）	17 : 1	颅长高指数	Cranial length – height index
5	颅底长	Basion – nasion（n – enba）	17 : 8	颅宽高指数	Cranial breadth – height index
40	面底长	Prosthion endobasion length（pr – enba）	9 : 8	额顶宽指数	Transversal frontoparietal index
48	上面高	Upper facial height（n – pr）	16 : 7	枕骨大孔指数	Occipital foramen index
		Upper facial height（n – sd）	40 : 5	面突指数	Gnathic index
47	全面高	Morphological facial height（n – gn）	48 : 17	垂直颅面指数	Vertical cranio – facial index
45	面宽或颧点间宽	Bizygomatic breadth（zy – zy）	48 : 45	上面指数（K）	Kollmann's upper facial index

续附表 2

马丁号	测量项目	英文说明	马丁号	测量项目	英文说明
43	上面宽	Upper facial breadth (fmt – fmt)	54:55	鼻指数	Nasal index
46	中面宽	Bimaxillary breadth (zm – zm)	52:51	睛指数 I	Orbital index I
50	前睛间宽	Vordere interorbital breite (mf – mf)	52:51a	睛指数 II	Orbital index II
51	睛宽	Orbital breadth (mf – ec)	65	下颌髁突间宽	Bicondylar breadth (cdl – cdl)
51a	睛宽	Orbital breadth (d – ec)	66	下颌角间宽	Bigonial breadth (go – go)
52	睛高	Orbital height	67	颏孔间宽	Bimental breite
MB	颧骨宽	Malar breadth (zm – rim. Orb.)	68	下颌体长	Mandibular length
54	鼻宽	Nasal breadth	68 (1)	下颌体最大投影长	Maximum Projectile mandibular length
55	鼻高	Nasal height (n – ns)			
SC	鼻骨最小宽	Least nasal breadth			
SS	鼻骨最小高	Simotik subtense	69	下颌联合高	Chin height (id – gn)
60	上颌齿槽弓长	Maxillo – alveolar length (pr – alv)	MBH	下颌体高 I	Body height at mental foramen
61	上颌齿槽弓宽	Maxillo – alveolar breadth (ecm – ecm)		下颌体高 II	Height of Mandibular body II
62	腭长	Palatal length (ol – sta)	MBT	下颌体厚 I	Body thickness at mental foramen
63	腭宽	Palatal breadth (enm – enm)		下颌体厚 II	Breadth of Mandibular body II
11	耳点间宽	Interauriculare breadth (au – au)	70	下颌支高	Maximum height ramus
12	枕骨最大宽	Maximum occipital breadth (ast – ast)	71	下颌支宽	Maximum ramus breadth
44	两睛宽	Biorbital (ec – ec)	71a	下颌支最小宽	Minimum ramus breadth
FC	两睛内宽	Bifrontal breadth (fmo – fmo)	79	下颌角	Mandibular angle
FS	鼻根点至两睛内宽之矢高	Subtense fmo – fmo (n to fmo – fmo)			

附表 3 大堡山墓地成年男性个体颅骨测量表

墓号 测量性状	南北向					东西向											
	M1	M3	M4	M5	M11	M18	M34	M36	M40	M7	M13	M24	M25	M28	M31	M47	M29
1 颅骨最大长 g – op		175.00	170.00	176.00		179.00	182.00	178.00	168.00	184.00		180.00	183.00	172.50	174.00	180.00	170.00
5 颅基底长 n – enba		91.00	97.00	99.50		105.00	104.00	102.00	93.00	105.00	99.00	104.00	101.00		102.00	106.00	94.00
8 颅骨最大宽 eu – eu		137.00	137.00	143.00		136.00	144.00	138.00	135.00	138.00	143.00	136.00	141.00	140.50	135.00	141.00	140.00
9 额骨最小宽 ft – ft		88.43	89.11	98.00		89.00	93.08	92.14	87.00	94.23	88.24	96.83	88.89	92.14	90.82	94.85	99.71
11 耳点间宽 au – au		112.00	116.00	119.00		126.00	122.00	127.00	121.00	126.00	126.00	123.00	126.00		122.00	123.00	129.00
12 枕骨最大宽 ast – ast		107.00	106.00	105.00		109.00	112.00	109.00	103.00	106.00	112.00	108.00	111.00	112.11		115.00	111.65
7 枕骨大孔长 enba – o		35.24	33.71	34.98		35.44	30.12	35.26	31.03	40.10	35.24	36.24	33.60		33.75	28.95	36.34
16 枕骨大孔宽		30.90	26.41	26.40		33.56	28.70	28.96	28.33	31.84	28.90	33.83	29.21		29.19	24.30	32.70
17 颅高 b – ba		133.00	133.00	141.00		137.00	139.00	143.00	130.00	145.00	146.00	141.00	135.00		141.00	145.00	131.00
21 耳上颅高 po – po		112.00	105.00	118.00		112.00	123.00	118.00	108.00	122.00	118.00	118.00	113.00		112.00	119.00	113.00
23 颅周长 g – op – g		495.00	480.00	515.00		515.00	519.00	508.00	482.00	528.00		531.00	530.00	514.00	509.00	514.00	520.00
24 颅横弧 po – b – po		308.00	275.00	327.50		305.00	326.00	318.00	286.00	316.00	315.00	304.00	311.00		295.00	335.00	320.00
25 颅矢状弧 n – o		375.00	340.00	374.00		368.00	375.00	364.00	333.00	376.00		380.00	379.00	358.00		375.00	355.00
26 额骨矢状弧 n – b		125.00	112.00	135.00		122.00	130.00	130.00	114.00	131.00	128.00	120.00	120.00	128.00	119.00	128.00	125.00
27 顶骨矢状弧 b – l		124.00	118.00	121.00		135.00	118.00	123.00	106.00	130.00	115.00	125.00	140.00	125.00	128.00	121.00	115.00
28 枕骨矢状弧 l – o		125.00	111.00	116.00		111.00	127.00	112.00	110.00	115.00		135.00	120.00	105.00		126.00	115.00
29 额骨矢状弦 n – b		109.33	100.84	115.00		110.91	117.18	112.94	101.00	113.86	115.24	106.07	107.60	112.78	104.42	115.78	105.76
30 顶骨矢状弦 b – l		110.26	104.16	111.00		113.30	108.13	111.48	99.78	116.35	98.64	112.86	122.30	109.54	110.88	112.18	108.39
31 枕骨矢状弦 l – o		101.88	93.86	96.00		97.98	106.74	92.01	93.44	101.53	113.87	106.59	99.17	91.90	90.13	105.10	94.68
40 面底长 pr – enba		89.39		92.75			99.82		97.96		95.55	100.35					
43 上面宽 fmt – fmt		97.72		105.67		102.00	103.12	102.23	98.00	103.92	99.47	106.27	101.37			104.33	
44 两眶宽 ek – ek		90.79	97.98			99.23	96.45	92.96	94.89	97.84		97.36	99.92				
45 面宽/颧点间宽 zy – zy	132.00	132.00					136.00	137.00	133.00			132.00					

续附表 3

墓　号 测量 性状	南北向									东西向							
	M1	M3	M4	M5	M11	M18	M34	M36	M40	M7	M13	M24	M25	M28	M31	M47	M29
46 中面宽 zm – zm		89.38	100.82			100.05	100.38	98.66	96.10	96.60		98.52					
48 上面高 n – pr		64.63	63.84				77.40		64.36		72.20	66.00					
上面高 n – sd		65.12		77.71		77.69	80.81		66.17	74.49	74.72	70.02			73.38		
50 前眶间宽 mf – mf		15.36	18.95	22.84		17.20	19.82	19.82	19.22	17.58	15.21	17.43	22.02		18.28	19.56	
51 眶宽 mf – ek L		42.00	43.53			44.42	40.32	37.62	41.20	44.00	43.46	43.95	42.17		43.00		
眶宽 mf – ek R		41.42	44.61	42.86		46.08	40.20	38.38	42.00	43.16		44.44	41.00				39.04
51a 眶宽 d – ek L		37.50	40.71				38.18	36.43		39.40	40.40	38.20	38.52		40.38		
眶宽 d – ek R		36.70	40.27				39.12	35.68		38.49		37.02	38.50				
52 眶高 L		30.68				35.55	31.32	31.75	28.20	34.99	33.43	32.78	36.12		33.36		
眶高 R		30.88	32.10	34.00		35.26	33.11	31.60	27.04	34.24		32.02	36.30				
MH 颧骨高 fmo – zm L		38.09				44.69	49.37	43.19	37.72	46.65	45.34	41.33			45.00		
颧骨高 fmo – zm R		37.20	46.40	46.49			49.30	42.21	39.26	46.77		42.48	52.89				46.13
MB 颧骨宽 zm – rim Orb L		19.44					26.52	25.50	22.18	22.22	24.96	23.61	28.09		25.80		
颧骨宽 zm – rim. Orb R		21.44	26.75	26.33		26.91	27.56	26.02	23.52	25.24		24.96	24.72				24.83
54 鼻宽		24.45	23.30	25.05		23.40	28.22	24.88	24.90	24.38	29.74	26.10	24.72		26.32		
55 鼻高 n – ns		45.52	49.83	53.06		56.78	55.16	55.54	46.78	54.09	53.02	51.28	56.00		54.38		
60 上颌齿槽弓长 pr – alv		49.38					52.48		57.13		54.26	54.24					
61 上颌齿槽弓宽 ekm – ekm		62.34				66.57	61.85		63.14		60.84	67.31			66.57		
62 腭长 ol – sta			45.80	45.17		49.82	45.32	40.64	44.17	45.46	44.31	44.55			43.18	46.60	39.83
63 腭宽 enm – enm			39.76	29.64		36.88	34.07	33.14	37.68	39.84	33.51	38.74			40.02	38.07	31.51
FC 两眶内宽 fmo – fmo		91.04		95.31		97.21	96.73	93.45	89.00	96.28	91.30	100.46	93.34	93.64	95.38		
DC 眶间宽 d – d		19.65	22.40				22.82	22.88		22.92	18.84	22.38	22.16		16.70	21.85	
32 额颊角 1∠n – m and FH		84.00	75.00	79.00		69.00	80.00	88.00	80.00	84.00	78.00	86.00	74.00		78.00		

续附表 3

测量性状 ＼ 墓号	南北向									东西向							
	M1	M3	M4	M5	M11	M18	M34	M36	M40	M7	M13	M24	M25	M28	M31	M47	M29
额侧角Ⅱ∠g – m and FH		81.00	68.00	77.00		71.00	74.00	84.00	73.00	77.00	69.00	83.00	68.00		75.00		86.00
前囟角角∠g – b and FH		49.00	48.00	46.00		40.00	47.00	45.00	44.00	46.00	45.00	49.00	40.00		45.00		47.00
72 总面角∠n – pr and FH		83.00	82.00	92.00		85.00	86.00		82.00	88.00	84.00	84.00					
73 中面角∠n – ns and FH		83.00	82.00				98.00		86.00	88.00	83.00	83.00	91.00		87.00		97.00
74 齿槽面角∠ns – pr and FH		83.00				76.00	76.00		75.00		80.00	79.00					
77 鼻颧角∠fmo – n – fmo		140.39		145.83		136.78			142.88	143.98	141.25	145.19	142.26	145.84	139.88		
颧上颌角∠zm – ss – zm						119.17	134.08		129.96	120.11		121.77					
面三角∠pr – n – ba		68.15					64.00		72.62		63.61	66.43					
∠n – pr – ba		69.99					69.41		67.60		72.79	73.16					
∠n – ba – pr		41.86					46.58		39.78		43.60	40.41					
65 下颌髁突间宽 cdl – cdl	109.00	119.43				127.66	130.92	129.23	123.91	124.72		123.51	121.86				123.00
66 下颌角间宽 go – go		103.64				103.97	108.85	103.23	103.35	104.01		97.55					105.00
67 髁孔间径	50.70	47.15		48.49		48.47	50.40	48.53	49.59	47.37	49.26	47.69	50.25	43.04		50.17	44.85
68 下颌体长	75.00	64.00				77.00	71.00	73.05	78.73	68.06		70.76	63.00			81.04	79.30
68 – 1 下颌体最大投影长	106.00	91.00				115.00	113.00	98.97	111.00	99.38		111.25	95.00				97.00
69 下颌联合高 id – gn		33.39		40.30		35.70	41.75	36.00	29.35	30.75		27.59	32.54				
69 – 1 下颌体高Ⅰ L	27.36	29.50		39.22	32.32	32.92	34.57	31.14	28.89	30.09	33.54	25.76	28.23		32.78	32.27	26.11
下颌体高Ⅰ R	28.00	30.33		39.46	33.74	33.12	36.96	33.23	30.59	30.01	33.02	26.07	27.47			31.95	25.85
下颌体高Ⅱ L	26.88	25.99		33.66	30.42	29.29	34.42	28.61	26.75	28.22	30.83	21.63	26.45		29.32		24.03
下颌体高Ⅱ R	27.00	26.03		34.04	31.40	32.39	34.16	30.46	26.13	28.48	31.60	28.08	25.48				23.92
69 – 3 下颌体厚Ⅰ L	14.00	10.02		14.34	14.00	11.16	14.48	13.05	12.50	13.44	10.50	10.45	12.34	10.18	12.20	13.00	14.37
下颌体厚Ⅰ R	13.98	10.20		13.07	13.02	10.86	15.47	15.22	11.96	13.07	12.00	11.61	13.64	9.49		14.89	14.26

续附表3

测量性状	南北向										东西向						
墓号	M1	M3	M4	M5	M11	M18	M34	M36	M40	M7	M13	M24	M25	M28	M31	M47	M29
下颌体厚ⅡL	15.98	11.67		16.22	15.26	15.91	17.76	12.15	15.25	14.93	15.05	16.37	15.36	12.56	15.80	14.64	15.27
下颌体厚ⅡR	18.90	12.83		16.24	15.60	14.58	17.21	12.75	14.26	15.53	15.89	16.68	15.59	12.68		15.26	15.61
70 下颌支高L	62.72	55.88			64.72	61.07	69.93	63.04	57.14	64.98		57.67	60.22				54.73
下颌支高R	63.48	51.36		62.02		63.02	69.33	62.43	58.32	66.06		58.32	60.44	66.00			54.02
71 下颌支宽L		38.32			43.46	34.12	48.70	39.49	40.05	39.34		42.50	39.92			39.47	
下颌支宽R		37.76		42.11		41.69	48.09	41.17	41.32	39.02		41.96	40.57				39.34
71a 下颌支最小宽L	34.00	26.41			35.48	28.56	34.74	30.61	31.29	32.36	33.98	32.03	31.75		36.50	34.01	31.88
下颌支最小宽R	33.58	26.43		34.89		31.31	35.32	29.60	30.54	32.14		31.48	31.73		36.20	34.22	29.25
79 下颌支角	117.00	119.00				124.00	122.00	118.00	120.00	119.00		124.00	118.00	134.00			119.00
额孔间弧	64.00	52.00		58.00		59.00	60.00	59.00	58.00	57.00	60.00	56.00	60.00	48.00		53.00	50.00
8:1 颅长宽指数		78.29	80.59	81.25		75.98	79.12	77.53	80.36	75.00		75.56	77.05	81.45	77.59	78.33	82.35
17:1 颅长高指数		76.00	78.24	80.11		76.54	76.37	80.34	77.38	78.80		78.33	73.77		81.03	80.56	77.06
17:8 颅宽高指数		97.08	97.08	98.60		100.74	96.53	103.62	96.30	105.07	102.10	103.68	95.74		104.44	102.84	93.57
48:45 上面指数（sd）		49.33					59.42		49.75			53.05					
48:46 上面指数（pr）		48.96					56.91		48.39			50.00					
52:51 眶指数ⅠR		74.55	71.96	79.33		76.52	82.36	82.33	64.38	79.33		72.05	88.54				
52:51 眶指数ⅠL		73.05	79.71			80.03	77.68	84.40	68.45	79.52	76.92	74.58	85.65		77.58		
52:51a 眶指数ⅡR		84.14					84.64	88.57		88.96		86.49	94.29				
54:55 鼻指数		53.71	46.76	47.21		41.21	51.16	44.80	53.23	45.07	56.09	50.90	44.14		48.40		
48:17 垂直颅面指数（sd）		48.96	48.00	55.11		56.71	58.14		50.90	51.37	51.18	49.66			52.04		
40:5 面部突度指数		98.23		93.22			95.98		105.33		96.52	96.49					
9:8 额顶宽指数		64.55	65.04	68.53		65.44	64.64	66.77	64.44	68.28	61.71	71.20	63.04	65.58	67.27	67.27	71.22
16:7 枕骨大孔指数		100.00	75.47	79.40		93.35	82.13	91.30	83.94	81.80	94.70	86.93		89.98	95.29	87.68	86.49

附表4 大堡山墓地成年女性个体颅骨测量表

墓号 / 测量性状	南北向										东西向			
	M6	M15	M17	M19	M21	M23	M26	M30	M32	M37	M22	M42	M49	M51
1 颅骨最大长 g–op		166.00		169.00	174.00	179.00	170.00		172.00		176.00	173.00	178.00	177.00
5 颅基底长 n–enba	96.00	96.00		97.00	99.00	100.00	96.00		96.00		96.00	103.00	102.00	
8 颅骨最大宽 eu–eu		135.00		133.00	128.00	134.00	134.00		133.00		132.50	132.00	135.00	132.00
9 额骨最小宽 ft–ft	85.95	86.51		81.92	81.94	88.37	93.21		89.66		92.74	95.07		86.38
11 耳点间宽 au–au		121.00		122.00	122.00	121.00	122.00		123.00		120.00	115.00	122.00	119.00
12 枕骨最大宽 ast–ast		107.00		106.00	108.00	104.00	104.00		109.00		107.00	101.00	108.00	110.00
7 枕骨大孔长 enba–o		35.94			34.90	32.86	33.94		33.52		35.13	31.55	35.78	30.15
16 枕骨大孔宽		28.91			29.65	26.62	26.43		27.00		29.12	27.22	28.35	24.45
17 颅高 b–ba	134.00	138.00		130.00	128.50	126.00	126.00		137.00		141.00	132.00	140.00	133.00
21 耳上颅高 po–po		112.00		111.00	103.00	108.00	102.00		119.00		116.00	113.00	116.00	116.00
23 颅周长 g–op–g		480.00		480.00	490.00	505.00	490.00		485.00		500.00	500.00	510.00	498.00
24 颅横弧 po–b–po		298.00		285.00	276.00	295.00	282.00		296.00		306.00	295.00	302.00	298.00
25 颅矢状弧 n–o		345.00			334.00	350.00	345.00		362.00		369.00	365.00	365.00	365.00
26 额骨矢状弧 n–b	126.00	105.00		110.00	110.00	120.00	115.00		120.00		125.00	116.00	118.00	114.00
27 顶骨矢状弧 b–l		130.00		125.00	106.00	116.00	123.00		122.00		119.00	132.00	105.00	128.00
28 枕骨矢状弧 l–o		110.00			116.00	114.00	105.00		119.00		124.00	118.00	132.00	124.00
29 额骨矢状弦 n–b	110.65	96.68		100.55	100.03	104.67	104.52		108.00		112.45	98.27	106.18	102.13
30 顶骨矢状弦 b–l		116.60		110.31	101.44	106.39	110.05		109.00		110.21	119.68	99.11	105.00

续附表 4

测量性状	南北向										东西向			
墓号	M6	M15	M17	M19	M21	M23	M26	M30	M32	M37	M22	M42	M49	M51
31 枕骨矢状弦 l – o		95.33			97.87	94.23	86.36		103.00		105.45	92.87	113.10	105.30
40 面底长 pr – enba		93.79		94.44		101.18	92.02				94.01	92.09		
43 上面宽 fmt – fmt	100.09	98.94		101.23	99.07	101.61	92.70		98.28		102.89	100.37		
44 两眶宽 ek – ek		93.82			91.50	95.75	96.58		90.06		97.79	94.70		
45 面宽/颧点间宽 zy – zy		129.00				125.00	130.00		126.00		131.00	120.00		
46 中面宽 zm – zm	92.23	92.89			91.49	96.63	102.70		92.60		98.12	91.11		
48 上面高 n – pr				63.14	68.77	65.00	71.40				62.68	67.08		
上面高 n – sd				63.35		68.04	71.99		66.36		65.02	69.39		
50 前眶间宽 mf – mf	19.71	21.32		19.05	18.11	19.81	20.00		15.50		19.00	19.32		
51 眶宽 mf – ek L		38.39		41.46	39.10	40.50	42.00		39.50		40.58	42.28		
眶宽 mf – ek R	40.16	41.00			41.52	41.38	40.70		39.18		41.38	41.88	39.00	
51a 眶宽 d – ek L		36.80			38.02	35.80	37.80		37.00		37.46	37.39		
眶宽 d – ek R	35.96	36.46			39.04		36.40		36.48		37.77	38.04	38.00	
52 眶高 L		31.04		35.36		32.11	32.42		30.00		33.60	32.68		
眶高 R	34.09	32.08			31.74	33.08	31.58		31.08		33.47	32.73		31.18
MH 颧骨高 fmo – zm L		40.52		46.11	42.26	40.16	41.49		41.30		41.16	39.43		
颧骨高 fmo – zm R	43.56	42.59			41.82	41.29	41.10		42.16		40.93	40.20	42.84	
MB 颧骨宽 zm – rim. Orb L		20.14		24.06	23.25	22.19	25.65		23.10		19.41	19.78		

续附表 4

| 墓号 | 南北向 | | | | | | | | | | 东西向 | | | |
测量性状	M6	M15	M17	M19	M21	M23	M26	M30	M32	M37	M22	M42	M49	M51
额骨宽 zm – rim. Orb R	21.59	21.98				23.24	26.93		26.60		20.15	22.76		27.52
54 鼻宽	25.11	26.65		26.11	25.51	26.23	24.74		26.68		26.95	26.61		27.52
55 鼻高 n – ns	49.46	51.38		46.40	49.52	47.00	50.10		45.74		46.26	50.40		46.11
60 上颌齿槽弓长 pr – alv				48.98		54.56	49.60				49.40	50.01		
61 上颌齿槽弓宽 ekm – ekm		64.81	66.48		63.83	63.82	60.46		58.85		65.38	59.48		
62 腭长 ol – sta	41.52	43.58	37.02	42.48	43.37		47.54		44.36	45.22	43.90	41.92		
63 颚宽 enm – enm	37.34	35.48	41.86	36.81	38.09	38.54	36.73		34.18	40.00	37.70	35.76		
FC 两眶内宽 fmo – fmo		91.21		95.34	89.52	93.16	93.20		90.52		96.68	95.54		90.50
DC 眶间宽 d – d	22.46	24.84			19.66	24.71	25.84		18.02		25.22	22.37		
32 额侧角 I ∠n – m and FH		82.00		73.00	79.00	75.00	72.00		87.00		83.00	96.00	80.00	84.00
额侧角 II ∠g – m and FH		79.00		69.00	74.00	74.00	68.00		84.00		79.00	92.00		81.00
前囟角 ∠g – b and FH		50.00		45.00	44.00	43.00	38.00		55.00		51.00	49.00		48.00
72 总面角 ∠n – pr and FH				81.00		80.00	82.00				79.00	85.00		
73 中面角 ∠n – ns and FH		86.00		87.00	86.00	88.00	82.00				86.00	94.00		92.00
74 齿槽面角∠ns – pr and FH				56.00		77.00	82.00				64.00	62.00		
77 鼻颧角 ∠fmo – n – fmo				142.95	143.13	136.20	135.90		145.28		141.83	153.28		138.99
颧上颌角 ∠zm – ss – zm						137.15	124.50		126.89		140.91	130.19		
面三角 ∠ pr – n – ba		64.89		67.70		66.70	63.70				68.81	67.10		

续附表 4

墓号　测量性状	M6	南北向									东西向			
		M15	M17	M19	M21	M23	M26	M30	M32	M37	M22	M42	M49	M51
65 下颌髁突间宽 cdl – cdl	117.15	126.15	119.55			115.67	123.03		128.50		120.58	116.34		113.00
66 下颌角间宽 go – go		94.58	96.64	101.00	98.00	97.38	100.98		99.58		103.02	100.00		89.12
67 髁孔间径	45.69	45.28	41.22	45.87	45.00	44.22	47.14		45.08		48.20	43.19		47.42
68 下颌体长	67.00	75.30	62.00	66.00	64.00	76.00	72.00		76.00		74.00	67.00		74.79
68 – 1 下颌体最大投影长	103.00	104.52	99.00	98.00		108.00	114.40		102.00		108.00	93.00		97.00
69 下颌联合高 id – gm		28.25	24.87			30.22	33.01		28.22		30.92	34.41		26.17
69 – 1 下颌体高 I L	31.49	33.46	27.98	29.10	32.22	29.45	34.03	30.06	27.98		30.01	32.63		36.37
下颌体高 I R	31.61	32.45	27.52	27.78	29.52	30.08	32.46		29.40		30.56	32.00		30.30
下颌体高 II L	31.09	29.54	26.54	27.67	30.14	28.68	28.01	28.00	23.85		25.63	26.75		29.56
下颌体高 II R	31.43	29.56	25.48	26.28	27.32	27.33	27.86		26.33		29.01	28.25		29.11
69 – 3 下颌体厚 I L	12.51	11.59	10.98	11.20	12.18	13.63	12.04	11.52	11.01		12.98	11.18		14.53
下颌体厚 I R	14.02	11.79	10.55	10.32	12.46	12.28	12.69		11.15		13.38	11.31	13.54	14.24
下颌体厚 II L	16.90	14.87	15.85	14.93	15.48	17.02	17.17	15.00	16.11		16.91	13.64		17.57
下颌体厚 II R	17.83	15.35	15.39	15.44	17.56	15.40	16.30	14.00	17.41		16.53	13.87	20.20	17.58
70 下颌支高 L	53.10	60.60	61.68	59.39		56.88	58.84		58.07		61.24	57.28		62.64
下颌支高 R	55.00	62.19	65.18	58.05	62.08	55.13	57.64		61.00		62.42	62.00		63.35

续附表 4

墓号\n测量性状	南北向										东西向			
	M6	M15	M17	M19	M21	M23	M26	M30	M32	M37	M22	M42	M49	M51
71 下颌支宽 L	39.13	35.58	40.03	41.13		44.66	36.60		40.61		40.51	36.20		41.16
下颌支宽 R		37.70	40.63	40.13	38.66	43.92	39.82		41.45		42.17	36.10		42.06
71a 下颌支最小宽 L	33.44	30.98	30.95	31.61	32.00	34.70	31.44		32.17		33.16	27.08		35.28
下颌支最小宽 R	35.96	33.26	30.38	30.71	30.04	35.23	33.03		33.64		33.36	27.33	37.00	34.15
79 下颌角	128.00	122.00	125.00	125.00		123.00	125.00		122.00		128.00	124.00		115.00
颏孔间弧	51.00	52.00	58.00	56.00	50.00	52.00	52.00		54.00		56.00	48.00		56.00
8:1 颅长宽指数		81.33		78.70	73.56	74.86	78.82		77.33		75.28	76.30	75.84	74.58
17:1 颅长高指数		83.13		76.92	73.85	70.39	74.12		79.65		80.11	76.30	78.65	75.14
17:8 颅宽高指数		102.22		97.74	100.39	94.03	94.03		103.01		106.42	100.00	103.70	100.76
48:45 上面指数（sd）						54.43	55.38		52.67		49.63	57.83		
48:46 上面指数（pr）						52.00	54.92				47.85	55.90		
52:51 眶指数 IR	84.89	78.24			76.45	79.94	77.59		79.33		80.88	78.15		79.95
52:51 眶指数 IL														
52:51a 眶指数 II R	94.80	87.99			81.30	88.57	86.76		85.20		88.62	86.04		82.05
54:55 鼻指数	50.77	51.87		56.27	51.51	55.81	49.38		58.33		58.26	52.80		59.68
48:17 垂直颅面指数（sd）				48.73	53.52	54.00	57.13		48.44		46.11	52.57		
40:5 面部突度指数		97.70		97.36		101.18	95.85				97.93	89.41		
9:8 额顶宽指数		64.08		61.59	64.02	65.95	69.56		67.41		69.99	72.02		65.44
16:7 枕骨大孔指数		80.44			84.96	81.01	77.87		80.55		82.89	86.28	79.23	81.09

附表 5　大堡山墓地成年男性个体体骨测量表（一）

测量项目	M1（南北向）		M3（南北向）		M4（南北向）		M5（南北向）		M8（南北向）		M10（南北向）		M11（南北向）		M14（南北向）	
	R	L	R	L	R	L	R	L	R	L	R	L	R	L	R	L
股骨 最大长	443.00	442.00		416.00	446.00	450.00	454.00	457.00		414.00	450.00	455.00	452.00	456.00	443.00	442.00
全长	440.00	439.00		415.00	443.00	445.00	451.50	456.00		412.00	441.00	450.00	448.00	450.00	437.00	436.00
转子内髁长	419.00			408.00	437.00	438.00	437.50		409.00	405.00	431.00		430.00	434.00	420.00	424.00
转子全长	411.00			401.00	422.00	423.00	430.00		392.00	397.00	416.00		416.00	421.00	406.00	407.00
转子外髁长	413.00			403.00	429.00	430.00	434.00		398.00	400.00	423.00		417.00	423.00	410.00	413.00
骨干长	345.00	343.00		335.00	350.00	351.00	356.00	362.00		326.00	338.00	340.00	358.00	356.00	341.00	335.00
骨干中部矢状径	28.00	27.14		26.60	29.00	27.38	30.48	30.00		29.00	30.02		29.56	30.22	26.00	28.30
骨干中部横径	27.16	28.00		24.00	28.78	29.02	26.72	28.36		26.00	25.00		27.00	27.50	26.38	27.80
骨干中部周	99.00	99.00		82.00	90.00	90.00	90.00	92.00		86.00	86.00		93.00	99.00	84.00	89.00
骨干上部矢状径	30.00		25.50	23.00	25.08	24.48	25.06	26.22	25.00	27.00	30.32		31.26	30.02	26.78	27.00
骨干上部横径	31.22		29.10	27.38	34.12	34.24	29.02	30.52	28.00	28.40	31.00	34.00	30.40	31.00	30.00	32.60
骨干下部最小矢状径	28.00	26.00		26.60	29.04	30.02	29.00	30.56			28.50		30.00	31.18	27.20	27.10
骨干下部横径	40.00	41.00		29.00	38.00	37.98	41.36	39.72		33.00	39.68	39.02	39.82	41.80	41.28	41.08
上端宽	93.84	94.22	83.30	83.28	102.48	103.46	92.30	94.00			101.32		92.38	93.00	96.10	99.26
股骨颈头前长	67.28	71.00	57.66	60.08	77.32	79.62	62.56	70.56			71.32		61.00	68.74	67.02	74.30
股骨头垂直直径	46.48		42.78	43.10		45.60	43.00		31.72		47.00	48.22	47.36	47.02	47.26	48.00
股骨头矢状径	45.70	44.60	42.34	43.14	46.74			46.62			51.00	50.02	46.70		48.60	48.56
股骨颈垂直直径	34.48	31.60	28.50	30.48	31.28	32.10	31.62				32.40	34.18	33.30	32.00	31.48	31.32
股骨颈矢状径	28.58	26.48	22.82	27.12	24.30	27.48	27.00				31.50	33.50	29.78		27.62	30.68
股骨颈周	106.00	102.00	91.00	98.00	98.00	99.00	110.00				105.00	105.00	105.00		101.00	105.00

续附表 5

墓号 测量项目	M1 (南北向) R	M1 L	M3 (南北向) R	M3 L	M4 (南北向) R	M4 L	M5 (南北向) R	M5 L	M8 (南北向) R	M8 L	M10 (南北向) R	M10 L	M11 (南北向) R	M11 L	M14 (南北向) R	M14 L
上髁宽				70.36							81.00	85.00	77.40	77.46	84.00	
股骨头周	145.00		134.00	137.00		145.00					165.00	160.00	148.00		151.00	150.00
外侧髁长		56.60		56.28		60.08	61.60	62.00		57.20	65.32		61.24	63.08	62.70	62.00
内侧髁长		57.26		56.00										61.60		62.00
外侧髁高	36.00			30.80	35.58	35.00	36.34	37.00	33.40	35.08		35.00	36.64	37.04	37.20	37.20
内侧髁高	40.74			31.00	35.62	37.02	37.00	38.56	34.18	37.24	39.30	38.08	37.66	38.02	42.30	42.30
股骨颈干角	118.00	117.00	112.00	119.00	120.00	121.00	125.00	130.00		130.00	125.00	132.00	121.00	121.00	130.00	135.00
胫骨	R	L	R	L	R	L	R	L	R	L	R	L	R	L	R	L
最大长		363.00		349.00	385.00	382.00		369.00		340.00			379.00		357.00	357.50
全长		358.00		343.00	378.00	375.00		363.00		334.00				374.00	352.00	348.00
胫骨长		350.00		340.00	374.00	370.00		354.00		329.00			364.00		347.00	346.00
生理长	337.00	337.00		326.00	357.00	357.00		343.00	323.00	318.00				351.00	330.00	331.00
髁踝长		352.00		339.00	372.00	374.00		355.00		330.00				367.00	345.00	345.00
上端宽				65.12							28.00	80.00		74.52	79.00	80.00
上内侧关节面宽			25.88					34.00				33.00		33.00		40.40
上外侧关节面宽				27.30								34.00				36.00
上内侧关节面矢状径							45.00							46.00		46.00
上外侧关节面矢状径				38.24			37.56					39.48		42.04		
粗隆处最大矢状径	44.68	46.48		36.18	42.42	40.88						46.60	45.40	45.40	46.00	42.64
粗隆处横径	40.40	38.00		28.00	37.00	35.00	38.40				42.00	45.00	25.32	40.60	43.22	44.16
中部最大径		29.00		25.50	30.30	30.40		31.00		27.48			35.00	31.08	28.58	30.02

续附表 5

测量项目	M1 (南北向)		M3 (南北向)		M4 (南北向)		M5 (南北向)		M8 (南北向)		M10 (南北向)		M11 (南北向)		M14 (南北向)	
墓号	R	L	R	L	R	L	R	L	R	L	R	L	R	L	R	L
中部横径		22.00		17.80	21.02	21.64		22.00		21.66				22.78	21.00	22.70
中部周		84.00		71.00	82.00	83.00		84.00		78.00				88.00	78.00	81.00
骨干最小周	75.00	78.00	65.00	66.00	78.00	77.00	78.00	78.00	72.00	73.00	76.00			78.00	74.00	73.00
滋养孔处横径	25.02	23.00	20.00	18.34	22.50	23.00	24.30	24.00	23.00	23.00	24.50			25.08	24.10	24.60
滋养孔处矢状径	35.68		29.28	28.06	34.00	33.08	33.14	33.20		29.60	35.00			37.66	32.08	32.10
下端宽					49.50		51.50								54.00	
下端矢状径			32.14	34.86	35.50	36.28	38.00	37.60	36.48						39.06	
腓骨																
最大长				329.00					335.00	331.00				373.00		
小头外踝长				324.00					322.00	318.00				370.00		
中部最大径				12.10					16.00	15.00				15.36		
中部最小径				9.72					12.00	12.46				12.00		
骨干中部周				42.00					48.00	48.00				47.00		
最小周				37.00	38.00	39.00		39.00	40.00	39.00				41.00		
下端宽			17.48	18.00		18.00	18.00		17.50	18.36				23.40		
上端宽				27.10												
肱骨																
全长			299.00	296.00	324.00	320.00	333.00	327.00	296.00				320.00		299.00	
最大长			306.00	303.00	328.00	326.00	337.00	332.00	298.00	301.00			326.00		303.00	
上端宽			44.00	43.58		49.00		48.40	47.00				47.00	48.16	50.88	
下端宽			57.72	56.16	58.40	57.12		59.12	60.02		62.50		60.14		58.00	60.00

续附表 5

墓号 测量项目	M1 (南北向) R	M1 (南北向) L	M3 (南北向) R	M3 (南北向) L	M4 (南北向) R	M4 (南北向) L	M5 (南北向) R	M5 (南北向) L	M8 (南北向) R	M8 (南北向) L	M10 (南北向) R	M10 (南北向) L	M11 (南北向) R	M11 (南北向) L	M14 (南北向) R	M14 (南北向) L
骨干中部最大径			20.00	19.58	22.00	21.00	22.40	22.76	23.48	22.50			23.72		23.02	
骨干中部最小径			15.36	15.30	17.00	16.84	19.48	18.50	17.40	18.00			19.78		17.60	
骨干中部矢状径			18.00	19.42	19.00	19.40	21.38	22.00	21.48	21.04			23.00		22.00	
骨干中部横径			18.10	18.20	21.52	20.68	22.00	22.38	22.00	22.00			23.54		22.10	
骨干中部周	72.00		60.00	59.00	66.00	62.00	70.00	70.00	70.00	68.00			72.00		68.00	
骨干最小周			58.00	57.00	64.00	60.00	68.00	67.00	66.00	66.00			70.00	71.00	64.00	65.00
肱骨头最大横径			40.00	40.02	44.00	44.32	46.12	44.00	46.00	44.30			42.08	45.12	46.68	
肱骨头最大矢状径			38.60	39.32	42.00	41.08	42.60		41.00				42.20	41.60	44.36	
肱骨头周			123.00	125.00	135.00	136.00	139.00		134.00				135.00	134.00	143.00	
滑车宽	22.00		26.62	27.76	25.00	26.52	25.28	25.40			24.00	23.58	23.60		26.18	26.10
滑车和小头宽	43.00		35.60		43.00	44.30	45.00	45.50			45.00	45.00	44.12		45.58	
滑车矢状径	17.50		15.12	15.30	19.02	19.06	19.40	18.68			20.38	21.00	17.00		16.30	16.60
鹰嘴窝宽	24.60		22.36	20.74	25.00	24.90	23.00	23.70	25.00		24.32	22.00	24.12		20.26	22.06
鹰嘴窝深	13.90		13.20	14.20	12.58	11.82	12.25	14.50	11.40		11.82	9.82	11.12		10.50	9.80
肱骨头干角			39.00	45.00	45.00	47.00	40.00	42.00	47.00	46.00	45.00	45.00	49.00	45.00	51.00	
尺骨 最大长	R	L	R	L	R	L	R	L	R	L	R	L	R	L	R	L
最大长					268.00	267.00							249.00			
生理长					238.00	226.00							223.00		223.00	
鹰嘴小头长					267.00	266.00							254.00		247.00	
骨干最小周	44.00				38.00	39.00							42.00		49.00	
骨干横径	17.46		16.00	16.00	16.00	16.00	15.40	15.42	15.42				19.00		16.08	
骨干矢状径	15.02		16.60	17.38	16.60	17.38	14.40	14.40	12.80				13.20		14.00	

续附表 5

墓号 / 测量项目	M1 (南北向)		M3 (南北向)		M4 (南北向)		M5 (南北向)		M8 (南北向)		M10 (南北向)		M11 (南北向)		M14 (南北向)	
	R	L	R	L	R	L	R	L	R	L	R	L	R	L	R	L
上部横径		23.18			22.00	19.38		20.48	20.50		24.50	22.50	21.30		24.12	21.00
上部矢状径		24.08			27.00	27.00		27.68	25.00		28.42		25.38		24.50	25.00
鹰嘴宽						27.00					26.50		24.22			
鹰嘴深		24.88			24.00	26.98		26.00	23.00		24.00		21.72		23.62	
鹰嘴高		20.04			23.60	25.42		20.80	18.00		23.00		19.78		21.02	
鹰嘴-冠突间距		21.00			22.68	23.00		22.78			26.50	25.48	24.00		22.88	
桡骨																
最大长					251.00	241.00	261.00	257.00					243.00		233.00	
生理长					238.00	227.00	247.00	243.00					229.00			
骨干最小周	49.00				44.00	45.00	46.00	46.00					46.00		41.00	
骨干横径	18.00			13.64	17.00	17.00	19.22	16.20	17.32				18.20		16.26	
骨干矢状径	13.00			10.00	12.60	11.48	12.00	12.00	12.00				12.40		11.28	
骨干中部横径					16.42	15.86	16.80	15.52					17.44		15.58	
骨干中部矢状径					12.62	11.72	12.66	12.60					12.40		12.00	
桡骨小头横径				19.44	23.72								23.34			
桡骨小头矢状径													23.60			
桡骨颈横径				10.46	13.00	14.02	13.00	12.48	13.00		15.50		15.80		13.05	
桡骨颈矢状径				11.70	14.45	14.88	13.30	13.30	12.68				16.00		15.00	
桡骨小头周													76.00			
骨干中部周					50.00	46.00	49.00	48.00					47.00		44.00	
下端宽	34.00				34.00	34.00	35.00	37.00					32.00		30.00	
桡骨颈干角				160.00	155.00	157.00	155.00	155.00	160.00			156.00	154.00		157.00	

附表 6　大堡山墓地成年男性个体体骨测量表（二）

测量项目	M16 (南北向) R	M16 (南北向) L	M18 (南北向) R	M18 (南北向) L	M20 (南北向) R	M20 (南北向) L	M34 (南北向) R	M34 (南北向) L	M36 (南北向) R	M36 (南北向) L	M40 (南北向) R	M40 (南北向) L
股骨												
最大长				438.00		440.00	470.00	468.00	434.00	436.00	397.00	405.00
全长				437.00		437.00	466.00	464.00	432.00	433.00	393.00	402.00
转子内髁长			425.00	430.00		427.00	451.00	449.00	413.50	417.00	382.00	390.00
转子全长			420.00	426.00		415.00	438.00	435.00	409.00	405.00	370.00	380.00
转子外髁长			423.00	427.00		420.00	445.00	443.00	410.00	409.00	375.00	383.00
骨干长			346.00	34.30		340.00	371.00	368.00	335.00	325.00	310.00	316.00
骨干中部矢状径	34.00	35.00	29.02	27.00		30.00	32.00	30.42	28.80	29.58	25.70	25.23
骨干中部横径	22.00	27.18	27.00	29.00		25.64	29.00	28.00	30.16	31.00	24.78	24.90
骨干中部周	90.00	98.00	90.00	90.00		90.00	98.00	96.00	96.00	95.00	80.00	79.00
骨干上部矢状径	26.00		24.78	24.50	26.00	26.02	29.00	29.00	27.40	26.70	24.08	23.10
骨干上部横径	32.28		33.00	31.40	34.12	31.00	34.00	33.00	32.30	35.08	27.26	27.56
骨干下部最小矢状径	32.56		30.58	30.00			29.00	31.00	29.00	31.86	26.48	27.00
骨干下部横径	42.00			38.50			38.22	39.00	41.12	42.48	33.36	34.30
上端宽				96.00		97.52	100.00	99.62	99.60	100.52	88.00	87.60
股骨颈头前长				76.50		79.00	70.00	76.20	71.62	75.40	56.28	61.40
股骨头垂直径	45.52			46.10		45.08	46.00	47.00	46.10	45.48	42.50	40.12
股骨头矢状径			34.00	46.08			48.00	48.02	48.32	48.26	42.36	41.00
股骨颈垂直径				32.88		35.06	36.48	35.36	33.00	34.00	31.06	30.00
股骨颈矢状径			27.00	28.00			28.45	29.62	32.64	32.00	26.26	28.00

续附表 6

测量项目	M16 (南北向) R	M16 (南北向) L	M18 (南北向) R	M18 (南北向) L	M20 (南北向) R	M20 (南北向) L	M34 (南北向) R	M34 (南北向) L	M36 (南北向) R	M36 (南北向) L	M40 (南北向) R	M40 (南北向) L
股骨颈周			100.00	101.00			110.00	109.00	110.00	111.00	98.00	92.00
上髁宽				80.00			78.00		82.00	82.00		70.10
股骨头周				145.00			153.00	152.00	150.00	151.00	135.00	131.00
外侧髁长			60.50	62.30					61.00	62.86	56.70	57.38
内侧髁长				61.80					63.28	64.10		56.48
外侧髁高	39.00	40.36	37.00	37.00	33.36	35.00	36.00		37.00	37.00	35.00	35.26
内侧髁高	42.00	41.80	35.48	36.02		36.58	35.60		40.52	39.42	36.56	35.20
股骨颈干角	137.00		123.00	126.00	130.00	130.00	120.00	126.00	132.00	128.00	123.00	124.00
胫骨 最大长			360.00	362.00			379.00	379.00	351.00	351.00	320.00	326.00
全长			350.00	352.00			373.00	371.00	342.00	341.00	311.00	321.00
胫骨长			349.00	350.00			371.00	370.00	340.00	338.00	309.00	311.00
生理长			337.00	337.00			359.00	358.00	327.00	328.00	297.00	304.00
髁长			352.00	353.00			371.00	371.00	339.00	341.00	310.00	317.00
上端宽									77.00	77.00		
上内侧关节面宽			32.90	33.50					36.00	34.60		
上外侧关节面宽									35.00	34.00		

续附表 6

墓号 测量项目	M16 (南北向)		M18 (南北向)		M20 (南北向)		M34 (南北向)		M36 (南北向)		M40 (南北向)	
	R	L	R	L	R	L	R	L	R	L	R	L
上内侧关节面矢状径				46.62					45.00	48.50		
上外侧关节面矢状径									40.08	43.00	37.30	
粗隆处最大矢状径			46.00	45.82			41.00	43.68	48.68	48.00	37.80	40.30
粗隆处横径			42.00	36.40			49.00	46.00	43.22	42.00	39.90	39.68
中部最大横径			30.00	31.00			30.00	30.06	29.80	31.02	27.70	27.80
中部横径			18.60	20.02			25.10	25.00	25.00	24.62	20.00	21.00
中部周			81.00	80.00			85.00	87.00	86.00	88.00	74.00	76.00
骨干最小周	80.00		74.00	75.00			82.00	80.00	82.00	82.00	72.00	74.00
滋养孔处横径			24.00	26.00			30.38	28.42	25.48	24.62	22.00	23.00
滋养孔处矢状径			33.00	36.50			34.38	32.40	33.42	34.10	30.20	30.12
下端宽	56.50								50.00	52.00		
下端矢状径	40.40		37.74	37.40					38.70	38.52	33.18	32.00
腓骨												
最大长									345.00		312.00	
小头外踝长									342.00		308.00	
中部最大径									14.50		13.12	
中部最小径									12.80		12.00	

续附表 6

测量项目	M16 (南北向)		M18 (南北向)		M20 (南北向)		M34 (南北向)		M36 (南北向)		M40 (南北向)	
	R	L	R	L	R	L	R	L	R	L	R	L
骨干中部周										51.00	42.00	
最小周				38.00						48.00	32.00	36.00
下端宽								14.00		20.00		
上端宽										33.00		
肱骨												
全长							319.00	321.00	304.00	297.00		274.00
最大长							325.00	328.00	311.00	302.00		280.00
上端宽							47.46		49.00	49.00		
下端宽					54.30	57.00	60.36	61.38	65.00	65.00		57.00
骨干中部最大径							22.38	24.26	23.32	23.12		21.00
骨干中部最小径							18.00	18.02	194.00	19.00		18.00
骨干中部矢状径							20.76	24.00	20.80	23.02		20.60
骨干中部横径							22.00	21.02	22.90	23.00		20.14
骨干中部周							68.00	70.00	71.00	72.00		64.00
骨干最小周			62.00	60.00	67.00	64.00	66.00	66.00	67.00	68.00	65.00	62.00
肱骨头最大横径							44.20		46.18	46.42	42.00	
肱骨头最大矢状径									42.00	42.80		42.00

续附表 6

测量项目	M16 (南北向) R	M16 (南北向) L	M18 (南北向) R	M18 (南北向) L	M20 (南北向) R	M20 (南北向) L	M34 (南北向) R	M34 (南北向) L	M36 (南北向) R	M36 (南北向) L	M40 (南北向) R	M40 (南北向) L
肱骨头周									140.00			
滑车宽			26.02	25.02	24.00	25.00	24.20	25.00	26.00	26.00	20.58	21.00
滑车和小头宽					41.00	45.00			45.40	44.50	41.50	42.50
滑车矢状径			17.00		17.36	18.30	17.36	16.60	17.00	16.00	19.00	17.35
鹰嘴窝宽			19.88	22.02	20.50	22.00	24.00	23.48	21.10	22.00	21.30	21.40
鹰嘴窝深			12.02	16.26	11.28	10.28	11.28	11.50	14.02	11.08	13.02	12.50
肱骨头干角						42.00	43.00	46.00	39.00	42.00		39.00
尺骨	R	L	R	L	R	L	R	L	R	L	R	L
最大长			262.00				279.00		250.00	253.00	247.00	244.00
生理长				233.00			247.50		221.00	223.00	211.00	207.00
鹰嘴小头长			258.00	257.00			277.00	277.00	246.00	248.00	242.00	238.00
骨干最小周			38.00	38.00			40.00	40.00	44.00	44.00	40.00	41.00
骨干横径			14.20	15.00		13.00	17.32	17.24	17.80	17.50	14.00	14.30
骨干矢状径			12.38	13.78		15.60	14.00	14.00	14.60	16.28	13.00	14.26
上部横径				18.62	20.50	21.00		28.00	25.80	21.40	21.70	18.30
上部矢状径			27.00	27.00	27.00	29.00	28.00	29.48	29.30	30.00	26.00	27.18
鹰嘴宽								23.00	28.00	27.20		23.60
鹰嘴深					27.00	26.78	25.40	26.00	26.00	28.40	24.50	24.89

续附表 6

测量项目	M16 (南北向)		M18 (南北向)		M20 (南北向)		M34 (南北向)		M36 (南北向)		M40 (南北向)	
	R	L	R	L	R	L	R	L	R	L	R	L
鹰嘴高				22.00	23.46	23.38	21.20	23.00	23.50	24.00	23.30	21.28
鹰嘴-冠突间距					22.60	23.80		20.50	20.68	20.48	23.02	22.58
桡骨												
最大长							261.00		233.00	233.00	224.00	220.00
生理长							247.00		221.00	220.00	212.00	208.00
骨干最小周			42.00				46.00	46.00	45.00	46.00	42.00	44.00
骨干横径			15.98	15.00			17.00	17.62	17.12	17.00	14.00	14.20
骨干矢状径			10.02	10.52			12.18	13.00	13.52	13.00	11.60	12.28
骨干中部横径							16.30		16.90	16.20	14.10	14.40
骨干中部矢状径							13.38		13.00	12.10	12.00	11.60
桡骨小头状径									21.00	22.10	22.00	
桡骨小头矢状径										23.12		
桡骨颈横径								13.00	14.60	15.40	12.00	12.02
桡骨颈矢状径								15.00	16.80	15.60	14.30	14.70
桡骨小头周										74.00		
骨干中部周							47.00		46.00	48.00	44.00	45.00
下端宽			34.00				32.00		36.40	65.00	31.00	
桡骨颈干角								153.00	156.00	158.00	153.00	152.00

附表 7　大堡山墓地成年男性个体骨测量表（三）

墓号 测量项目	M7 (东西向)		M13 (东西向)		M24 (东西向)		M25 (东西向)		M28 (东西向)		M29 (东西向)		M31 (东西向)		M47 (东西向)	
	R	L	R	L	R	L	R	L	R	L	R	L	R	L	R	L
股骨																
最大长	446.00	452.00	447.00		433.00	435.00	456.00			460.00	415.00	414.00	493.00	495.00		434.00
全长	440.00	447.00	443.00		429.00	430.00	452.00			452.80	412.00	412.00	485.00	488.00		432.00
转子内髁长	424.00	428.00	437.00		420.00	423.00				443.00	404.50	402.00	475.00	479.00		
转子全长	408.00	412.00	423.00		409.00	408.00				422.00	395.00	392.00	464.00	464.00		
转子外髁长	416.00	419.00	425.00		410.00	410.00				425.00	399.00	397.00	468.00	469.00		
骨干长	328.00	330.00	340.00	349.00	337.00	340.00	354.00			363.00	320.00	320.50	390.00	398.00		
骨干中部矢状径	30.50	27.46	32.50	33.30	28.00	27.60	32.00	30.00	30.00	31.76	29.38	27.32	34.00	33.00	30.00	30.00
骨干中部横径	27.00	27.12	30.00	28.40	26.60	27.00	25.58	26.86	26.86	29.58	22.00	22.50	28.00	27.18	26.86	29.00
骨干中部周	89.00	92.00	100.00	98.00	84.50	85.00	92.00	90.00	90.00	94.00	86.00	84.00	101.00	97.00	90.00	92.00
骨干上部矢状径	26.58	26.60	32.23	29.00	27.28	27.24	27.22	27.00	27.00	27.00	24.00	24.00	30.00	29.68	27.00	29.00
骨干上部横径	31.40	32.66	33.48	35.10	33.14	30.00	32.02	29.00	29.00	34.00	26.40	26.74	31.30	31.20	29.00	30.00
骨干下部最小矢状径	31.28	32.00	33.10	32.00	29.00	29.22	29.10			33.26	29.00	30.46	33.08	30.60		
骨干下部横径	37.00	39.20	37.00	38.00	36.64	36.08	36.80			40.68	33.40	34.00	41.16	41.50		
上端宽	106.00	110.00	95.02		93.00	93.16	102.10			97.38	86.70	90.00	98.00	98.68		
股骨颈头前长	79.00	87.00	65.60		63.00	69.26	73.20	66.48	66.48	73.74	57.50	65.40	74.38	77.70	66.48	75.60
股骨头垂直径	42.20	43.98			46.10	46.58	45.52	43.78	43.78	47.08	42.80	43.10	48.68	50.00	43.78	45.00
股骨头矢状径	45.50	45.12			46.50	47.08	47.58	44.12	44.12	49.04	44.00	43.00	51.50	51.62	44.12	45.00
股骨颈垂直径	34.32	30.00	35.20	32.00	32.20	31.50	30.80	33.02	33.02	36.54	32.00	30.32	36.68	36.52	33.02	32.12
股骨颈矢状径	25.60	25.00	27.70	28.20	28.28	28.50	27.00	28.00	28.00	32.80	23.00	25.00	27.00	30.00	28.00	27.06

续附表 7

墓号 / 测量项目	M7 (东西向) R	M7 L	M13 (东西向) R	M13 L	M24 (东西向) R	M24 L	M25 (东西向) R	M25 L	M28 (东西向) R	M28 L	M29 (东西向) R	M29 L	M31 (东西向) R	M31 L	M47 (东西向) R	M47 L
股骨颈周	100.00	101.00	104.00	102.00	103.00	102.50	104.00	100.00	100.00	113.00	96.00	95.00	110.00	110.00	100.00	101.00
上髁宽	79.00	79.00	82.00			81.38				76.00		75.00				
股骨头周	140.00	141.00			148.00	147.50	150.00	151.00	151.00	158.00		139.00	160.00	165.00	151.00	145.00
外侧髁长	61.20	62.40			61.00	60.58				64.18		57.00	69.00			
内侧髁长										68.00	56.50					
外侧髁高	37.00	34.00			35.08	35.00	36.40		35.86	35.02	34.00	35.02	40.86	41.00		
内侧髁高	35.60	36.00			40.28	37.32	35.46		36.82		32.60	37.00	41.46	44.60		39.00
股骨颈干角	128.00	130.00	127.00	124.00	120.00	119.00	126.00	128.00	128.00	126.00	127.00	125.00	136.00	136.00	128.00	130.00
胫骨	R	L	R	L	R	L	R	L	R	L	R	L	R	L	R	L
最大长	364.00		370.00		362.00	356.00	362.00		376.00		328.00		389.00			
全长	358.00		367.00		360.00	354.00	360.00		374.00		326.00		381.00			
胫骨长	352.00		360.00	353.00	349.00	343.00	349.00		362.00		317.00		378.00			
生理长	340.00		348.00	348.00	344.00	329.00	344.00	342.00	354.00	342.00	304.00		362.00		342.00	
踝踝长	355.00		359.00	363.00	350.00	344.00	350.00			36.40	318.00		377.00			
上端宽		30.20			81.00	71.00	81.00		79.80					83.00		
上内侧关节面宽				54.00		35.30	38.00		34.00					39.30		
上外侧关节面宽						35.48	37.20		34.00					40.00		
上内侧关节面矢状径	41.00		41.00	43.30							39.40		51.00	48.50		
上外侧关节面矢状径													49.00			
粗隆处最大矢状径	42.00	49.00	44.48	42.00		38.00	48.18		48.00		46.32		46.60			
粗隆处横径	34.28	40.18	41.00			41.00	43.24		40.00		40.54		39.00	38.00		

续附表 7

测量项目	M7 (东西向) R	M7 L	M13 (东西向) R	M13 L	M24 (东西向) R	M24 L	M25 (东西向) R	M25 L	M28 (东西向) R	M28 L	M29 (东西向) R	M29 L	M31 (东西向) R	M31 L	M47 (东西向) R	M47 L
中部最大径	33.00		31.00		28.28		32.34		32.00		26.00		33.00			
中部横径	20.30		24.00		21.58		20.72		20.00		19.32		25.00			
中部周	86.00		88.00		78.00		84.00		84.00		74.00		106.00			
骨干最小周	88.00	86.00	80.00		71.00		79.00	80.00	72.00	80.00	68.00	66.00	78.00		80.00	80.00
滋养孔处横径	22.52	24.00	27.00		25.00		22.00	25.00	22.26	25.00	21.00	20.00	25.36	24.28	25.00	24.26
滋养孔处矢状径	36.66	35.52	35.70	38.00	32.12		36.04	32.88	36.50	32.88	30.02		34.00	35.00	32.88	34.52
下端宽	52.00				53.08		47.50			58.00	53.00		53.00			
下端矢状径	37.00		36.46	37.10	38.00	37.76	38.00		39.00		35.44		42.05			
腓骨																
最大长			366.00	362.00	350.00	349.00			364.00	354.00	319.00	310.00				
小头外踝长																
中部最大径			18.30		15.48	15.24			17.70		16.00					
中部最小径			13.70		12.20	11.38			13.08		11.28					
骨干中部周			49.00		45.00	42.00			51.00		45.00					
最小周	38.00	40.00	46.00		39.00	40.00	36.00		40.00		44.00	40.00				
下端宽	19.00		18.30		28.14	21.86			26.00		19.78			18.00		
上端宽			27.00						32.42		18.00					
胫骨																
全长	326.00	317.00		307.00	313.00	310.00			315.00		294.00					
最大长	330.00	321.00		312.00	318.00	315.00			325.00		297.00			354.00		
上端宽		48.52			51.28	47.00			50.26		56.42					
下端宽	61.00	62.20			61.60	58.32	65.00		63.76		61.00			65.04		

续附表 7

测量项目	M7 (东西向)		M13 (东西向)		M24 (东西向)		M25 (东西向)		M28 (东西向)		M29 (东西向)		M31 (东西向)		M47 (东西向)	
	R	L	R	L	R	L	R	L	R	L	R	L	R	L	R	L
骨干中部最大径	23.20	23.00		25.70	25.38	24.84				26.10		21.04		23.00		
骨干中部最小径	18.50	18.00		18.00	17.30	17.20				17.12		16.42		18.00		
骨干中部矢状径	23.00	22.70		24.40	24.32	24.00				21.24		21.00		22.48		
骨干中部横径	21.00	21.00		22.00	22.72	22.14				22.00		20.88		20.00		
骨干中部周	72.00	68.00		74.00	71.00	72.00				66.00		66.00		68.00		
骨干最小周	68.00	66.00	72.00	70.00	69.00	70.00	68.00	69.00	69.00	64.00	64.00	64.00	68.00	66.00	69.00	67.00
肱骨头最大横径	47.20	46.00		42.30	43.26							42.30				
肱骨头最大矢状径				44.00		45.76				49.06						
肱骨头周																
滑车宽	22.20	24.28			24.00	24.34	24.28	26.00	26.00	27.72	24.42	25.00	27.00			26.00
滑车和小头宽	43.60	43.52			39.62	40.70	45.70			48.00	41.52	45.00	45.00			
滑车矢状径	19.52	19.00		17.60	18.30	17.46	17.00	17.00	17.00	27.06		16.22	16.62	18.12	17.00	17.00
鹰嘴矢状宽	22.32	24.22	18.00	21.00	26.88	25.00	23.76	21.00	21.00	22.50	23.38	23.00	26.00	28.00	21.00	21.00
鹰嘴窝深	13.80	14.82		16.28	10.88	13.66	13.80	11.60	11.60	11.58	11.28	11.80	14.25	10.98	11.60	14.20
肱骨干干角	40.00	40.00		40.00	40.00	37.00	44.00	52.00	52.00	38.00			45.00	44.00	52.00	
尺骨	R	L	R	L	R	L	R	L	R	L	R	L	R	L	R	L
最大长		264.00	180.00	183.00	267.50		270.00							300.00		
生理长		233.00	130.00	143.00	231.00		235.00						264.00	265.00		
鹰嘴小头长		260.00			264.00		265.00						297.00	296.00		
骨干最小周		42.00			45.00		38.00				38.00	38.00	38.00	37.00		
骨干横径	15.04	14.50			14.12		16.10		19.00	18.00	15.06	14.52	16.00	15.20	19.00	
骨干矢状径		14.00			16.08		14.50		18.18	15.18	16.02	13.50	14.00	14.50	18.18	

续附表 7

测量项目	M7 (东西向) R	M7 L	M13 (东西向) R	M13 L	M24 (东西向) R	M24 L	M25 (东西向) R	M25 L	M28 (东西向) R	M28 L	M29 (东西向) R	M29 L	M31 (东西向) R	M31 L	M47 (东西向) R	M47 L
上部横径	20.00	22.00		20.00	22.52		24.00	20.52	20.52	23.88	20.42	17.42	21.26	21.08	20.52	
上部矢状径	27.20	28.30	25.00	23.00		23.00	26.00			26.80	24.00	26.00	24.58	27.60		20.00
鹰嘴宽		26.00					24.78		26.74		23.00	24.00	27.00	26.40		
鹰嘴深	25.50	26.50			24.52		29.10		27.00		23.50	24.82	28.10	27.40		
鹰嘴高	24.50	25.40					24.32		34.10		22.00	24.00	25.00	27.80		
鹰嘴－冠突间距	24.00	23.00			22.36		20.34		23.00		21.50	21.00	20.58	23.48		21.82
桡骨	R	L	R	L	R	L	R	L	R	L	R	L	R	L	R	L
最大长	252.00	246.00			247.00		248.00	246.00	246.00	246.00	225.00				246.00	
生理长	239.00	233.00			231.00		232.00	234.00	234.00	234.00	214.00		260.00		234.00	
骨干最小周	44.00	45.00			55.00		42.00	46.00	46.00	46.00	41.00		48.00	49.00	46.00	
骨干横径	17.00	16.23			18.14		17.20	19.44	19.44	19.44	16.32		17.28	16.18	19.44	19.52
骨干矢状径	12.20	12.00			11.80		13.00	12.00	12.00	12.00	11.02		11.12	13.04	12.00	12.40
骨干中部横径	15.32	14.86			15.14		15.00	16.12	16.12	16.12	15.80				16.12	
骨干中部矢状径	12.48	12.00			13.38	12.40	13.08	12.00	12.00	12.00	11.52				12.00	
桡骨小头矢状径					21.72	21.58	24.70									
桡骨小头横径						22.20										
桡骨颈横径	12.00	12.20			13.08		14.00	14.80	14.80	14.80	12.62		14.00		14.80	
桡骨颈矢状径	14.00	14.00			15.24	15.00	14.78				14.00		15.00			
桡骨小头周					48.00		44.00									
骨干中部周	47.00	47.00						54.00	54.00	54.00	42.00				54.00	
下端宽	34.00				36.34	35.00	34.50	36.00	36.00	36.00			37.00		36.00	
桡骨颈干角	160.00	158.00			151.00	153.00	159.00	155.00	153.00	155.00	157.00		152.00		155.00	

附表 8　大堡山墓地成年女性个体体骨测量表 （一）

测量项目	M2 (南北向) R	M2 (南北向) L	M6 (南北向) R	M6 (南北向) L	M15 (南北向) R	M15 (南北向) L	M17 (南北向) R	M17 (南北向) L	M19 (南北向) R	M19 (南北向) L	M21 (南北向) R	M21 (南北向) L	M23 (南北向) R	M23 (南北向) L	M26 (南北向) R	M26 (南北向) L
股骨																
最大长	426.00	423.00	408.00	406.00	425.00	425.00	393.50	394.00	397.00	397.50	411.00	415.00	400.00	399.00	420.00	419.00
全长	420.00	414.00	402.00	402.00	421.00	422.00	389.00	391.00	395.00	394.50	409.00	409.00	397.00	395.00	416.00	416.00
转子内髁长	405.00	408.00			410.00	408.00	381.00		378.00	379.00	390.00	397.00	389.00	392.00	405.00	407.00
转子全长	389.00	387.00			397.00	395.00	370.00	370.00	371.00	369.00	379.00	383.00	379.00	379.00	395.00	396.00
转子外髁长	396.00	397.00			403.00	401.00	375.00	375.00	373.00	372.00	383.00	398.00	383.00	384.00	400.00	400.00
骨干长	326.00	320.00			326.00	328.00	312.50	312.50		300.00	318.00	320.00	309.00		330.00	332.00
骨干中部矢状径	25.60	25.02	25.00	26.00	29.00	26.78	24.26	25.02	24.76	23.70	24.00	24.22	26.00	27.00	28.30	27.10
骨干中部横径	24.00	24.40	25.52	27.50	25.50	25.00	23.56	26.00	27.50	26.60	26.00	26.60	24.00	27.30	24.00	26.10
骨干中部周	80.00	80.00	84.00	84.00	86.00	82.00	77.00	78.00	86.00	80.00	78.00	80.00	78.00	80.00	82.00	83.00
骨干上部矢状径	25.24	25.00	23.00	23.40	25.00	24.00	27.06	26.02	24.10	23.10	21.62	22.02	26.80	23.40	24.00	24.30
骨干上部横径	27.20	28.50	31.00	32.00	29.00	30.52	27.50	29.20	28.00	27.50	28.50	30.00	25.00	29.40	29.00	30.00
骨干下部最小矢状径	27.40	27.02	28.32	28.76	26.00	25.50	24.60	24.00	26.62	25.00	28.00	27.30	31.00		29.00	28.00
骨干下部横径	37.00	36.50		39.30	35.00	35.50	31.18	31.00	37.10	37.60	37.32	38.42	35.70		34.02	36.40
上端宽	90.00	90.06			90.00	90.32	79.00		87.80	86.52	92.00	91.28	84.00	82.50	82.50	
股骨颈头前长	64.60	70.10		67.80	64.00	74.00	60.00		65.00	63.60	67.22	72.40	60.20	60.08	54.60	
股骨头头垂直径	39.40	41.00			40.00	41.28	35.32	37.00		42.50	39.00	40.10	40.30	39.20	38.60	37.80
股骨头矢状径	42.60	42.00	39.88		41.00	41.00		40.30	43.50	44.00	41.42	41.50	40.50	41.00	39.20	39.50
股骨颈垂直径	30.00	30.50		29.30	32.00	32.00	25.72	26.38	29.20	29.50	29.58	29.00	28.20	30.10	28.40	29.00
股骨颈矢状径	24.38	24.82	28.32	24.23	23.52	24.30	24.54	23.74	26.10	27.40	22.70	22.60	25.50	32.02	24.00	26.30
股骨颈周	96.00	90.00		90.00	104.00	96.00	90.00	89.00	96.00	94.00	90.00	90.00	93.00	91.00	91.00	90.00
上髁宽	71.00	72.00			71.00	71.00			73.38	74.00			73.00		67.00	67.00

续附表 8

注：各墓号分栏均为（南北向），每墓分 R、L 两列。

测量项目	M2 R	M2 L	M6 R	M6 L	M15 R	M15 L	M17 R	M17 L	M19 R	M19 L	M21 R	M21 L	M23 R	M23 L	M26 R	M26 L
股骨头周	138.00	135.00			128.00				136.00	146.00	130.00	131.00	129.00	126.00	124.00	125.00
外侧髁长	57.00	60.02	57.40		60.50	59.00			55.70	56.10	56.00	56.08	59.20		55.60	56.08
内侧髁长	55.60	56.00	53.20		57.32								55.20		54.00	54.00
外侧髁高	32.00	31.52	32.02		32.48	31.32			29.50	31.00	34.00	32.12	31.70		32.00	34.10
内侧髁高	32.70	33.58	35.00		33.50	35.00			34.48	32.16	33.18	34.00	35.40	37.40	34.00	33.00
股骨颈干角	132.00	128.00	130.00	128.00	126.00	127.00	131.00	135.00	137.00	134.00	125.00	125.00	127.00	124.00	132.00	135.00
胫骨																
最大长	332.00	331.00			351.00	345.00			317.00	313.00	314.00	317.00	323.00	323.00	343.00	346.00
全长	329.00	323.00			348.00	341.00			310.00	305.00	308.00	310.00	316.00	316.00	339.00	342.00
胫骨长	323.00	320.00			342.00	334.00			309.00	304.00	305.00	305.00	312.00	312.00	337.00	337.00
生理长	310.00	308.00			330.00	327.00		305.00	293.00	287.00	292.00	297.00	300.00	301.00	322.00	325.00
髁踝长	320.00	321.00			343.00	338.00			304.00	301.00	302.00	308.00	313.00	313.00	335.00	336.00
上端宽	66.00	67.00			76.00				68.30					68.00	60.02	64.00
上内侧关节面宽	26.70	29.00			27.80				34.40	33.00				36.40		31.20
上外侧关节面宽	32.00	31.02			29.00				35.40						29.02	29.00
上内侧关节面最大矢状径	40.50	43.60			43.00			38.36	38.30			40.00	48.00	43.40	40.08	42.30
上外侧关节面矢状径	37.20	39.40	37.50					34.56			37.76		42.56		32.40	33.60
粗隆处最大横径	45.00	42.62	39.86		40.00	43.00			37.10	39.12	41.40	40.02	43.30	41.30	41.60	40.70
粗隆处横径	39.00	42.50	40.00		41.00	37.00			41.20	39.04	42.00	39.00	42.50	43.00	39.20	40.60
中部最大径	25.20	24.92			24.00	25.20			24.00	22.10	28.00	27.76	26.50	29.40	25.30	29.20
中部横径	20.00	19.00			18.00	19.00			19.20	17.80	19.00	19.52	21.00	23.00	23.50	21.70

续附表 8

墓号 测量项目	M2 (南北向) R	L	M6 (南北向) R	L	M15 (南北向) R	L	M17 (南北向) R	L	M19 (南北向) R	L	M21 (南北向) R	L	M23 (南北向) R	L	M26 (南北向) R	L
中部周	71.00	70.00			72.00	73.00			66.00	67.00	74.00	74.00	74.00	78.00	81.00	80.00
骨干最小周	66.00	64.00		66.00	66.00	70.00	66.00		62.00	65.00	70.00	68.00	72.00	70.00	76.00	75.00
滋养孔处横径	22.52	22.00		23.20	21.00	20.00			20.00	20.02	20.84	20.52	21.40	23.00	23.00	23.00
滋养孔处矢状径	28.00	28.84		30.40	28.00	31.00		19.02	25.26	25.16	31.00	31.00	30.50	33.00	31.00	33.20
下端宽		46.00			46.00			29.14	45.00		45.00	47.00	47.00	46.00	42.50	41.08
下端矢状径					32.38	31.28			33.00		32.00	31.48	33.60	35.00	30.50	32.00
腓骨																
最大长					343.00	338.00					307.00	311.00		314.00	316.00	318.00
小头外踝长					334.00	323.00					295.00	299.00	314.00	310.00	313.00	313.00
中部最大径					12.04	12.06					14.42	13.38		13.20		
中部最小径					10.00	10.00					11.30	11.24		12.20		
骨干中部周					37.00	37.00					44.00	42.00		43.00		
最小周					35.00	36.00					35.00	37.00	41.00	40.00		
下端宽					18.00	18.00				18.52	17.00	17.00	19.00	18.00	18.00	20.00
上端宽					25.00						18.42		26.00	30.20		25.00
肱骨																
全长					306.00	301.00							282.00	272.00	300.00	293.00
最大长					311.00	305.00						299.00	284.00	276.00	304.00	298.00
上端宽					43.50	43.00							43.60	42.20		42.10
下端宽	51.60				55.32	56.20				57.58	53.00		53.90	52.40	53.00	52.00
骨干中部最大径					21.00	20.52						21.00	20.00	20.30	20.50	21.50

续附表 8

墓号 / 测量项目	M2(南北向) R	M2 L	M6(南北向) R	M6 L	M15(南北向) R	M15 L	M17(南北向) R	M17 L	M19(南北向) R	M19 L	M21(南北向) R	M21 L	M23(南北向) R	M23 L	M26(南北向) R	M26 L
骨干中部最小径					16.42	15.48						17.00	15.00	15.10	15.10	16.50
骨干中部矢状径					19.00	20.00						20.30	19.70	20.00	19.00	20.30
骨干中部横径					20.00	18.00						19.00	18.40	18.30	17.10	19.40
骨干中部周					62.00	61.00						62.00	60.00	59.00	69.00	62.00
骨干最小周	56.00	57.00	62.00	58.00	56.00	57.00				52.00	62.00	58.00	58.00	58.00	68.00	60.00
肱骨头最大横径					42.00	40.32		39.10					39.00	38.00	38.60	37.70
肱骨头最大矢状径					38.00	36.38							37.40		38.00	
肱骨头周					126.00	120.00								123.00	124.00	
滑车宽	20.50		23.00		22.00	21.32					22.00	22.00	21.50	23.00	19.90	20.08
滑车和小头宽	37.30				38.00	37.00					37.00	37.00	40.00	38.00	38.00	39.50
滑车矢状径	15.62		16.00		15.00	15.32					17.00	16.00	14.90	15.00	17.40	18.00
鹰嘴窝宽	20.04	22.12	16.50		20.52	21.88					20.24	21.00	17.20	17.70	19.50	18.20
鹰嘴窝深	12.02	12.04	12.80		13.28	11.28					13.04	14.28	10.02	11.20	11.18	12.20
肱骨头干角					43.00	48.00							49.00	37.00	128.00	124.00
尺骨	R	L	R	L	R	L	R	L	R	L	R	L	R	L	R	L
最大长			197.00		255.00	253.00				224.00		223.00	242.00	236.00	241.00	237.00
生理长					226.00	225.00			199.00	201.00			212.00	208.00	210.00	209.00
鹰嘴小头长					252.00	249.00			223.00	222.00			238.00	232.00	239.00	234.00
骨干最小周			36.00		37.00	38.00			34.00	36.00			40.00	41.00	38.00	36.00
骨干横径			14.52		14.00	13.50			15.30	14.88	15.10	16.52	14.00	13.00	14.30	14.80
骨干矢状径			16.00		11.00	14.00			10.00	9.90	12.00	11.82	12.00	12.20	12.10	10.80

续附表 8

测量项目	M2(南北向) R	M2 L	M6(南北向) R	M6 L	M15(南北向) R	M15 L	M17(南北向) R	M17 L	M19(南北向) R	M19 L	M21(南北向) R	M21 L	M23(南北向) R	M23 L	M26(南北向) R	M26 L
上部横径	18.52				18.82	18.00			22.26	17.88	18.00	17.00	19.20	19.40	20.00	18.40
上部矢状径	25.50				22.00	23.00			27.00	26.90	24.00	25.12	23.40	26.00	26.30	28.30
鹰嘴宽					23.50	24.00			23.50			21.50	22.20	21.50	22.06	22.00
鹰嘴深	23.00				23.28	22.52			24.28	25.40	25.00	25.40	23.60	24.50	23.20	25.00
鹰嘴高	24.12				23.00	24.00			19.10		22.70	24.42	20.20	21.80	19.20	18.00
鹰嘴-冠突间距	19.04				20.00	20.00			20.20		20.04	21.52	18.20	19.00	21.30	22.08
桡骨	R	L	R	L	R	L	R	L	R	L	R	L	R	L	R	L
最大长	213.00	209.00			238.00	236.00				211.00	208.00	208.00	219.00	217.00	224.00	220.00
生理长	203.00	200.00			225.00	226.00				202.00	198.00	191.00	208.00	205.00	212.00	208.00
骨干最小周	40.00	41.00	39.00		40.00	43.00				41.00	46.00	46.00	40.00	41.00	40.00	41.00
骨干横径	15.48	16.00	16.52		15.32	16.00				15.36	16.28	16.64	15.40	14.20	14.50	14.30
骨干矢状径	10.72	10.52	10.30		11.00	11.00				9.26	11.00	10.52	11.30	11.00	11.60	10.02
骨干中部横径	15.00	14.62			14.20	15.00				13.28			15.00	14.00	11.30	12.50
骨干中部矢状径	10.52	10.02			11.20	11.00				9.68	11.48		11.20	11.00	11.20	11.30
桡骨小头横径	20.38					20.50							20.50		20.40	21.02
桡骨小头矢状径	20.00				20.00							21.80		21.80		
桡骨颈横径	12.42	12.00			12.00	12.28				11.56	10.82	11.00	12.00	12.20	14.80	13.70
桡骨颈矢状径	13.66	13.55			14.00	14.50				12.50	12.52	14.00	14.90	14.00	13.60	15.10
桡骨小头周	66.00												76.00			
骨干中部周	42.00	42.00			42.00	44.00				40.00	42.00	41.00	42.00	41.00	40.00	42.00
下端宽	29.00	29.50	28.00		29.00	30.00				31.50	29.00	27.00	29.00		28.00	
桡骨颈干角	155.00	154.00			159.00	157.00				158.00	152.00	155.00	152.00	154.00	156.00	156.00

附表 9 大堡山墓地成年女性个体体骨测量表（二）

测量项目	M30 (南北向) R	M30 (南北向) L	M32 (南北向) R	M32 (南北向) L	M37 (南北向) R	M37 (南北向) L	M22 (东西向) R	M22 (东西向) L	M41 (东西向) R	M41 (东西向) L	M42 (东西向) R	M42 (东西向) L	M49 (东西向) R	M49 (东西向) L	M51 (东西向) R	M51 (东西向) L
股骨																
最大长	407.00		380.00	377.00	383.00		420.00	418.00	401.00	399.00	394.00		412.00		394.00	397.00
全长	404.00		374.50	370.50	379.00		412.00	414.00	391.00	389.00	391.00		408.00		388.00	391.00
转子内髁长	392.00		363.00	360.00	370.00		408.00	406.00	381.00	380.00	376.00		403.00		375.00	
转子全长	383.00		349.00	346.50	358.00		390.00	394.00	364.00	362.00	366.00		392.00		363.00	
转子外髁长	387.00		355.00	352.00	365.00	364.00	397.00	397.00	375.00	370.00	371.00		395.00		369.00	
骨干长	312.50		292.00	286.00		300.00	320.00	321.00	302.00	308.00	305.00		332.00		304.00	306.00
骨干中部矢状径	30.48	27.00	25.08	24.00	25.38	26.00	24.78	26.00	27.20	25.47	20.38	19.78	25.78	25.00	24.30	24.46
骨干中部横径	27.00	25.00	24.00	23.00	25.00	26.26	24.80	28.42	23.00	25.00	23.00	21.00	28.00	27.80	26.02	28.00
骨干中部周	96.00	84.00	79.00	77.00	82.00	81.00	80.00	86.00	82.00	81.80	70.00	68.00	85.00	82.00	78.00	81.00
骨干上部矢状径	25.42	24.00	24.00	23.18	24.96	24.00	26.66	24.00	24.00	24.76	21.52	19.50	24.10	24.30	25.20	24.00
骨干上部横径	29.60	31.00	27.00	27.00	27.38	29.00	28.00	31.30	27.00	29.58	27.00	26.00	31.32	32.60	29.44	28.30
骨干下部最小矢状径	29.00		26.18	26.16			28.44	30.28	26.32	26.28	23.20				26.18	26.50
骨干下部横径	39.62		35.00	35.10			38.00	40.50	35.00	35.02	30.50				39.00	40.50
上端宽	93.50		77.76	78.56	87.64		84.30	87.60	82.48	79.00	83.00	81.42	89.78	88.68	81.00	82.00
股骨颈头前长	65.00	69.40	56.16	59.00	60.02		60.00	67.70	54.08	51.00	57.72	65.62	64.08	61.28	54.62	61.02
股骨头垂直径	42.50	40.50		37.68			39.26	41.02	38.00	38.00	38.00	36.82	43.56	43.74		

续附表 9

测量项目 \ 墓号	M30 (南北向)		M32 (南北向)		M37 (南北向)		M22 (东西向)		M41 (东西向)		M42 (东西向)		M49 (东西向)		M51 (东西向)	
	R	L	R	L	R	L	R	L	R	L	R	L	R	L	R	L
股骨头矢状径	43.48	42.56		42.00			44.14	45.08	41.36	40.22	38.00	37.28				40.00
股骨颈垂直径	30.32	29.00	27.72	28.00	28.56		31.00	32.00	26.78	28.00	27.02	26.42	29.50	28.86		27.50
股骨颈矢状径	22.42	24.12	23.12	25.38		30.08	25.30	26.18	21.46	23.52	22.32	24.00				26.00
股骨头周	97.00	90.00	89.00	90.00			101.00	100.00	85.00	89.00	88.00	82.00				90.00
上髁宽	75.00	73.00	70.00	69.00			74.00	74.00	68.00	68.00	64.00					70.00
股骨颈周	140.00	146.00		130.00			139.00	142.00	129.00	130.00	122.00	119.00				
外侧髁长	61.30	60.00	56.28	55.60		56.02	55.78	57.00	50.00	49.00	51.00	51.48			51.20	53.48
内侧髁长	62.00	60.00	54.52				56.22	56.02	51.00	51.00						52.16
外侧髁高	34.00	32.56	33.26	33.18	32.00	30.00	32.48	32.00	32.00	31.74	29.38	30.00		34.62	31.00	32.00
内侧髁高	39.02	38.40	34.00	33.00	30.60		35.00	36.08	33.00	30.80	29.00			34.46	33.00	33.00
股骨颈干角	129.00	134.00	134.00	134.00	124.00	126.00	122.00	126.00	130.00	132.00	127.00	125.00	118.00	111.00	132.00	135.00
胫骨	R	L	R	L	R	L	R	L	R	L	R	L	R	L	R	L
最大长	340.00		308.00	308.00	315.00	314.00	343.00	344.00	322.00	320.00	320.00	320.00			315.00	320.00
全长	337.00		304.00	304.00	310.00	307.00	339.00	340.00	316.00	313.00	317.00	318.00			313.00	314.00
胫骨长	332.00		298.00	297.00	305.00	303.00	333.00	335.00	315.00	312.00	310.00	312.00			306.00	310.00
生理长	320.00		284.00	286.00	293.00	291.00	317.00	318.00	301.00	300.00	296.00	301.00			295.00	297.00
踝长	330.00		296.00	298.00	304.00	304.00	332.00	333.00	319.00	317.00	311.00	312.00			305.00	310.00
上端宽		69.00	66.00	66.00			69.00	67.00	64.00	64.00	61.00					62.00

续附表 9

测量项目	M30 (南北向) R	M30 (南北向) L	M32 (南北向) R	M32 (南北向) L	M37 (南北向) R	M37 (南北向) L	M22 (东西向) R	M22 (东西向) L	M41 (东西向) R	M41 (东西向) L	M42 (东西向) R	M42 (东西向) L	M49 (东西向) R	M49 (东西向) L	M51 (东西向) R	M51 (东西向) L
上内侧关节面宽		28.00	27.78	26.32				29.60	24.00		25.38	28.50				27.30
上外侧关节面宽	25.20		28.26	25.86			29.00		25.00		27.02	31.24	31.00			28.00
上内侧关节面矢状径			41.00	40.02				44.60	35.50	40.00	40.52					38.00
上外侧关节面矢状径			35.00				37.00		32.00							32.50
粗隆处最大矢状径	41.00	38.30	40.60	40.00			41.00	43.30	37.00	36.00	29.52	28.50			39.36	38.42
粗隆处横径	42.00	38.60	33.00	33.28			40.48	40.06	36.28	37.00	31.58	31.24			39.00	38.00
中部最大径	30.00		26.00	25.00	27.00	27.18	28.00	29.00	26.38	24.80	22.00	20.50			26.00	26.00
中部横径	21.00		19.52	19.76	18.00	18.00	21.48	20.30	19.20	16.30	14.38	15.42			21.38	21.00
中部周	76.00		74.00	72.00	72.00	74.00	80.00	76.00	73.00	68.00	60.00	60.00			72.00	74.00
骨干最小周	70.00	70.00	70.00	69.00	66.00	66.00	72.00	74.00	68.00	62.00	56.00	55.00			70.00	69.00
滋养孔处横径	26.00	24.50	21.50	21.50	21.30		25.40	23.32	22.00	21.00	15.00	17.00			22.00	23.00
滋养孔处矢状径	30.60	32.00	29.00	29.00			31.20	32.60	29.86	29.00	22.38	22.00			29.48	31.00
下端宽	44.00		46.00	48.00	42.00	43.00	49.00	48.00	42.00	42.00	38.00	41.00			41.00	42.00
下端矢状径	35.62		34.00	34.40	32.60	33.00	37.00	37.70	35.00	35.00	29.50	30.00			33.00	33.58
腓骨																
最大长			305.00	308.00			335.00				312.00					312.00
小头外踝长			299.00	295.00			324.00				300.00					300.00
中部最大径			13.62	13.30			16.20				11.28					14.40

续附表 9

墓号 测量项目	M30 (南北向)		M32 (南北向)		M37 (南北向)		M22 (东西向)		M41 (东西向)		M42 (东西向)		M49 (东西向)		M51 (东西向)	
	R	L	R	L	R	L	R	L	R	L	R	L	R	L	R	L
中部最小径			10.00	10.00				12.00			9.18					12.10
骨干中部周			39.00	40.00				47.00			38.00					46.00
最小周			37.00	37.00	35.00	34.00	40.00	40.00			30.00				41.00	40.00
下端宽			18.22	17.48	15.42	18.00	19.00	18.00							17.00	16.00
上端宽				29.68				22.02			18.00					
肱骨	R	L	R	L	R	L	R	L	R	L	R	L	R	L	R	L
全长		292.00					294.00	291.00	280.00	280.00	286.00	290.00				277.00
最大长		296.00					300.00	295.00	284.00	280.00	292.00	298.00				280.00
上端宽							44.00	42.00	43.00		42.00	42.40				
下端宽							56.00	56.10	50.00		54.32	50.00			50.68	52.20
骨干中部最大径		21.00					21.00	22.00	20.00	19.00	18.00	18.02				21.00
骨干中部最小径		18.62					17.00	17.00	16.48	15.00	13.82	14.06				16.20
骨干中部矢状径		20.42					20.00	20.40	19.46	18.80	16.20	17.28				21.00
骨干中部横径		20.20					20.50	20.42	18.24	18.82	17.44	15.02				19.32
骨干中部周		66.00					63.00	63.00	60.00	58.00	52.00	53.00				64.00
骨干最小周	64.00	60.00	55.00	56.00		56.00	60.00	61.00	58.00	57.00	49.00	50.00	58.00	56.00	60.00	61.00
肱骨头最大横径							39.20	40.20	37.00	39.00	39.48	39.58				37.00
肱骨头最大矢状径							38.00	37.00	36.72	37.00	35.62	36.00				33.00

续附表 9

测量项目	M30(南北向) R	M30(南北向) L	M32(南北向) R	M32(南北向) L	M37(南北向) R	M37(南北向) L	M22(东西向) R	M22(东西向) L	M41(东西向) R	M41(东西向) L	M42(东西向) R	M42(东西向) L	M49(东西向) R	M49(东西向) L	M51(东西向) R	M51(东西向) L
肱骨头周							125.00	125.00	120.00	119.00	120.00	121.00				112.00
滑车宽		25.00	22.00	22.00			22.50	21.60	22.00		20.00	21.00	22.00		19.58	19.62
滑车和小头宽							39.24	40.00	37.50		36.50	36.48			34.56	36.00
滑车矢状径		16.38	15.42	14.56			17.00	17.46	14.22		15.40	16.32			15.00	15.42
鹰嘴窝宽		19.00	21.30	20.62			18.00	19.50	20.00	20.00	19.20	19.48	19.62	16.84	18.62	19.10
鹰嘴窝深		13.02	10.82	12.82			13.20	10.40	13.28	13.20	11.38	11.32	10.90	10.88	12.28	11.28
肱骨头干角		52.00				46.00	41.00	44.00	47.00	47.00	39.00	40.00				41.00
尺骨	R	L	R	L	R	L	R	L	R	L	R	L	R	L	R	L
最大长				219.00			247.00	243.00			234.00	237.00				
生理长			197.50	194.50			216.00	215.00			206.00	206.00				
鹰嘴小头长			221.50	218.00			242.00	240.00			231.00	234.00				
骨干最小周			38.00	38.00			40.00	39.00			32.00	30.00		38.00		
骨干横径			16.20	15.00			15.40	13.60	14.92		13.88	14.00		14.28		15.40
骨干矢状径			12.00	11.72			13.52	16.00	10.68		11.00	10.62		13.08		11.48
上部横径		20.00	21.48	19.20			21.00	20.00	18.00		17.32	16.52				
上部矢状径		26.00	23.18	24.50			28.00	27.32	25.26		20.62	19.44				
鹰嘴宽		25.30		22.00			22.30	22.40	20.18		21.00	20.18		21.00		26.00
鹰嘴深		26.42		24.36			24.00	24.40	23.00		21.00	22.42		19.00		21.50

续附表 9

测量项目	M30(南北向) R	M30 L	M32(南北向) R	M32 L	M37(南北向) R	M37 L	M22(东西向) R	M22 L	M41(东西向) R	M41 L	M42(东西向) R	M42 L	M49(东西向) R	M49 L	M51(东西向) R	M51 L
鹰嘴高		22.00	18.20	19.50			22.00	21.00	21.00		19.00	19.42				20.40
鹰嘴－冠突间距		19.60	18.18	19.00			21.50	21.30	17.00		19.00	19.00		21.56		
桡骨	R	L	R	L	R	L	R	L	R	L	R	L	R	L	R	L
最大长	220.00	204.00	209.00	204.00			229.00	228.00	209.00		215.00	217.00				
生理长	212.00	193.00	198.00				219.00	214.00	200.00		205.00	204.00				
骨干最小周	40.00	40.00	42.00	43.00			48.00		40.00		34.00	35.00				40.00
骨干横径	17.82	14.88	15.02				17.02	18.00	14.02		13.48	13.00				13.60
骨干矢状径	12.00	10.52	11.00				13.00	13.00	11.00		9.52	9.42				11.22
骨干中部横径	16.00	14.22	14.56				17.00	17.00	14.58		13.00	12.00				
骨干中部矢状径	11.00	10.38	10.50				12.00	12.50	11.32		9.68	9.42				
桡骨小头横径				19.00			20.30	20.38	20.12		19.44	19.02				
桡骨小头矢状径	19.00						21.40	20.40				18.42				
桡骨颈横径	14.00	11.00	11.08				12.45	13.00	12.00		11.24	11.00				
桡骨颈矢状径	16.30	12.86	13.26				14.60	14.50	13.36		13.00	13.28				
桡骨小头周							68.00	68.00				64.00				
骨干中部周	44.00	41.00	41.00				45.00	44.00	41.00		38.00	39.00				
下端宽	30.00	27.00	29.00				29.00	30.00	28.00		36.00	37.00				
桡骨颈干角	153.00	147.00	150.00				155.00	156.00	157.00		152.00	153.00				

1. "明上" 玺

2. "正行亡私" 玺

图 1.1　大堡山墓地出土铜玺印（张旭制图）

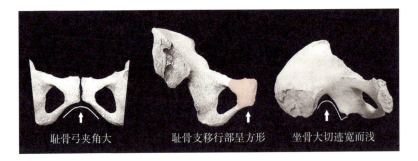

图 2.1 大堡山墓地女性居民骨盆基本形态特征（2011HXSM22）（张旭制图）

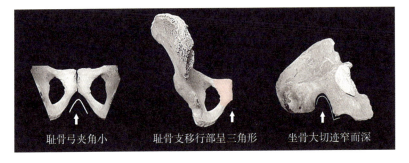

图 2.2 大堡山墓地男性居民骨盆基本形态特征（2011HXSM25）（张旭制图）

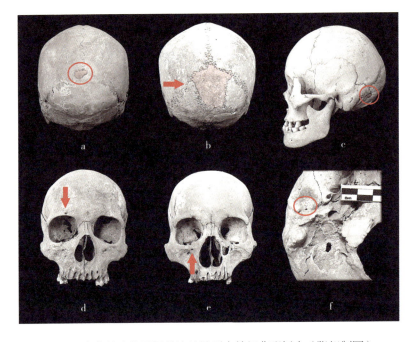

图 5.1 大堡山墓地古代居民非连续性形态特征典型标本（张旭制图）

a. 2011HXSM7 人字点小骨　b. 2011HXSM3 印加骨　c. 2011HXSM22 左侧枕乳缝间骨
d. 2011HXSM3 右侧眶上孔　e. 2011HXSM8 右侧副眶下孔　f. 2011HXSM22 胡施克氏孔

图 6.1　大堡山墓地古代居民的主要牙齿非测量性状典型标本（张旭制图）

a. 上颌中门齿扭转：2011HXSM5　b. 上颌第一臼齿卡氏尖：2011HXSM3　c. 上颌第一前臼齿双根：2011HXSM8　d. 下颌犬齿双根：2011HXSM8　e. 下颌第二臼齿四尖：2011HXSM42

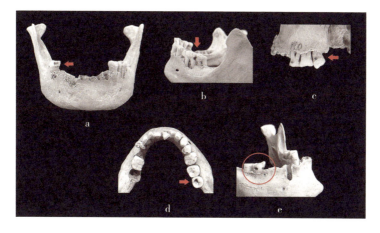

图 7.1　大堡山墓地古代居民龋患好发部位示意图（张旭制图）

a. 近中龋：2011HXSM23　b. 远中龋：2011HXSM32　c. 颊面龋：2011HXSM7
d. 𬌗面龋：2011HXSM42　e. 多部位（颊面、近中）患龋：2011HXSM15

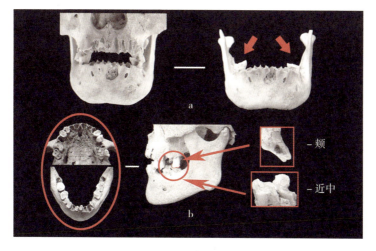

图 7.4　大堡山墓地古代居民牙齿特殊磨耗示意图（张旭制图）

a. 2011HXSM23　b. 2011HXSM34

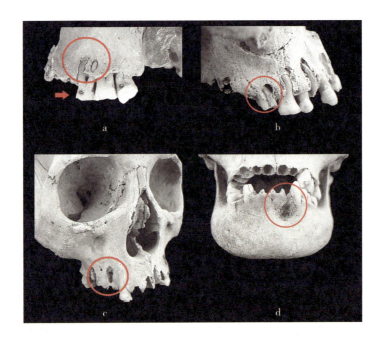

图 7.6　大堡山墓地古代居民根尖周病好发部位示意图（张旭制图）

a. 臼齿根尖周脓肿兼患龋齿：2011HXSM7　b. 臼齿根尖周脓肿：2011HXSM7
c. 前臼齿根尖周脓肿：2011HXSM21　d. 门齿根尖周脓肿：2011HXSM22

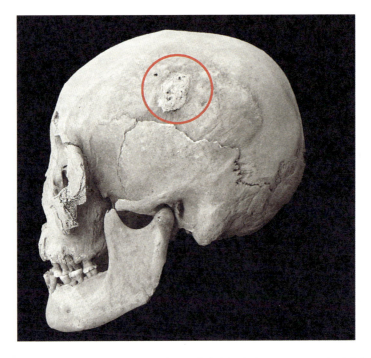

图 7.13　大堡山墓地古代居民左侧顶骨疑似骨肿瘤标本（2011HXSM6）（张旭制图）

考古新视野

考古新视野
青年学人系列

2019 年

罗　伊：《云南地区新石器时代考古学文化研究》

赵献超：《二至十四世纪法宝崇拜视角下的藏经建筑研究》

2020 年

周振宇：《宁夏水洞沟遗址石制品热处理实验研究》

张　旭：《内蒙古大堡山墓地出土人骨研究》

2021 年

马　强：《泾水流域商周聚落与社会研究》

金蕙涵：《七至十七世纪墓主之位的考古学研究》

2022 年（入选稿件）

邱振威：《太湖流域史前稻作农业发展与环境变迁研究》

仪明洁：《细石叶技术人群的流动策略研究》